湖北省社会科学基金项目资助
湖北省中小企业研究中心资助

HUBEISHENG SHEHUI KEXUE JIJIN XIANGMU ZIZHU
HUBEISHENG ZHONGXIAO QIYE YANJIU ZHONGXIN ZIZHU

不当劳动论衡

BuDang LaoDong LunHeng

问清泓　著

中国劳动社会保障出版社

图书在版编目(CIP)数据

不当劳动论衡/问清泓著. —北京：中国劳动社会保障出版社，2014
ISBN 978-7-5167-1447-8

Ⅰ.①不… Ⅱ.①问… Ⅲ.①劳动法-研究-中国 Ⅳ.①D922.504

中国版本图书馆 CIP 数据核字(2014)第 218399 号

中国劳动社会保障出版社出版发行

（北京市惠新东街1号　邮政编码：100029）

*

北京京华虎彩印刷有限公司印刷装订　　新华书店经销
787 毫米×1092 毫米　16 开本　26.5 印张　400 千字
2014 年 9 月第 1 版　　2014 年 9 月第 1 次印刷
定价：58.00 元

读者服务部电话：(010) 64929211/64921644/84643933
发行部电话：(010) 64961894
出版社网址：http://www.class.com.cn

版权专有　　侵权必究

如有印装差错，请与本社联系调换：(010) 80497374
我社将与版权执法机关配合，大力打击盗印、销售和使用盗版图书活动，敬请广大读者协助举报，经查实将给予举报者奖励。
举报电话：(010) 64954652

[本书为湖北省社会科学基金
资助项目"不当劳动论衡"
【编号：2013015】]

[本书为湖北省中小企业研究中心
资助项目"中小企业不当劳动研究"
【编号：2013HSB006】]

作者简介

问清泓,男,1965年生,湖北荆州人,法学博士,教授。硕士研究生毕业于中南财经政法大学法学院经济法专业,博士研究生毕业于武汉大学法学院民商法专业。现为武汉科技大学文法与经济学院法律系教授,同时任武汉科技大学政策法规研究室副主任、武汉科技大学学术委员会常务副秘书长。主要从事劳动关系、劳动法与社会保障法的教学与研究。

前 言

本书借用东汉著名哲学家思想家王充的《论衡》之书名,并借用清华大学法学院于2000年创刊的《清华法治论衡》之法学刊名,结合本书特点而确定为"不当劳动论衡",以期彰显文人所应当秉承的"疾虚妄而不辟上圣、求真理而不崇拜偶像"的中华民族的传统文化;笔者也更期盼能够不断"感悟"当代先进之法治思想,论明劳动法之曲直,衡定不当劳动之是非,为我国劳动法制的建设和发展壮大而不懈努力。

古之,王充之《论衡》,比较侧重学术批判,反对世俗"好信师而是古"的盲从迷信态度,指出"圣贤之言,上下多相违",诸子之文也或失"实"。强调学习要"知难问",要有批判的态度。要敢于"问孔""刺孟""非韩",表现了理性的批判精神。法律理论研究应当学习王充求实、求是的科学精神。王充挺身屹立,不承认偶像,不迷信圣贤之言;不信上天,不信鬼,疾虚妄不避上圣,求真理不论正统偶像,反对任何形式、任何内容的虚妄,坚持求实、求是,敢于追求和坚持真理。王充之忧心社稷安危,心系民生疾苦,以治平天下为己任的高尚情操更值得法学研究者学习。

今之,清华大学之《清华法治论衡》,高鸿钧教授就曾经以无比精炼之词,高度概括了我中华民族的法治之路。"其实,法治乃古已有之。""百年风云,世事沧桑。屡经磨难、反复试错之中国,于20世纪后期,终步入法治之途。然法治之路遥遥,非一日之功可逮。西人行之凡数百载,尚远非完善。欲将法治理想化为现实,必经长期艰辛之努力。'斯业之艰钜,乃什百于畴曩'(梁启超语)吾辈学人,虽识浅力绵,仍愿与法治同忧同乐。"①

吾之,《不当劳动论衡》,虽为我国第一部有关不当劳动之专著,庶几可

---

① 高鸿钧. 清华法治论衡. 清华法治论衡,2000(1).

以填补研究空白，实不敢比之于王充之《论衡》"意在褒是抑非，实事忌妄；悟迷惑之心，知虚实之分；往轻重之言，立真伪之平。"（高鸿钧语）也无法达到高鸿钧先生之要求，仅可谓"博学而笃志，切问而近思"（《论语》）之伟大追求而已；亦可称"辨析法理，探求治道"（高鸿钧语）之"贵在参与"罢了。吾之《不当劳动论衡》仅为笔者学法、悟法之维，与"得道"还甚远，可谓"位卑未敢忘忧国、言轻岂能论大法"。

"衡"者，衡器、衡镜也，秤也，乃辨别是非善恶的标准；"衡"者，古同"横"，纵横之意，本书乃对不当劳动之纵横论述。本书借用"论衡"古今之名和实，以期对不当劳动行为的规制理论有所新论，并可成为法制与法治实践的一些制"衡"和劳资双方利益的公平之"衡"，此为本书《不当劳动论衡》之要旨。

全书分为九章。

第一章为绪论，主要阐述了域外主要国家和地区之不当劳动的理论研究概况。日本是世界上比较发达的国家，其有关不当劳动行为的理论研究也是领先的，"不当劳动行为"已经是日本劳动法的重要概念，不管是劳动法教材或专著还是学术论文，对"不当劳动行为"的研究已经是非常普遍的现象。我国台湾学术界对不当劳动制度的研究有一个显著特色，除了长时期不定期的分散型的研究外，还集中反映在"集体劳动三法"修改之立法活动前后，可以说这是不当劳动行为研究对立法的修正，使不当劳动行为之长期理论研究成果真正开始转化成了立法之实践。大陆有关不当劳动行为的研究几乎还处于空白状态，不当劳动行为一直还不是法律概念，更没有纳入劳动法的调整范畴。

第二章"不当劳动一般原理"从宏观上概括阐释了发达国家美国和日本之不当劳动行为制度的一般原理。其均为狭义上的不当劳动，不当劳动行为已经纳入了它们劳动法的重要范畴，不当劳动行为的救济制度更是其劳动法不可或缺的组成部分，其范式主要形成于工会法中。不当劳动的主要内容包括两个方面：一是狭义上的内容，即雇主之"反工会或抑制工会"行为，域外的不当劳动主要就是此狭义上的不当劳动行为规制或救济制度；二是广义上的内容，即本书笔者所阐述之广义上的不当劳动，除了包括狭义上的内容外，还主要包括：不当差别待遇、不当劳务派遣、不当业务外包、不当劳动合同（即合同欺诈）、不当劳动用工、不当产业行动和不当解雇等内容。

第三章"域外不当劳动制度"主要论述了美国、日本、意大利和我国台湾的不当劳动制度。美国不当劳动的立法是世界上最早的，美国法关于不当劳动制度的主要特征是：一是立法模式的先进性；二是主体规制的全面性；三是救济机构的权威性；四是，工会制度的受制性。日本不当劳动的立法渊源是美国法，但对其进行了改造，形成了自己的特征：第一，团结权的保障制度；第二，谈判权的救济制度；第三，独特的复数代理制；第四，可操作的救济程序。意大利不当劳动立法的特色是：立法模式的单一性；集体谈判的形式化。我国台湾的特征是：旧法不当劳动制度的极大局限性；新法规定了不当劳动的主要类型；新法明确了雇主之诚信谈判义务；新法独创了不当劳动之裁决制度。

第四章"不当差别待遇"阐述了不当劳动行为之差别待遇这一不当劳动行为最为典型代表的内涵。构建反不当劳动的制度，必须首先解决差别待遇问题，而反差别待遇最为有效的办法就是构建平等待遇制度。平等待遇是平等权的下位概念即平等待遇权，它既是宪法或法律特别是劳动法的基本原则即平等待遇原则，又是劳动者享有的具体权利。日本劳动法之平等待遇原则主要体现在反歧视待遇上，其反歧视待遇的规定主要有两个方面：一是反对女性的工资歧视；二是反工资歧视之外的歧视待遇，主要由判例法规制。日本法对平等待遇的规定还有一个特色，通过对"伪装承包"和"不当劳动行为"的规制，来实现对劳务派遣者之平等待遇的法律救济。欧盟劳动法之平等待遇原则的规定首先体现在男女平等的规定上。德国法规定平等待遇原则的重要特点是将平等待遇直接规定为雇主的法定义务即"平等对待义务"。我国劳务派遣和业务外包之平等待遇问题的理论研究和立法都显得非常滞后。

第五章"不当劳务派遣"主要从广义上论述了我国不当劳动之一的劳务派遣，我国劳动法既没有将不当劳动行为纳入自己的范畴，更没有关于不当劳务派遣的规定，仅有极少数专家对不当劳务派遣进行了研究，笔者认为不当劳务派遣可分为以下三种：隐名派遣、自设派遣和逆向派遣。隐名派遣之不当性主要在于：主体资格的失当性和隐名派遣是应当受到法律制裁的违法行为。自设派遣已经是我国劳动法所明确禁止的派遣类别，这说明自设派遣是一种非法派遣。关于逆向派遣的法律效力问题，目前学界观点不一："有效论"观点认为逆向派遣是正当的和合法的；"无效论"认为逆向派遣是不正当的和不合法的，此观点为主流观点。治理不当劳务派遣：一是要明确三性界分；二是要科学设置用工比例；三是构筑许可报告制度。

第六章"不当业务外包"专门阐述了由于业务外包还不是真正的法学范畴，对不当业务外包就相应的不能以合法与非法来界定，只能是从法理上进行分类。笔者认为，不当业务外包主要包括"假外包真派遣"或叫"伪装外包"和"假外包（假承揽）真雇佣"两种形态。我国劳务派遣已经被有些企业滥用，在研究和解决这一问题时，都是将业务外包和劳务派遣分开研究的。在《劳动合同法修正案》实施后，许多不当劳务派遣将以合法的业务外包之新身份出现，并将再次实现业务外包的被动的第二次"飞跃"发展，因此，如何有效遏制旧有的业务外包，又如何有效规制和管制新出现的不当业务外包，将是一个全新的课题。治理不当业务外包应当：统一劳动关系立法，打击混业经营行为，积极发挥工会作用，构建三联三动机制。

第七章"不当劳动合同——合同欺诈"研究了我国劳动合同欺诈的一般形式包括三种：由劳动者（雇员）实施的欺诈；由用人单位（雇主）实施的欺诈和集体合同欺诈；还重点论述了劳动合同欺诈的特殊形式——第三人欺诈，分析了第三人欺诈的一般原理和"第三人"的界分。治理劳动合同欺诈的路径有四：将劳动合同欺诈纳入不当劳动的范畴；重塑劳动合同效力制度——新建劳动合同可撤销制度；新建反第三人劳动合同欺诈制度；重点规制劳务派遣与业务外包之合同欺诈。

第八章"不当劳动用工"比较全面地阐释了我国的不当劳动用工及法律规制问题。本章对"胁迫、强迫儿童用工"的现状和原因进行了分析，并提出了禁止使用童工的法律对策。本章还对我国公权力之强迫劳动之"未决羁押之强迫劳动"进行了剖析，认为未决羁押之强迫劳动是不正当的，是违背宪法和法律法规的违法行为，看守所实施对未决羁押者的胁迫或强迫劳动是侵犯公民劳动权益的行为。第四节对"强迫劳动之刑法管制即强迫劳动罪"进行了比较深入的探索，我国目前尚未批准《强迫劳动的公约》和《废止强迫劳动公约》这两项公约，但我国的立法和司法实践对禁止强迫劳动做得还是非常不错的，我国《刑法》就有相关强迫劳动的规定如"强迫职工劳动罪"，现已经改为"强迫劳动罪"，更具有立法的先进性。将"强迫职工劳动罪"的罪名修改为"强迫劳动罪"，将该罪的主体由原来的"用人单位"这一特殊主体改变为一般主体，将非法的用人单位纳入了用人单位的范畴，克服了原来的争议，同时还将一般的自然人也纳入了进来，克服了原来仅仅为单位的缺陷。新规定还将"单罚制"改为了"双罚制"。新修正案还将"协同"强迫劳动犯罪纳入了强迫劳动犯罪的范畴，意义重大。第五节对我国公权力之强迫劳动——劳动教养制度进行了全面的研究。"唐慧案"再次引起了对劳教制度的批判，关于劳教制度的争鸣主要有两派：一是"改革派"；二是"废除派"。"改革派"倾向于改造劳教制度而不是一举废除它，认为可以从法制的角度将其重新改造；"废除派"认为应当将劳教制度完全废除。在废除劳教制度的观点中，许多人认为用《违法行为教育矫治法》取而代之是比较可行的办法。第六节对我国传统的"劳动改造制度"进行了分析，劳动改造制度与其他不当劳动的主要区别是其实施强迫行为的主体不是一般的用人单位或雇主，而是代表国家公权力的强制机关的行为，它完全是统治阶级强制性意志的反映，因此，劳改制度具有合法性和正当性。同时，劳改制度是针对那些少数违法犯罪分子的强迫劳动，因而，又具有社会正义性。

第九章"不当产业行动"主要论述了西方发达国家的产业行动制度的概念和一般原则，并对我国目前大量涌现的产业行动如"罢工"事件进行了法律解读和法律定性，提出了处理和规制我国目前不当产业行动的办法。产业行动是集体合同法中的重要制度，完备的产业行动制度直接指导和引领着集体劳动关系中的产业行动，产业行动中的对话机制保障了其产业行动的有序性，避免和减少了产业行动对社会稳定与和谐所带来的负面影响。我国还没有建立起这样的制度，这是我国劳动立法特别是集体劳动关系立法的重大缺漏，也是导致极端劳资冲突事件如"罢工"事件多发的重要原因。我国当前的产业行动包括罢工，因为还没有宪法和法律的授权或容许，不具有合法性或正当性，因此，都只能将之称为不当产业行动或不当罢工。对我国目前不当产业行动的处理和规制，还没有法律法规的直接规定，在处理和规制时，应当避免集体"闹事"来处理，不能用游行示威等集体"突发事件"来处理，也不能当集体信访事件处理，在处理和规制不当产业行动时应当特别注意发挥工会的积极作用。"

本书是笔者长期从事劳动关系、劳动法与社会保障法教学与研究的产物，书中对不当劳动的研究具有一定的创新性，至少从形式上看，此书是我国首部关于不当劳动的专著，虽然笔者尽了最大努力，也花费了大量时间和精力，但由于资料和水平的限制，书中不当或谬误之处在所难免，恳请各位同仁和读者批评指正。

问清泓

2013年10月于武汉科技大学

目 录

第一章 绪论——不当劳动研究概览 /1
第一节 日本不当劳动研究概况 /1
一、普遍研究与类型化研究 /1
二、集体劳动三权研究 /2
第二节 我国台湾地区不当劳动研究概况 /4
一、溯源性比较研究 /4
二、针对性立法研究 /6
第三节 我国大陆不当劳动研究概况 /9
一、理论研究尚在初始阶段 /10
二、缺少理论支撑 /10

第二章 不当劳动一般原理 /12
第一节 不当劳动的主要内容 /12
一、不当劳动的狭义内容 /14
二、不当劳动的广义内容 /17
第二节 不当劳动的前提条件和立法模式 /20
一、不当劳动的前提条件 /20
二、不当劳动的立法模式 /22
第三节 不当劳动的权利属性——集体劳动权 /33
一、个人权利抑或集体权利 /33
二、工会的法律身份和地位 /36

第三章 域外不当劳动制度 /39

第一节 美国不当劳动制度 /39
一、立法模式的先进性 /40
二、主体范围的全面性 /41
三、救济机构的权威性 /44
四、工会制度的受制性 /46

第二节 日本不当劳动制度 /52
一、团结权的保障制度 /53
二、谈判权的救济制度 /54
三、独特的复数代理制 /55
四、可操作的救济程序 /57

第三节 意大利不当劳动制度 /58
一、立法模式的单一性 /59
二、集体谈判的形式化 /60
三、可复制的成功经验 /63

第四节 我国台湾地区不当劳动制度 /66
一、旧法不当劳动制度的局限性 /66
二、新法规定的不当劳动主要类型 /68
三、新法明确雇主的诚信谈判义务 /70
四、新法独创不当劳动的裁决制度 /71

第四章 不当差别待遇 /75

第一节 内涵界定 /75
一、不当差别待遇的内涵 /75
二、平等待遇的一般内涵 /78

第二节 劳动法语境下之反不当差别待遇 /81

一、劳务派遣之平等待遇　　　　　　　　　　　　　／81
　　二、业务外包之平等待遇　　　　　　　　　　　　　／83
　　三、我国平等待遇之宏观内容　　　　　　　　　　　／88
　第三节　日本法之反不当差别待遇　　　　　　　　　　／91
　　一、劳务派遣之平等待遇　　　　　　　　　　　　　／93
　　二、业务外包之平等待遇　　　　　　　　　　　　　／99
　第四节　欧盟之反不当差别待遇　　　　　　　　　　　／101
　　一、欧盟指令之平等待遇　　　　　　　　　　　　　／101
　　二、德国法之平等待遇　　　　　　　　　　　　　　／106
　　三、意大利法之平等待遇　　　　　　　　　　　　　／108

第五章　不当劳务派遣　　　　　　　　　　　　　　　／111
　第一节　隐名派遣　　　　　　　　　　　　　　　　　／112
　　一、主体资格的失当性　　　　　　　　　　　　　　／112
　　二、派遣行为的违法性　　　　　　　　　　　　　　／113
　第二节　自设派遣　　　　　　　　　　　　　　　　　／114
　　一、所属单位的界分　　　　　　　　　　　　　　　／115
　　二、自设派遣的认定　　　　　　　　　　　　　　　／116
　第三节　逆向派遣　　　　　　　　　　　　　　　　　／119
　　一、虚拟派遣——合谋派遣　　　　　　　　　　　　／120
　　二、逆向派遣的效力　　　　　　　　　　　　　　　／121
　第四节　不当劳务派遣的治理　　　　　　　　　　　　／125
　　一、明确三性界分　　　　　　　　　　　　　　　　／125
　　二、设置用工比例　　　　　　　　　　　　　　　　／130
　　三、构筑许可报告制度　　　　　　　　　　　　　　／134

第六章　不当业务外包

第一节　不当业务外包的新动向　/139
　　一、业务外包的一般状况　/139
　　二、业务外包的新变化　/141

第二节　假外包真派遣——伪装外包　/144
　　一、法律定性　/145
　　二、域外经验　/146

第三节　假外包真雇佣——假承揽　/151
　　一、法律界定——承揽与雇佣之辩　/151
　　二、台湾的启示　/154

第四节　不当业务外包的治理　/157
　　一、统一劳动关系立法　/157
　　二、打击混业经营行为　/159
　　三、积极发挥工会作用　/160
　　四、构建三联三动机制　/163

第七章　不当劳动合同——合同欺诈

第一节　民法语境下的欺诈与合同欺诈　/167
　　一、民事欺诈的基本内涵　/167
　　二、民事欺诈的立法现状　/172
　　三、欺诈合同的效力研判　/176

第二节　劳动合同欺诈的一般形式　/182
　　一、雇员实施的欺诈——学历欺诈　/183
　　二、雇主实施的欺诈　/189
　　三、集体合同之欺诈　/202

第三节　劳动合同欺诈的特殊形式——第三人欺诈　/206

一、民法之一般原理 /206
　　二、第三人界分比较 /210
　　三、劳务中介之欺诈 /216
第四节　劳动合同欺诈的治理路径 /227
　　一、将欺诈纳入不当劳动范畴 /227
　　二、重塑劳动合同之效力制度——新建可撤销制度 /228
　　三、新建第三人欺诈禁止制度 /242
　　四、重点规范劳务派遣之欺诈 /243

第八章　不当劳动用工 /258

第一节　概念界定及立法评述 /258
　　一、劳动用工的一般界定 /258
　　二、不当劳动用工的界定 /265
　　三、劳动用工之立法述评 /267
　　四、胁迫、强迫劳动之内涵 /272

第二节　儿童之胁迫、强迫劳动——童工 /282
　　一、胁迫、强迫儿童用工的现状 /282
　　二、胁迫、强迫儿童用工的原因 /286
　　三、禁止童工劳动的法律对策 /291

第三节　未决羁押之强迫劳动 /298
　　一、缘起 /298
　　二、内涵界定 /299
　　三、强迫劳动之不当 /300

第四节　胁迫、强迫劳动之刑法管制——强迫劳动罪 /304
　　一、典型案例导读 /304
　　二、劳动刑法辩争 /308
　　三、刑法管制沿革 /314

第五节　不当公权力之劳动用工制度——劳动教养制度　/322
　　一、劳动教养制度的改革缘起——"唐慧案"解读与启示　/322
　　二、劳动教养制度之"改革派"　/329
　　三、劳动教养制度之"废除派"　/333
第六节　不当劳动用工适用除外制度——劳动改造制度　/339
　　一、不当劳动用工除外之概述　/339
　　二、劳动改造制度的国内沿革　/340
　　三、劳动改造制度的国际视野　/346
　　四、劳动改造产品的国际立法　/353

第九章　不当产业行动　/358

第一节　产业行动比较分析　/358
　　一、产业行动的概念界定与比较　/358
　　二、与狭义不当劳动的一般比较　/363
　　三、与狭义不当劳动的特殊比较——黄犬契约与野猫罢工　/369
第二节　产业行动基本原则　/370
　　一、工会引领原则　/370
　　二、和平义务原则　/375
　　三、集体协商原则　/380
　　四、严格程序原则　/384
第三节　我国产业行动的法律界定　/393
　　一、产业行动（罢工）之"合法论"　/394
　　二、产业行动（罢工）之"非法论"　/396
　　三、产业行动（罢工）之"折中论"　/398
　　四、产业行动（罢工）之"不当论"　/399
第四节　不当产业行动的处理和规制　/399
　　一、不能当"突发事件"处理　/401

目录

二、不能当集体信访事件处理　　　　　　　　　　/401

三、不能无工会参与处理　　　　　　　　　　　　/403

后　　记　　　　　　　　　　　　　　　　　　　/406

第一章
绪论——不当劳动研究概览

第一节 日本不当劳动研究概况

不当劳动行为的规制与救济制度已经是发达国家劳动法领域内的重要制度，经过长期的积淀，其理论研究已经达到了一定的深度，理论研究取得的成果为规制不当劳动行为的立法和司法实践提供了有力的支撑，不当劳动行为的规制与救济制度已经成为保障劳动者集体劳动权益、实现体面劳动的重要内容。在理论界，日本对不当劳动行为的规制与救济的研究比较发达，"他山之石"可以借鉴。

一、普遍研究与类型化研究

日本劳动法有关不当劳动行为的理论研究非常领先。"不当劳动行为"已经是日本劳动法的重要概念，不管是劳动法教材、专著还是学术论文，对"不当劳动行为"的研究已经非常普遍。

不当劳动行为又可称为不正当劳动行为或不公正劳动作为，或不公正劳工措施，它最早是美国劳动法的概念，后来日本劳动法将其吸收并改造细化，使之成为其劳动法上的重要制度，这再次充分体现了日本劳动法的"移植性"与本土化特征。

在日本，一些著名劳动法学专家的权威教材中都有对不当劳动行为的研究，如菅野和夫的《劳动法》，荒木尚志的《日本劳动法》（增补版）。荒木尚志教授对不当劳动行为有专门的研究，在其专著《日本劳动法》中的第15章就专章研究了不当劳动行为，他也认为不当劳动行为是日本工会法所确立的救济制度。①

雇主不当劳动行为的主要类型是雇主的"反工会"活动，具体主要包括不当待遇和"黄犬契约"等一般类型，后来参照美国《华格纳法》，在不当劳动行为的类型中增加了雇主拒绝集体谈判和支配、介入工会等类型，特别增加了雇主之诚实谈判义务。诚实谈判已经是日本劳动法中雇主的法定义务，是不当劳动行为的主要类别之一，这已经是日本学界研究的共识。这些类型化的理论研究成果直接转化成为日本有关不当劳动的立法，体现出日本不当劳动的类型化研究十分发达。

二、集体劳动三权研究

日本学界对集体劳动三权的研究具有全面性和深入性的特色。日本大阪经济法科大学教授、大阪相马达雄总合法律事务所所长、律师相马达雄认为团结权即是组成工会的权利，如此组成的工会运用其争议权和团体交涉权，经过具体的程序去改善劳动条件。因此，在所谓的劳动基本三权中，可以说，只有团结权才应成为劳动者的主要权利。换言之，作为劳动者，如果团结权被否定，或行使的权利受到严重阻碍，将无法维护和改善自身的劳动条件，可以明确地说，团结权对劳动者来说是提高劳动条件的命脉，是劳动者最为重要的权利，工会法第1条首先规定，雇佣者不得妨害这一权利的行使。妨害团结权的行使属于工会法第7条规定的禁止的不当劳动行为。妨碍行使团结权不仅来自于雇佣者、工会乃至其执行部门自身也有此情形，甚至第三者特别是同一企业内互相竞争的其他的工会也会做出此举。②"可以说，不当劳动行为制度是保障劳动者团结权的担保制度"。③相马达雄教授将不当劳动行为制度看作是团结权的重要保障制度，他是日本学界关于不当劳动行为之法律属性"团结权保障说"的重要代表。

关于不当劳动行为制度的基本作用，日本劳动法学界主要有三种意见：第一

---

① [日] 荒木尚志. 日本劳动法（增补版）. 李坤刚，牛志奎译. 北京：北京大学出版社，2010：145.
② [日] 相马达雄. 论日本工会组织诸问题. 王丽华译. 中外法学，1996（3）：69.
③ [日] 相马达雄. 论日本工会组织诸问题. 王丽华译. 中外法学，1996（3）：71.

第一章 绪论——不当劳动研究概览

种即上面相马达雄的"团结权保障说";第二种意见认为,不当劳动行为制度是为了实现以团结权保障为前提的公正的劳资关系秩序,即所谓"劳资关系秩序维持说";第三种是菅野和夫的"团体交涉顺畅说",他认为,不当劳动行为制度是为顺利实现团体交涉而特别创设的,即所谓"团体交涉顺畅说"①。安枝英绅、西村健一郎在其《劳动法》一书中认为上述三种意见其实并不互相排斥,可以互相补充。②"团结权保障说"是从团结权法理依据的层面予以论证,"秩序维持说"是从团结权的社会作用的层面提出问题,"团体交涉顺畅说"是从团结权实现的手段层面着眼的。角田重邦等在其《劳动法讲义(2)团体劳动法》中认为,不管三种学说的侧重点如何,不当劳动行为制度作为团结权保障的"特别制度"③,沼田稻次郎等在其《劳动法事典》中认为,从不当劳动行为的法理基础和立法目的等理论层面来讲,不当劳动行为制度以劳动法中的团结权保障为直接的法律依据,是对于侵害团结权的救济④,这在日本学界已经达成了共识,对不当劳动行为的立法和实际规制都起到了很好的作用。

在日本,雇主拒绝谈判是雇主对于工会直接的不当劳动行为。西谷敏在《劳动组合法》中认为,雇主只要对于集体谈判不作为,就可构成不当劳动行为。《日本劳动组合法》第2章第7条第2款明确规定:雇主无正当理由拒绝同所雇佣的劳动者代表进行集体谈判为不当劳动行为。作为工会集体谈判的对手,雇主方面负有"回应谈判义务"和"诚实谈判义务"。前者是指在工会提出集体谈判的请求时,雇主没有正当理由不得拒绝;后者是指雇主不得借故刁难、妨碍或中止谈判。⑤ 诚实谈判已经是日本劳动法中雇主的法定义务,其作为不当劳动行为救济制度的重要内容之一,保障了集体协商谈判的有序开展,使劳动者的集体谈判权有一条有效的救济路径。

日本劳动法采取的是复数代理制而不是排他代理制,保障了多数派工会和少

---

① [日]菅野和夫. 劳动法. 弘文堂平成7年版:596~597. //常凯. 论不当劳动行为立法. 中国社会科学,2000(5):72.
② 常凯. 论不当劳动行为立法. 中国社会科学,2000(5):72.
③④ 常凯. 论不当劳动行为立法. 中国社会科学,2000(5):73.
⑤ [日]西谷敏. 劳动组合法. //常凯. 论不当劳动行为立法. 中国社会科学,2000(5):78.

数派工会的平等权。"在不当劳动行为救济制度的框架下,日本的少数派工会在不当劳动行为方面,可以得到与多数派工会相同的法律保护"。① 日本劳动法专家荒木尚志教授将此看作是日本不同于美国不当劳动行为救济制度的第一个特征,日本这种体现各种工会法律主体地位平等的做法,是明显不同于美国的,这更是日本工会法在规制不当劳动行为中所独具的特色,值得其他国家学习和借鉴。

第二节 我国台湾地区不当劳动研究概况

一、溯源性比较研究

我国台湾对不当劳动的理论研究也比较深入,对美国和日本的借鉴性研究比较多,并结合台湾的实际进行研究。

其劳动法教科书一般都有关于不当劳动行为的论述,如黄越钦教授的《劳动法新论》就有单独一章即第二编第五章是专门研究不当劳动行为的。台湾关于不当劳动行为的论文非常多,对台湾不当劳动行为之移植问题有许多论述,而且对其他国家如美国、日本等也有较为深刻的研究,为的是洋为中用。

台湾政治大学法律系教授黄程贯对不当劳动行为的研究有一些非常有价值的论述,其中在《规范台湾的不当劳动行为与制度建构》(2004年10月)中,他认为:"不当劳动行为制度是否要引进,已讨论多年,我印象中无人反对,只是要引进何国制度有一些讨论,此次新劳动三法就把不当劳动行为制度引进,制订过程当然也有些波折,因日本制度无针对劳方不当劳动行为做处理,因此此部分引进美国制度,就结果上也许可以这样讲,在新的劳动三法,对劳方的保障是比较大的,对资方的限制还是比较多的"。②

台湾欧美研究所研究员焦兴铠的《美国不当劳动行为裁决机制之研究》

---

① [日]荒木尚志. 日本劳动法(增补版). 李坤刚,牛志奎译. 北京:北京大学出版社,2010:145.
② 黄程贯. 规范台湾的不当劳动行为与制度建构. 智邦公益电子报,http://enews.url.com.tw/enews/30461.2004-10-01.

第一章 绪论——不当劳动研究概览

(2006年8月)对美国的不当劳动行为进行了专题研究,他非常详细地论述了美国不当劳动行为制度的概况,可以说从此文就可以知道美国之不当劳动行为救济制度的全貌。全文内容共分四个部分:第一部分将以五个阶段为期,讨论此机制在美国产生之时空背景,包括相关之政治、社会及经济因素等。第二部分则是分析目前此机制在该国之实际运作情形,包括不当劳动行为之重要类型、国家劳工关系委员会之运作,以及该委员会所能提供之救济手段等。第三部分对此机制七十年来之实施做初步之评述,除探及其优劣及引起争议之处外,并对目前之改革倡议一并提及。最后,第四部分则是对台湾劳资争议处理法草案中所拟议建构之防止不当劳动行为裁决制度做简要说明,并根据美国的实施经验,提出将来应该注意的建议事项。焦兴铠认为,美国不当劳动行为裁决机制在经过逾七十年的运作后,虽曾衍生诸多问题而饱受抨击,但直到目前为止,它在维护劳工团结权及促进团体协商程序的进行上,仍有其不可磨灭的功效,即使在工会运动全面衰微的情况下,尚能屹立不移,而未曾听闻有全面撤除之议出现,反在公共部门能继续发扬光大,而让该国之工会组织率仍能维持一定之水准,并使得团体协商制度仍属维护工业和平之基石。台湾在新修正之劳动三法中,特别仿效美日等国之做法,希望建构一套不当劳动行为裁决制度,是近年来集体劳资关系法制度改革之一大创举,其执行成败将对台湾工会运动之未来走向具有决定性之影响,虽然目前仍在草案阶段,尚无法断言其实际成效,但如能针对其他先进国家之实施经验加以适度之撷取,然后再因应岛内之实际需求加以逐步实施,或能对台湾长期积弱不振之集体劳资关系,设法找出一可行之道。①

中正大学劳工关系学系教授卫民也对美国的不当劳动行为进行了研究,其具体研究是"美国不当劳动行为案件的处理机构与程序"(2010年6月)。

台湾劳委会劳资关系处的王厚伟和黄琦雅在《台湾劳工》第13期发表了"我国不当劳动行为救济制度之窘境与展望—由美日制度看台湾未来发展方向"(2008年5月),该文对台湾之不当劳动行为的立法进行了详细的论述,针对立

---

① 焦兴铠. 美国不当劳动行为裁决机制之研究. http://old.npf.org.tw/PUBLICATION/SS/095/SS-R-095-005.htm.2006-08-8.

法院将审查之工会法修正草案、劳资争议处理法修正草案及修正通过尚未公布施行之团体协约法中关于不当劳动行为相关规范进行了对比研究。"本次劳动三法之修正,为求劳动三权保障之实践,除强化有关不当劳动行为之规范外,并特设裁决制度作为处理认定不当劳动行为之机制,希冀借由裁决委员会更为专业化之组织以及裁决程序更为效率化之运作,改善向来透过法院诉讼程序处理此类争议所产生之问题"。①

二、针对性立法研究

台湾学术界对不当劳动制度的研究还有一个显著特色,除了长时期不定期的分散型的研究外,还集中反映在"集体劳动三法"修改之立法活动前,可以说这是不当劳动行为研究的密集期,经过多方博弈,基本修成"正果",使不当劳动行为之长期理论研究成果真正转化成了立法之实践,可以说台湾之不当劳动行为理论研究成果在这次重大立法活动的"劳苦功高"。"集体劳动三法"即《工会法》《劳资争议处理法》和《团体协约法》,三法经过多次审议最终通过并于2011年5月1日实施。这不仅是台湾劳动法立法的大事,也是台湾劳动法学界对集体劳动关系(含不当劳动关系)理论研究成果的集中表现,其对集体劳动关系的高度重视,特别是对《工会法》在集体劳动关系中职能和作用的研究,以及对不当劳动行为的研究等都是值得我们借鉴的。

台湾行政院劳工委员会劳资关系处的古松茂和翁美玲二人在《台湾劳工》第7期上发表了《台湾工会组织发展及未来展望》(2007年5月),以非常翔实的官方统计资料对台湾工会的现状和未来进行了深入分析和研究。他们认为:"台湾工会现行工会组织采取一元化工会设计,且同一组织区域内、同一层级、同一类型之工会只能成立一家,工会结盟之空间遭到阻绝,且劳工无选择工会之自由,造成会员向心力不足。此外产业工会必须以'厂''场'为其组织区域,致产业工会与现行企业组织相较其抗衡力量较为薄弱,不利劳动三权之发展,影响劳工

---

① 王厚伟,黄琦雅. 我国不当劳动行为救济制度之窘境与展望——由美日制度看台湾未来发展方向. 台湾劳工,2008,5(13):58.

组织或加入工会之意愿"。他们还认为："工会之存在得使弱势之劳动者，藉集体之力量，促成新的权力平衡，避免弱势者利益受到忽视与剥削，降低因不平等而导致激烈冲突"。①

台湾空中大学公共行政学系助理教授陈金福的《两岸劳动三权相关法律之比较》（2008 年 5 月）认为："工会法是劳动者实践团结权之基石，2010 年 6 月 2 日该法第 9 次修正，并于 2011 年 5 月 1 日与团体协约法、劳资争议处理法同步实施。此次修正主轴为工会组织团结化、会务自主化、运作民主化。修正重点如下：（1）明确保障劳工及教师有组织及加入工会之权利；（2）明定雇主不当劳动行为态样。为加强保护劳工加入、筹组工会之权利，明定雇主妨害工会组织、运作及对工会干部之不利对待等不当劳动行为态样，并另订有处罚规定；（3）扩大劳工团结权行使"。②

中正大学劳工关系学系教授卫民的《新〈工会法〉第 3 条之内容分析——兼论规范雇主不当劳动行为的复杂性与困境》（2010 年 9 月）一文对不当劳动行为再次进行了非常深入的研究。新《工会法》的条文中有一个重大的修正内容，即有关"不当劳动行为"的规范。"工会成立的最主要目的就是与雇主进行集体协商，如果雇主违反诚信协商的原则即构成不当劳动行为。集体协商是劳工与工会协商权的展现，协商权的基础则是团结权，如果劳工无法组织工会而没有工会组织，或是工会虽已成立，但其组织运作与日常活动受到了各种的阻碍，那根本不必奢谈集体协商。因此，劳工拥有一个自由组织工会和自主运作的空间，才是集体劳资关系顺利发展的基础"。"除了规范劳资双方是否诚信协商有关的不当劳动行为之外，其实更重要的则是雇主是否会干预工会的成立与运作，甚而是否会对筹组和担任工会干部的劳工予以不利的对待，有关这一种雇主的不当劳动行为才是值得重视和规范的"。新《工会法》第 35 条第 1 项规范了雇主五款不得从事之不当劳动行为，如果违反的话根据同法第 45 条第 1 项经裁决决定者，处 3 万至 15 万元之罚款。2009 年 7 月 1 日修正通过之《劳资争议处理法》特别新增了一

---

① 古松茂，翁美玲. 工会组织发展及未来展望. 台湾劳工，2007，5（7）：87.
② 陈金福. 两岸劳动三权相关法律之比较. 台湾劳工，2008（31）：95～96.

个裁决机制,所谓裁决决定是指最高裁决委员会针对不当劳动行为所做之裁决决定。① 新《工会法》中新增第35条有关雇主不当劳动行为的规定,可以说是一项重大的进步。但是第35条日后在施行上可能会因条文内容的复杂性而有争议,劳资争议的双方当事人对于实务的运作可能都不太清楚。②

台湾政治大学法律系黄程贯教授于2011年发表了"台湾不当劳动行为裁决制度",再次对不当劳动行为特别是对其裁决制度进行了非常深入的专题研究。他认为,新的集体劳动三法强力引入了资方不当劳动行为制度,"当劳动行为体系建立的意义,乃在于企图将司法争执的焦点重新拉回对劳工集体基本权的保障之上,并一一列举式地将劳工集体基本权的实质内容予以具体化,同时希望能强化现实上劳资协商的可能性"。③ 台湾的不当劳动行为制度不仅在新《工会法》中有非常具体的规定,在《团体协约法》中专门有非诚信协商之不当劳动行为。"此次三法修正中在《团体协约法》中亦正式引进美日非依诚信协商之不当劳动行为制度"。④ 台湾不当劳动行为的救济制度主要体现在《劳资争议处理法》上。"《劳资争议处理法》之裁决制度乃是不当劳动行为之救济制度","不当劳动行为之裁决机制之目的,乃是为确实保障劳工之团结权及协商权,迅速排除不当劳动行为,恢复集体劳资关系之正常运作,故增订不当劳动行为裁决机制之相关规定,对于劳资双方有违反《工会法》第35条或《团体协约法》第6条第1项规定之不当劳动行为时,由最高不当劳动行为裁决委员会予以裁决认定,以为解决并对裁决期间劳资双方之行为予以限制"。"此一新订之台湾《劳资争议处理法》之裁决制度有其特色,此一制度系介于行政与司法之间的准司法机制,一方面要求行政之快速,另一方面又要赋予司法之效力,同时更要符合中立性之要求"。⑤

---

① 卫民. 新《工会法》第35条之内容分析——兼论规范雇主不当劳动行为的复杂性与困境. 台湾劳工,2010,9(23):87.
② 卫民. 新《工会法》第35条之内容分析——兼论规范雇主不当劳动行为的复杂性与困境. 台湾劳工,2010,9(23):93.
③ 黄程贯. 台湾不当劳动行为裁决制度. 台湾劳工,2011,6(26):41.
④ 黄程贯. 台湾不当劳动行为裁决制度. 台湾劳工,2011,6(26):42.
⑤ 黄程贯. 台湾不当劳动行为裁决制度. 台湾劳工,2011,6(26):44.

黄程贯教授对台湾参照美国和日本立法惯例而制定的不当劳动行为裁决制度进行了详细的解读，并对不当劳动行为裁决制度终于成为台湾法律现实予以了充分肯定。

台湾文化大学法律学系及法律学研究所邱骏彦教授，对新三法之不当劳动行为制度的评价也非常高。"为了保障工会的组织、与正当的团体行动权，增加了禁止雇主妨害工会的不当劳动行为规范。又在落实工会团体协商权的目的下，明确要求劳资双方应本着诚实信用原则进行协商，并明定无正当理由拒绝协商态样，且将拒绝协商纳入不当劳动行为规范机制，有意促成劳资双方协商机会的政策意图十分浓厚。再者，针对劳资争议处理的机制，除了保留原来调解与仲裁两种管道外，另外新增加了裁决处理机制，专司解决不当劳动行为的救济任务。以上这些修正法中的主要骨干，将要支撑集体劳动关系的未来开展。"① 他对台湾的本次修法，评价最高的是不当劳动行为的救济机制，他说："本次大幅度修正劳动三法，最值得历史记载的是导入了禁止不当劳动行为的明确规范，但是禁止不当劳动行为的规定，其具体落实仍取决于是否具备有效且迅速确实的救济管道，这个救济管道就是《劳资争议处理法》中的裁决机制。"②

第三节　中国大陆不当劳动研究概况

在中国大陆，不当劳动行为还是一个非常陌生的概念，根本不属于法律范畴，更谈不上是劳动法的组成部分，其理论研究基本上处于空白状态，其根本原因是我国集体劳动合同制度非常不发达，在劳动关系的研究和立法中存在普遍的"重个体轻集体"的现象，劳动者集体劳动权益处于"休眠"状态。为了构建中国特色的集体劳动关系制度，响应党的十八大号召，推动改革"攻坚战"，加大对工会制度特别是不当劳动行为的规制与救济的学术研究，为立法提供支撑，已经是摆在劳动法理论研究工作者面前亟待解决的课题。

---

① 邱骏彦. 展望与内省劳动三法整体评析. 台湾劳工，2011，6 (26)：59.
② 邱骏彦. 展望与内省劳动三法整体评析. 台湾劳工，2011，6 (26)：66.

一、理论研究尚在初始阶段

中国大陆有关不当劳动行为的研究几乎还处于空白状态，不当劳动行为一直还不是法律概念，更没有纳入劳动法的调整范畴，在集体劳动法极不发达的背景下，劳动者几乎不知道《工会法》有何种用途，劳动法学界与劳动立法的"重个体轻集体"的思想使劳动三权即团结权、集体谈判权和团体争议权的理论研究和立法极为滞后，严重阻碍了集体劳动关系的和谐。

中国大陆劳动法的教科书几乎都没有关于不当劳动行为的概念，更没有像日本和台湾那样普遍的专章的论述，就笔者所知仅有郭婕教授主编的《劳动法学》第八章第五节有关于"不当劳动行为"的论述，她的《劳动法与社会保障法》第八章第四节也有关于"不当劳动行为"的论述。有关"不当劳动行为"的学术论文非常少见，笔者检索《中国知网》，有常凯教授的《论不当劳动行为立法》（2009年）、赵爽的《不当劳动行为制度下灵活就业群体劳动权益的保障——基于工会维权的视角》（2008年）、叶姗的《雇主不当劳动行为的民事救济——基于我国和美国不当劳动行为救济制度之比较》（2012年）、李立新的《从日本劳动立法看我国集体谈判权的保障》（2009年）、章群、朱悦蘅的《我国不当劳动行为控制的制度构建》（2006年）等极少的论文，可见，中国大陆关于不当劳动行为的理论研究尚属初始阶段，这样的后果必然带来立法的迟缓，使我国的劳动法与发达国家和地区的差距极大。因此，中国大陆急需加大对不当劳动行为的理论研究，也急需对发达国家和地区的不当劳动行为制度进行学术研究，以便为今后的劳动立法提供理论支撑，日本和我国台湾关于不当劳动行为制度的研究值得我们学习与借鉴，尤其是我国台湾的理论研究经验及其为劳动立法提供的有力支撑，值得我们借鉴。

二、缺少理论支撑

中国大陆有关不当劳动行为的理论研究较浅，其后果必然带来立法的迟缓，使我国的劳动法（含工会法）与发达国家和地区的差别极大。因此，中国大陆急需加大对不当劳动的理论研究，以便为立法与实践提供理论支撑。

"不当劳动行为"早已是国外发达国家劳动法的重要范畴，不当劳动行为的规制与救济已经成为保障劳动者权益不可或缺的制度构建，特别是美国和日本两国的不当劳动行为规制和救济制度具有非常独特的特征，其判例法与成文法的相互交织、救济机构的高度独立性与权威性、救济程序的可操作性等，共同构建了不当劳动行为规制救济制度；国外的工会组织虽然是民间组织，但其强势地位不断加强并已经成为劳动者的"代言人"，工会在调控集体劳动关系、规制劳资冲突、保障劳动者集体劳动权方面发挥着巨大作用；另外，这些国家特别是日本有关不当劳动行为的理论研究呈现出非常繁荣的局面，为立法和司法实践提供了强有力的支撑。即便是我国台湾地区，对不当劳动的理论研究，也是针对性的比较立法研究，使得理论研究为立法和实践提供了非常强大的理论支撑。但是我国大陆由于对不当劳动的理论研究刚刚开始，根本谈不上为立法和实践提供理论支撑。

不当劳动行为在我国大陆劳动法领域内还是一个陌生的概念，即便是少有的理论研究也是将其限制在与国外相同的狭义上的范围内，即与工会或工会活动有关的不当劳动行为。笔者认为，国外深入且完备的不当劳动行为的理论研究、立法和司法实践，虽然有许多值得我国借鉴，但是由于国情的巨大差异，是不能照抄照搬的，必须进行"改造"，否则就会因"南橘北枳"而水土不服。国外的不当劳动行为制度是以"强工会"为前提条件的，是以"强工会"来对抗"强资本"的，而我国目前的国情与之不同，集体劳动制度还不发达、劳动者一样处于"弱劳动"的地位，因此，规制中国的不当劳动行为不能像国外一样从狭义上理解，应当从广义上将不当劳动行为纳入劳动法规制的范畴，目前，首先是要构建不当劳务派遣和不当业务外包等不当劳动行为的规制制度，在逐渐强化工会的地位和职能后，再修订工会法，塑造出我国的不当劳动行为规制制度，换言之，当前我国劳动法理论研究和立法的当务之急是从广义上加大对不当劳动行为特别是对不当劳务派遣和不当业务外包的理论研究，为立法和司法实践提供支撑，以便尽早进行立法响应。

第二章
不当劳动一般原理

第一节 不当劳动的主要内容

"不当劳动"是"不当劳动行为规制"的简称,域外也称之为"不当劳动行为"。不当劳动行为又称为不正当劳动行为、不公正劳动行为或不公正劳工措施。它是发达国家劳动法的重要范畴,美国和日本的不当劳动行为规制和救济制度已经形成了自己的特色。"强工会"之下的集体劳动关系包括集体协商或谈判、集体劳动争议的处理、集体产业行动等是不当劳动行为规制与救济制度的前提条件。不当劳动行为在我国还不属于法律范畴,必须将国外相关制度进行改造和移植,使此制度"本土化"的任务还非常艰巨。规制中国的不当劳动行为不能像国外一样从狭义上理解,应当从广义上将其纳入劳动法规制的范畴。本书专门研究"不当劳动",逻辑起点是广义的"不当劳动"。

"不当劳动"包括两大方面的内容,一是不当劳动的行为;二是不当劳动的制度。正因为"不当劳动"的"不当"有"行为"和"制度",所以笔者认为"不当劳动"比"不当劳动行为"更宽泛和恰当。

不当劳动行为是市场经济发达国家,特别是美国和日本劳动法的重要范畴,不当劳动行为的救济制度是其劳动法不可或缺的组成部分,其范式主要形成于工会法和判例法中。但是,不当劳动行为一直以来都不属于我国劳动法的范畴,我国劳动法学界和立法至今尚未对其进行关注,[①] 理论研究极不发达,更谈不上进行一定的制度塑造和立法响应。本文拟对不当劳动行为的

[①] 我国劳动法学专家常凯教授早在 2000 年时就指出:在中国的劳动立法中至今尚无关于不当劳动行为的内容,在迄今出版的劳动法学论著中劳动行为这一概念都未见有人提及。并撰文呼吁构建我国的不当劳动行为制度,应及早立法。

第二章 不当劳动一般原理

一般原理以及我国目前比较泛滥的不当劳动行为做初步论述。

不当劳动行为即为不公正劳动作为或措施，它最早是美国劳动法上的概念，后来日本劳动法将其吸收并改造细化，使之成为其劳动法上的重要制度。从正式制度的角度，"不当劳动"又可以看作是不当劳动行为规制制度的简称。"其含义最初是指雇主凭借其经济上的优势地位，以违反劳动法律原则的手段来对抗工会的措施或行为"。① "不当劳动行为主要是指雇主以各种理由限制或妨碍工人行使结社权和保护自身权益的行为"。② 笔者认为，对狭义上的不当劳动的界定概括起来为一句话：不当劳动是针对雇主之"反工会或抑制工会"之不当行为的总称。

在日本，一些劳动法学专家都认为，不当劳动行为的法律制度就是指不当劳动行为救济制度，是指包括不当劳动行为的禁止规范和救济程序在内的劳动法律制度，又称为不当劳动行为救济制度。③ 日本的荒木尚志教授对不当劳动行为有专门的研究，在其专著《日本劳动法》中的第15章就专章研究了不当劳动行为，他也认为不当劳动行为是日本工会法所确立的救济制度，《工会法》（1949年）第7条禁止雇主进行以下三种类型的反工会行为：对工会成员的不利待遇、拒绝谈判和对工会工作进行支配或干涉。日本的地方劳动委员会——地方的三方组织，首先在各地区负责劳动争议的处理和救济，在东京的中央劳动委员会——三方的上诉机构，对不当劳动行为采取行政救济。劳动委员会救济程序的规定见《工会法》第27条。这些规定被称作不当劳动行为救济制度。④ 日本从不当劳动的救济方面来研究和构建不当劳动制度已经独具特色。

美国和日本的不当劳动行为制度都很发达，这种制度已经是其劳动法中不可或缺的内容。特别是在日本，只要涉及劳动法，就不可避免地要提到不当劳动行为，不当劳动行为的理论研究成果在日本的劳动法学界和劳动法理论书籍或文章中极为丰富，为其立法和司法实践提供了强有力的支撑，同时不当劳动行为的实

---

① 常凯. 论不当劳动行为立法. 中国社会科学，2000（5）：71.
② 华迎放. 日本的劳动关系调整. 中国劳动，2002（3）：58.
③ [日] 菅野和夫. 劳动法. 弘文堂，平成7年：596.
④ [日] 荒木尚志. 日本劳动法（增补版）. 李坤刚，牛志奎译. 北京：北京大学出版社，2010：145.

践判例又为理论研究提供了有价值的研究素材，二者形成了"理论＋实践"的良性互动；另外，日本劳动法将成文法与判例法有机结合在一起而形成了"成文法＋判例法"的立法模式，判例法也与成文法一样具有法律效力，这就构建了规制不当劳动行为制度的强有力的并具有可操作性的救济制度，形成了完备而发达的不当劳动行为制度，值得其他国家立法和司法实践借鉴。

我国在借鉴国外的经验时，特别要注意"本土化"的问题，要吃透他国不当劳动行为制度发达的根本原因，真正找寻并塑造符合我国国情的不当劳动行为制度，否则盲目或盲从地移植只会造成"水土不服"，甚至是"南橘北枳"。

笔者认为，不当劳动主要包括两个方面的内容：一是狭义上的内容，即雇主之"反工会或抑制工会"行为，域外的不当劳动主要指狭义上的不当劳动行为规制或救济制度；二是广义上的内容，即本书笔者之广义上的不当劳动，除了包括域外的狭义上的不当劳动的一般内容外，还主要包括不当差别待遇、不当劳务派遣、不当业务外包、不当劳动合同（即合同欺诈）、不当劳动用工和不当产业行动、不当解雇和不当社会保障等内容。

一、不当劳动的狭义内容

域外不当劳动的概念属于一种狭义的界定，其主要内容可以用一句话概括为雇主之"反工会"的行为或抑制工会活动的行为。

域外不当劳动并不包括雇主的许多不当劳动用工行为，即雇主的很多非法行为，这并不是不当劳动行为规制的范畴，换句话说，域外不当劳动行为的"边界"是非常窄的，一般不做扩大解释，与工会或工会活动无关的不当劳动行为如雇主的不当解雇、不当差别或歧视性待遇（不当的工资、社会保险等福利待遇）、不当的工作条件等都不属于本制度的救济范畴。域外的不当劳动行为的边界是特定的且范围非常狭小。

（一）美国不当劳动行为的主要内容

不当劳动行为规制制度的发源地是美国，美国不当劳动行为的主要内容可分为雇主、工会和雇主与工会共同实施的不当劳动行为这三种主要类型。

第一，雇主之不当劳动行为。美国1935年《全国劳动关系法》即《瓦格纳法》规定的雇主之不当劳动行为的主要内容：(1) 阻挠或干涉工人组织工会的行动；(2) 干涉工会内部行政；(3) 对于工会会员、职员等歧视行为；(4) 拒绝与有代表性工会做实质交涉等。①

第二，工会之不当劳动行为。1947年《全国劳资关系法》增加了对工会不当劳动措施的禁止规定，"全国劳资关系法除了禁止雇主采取不当劳动行为外，亦禁止工会采行不当劳动行为，兼顾劳资双方的利益"。② 工会的不当劳动行为主要内容是：(1) 对不参加工会活动的劳工施以胁迫；(2) 对不参加工会活动的劳工给予不当的差别待遇即歧视性待遇；(3) 工会从事、劝诱、强迫或鼓励工人从事附带罢工；(4) 为了无代表权的工会而进行的纠察。

第三，工会和雇主共同实施的不当劳动行为。美国1959年《劳资关系报告与揭露法》第8条第5项规定："雇主与工会间以明示或默示缔结契约或协约，规定雇主停止或抑制，或同意停止或抑制，处理、使用、销售、运输或买卖任何雇主之任何产品，或停止与任何其他个人进行业务往来"。此即为雇主与工会之不当劳动行为。③ 我国台湾有一些学者称之为工会与雇主在集体谈判中所签订的"热货协定"，④ "1959年，国会又进一步以劳资报告及公开法（Labor-Management Reporting and Disclosure Act of 1959；LMRDA）来修正国家劳工关系法，又增订禁止雇主及工会双方缔结所谓'热货'（hot cargo or hot goods）协定之不公平劳动行为"⑤。"热货协定"就是雇主与工会共同的不当劳动行为。

(二) 日本不当劳动行为的主要内容

日本劳动法不当劳动行为制度仅仅规定了一种类型即雇主之不当劳动行为，

---

① 黄越钦. 劳动法新论. 北京：中国政法大学出版社，2003：310.
② 黄越钦. 劳动法新论. 北京：中国政法大学出版社，2003：314.
③④ 黄越钦. 劳动法新论. 北京：中国政法大学出版社，2003：315.
⑤ 焦兴铠. 美国不当劳动行为裁决机制之研究. http://old.npf.org.tw/PUBLICATION/SS/095/SS-R-095-005.htm.2006-08-08.

没有像美国那样还规定了工会之不当劳动行为和工会与雇主共同实施的不当劳动行为,这使得日本不当劳动行为制度的主要内容比较狭小,可谓是"狭义中的狭义"。日本1949年的《工会法》,其第7条主要规定了三种由雇主实施的不当劳动行为:第一,工会成员的不利待遇;第二,拒绝谈判;第三,对工会工作进行支配或干涉。① 日本的不当劳动行为主要就是这三种由雇主实施的不当劳动行为。

第一,雇主给予工会成员不利待遇之不当劳动行为。日本《工会法》第7条第1款规定:因劳动者是工会会员、试图加入工会或建立工会,或者进行正当的工会行为,而给予解聘或不利待遇,属于被禁止的不当劳动行为。这一规定同样适用于以劳动者不能加入工会或退出工会为雇佣条件的情况即"黄犬契约"。第7条第4款还规定:报复性措施也是不当劳动行为,如解聘或处分向劳动委员会投诉的劳动者或者在劳动委员会做证的劳动者的行为等。② 日本的"黄犬契约"和报复性措施都属于雇主给予工会成员之不利待遇的不当劳动行为。

第二,雇主拒绝集体谈判之不当劳动行为。日本《工会法》第7条第2款规定:雇主如果没有正当理由,不得拒绝与其雇佣的劳动者代表交涉。"至于如何做才算履行了诚意谈判义务,大多数学者认为,雇主不仅要耐心听取劳动者的要求和意见,而且要提供满足合理要求的具体答复和条件。根据不同的情况,有时要求雇主提供其答复的依据及提供数据支持"。③ 可以把"摸索达成一致意见的可能性的义务"理解为诚实开展谈判的义务,即企业一方通过一切可能的方式、方法和手段,努力摸索与劳动者一方达成一致意见的可能性。在此必须注意的是,"达成一致意见"本身并不是诚实谈判义务,为了"达成一致意见而做的诚实的努力"才是诚实谈判的义务。④ 在日本,雇主在谈判中必须履行诚实谈判义务,否则也是不当劳动行为。

第三,雇主支配或介入工会活动或日常管理。日本《工会法》第7条第3款

---

① [日]荒木尚志.日本劳动法(增补版).李坤刚,牛志奎译.北京:北京大学出版社,2010:145.
② [日]荒木尚志.日本劳动法(增补版).李坤刚,牛志奎译.北京:北京大学出版社,2010:148.
③ [日]荒木尚志.日本劳动法(增补版).李坤刚,牛志奎译.北京:北京大学出版社,2010:149.
④ 李立新.从日本劳动立法看我国集体谈判权的保障.中国劳动关系学院学报,2009(6):80.

规定：支配工会或介入工会的成立和日常管理，或者为工会的运营支出提供经费支持，是第三类不当劳动行为。劳资关系中雇主的介入或支配形式多种多样，比如，雇主批评工会或工会的活动，这可能暗含着对加入工会劳动者的不利待遇，解雇或者调动工会积极分子，或者成立公司主导的组织来对抗工会，这些可能被认定为雇主存在不当劳动行为。① 日本《工会法》第7条第3款还规定：雇主虽然有言论自由，但不得就干涉工会内部的运作发言。雇主为对抗工会而表明自己立场并未违反此原则，但包含有报复、威吓、利益诱导等发言，则为干涉工会运作之不当劳动行为。② 由上可见，日本对于雇主支配或介入工会活动或日常管理之不当劳动行为的规定是非常具体的，从雇主的言论到行动都有明确的限制性规定。这些具体内容的规定，都极为有效地防止了雇主的不当劳动行为，有力保障了工会和劳动者的集体劳动权。

日本对不当劳动行为的规定，虽然没有像美国那样对不当劳动的主体进行全面的界定，但是其有关雇主之集体谈判和诚实谈判义务的规定，对规制雇主之不当劳动行为和保障劳动者之集体劳动权具有重要意义，体现了日本劳动法关于不当劳动行为制度立法的先进性。

二、不当劳动的广义内容

本书研究不当劳动突破了域外的不当劳动之狭义性限制，从广义上研究不当劳动。本书的研究既从行为上展开，又特别注重从制度上进行审视，这是一种极具创新性的"尝试"。笔者的观点是不当劳动不仅主要包括雇主之"反工会"的行为或抑制工会活动的狭义上的行为和规制或救济制度，还包括广义上的许多不当劳动行为和规制或救济制度。

本书笔者认为广义不当劳动的主要内容除了包括狭义的不当劳动行为即雇主"反工会或抑制工会"的活动、工会之不当劳动行为和雇主与工会共同实施的不当劳动行为外，还应当包括不当差别待遇（不当劳动报酬）、不当劳务派遣、不

---

① [日] 荒木尚志. 日本劳动法（增补版）. 李坤刚，牛志奎译. 北京：北京大学出版社，2010：149.
② 黄越钦. 劳动法新论. 北京：中国政法大学出版社，2003：316.

当业务外包、不当劳动合同（即合同欺诈）、不当劳动用工、不当产业行动、不当解雇等内容。

不当差别待遇是指用人单位或雇主所给予劳动者或雇员的一种不平等的政治和经济上的待遇。这种不当差别待遇的实质就是一种歧视性的待遇。其主要表现是雇主给予一部分劳动者特别是劳务派遣者和义务外包工与一般劳动者的差别性待遇，既包括政治上的不平等待遇，如不平等的选举权与被选举权、不平等的参与权与话语权等，还包括经济上的不平等待遇，特别是不平等的工资报酬、不平等的社会保障、不平等的社会福利和社会救济等不当劳动行为。不当差别待遇是不当劳动的一种比较概括的抽象界定，并不指某一具体的不当劳动行为。

不当劳务派遣是一种广义上的比较具体的不当劳动行为。由于我国劳务派遣的立法缺陷，特别是《劳动合同法》对劳务派遣之"三性"的规定比较模糊，导致了劳务派遣的泛滥，加上"隐性"的不当劳务派遣的盛行，使得我国劳务派遣已经"成灾"，急需破解之法。我国劳动法既没有将不当劳动行为纳入，更没有关于不当劳务派遣的规定，二者都还没有法律界定。我国仅有极少数专家对不当劳务派遣进行了专题研究。

笔者认为不当劳务派遣可分为隐名派遣、自设派遣和逆向派遣三种主要形式。隐名派遣之不当性主要在于隐名派遣是应当受到法律制裁的违法行为。自设派遣已经是我国劳动法所明确禁止的派遣类别，这说明自设派遣是一种非法派遣。关于逆向派遣的法律效力问题，目前学界观点不一，"有效论"观点认为逆向派遣是正当的、合法的；"无效论"认为逆向派遣是不正当的和不合法的，此观点为主流观点。

不当业务外包也应当是一种广义上的具体的不当劳动行为。在我国，由于业务外包还不真正属于法学范畴，对不当业务外包就不能以合法与非法来界定，只能是从法理上进行分类。笔者认为，不当业务外包主要包括"假外包真派遣"或叫"伪装外包"和"假外包（假承揽）真雇佣"两种形态。我国劳务派遣已经被滥用，在研究和解决这一问题时，都是将业务外包和劳务派遣分开研究的。在劳动合同法修正案实施后，许多不当劳务派遣将以合法的业务外包的新身份出现，并将再次实现业务外包的被动的第二次"飞跃"发展，因此，如何有效遏制旧有的业务外包，又如何有效规制和管制新出现的不当业务外包，将是一个全新的课题。

不当劳动合同（即合同欺诈）也应当是一种广义上的不当劳动行为。我国劳动合同欺诈的一般形式主要包括三种：由劳动者（雇员）实施的欺诈；由用人单位（雇主）实施的欺诈和集体合同欺诈；劳动合同欺诈的特殊形式是第三人欺诈，主要是劳务中介的欺诈。治理劳动合同欺诈的路径主要是将劳动合同欺诈纳入不当劳动的范畴；重塑劳动合同效力制度——新建劳动合同可撤销制度；新建反第三人劳动合同欺诈制度；重点规制劳务派遣与业务外包之合同欺诈。

不当劳动用工是一种广义上雇主的不当劳动用工行为。我国的不当劳动用工及法律规制问题是广义上不当劳动行为规制或救济制度的重点，不当劳动用工主要是指雇主之胁迫或强迫雇员的劳动，如胁迫强迫劳动，特别是胁迫强迫儿童的劳动即使用童工；不当劳动用工还应当包括政府之公权力对违法者和犯罪人的强迫劳动。公权力之不当劳动用工主要分为合法的强迫劳动和不正当的强迫劳动两种。合法的强迫劳动主要是指对犯罪分子的强迫劳动，如我国的劳动改造制度，这种强迫劳动是不当劳动用工的适用除外或责任豁免制度，实施强迫劳动的公权力机关不必承担强迫劳动的法律责任即责任豁免；非法的或不正当的强迫劳动主要是指我国的劳动教养中的一部分规定和对未决羁押者之强迫劳动，这二者都属于不正当的强迫劳动，公权力机关应当承担强迫劳动之相应的法律责任。

关于劳教制度的争议主要有两派：一是"改革派"；二是"废除派"。"改革派"倾向于改造劳教制度而不是一举废除它，认为可以从法制的角度重新改造它，"废除派"认为应当将劳教制度完全废除。在废除劳教制度的观点中，许多人认为用《违法行为教育矫治法》取而代之是比较可行的办法。笔者认为未决羁押之强迫劳动是不正当的，是违背宪法和法律法规的违法行为，看守所实施对未决羁押者的胁迫或强迫劳动是侵犯公民劳动权益的行为。胁迫强迫儿童劳动用工是严重的违法犯罪行为，应当严厉打击。刑法之"强迫劳动罪"是管制非法强迫劳动用工的有力手段。劳动改造制度与其他不当劳动的主要区别是其实施强迫行为的主体不是一般的用人单位或雇主,而是代表国家公权力的强制机关的行为,它完全是统治阶级强制性意志的反映,因此,劳改制度具有合法性和正当性。同时,劳改制度是针对那些少数违法犯罪分子的强迫劳动,因而,又具有社会正义性。

不当产业行动是广义上的不当劳动行为。产业行动一词来源于国外,也叫劳资行动。产业行动制度是许多发达国家劳动法之集体劳动关系的重要组成部分,即产业行动是其集体劳动关系的重要制度。我国无论是立法实践,还是法学研究,产业行动都是一个陌生的范畴,即使在现实中已经大量发生的"罢工"事件,也被普遍称为"罢工"事件或直接叫罢工,而没有从"产业行动"或"不当产业行动"的角度来解读这些涉及集体劳动关系的事件,现实中人们也是只知道罢工,不知道有产业行动。国外非常发达的劳动法之集体劳动关系的产业行动理论和实践,在我国还是空白状态。

西方发达国家的产业行动制度,是其劳动法特别是集体合同法中的重要制度,完备的产业行动制度直接指导和引领着集体劳动关系中的产业行动,产业行动中的基本原则保障了其产业行动的有序性,避免和减少了产业行动对社会稳定与和谐所带来的负面影响。我国还没有建立起这样的制度,这是我国劳动立法特别是集体劳动关系立法的重大缺漏。

我国集体劳动争议事件一般都只能定性为"罢工"事件,而很少用"产业行动"或"不当产业行动"界定,更不能按照世界上通行的做法,将之定性为真正的合法产业行动。我国当前的产业行动,因为还没有宪法和法律的授权,因此,都只能将之称为不当产业行动。

第二节 不当劳动的前提条件和立法模式

一、不当劳动的前提条件

不当劳动行为的前提条件是"强资本弱劳动"基本情形下的"强工会重集

体"、"强工会"是不当劳动行为救济制度的前提性条件。所谓"强工会重集体"是指这些国家的工会组织都非常强大，工会都在劳动关系之集体协商或谈判、集体争议的处理即三方机制和集体产业行动等方面扮演着积极重要的角色，在集体劳动关系的调控中发挥着重要作用，同时也是广大劳动者的"代言人"和"保护神"。工会虽然是民间组织，但是却具有非常强的独立性，不受政府和雇主或雇主组织的"左右"和支配，是劳动者利益的"代言人"。另外，这些发达国家都非常重视集体劳动法的作用，其集体劳动合同制度也非常发达，这与我国劳动关系调控中"重个体轻集体"是完全相反的，集体协商谈判制度更是严重缺失，工会多数不具有独立性，更缺乏权威性，工会在劳动关系调控中没能很好发挥作用。因此，国外不当劳动行为的规制和救济是基于"强工会重集体"的前提条件之下的，其不当劳动行为制度的特征在总体上是与工会密切相关的，具体表现为：一是不当劳动行为是专属工会法的范畴；二是主体的特定性，主要指资方即雇主的"反工会或抑制工会"的不当行为，后来才包括了劳方即雇员的不当行为，但是不当劳动的主体仍然是以资方即雇主为主；三是内容的特定性，仅指雇主"反工会或抑制工会"的行为，一般不包括雇主其他的不当或非法行为，如不含一般的不当解雇行为、不当劳动报酬、不当劳动用工行为，不包括不当劳务派遣和不当业务外包，也不包括不当劳动合同——合同欺诈等行为。因此，我国在借鉴国外的不当劳动行为救济制度时，不当劳动的"强工会重集体"前提条件和主要表象应当是我们要特别仔细思量的问题。

不当劳动行为制度作为劳动者行使集体劳动权的保障措施，不能离开其他相关的制度而独立存在，这项制度能否顺利发挥作用很大程度上取决于劳动者和雇主双方力量的对比。从国外劳动立法的发展历程来看，要有真正意义上的不当劳动行为制度，必须具备以下条件：工会具有独立性和代表性、法律确认劳动者享有罢工权、政府发挥其在劳动关系中的特殊作用。只有同时具备上述几个条件，劳动者才有与雇主相抗衡的力量，限制不当劳动行为制度才不至于落空。也就是说，不当劳动行为法律制度是以这三方面为支撑的。① 不当劳动行为制度的这三个必备条件中，最重要的前提条件还是"强势"的工会，劳动者享有的集体产业行动权包括罢工权实则为"强势"工会的表象之一，因为合法产业行动都必须有工会的引领，否则就是非法的产业行动。至于"政府发挥其在劳动关系中的特殊作用"这一条件也是与工会相关的，因为政府在劳动关系中的主要作用就是政府在三方对话机制中的作用，而不是直接以公权力干预劳动关系，政府在三方对话机制中必须与雇主和工会进行对话，即政府在三方对话机制中的作用是绕不开工会的，因此，在不当劳动行为制度中，前提性的条件仍然是"强势"的工会。

二、不当劳动的立法模式

（一）直接模式

不当劳动规制和救济的立法模式各具特色。世界上有关规制和救济不当劳动的立法各不相同，但是总体上可以划分为直接模式和间接模式，直接模式是关于不当劳动救济制度的立法制度，间接模式就是工会的运作和集体谈判的制度模式，二者共同构成了集体劳动关系的调整范式，也是不当劳动制度的重要内容。

笔者将直接模式大致分为单一法模式和混合法模式。混合法模式主要是指"判例法与成文法"模式，并进一步根据各个国家的特点和主次之分，再细分为"判例法（主导）＋成文法（辅助）"或是"成文法（主导）＋判例法（辅助）"两大基本模式。

美国的立法模式主要是"判例法（主导）＋成文法（辅助）"模式，英国也属于此模式，只不过英国规制不当劳动的判例法比美国更为普遍而已。

德国的模式是"成文法（主导）＋判例法（辅助）"。德国作为典型的大陆法系国家，其主要的法律部门如刑法、民法和商法都有统一的联邦法典，但是劳

---

① 章群，朱悦蘅. 我国不当劳动行为控制的制度构建. 天府新论，2006（5）：77～78.

动法却由于多种原因一直没有劳动法典,劳动法的这种分散立法体例直接导致实践中的不统一和困难,对此,只有通过判例法来解决,劳动法领域中的判例法比其他法律领域都多且具有重要地位,正如德国著名劳动法学家曼弗雷德·魏斯所说:"法院判决在劳动法领域内起着非常重要的作用,这不仅仅是由于法院详细阐释了法律的一般性条款,还因为法院必须填补立法者留下的法律漏洞"。[①] 因为德国的劳动法院为了填补劳动成文法的漏洞,经常使用判例,低层级的法院都倾向于遵守高层级法院的判决。德国劳动法院使用判例法是有法律依据的,其依据主要是德国的《劳动法院程序法》,其规定了联邦劳动法院有进一步发展法律的专有权力,"事实上,在劳动法领域内,联邦劳动法院已经变得至少是和立法者同等重要"。[②] 这样在德国劳动法领域中判例法由于有联邦劳动法院的直接引领,整个劳动法之判例法也就相应的发达起来,其不当劳动制度也是如此。

日本法深受美国和德国的影响,其不当劳动的立法模式是"成文法(主导)+判例法(辅助)"。

意大利之不当劳动制度没有美国、日本和德国发达,其立法模式的单一性是其不够发达的主要原因之一,意大利实行的是成文法之单一模式,其有关不当劳动的判例极不发达。

我国台湾地区不当劳动制度的立法模式在成文法体系中独具特色。其真正建立不当劳动制度比较晚,标志性时间节点应当是2011年5月1日,此时开始同时实施新劳动三法——《工会法》《团体协约法》和《劳资争议处理法》,新三法共同构建了不当劳动制度的新的立法模式,即"三法一体"之不当劳动制度立法模式。新《工会法》规定了不当劳动的一般类型及相应的法律责任,偏重于对劳动者团结权的保障;新《团体协约法》规定了雇主之诚信谈判的义务,偏重于对集体谈判权的保障;新《劳资争议处理法》具体而明确地规定了不当劳动之救济程序,偏重于对集体争议权的规定,其中不当劳动的裁决制度是台湾不当劳动制

[①②] [德]曼弗雷德·魏斯,马琳·施米特. 德国劳动法与劳资关系. 倪裴译. 北京:商务印书馆,2012:31.

度的又一特色。

上述不当劳动制度的立法模式主要都是针对一般的典型劳动而言的，而韩国的立法模式是专门或主要针对非典型劳动的不当劳动制度的立法。

（二）间接模式

因狭义的不当劳动就是雇主之"反工会或抑制工会"的不当行为，且许多国家和地区一般都将雇主之诚实集体谈判义务作为了雇主的法定义务，雇主如果违法了其诚实谈判义务就是一种典型的不当劳动行为，应当受到法律的制裁，所以，不当劳动制度的立法模式除了上述的直接模式外，还应当涉及各国工会运作之模式，其中也包含了不同的集体协商或谈判的模式，笔者将此称为间接模式。直接模式即为不当劳动的救济立法模式，间接模式就是工会的运作和集体谈判的制度模式，二者共同构成了集体劳动关系的调整模式。

在早期，工会是并不为许多国家看好的组织，尤其是遭到一些经济学家的质疑。早期的经济学家大多认为工会是劳动力市场上的垄断力量，担心其干预会导致工资刚性，扭曲市场机制，甚至冲击整个经济体系[①]，或造成现行体系的崩溃[②]，进而影响经济效益。但20世纪80年代之后的大量实证研究都表明，工会长期扮演着平等工资保卫者的角色，上面这些担心也没有成真。[③] 历史已经证明，工会的积极作用是明显的，工会也是一个国家中所不可或缺的组织，工会在集体劳动关系中的巨大作用是毋庸置疑的。

世界上各个国家和地区的工会运作模式各不相同，而且工会一般都经历了一个曲折的发展过程，工会的地位由当初的非法甚至是薄弱的，逐渐发展成为具有一定话语权的独立组织，并成为广大劳动者的"代言人"，其法律身份和地位逐

---

① C. E. Lindblom, Unions and Capitalism, New Haven: Yale University Press, 1949: 5. // 孙兆阳. 工会发展与工资不平等：英美工会的标准化工资率策略. 浙江大学学报（人文社科版），2013 (3): 2.

② H. C. Simons, "Some Reflections on Syndicalism," Journal of Political Economy. // 孙兆阳. 工会发展与工资不平等：英美工会的标准化工资率策略. 浙江大学学报（人文社科版），2013 (3): 2.

③ 孙兆阳. 工会发展与工资不平等：英美工会的标准化工资率策略. 浙江大学学报（人文社科版），2013 (3): 2.

第二章 不当劳动一般原理

渐得到了法律的承认，并发展为三方机制之重要一方，成为集体劳动关系、集体劳动争议和集体产业行动的重要的不可或缺的角色，工会也已经发展成为各国不当劳动中的法律主体，在不当劳动的规制和救济中都发挥着非常巨大的作用。但是，各国工会运作的模式却有所不同，在不当劳动中也有所差异。

世界上由于各国工会和集体谈判制度的发展历史和地位等的不同，造成了工会模式和集体谈判模式分类研究的困难。笔者根据工会活动范围的横向和纵向，并依据研究劳资关系的美国著名教授约翰·W. 巴德的研究成果，将工会模式分为横向的"企业工会主义"和纵向的"行业工会主义"或"产业工会主义"两种主要的模式。

"企业工会主义是一种着眼于公司层次的劳资关系制度"[①]，"企业工会主义"中工会局限于单个的企业或公司内部，不能代表整个行业或产业。"行业工会主义"之工会一般可以代表整个行业或产业，并不局限于单个的企业内部，主要是指由全国范围内之某个行业、产业或协会的工会组织实施的调整集体劳动关系，如集体协商或谈判、处理集体劳动争议和不当劳动行为、引领产业行动等，它主要是纵向的行业或产业层面的工会活动。

"企业工会主义"的典型代表是日本，"行业工会主义"的典型代表是美国和德国等欧洲国家。

1. 日本的"企业工会主义"模式

日本工会是典型的"企业工会主义"，"日本大多数工会都代表'他们'那个公司的所有工人"，[②] 日本工会之"企业工会主义"的历史原因是"根植于其终身雇佣、基于资历和公司的工资报酬以及工作分类等背景"。[③] 这些背景还导致"除了每年一度进行工资谈判的春季攻势[④]以外，劳资双方的互动几乎总是处在公司

---

①② [美] 约翰·W. 巴德. 人性化的雇佣关系：效率、公平与发言权之间的平衡. 解格先，马振英译. 北京：北京大学出版社，2007：180.

③ [美] 约翰·W. 巴德. 人性化的雇佣关系：效率、公平与发言权之间的平衡. 解格先，马振英译. 北京：北京大学出版社，2007：181.

④ 日本每年都要进行的工资集体谈判之"春季攻势"就是人们常说的非常有名的"春斗"。——笔者注。

这个水平上"。① 日本劳资关系的合作性和缓和性，产业行动也更加体现了和平义务的基本原则，其工资集体谈判的"春斗"模式，在集体谈判制度包括产业行动中独具特色，是一种雇主和雇员双赢的模式，在世界上影响较大。但是，日本的"企业工会主义"及工会在企业中很软弱也遭到了一些批判，"另外有些人认为这些合作性企业工会事实上是管理方主导的伪工会"，"批判者指出企业工会之所以盛行，是由于管理方在20世纪50年代对行业工会的压制"。② 无论如何，日本的工会和集体谈判模式还是非常值得肯定的，美国研究劳资关系的专家约翰·W.巴德教授对其予以了相当高的评价，他说："企业工会主义代表了效益、公平和发言权之间的另外一种平衡，其中效益得到了较好实现，这一点似乎没有多少争议"。③ 日本"企业工会主义"模式的经济效益值得借鉴，但是，企业雇员的话语权和工会组织的独立性还存在一些不足，如日本许多企业的管理者是企业工会的会员，而且工会劳动者通常在成为工会的领袖之后，也进入到了企业的管理层，这些都损害了工会之劳工"代言人"的身份和工会的独立性，因此，实行"企业工会主义"模式，必须解决这些问题。

2. 美国的"行业工会主义"模式

美国工会的运作模式及集体谈判模式主要是"行业工会主义"，美国的行业工会具有比较高的独立性和权威性，如美国汽车工人联合会就代表福特、通用汽车以及许多不同公司的劳动者，它是美国汽车行业的一个全国性的组织。美国工会的"行业工会主义"与美国工会的发展历史相伴而生，经历了一个曲折的过程。

美国在19世纪中期就出现了工人联合组织，一直到20世纪30年代之前，该组织都在稳步发展，特别是第一次世界大战后经济繁荣期间，其有了显著发展。美国国会于1935年通过了《国家劳动关系法》，要求雇主必须与代表其大部

---

①② [美] 约翰·W. 巴德. 人性化的雇佣关系：效率、公平与发言权之间的平衡. 解格先，马振英译. 北京：北京大学出版社，2007：182.

③ [美] 约翰·W. 巴德. 人性化的雇佣关系：效率、公平与发言权之间的平衡. 解格先，马振英译. 北京：北京大学出版社，2007：183.

分员工的工会进行谈判,并将雇主阻止工人组成和加入工会的行为定为非法行为。这些措施保证了工会在 1933 年后的迅速发展。第二次世界大战后,反对工会的势力占据了上风,并于 1947 年通过了《劳资关系法》。该法允许各州自行通过工作权利法,允许工人投票来取消某个工会的代表资格,破除了工会对某些行业的就业垄断,限制了工会的活动,同时雇主也通过各种激励措施引诱工人退出工会。随后,美国政府在 1959 年颁布了《劳资报告与披露法》,该法的主要目的是提高工会的民主性,限制工会领导人的权力。该法进一步限制了工会的行为,导致工会在短暂发展后陷入长期衰落,工会密度持续下降。美国公共部门的员工在 20 世纪 60 年代之前都没有成立工会的权利,直到 1962 年肯尼迪总统签署了 10988 号行政令后,才赋予了政府雇员成立工会并与政府就工资之外的工作条件进行谈判的权利。之后随着里根政府新自由主义市场政策的推行,工会的组织和谈判的能力被进一步压制,个体化的工资谈判更加普及,工人加入工会的意愿和行为持续降低和减少。[1] 美国工会发展过程中,最值得一提的是罗斯福新政时期的工会。美国工会发展到"新政"时期,工会的"行业工会主义"主要体现在其"商业工会主义"和"工作控制工会主义"的博弈中,"'新政'时期的劳资关系制度从各个方面都受到批评,因此商业工会主义和工作控制工会主义也难以逃脱这种批评"。"含义更为宽泛的商业工会主义遭到批评的原因在于其关注的焦点限于服务当前的工会成员,并且不能实现基层雇员对工会决策的参与"。[2] "工作控制工会主义"是劳动者权利与雇主的财产权之间的博弈,体现了雇主管理权对工会的打压,它"将雇员权利限定于狭窄的工作岗位,并将劳工排除在决策之外"。由于"工作控制工会主义"是对工会的极大限制,从而遭到广泛的批判。后来被所谓的"雇员授权工会主义"替代,"这种模式的工会主义仍然属于商业工会主义,其代表制度的范围集中于工作场所而不是社会舞台,通过集体谈判达到想要

---

[1] 孙兆阳. 工会发展与工资不平等:英美工会的标准化工资率策略. 浙江大学学报(人文社科版),2013(3):3.
[2] [美]约翰·W. 巴德. 人性化的雇佣关系:效率、公平与发言权之间的平衡. 解格先,马振英译. 北京:北京大学出版社,2007:198.

的结果"。① 其主要特征是克服了"工作控制工会主义"模式中劳动者的参与和决策的限制,基层的劳动者能够积极参与工会的活动和决策,并可以发挥工会的集体力量与雇主进行有效的集体谈判。

后来美国工会也像其他欧洲国家一样,出现了"社会工会主义"或称"社会运动工会主义"模式。这种模式中工会的活动范围和劳动者的参与程度更加广泛,在美国甚至出现了工会过于具有垄断地位而更加强大,"强工会"也才真正实现。"商业工会主义范围狭窄,集中于工作场所;社会工会主义对此加以扩展,将更大范围内的政治日程包括在内"。② 社会工会主义活动范围的不断扩张,使得工会的活动不再仅仅局限于集体谈判和处理集体劳动争议,也使得工会打击雇主的不当劳动更加有力,凸显了工会的强势地位,但是它对社会的影响更加巨大,使得集体谈判、集体合同和产业行为之和平原则更易遭到破坏,从而不利于社会劳动关系的和谐与稳定。同时"社会工会主义"往往与政治活动交织在一起,存在着被政治利用的风险。另外,它的采用还涉及一个重要的问题——合法性问题,世界上绝大多数的国家或地区都是提倡集体协议或谈判以及产业行动的和平义务的,基本上都禁止政治罢工、同情罢工、次生产业行为等行为,这些都表明工会的活动必须在法律的框架下进行,而如果将工会的活动扩张到社会和政治中去,势必缺乏法律的支持,同时还有可能颠覆长期以来形成的工会及其调整集体劳动关系的法律秩序,因此,基于法制社会和社会稳定的要求,"社会工会主义"模式的工会制度完全是不可取的。

在我国有专家通过参照美国约翰·W. 巴德教授的研究,将工会运作的模式分为了"服务模式"和"组织模式"。"服务模式"是指员工并未参加工会,他们是在消费工会的服务,这是一种工会代表制的经典形态,也是一种被动形态。"组织模式"是指将工会看成是一个工人参与的机制,不是为工人解决问题,而

---

① [美]约翰·W. 巴德. 人性化的雇佣关系:效率、公平与发言权之间的平衡. 解格先,马振英译. 北京:北京大学出版社,2007:204~205.
② [美]约翰·W. 巴德. 人性化的雇佣关系:效率、公平与发言权之间的平衡. 解格先,马振英译. 北京:北京大学出版社,2007:216.

是通过组织让他们自己参与到解决过程中去。① 约翰·W. 巴德的"服务模式"和"组织模式"的划分实际上是其所谓的"工作控制工会主义"的具体内容之一,并不是一种单独的工会模式,主要是针对工会的服务对象而言的,针对非工会会员的工会活动即为"服务模式"。

3. 德国的"行业工会主义"模式

德国的工会模式在世界上是比较先进的模式。其模式的第一个特征是实现"行业工会主义"。德国工会的模式"主要是以产业或部门为基础建立起来(也有例外)。这意味着工会对相关产业的所有雇员开放,不论这些雇员从事何种贸易或职业"。② 德国工会的运作模式就是一种"工会行业主义",而不是"企业工会主义","在德国,每个重要的行业或部门都有一个占统治地位的工会以及雇主协会"。③ 德国工会的"工会行业主义"还具体表现在德国有一个"德国工会联合会","这个联合会的成员不是个人雇员而是工会组织。20世纪90年代初期,德国工会联合会包括16个单独的工会"。④ "它的成员工会是全国性的协会,分为联邦、地区和地方三级。有些协会还有州层级组织,介于联邦与地区层级之间"。⑤ "德国工会联合会并不订立集体协议,它的成员工会具有这一资格"。⑥ "德国工会联合会"类似于我国的总工会,不过德国的工会联合会在政治上是中立的民间组织。

德国工会和集体谈判模式的另外一点特征是雇员利益代表的"双轨制",即德国雇员利益代表模式分为两种:"一方面是由企业职工委员会体现的企业层面

---

① 乔健. 工会改革创新的理论思考. 当代世界与社会主义. 2010 (2):151.
② [德]曼弗雷德·魏斯,马琳·施米特. 德国劳动法与劳资关系. 倪裴译. 北京:商务印书馆,2012:190~191.
③ [美]约翰·W. 巴德. 人性化的雇佣关系:效率、公平与发言权之间的平衡. 解格先,马振英译. 北京:北京大学出版社,2007:175.
④⑥ [德]曼弗雷德·魏斯,马琳·施米特. 德国劳动法与劳资关系. 倪裴译. 北京:商务印书馆,2012:192.
⑤ [德]曼弗雷德·魏斯,马琳·施米特. 德国劳动法与劳资关系. 倪裴译. 北京:商务印书馆,2012:193.

的利益代表，另一方面是通过工会实现的行业层面的利益代表"。① 在德国工会总体上的"工会行业主义"模式下，并不是不顾及各个企业的雇员的利益，而是在企业中普遍实施"企业委员会制度"（有的称"企业职工委员会"），并由专门的法律《企业组织法》调整。德国的企业委员会"与其他许多国家不同，德国的企业委员会完全由雇员代表组成。企业委员会是管理层的相当方"。② 企业委员会具有很强的独立性，其成员并不是由官方或企业任命，而是由无记名投票选举产生。"根据法律规定，企业委员会原则上独立于工会。它们代表企业内所有雇员，无论他们是否是工会会员"。企业委员会与工会虽然在组织上是分开的，但是二者联系却是非常紧密的，"工会能够影响企业委员会的构成，绝大多数企业委员会成员也是工会会员"。③ "由于大量企业委员会成员同时也是工会会员，工会已经克服了体制模式和双重代表制上的障碍"。④ 德国的企业委员会制度与工会的"无缝对接"，使得其"工会行业主义"模式与企业代表制即"双轨制"有机结合在一起，共同发挥了工会的巨大积极作用。

德国工会是通过企业层面和行业层面两大方面来促进雇主进行集体协商或谈判、规制不当劳动和引领产业行动的。

4. 韩国的"行业工会主义"模式

实行"行业工会主义"或"产业工会主义"模式的国家主要分布在欧洲，正如德国的鲁道夫·特劳普—梅茨博士所指出的：产业工会或行业工会"这种类型我们主要可以在欧洲看到，最新也能在韩国观察到"⑤。与此模式相对应的集体协商或谈判模式也是如此，德国的鲁道夫·特劳普—梅茨博士也指出："欧洲普遍

---

① [德]莱茵哈特·巴恩米勒. 德国利益代表的双轨制：结构与当前发展. // [德]鲁道夫·特劳普—梅茨. 劳动关系比较研究：中国、韩国、德国/欧洲. 张俊华. 中国社会科学出版社，2010：54.

②③ [德]曼弗雷德·魏斯，马琳·施米特. 德国劳动法与劳资关系. 倪裴译. 北京：商务印书馆，2012：250.

④ [德]曼弗雷德·魏斯，马琳·施米特. 德国劳动法与劳资关系. 倪裴译. 北京：商务印书馆，2012：256.

⑤ [德]鲁道夫·特劳普—梅茨. 中国、韩国与德国的劳动关系. // [德]鲁道夫·特劳普—梅茨，张俊华编. 劳动关系比较研究：中国、韩国、德国/欧洲. 北京：中国社会科学出版社，2010：5.

被视为实践行业谈判的地区,而在世界其他地区,公司谈判占主导地位"。① 现在采用这种模式的国家还有亚洲的韩国,但是韩国并不是一开始就采用了"行业工会主义",而是由原来的"企业工会主义"改变而来的。

韩国"在1987年以前,工会以及集体谈判的结构是由政府决定的。20世纪70年代以来,工会在企业工会主义与产业工会主义之间徘徊"。② 韩国将"企业工会主义"转变为"行业工会主义"的原因是"企业工会主义"的局限性,"工会认为,'企业工会主义'有趋势去追逐仅会让进行集体谈判所在公司的雇员得益的结果"。另外,大量的工人仍然没有被集体谈判所覆盖,加上还有许多非典型劳动者没有参加工会,"工会会员多半局限在公司的'正规'雇员身上"③,"企业工会促进的是一种以公司为导向的意识以及自私自利,由此阻碍了更大范围的工人团结与统一"。④ 正是因为实现企业工会主义的非全面覆盖性,加上亚洲金融危机的影响,迫使韩国选择"行业工会主义"。"20世纪90年代末以来,韩国工会发生了组织结构转型,把基于企业的工会合并成产业工会或行业工会"。⑤ 韩国工会及集体谈判模式由原来的政府主导下的企业工会主义,发展转变成了现行的行业工会主义,这从实践表明了一种工会模式、集体谈判模式以及不当劳动的立法模式的选择并不是固定不变的,而是应当随着时代的发展进步和本国具体国情的变化而进行正确的价值判断和实际选择。

5. 中国的模式

我国的工会运作模式与世界上许多国家或地区都不相同,其最为明显的特征

---

① [德]鲁道夫·特劳普一梅茨. 中国、韩国与德国的劳动关系. // [德]鲁道夫·特劳普一梅茨,张俊华编. 劳动关系比较研究:中国、韩国、德国/欧洲. 北京:中国社会科学出版社,2010:7.
② [韩]尹英模. 韩国的劳动争议与集体谈判. // [德]鲁道夫·特劳普一梅茨,张俊华编. 劳动关系比较研究:中国、韩国、德国/欧洲. 北京:中国社会科学出版社,2010:28.
③ [韩]尹英模. 韩国的劳动争议与集体谈判. // [德]鲁道夫·特劳普一梅茨,张俊华编. 劳动关系比较研究:中国、韩国、德国/欧洲. 北京:中国社会科学出版社,2010:29.
④ [韩]尹英模. 韩国的劳动争议与集体谈判. // [德]鲁道夫·特劳普一梅茨,张俊华编. 劳动关系比较研究:中国、韩国、德国/欧洲. 北京:中国社会科学出版社,2010:31.
⑤ [韩]尹英模. 韩国的劳动争议与争议解决机制. // [德]鲁道夫·特劳普一梅茨,张俊华编. 劳动关系比较研究:中国、韩国、德国/欧洲. 北京:中国社会科学出版社,2010:79.

是：工会不是带有私权性质的民间组织，而是政府之公权力机关。另外，我国工会独立性很弱，特别是我国工会在三方机制中始终处于被动地位，这与国外特别是"美英两国政府都是以政策和法律来规制工会的行为，而非直接介入"[1]的模式还存在很大差距。"在中国，工会发挥的劳资政策构建尚小，而且工会在即将到来的社会福利国家扩建过程中所扮演的角色尚不明确。这就要求中国工会制订新的方案与战略，以便在这些日益重要的任务领域里为自己定位"[2]。这是一位德国专家在比较研究德国、韩国和中国的劳动关系后得出的结论之一，说明我国工会的制度构建确实还存在着亟须进行顶层制度设计的地方。

有人将我国的工会运作模式称为"党政主导的工会模式"[3]，我国工会被蒙上了一层更为浓厚的行政化色彩。这种工会模式对工会工作的影响可以说是利弊兼备。有利之处是可以通过自身的高层次参与，最大限度地借助和利用公共权力，通过推动劳动立法和强化执法，更好地维护职工权益。不利之处也十分明显，即容易模糊工会组织的性质，并影响工会在国家—社会结构中的准确定位和职能归属。[4]有人将中国的工会模式称为"中国特色的社会主义工会"[5]，认为这是与世界上其他三种工会模式（工团主义工会、革命性工会、生产辅助型工会）并存的第四种模式。总而言之，中国的工会与其他国家的工会是不同的，行政化的色彩浓厚，组织的独立性较弱，工会之维权和调整集体劳动关系的主要职能出现"弱化"等，总之工会制度不发达，这些也就必然导致了我国的工会制度特别是不当劳动规制制度、集体协商或谈判制度和产业行动制度的缺失或不发达，应对域外的工会制度进行学习和借鉴，实现发达工会制度的"本土化"塑造目标。

---

[1] 孙兆阳. 工会发展与工资不平等：英美工会的标准化工资率策略. 浙江大学学报（人文社科版），2013（3）：11.
[2] [德] 鲁道夫·特劳普—梅茨. 中国、韩国与德国的劳动关系. // [德] 鲁道夫·特劳普—梅茨，张俊华. 劳动关系比较研究：中国、韩国、德国/欧洲. 北京：中国社会科学出版社，2010：14.
[3][4] 乔健. 工会改革创新的理论思考. 当代世界与社会主义. 2010（2）：154.
[5] 姜风雷. 工会的四种模式与中国特色社会主义工会. 北京市工会干部学院学报，2008（3）：31.

第三节 不当劳动的权利属性——集体劳动权

一、个人权利抑或集体权利

不当劳动的权利属性是指不当劳动行为的规制或救济制度的权利属性的简称。国外的不当劳动制度一般都与集体劳动权密切关联。集体劳动权主要表现在集体谈判（即集体协商）、集体合同（即集体协议）和集体行动权上（即产业行动权）。集体行动权即国外常见的产业行动权，主要是指罢工权。

许多国家一般都将不当劳动视为对劳动者和工会之集体劳动权的侵犯，不当劳动规制或救济制度的权利属性是集体劳动权。如日本劳动法就将不当劳动定性为对劳动者团结权和集体谈判权的侵犯，不当劳动的规制或救济制度也就是对团结权和集体谈判权的保障或救济制度，这在日本学界和实践中已经基本达成了共识。

但是，有争议的是反不当劳动行为到底是一种个人权利，还是集体权利，不同的国家有不同的立法和实践。有的国家认为反不当劳动是一种集体权利，即主要是工会享有的权利，不应当成为劳动者个人享有的一项权利；也有的国家认为其是个人权利。要回答这一问题，首先要界定罢工权的问题，因为罢工权就是集体行动权上即产业行动权的一种。

关于罢工权是个人权利，还是集体权利，一直以来都存在分歧，学者之间就此有不同的见解，而实务及法律规定上，则多偏向认为它是一种集体的权利。[①] 学界和司法实践中之所以探讨罢工权究竟是个人权利还是集体权利，主要目的在于讨论产业行动权（含罢工权）与工会的关系，甄别出产业行动权是否仅仅是工会的权利。探讨此问题还将对不当劳动救济制度之工会的法律地位和作用有一个适当的认识，并为不当劳动救济的实践服务。

---

① 赵守博. 罢工权的保障与规范. 厦门大学法律评论，2008（1）：11.

由于有欧洲学者认为罢工权并非只有工会方能行使、方可享有,因而便有罢工权属于个别劳动者、受雇者的权利的主张。

德国、北欧及不少国家的法律都严格限制只有工会方有发动及行使罢工的权利。瑞典的法律就限制罢工权属于工会,个别的劳工无权发动罢工。① 在德国,一般都认为只有工会方有发动罢工的权利,而且法院所认定的合法罢工的条件之一是必须由工会会员投票决定。② 国际劳工组织虽不认为罢工权应完全属于工会,但也认为如果一个国家的法律将罢工权限制为只能通过工会行使,并不违背劳工结社自由及组织自由的原则。③ 换言之,国际劳工组织认同会员国将罢工权专属于工会的立法与做法。现行的我国台湾地区的工会法规定合法罢工的要件之一是应经工会"会员大会以无记名投票,经全体会员过半数之同意",很显然,台湾的法律也只允许工会有权发动罢工。④

关于产业行动权是一项集体权利,但是该集体权利的行使方式是否专属于工会,也是有争议的。许多国家认为,罢工应以集体方式行使,但并非是工会专属的权利。美国的罢工虽多数是由工会组织发动的,但美国的劳动法制并未限制只有工会方可发动罢工,而只是强调罢工是一种劳工集体或协同一致的行动;我国学者史尚宽也主张罢工权应是集体的权利,但非仅能由工会发动行使。葡萄牙亦在劳动法制中规定罢工是一种应由集体行使的权利,但并不只限于工会组织方可启动,只要一个事业单位所雇工人有51%的人数出席,经出席劳工过半数之同

---

① Fairbrother, Hall, Peter Fairbrother, David Hall, Steve Davies, Nikolaus Hammer, Emanuele Lokina. The Right to Strike in the lectricity Sector in EU Countries, The University of Greenwich, 2002; Leslie Wolf-Phillips. Constitutions of Modern States. N. Y. Frederick A. Publishers, 1968; Juri Aaltonen. International Secondary Industrial Action in the EU Member States, Helsinki: Finnish Metalworker Union, 1999: 84. //赵守博. 罢工权的保障与规范. 厦门大学法律评论 2008 (1): 12.

② Manfred Weiss, Marlene Schmidt. Labor Law and Industrial Relations in Germany. Kluwer Law International, The Hague, 2000: 167~170. //赵守博. 罢工权的保障与规范. 厦门大学法律评论. 2008 (1): 12.

③ ILO Governing Body Committee on Freedom of Association, Digest of Decisions and Principles of the Freedom of Association Committee, 1996: 477. //赵守博. 罢工权的保障与规范. 厦门大学法律评论, 2008 (1): 12.

④ 赵守博. 罢工权的保障与规范. 厦门大学法律评论, 2008 (1): 12.

意即可发动罢工。① 比利时的法院认定罢工权为劳工的个人权利。② 意大利及西班牙皆认为罢工权是劳工的个人权利。笔者认为，产业行动权包括罢工权应当属于集体劳动权，其行使也应当由工会这一劳动者之集体"代言人"来完成；另外，从反雇主之不当劳动行为来看，因为雇主侵犯的是工会或劳动者的权利，工会的救济比劳动者个人的救济强大得多，因此，由工会行使集体劳动权对工会本身和处于弱势地位的劳动者都是非常有益的选择。

在国外，产业行动的一般理论都认为，合法的产业行动必须有工会的引领和组织，否则就是非法的或不正当的，许多国家都已经认同了工会是产业行动的领导者和组织者，没有工会领导和组织的产业行动就是非法的或不正当的，具体表现在罢工问题上，即世界上许多国家都认定没有工会的罢工即"野猫罢工"是非法的罢工，这也已经成为产业行动的一般原则，为大多数国家所接受，并无多大分歧。但是，具体到罢工权是集体权利还是个人权利时就出现了很大的分歧。一般推论是这样的：既然合法罢工必须有工会的领导和参与，这就可以推定出罢工权应当是工会这一集体组织享有的权利，当然就属于集体产业行动权了；但是，相反的观点不这样认为，虽然产业行动必须有工会，但产业行动权包括罢工权却仍然是劳动者即罢工者享有的个人权利，至于罢工必须有工会的领导和参与，罢工还必须经过法定的程序如工会组织投票表决、工会进行预告通知等，仅仅表明工会只是劳动者的"代言人"身份，或者是劳动者的代理人，其罢工权还应当是属于劳动者个人的，工会并无产业行动权。

---

① Fairbrother, Hall, Peter Fairbrother, David Hall, Steve Davies, Nikolaus Hammer, Emanuele Lokina. The Right to Strike in the lectricity Sector in EUCountries, The University of Greenwich, 2002; Leslie Wolf-Phillips. Constitutions of Modern States. N. Y.: Frederick A. Publishers, 1968; Juri Aaltonen. International Secondary Industrial Action in the EU Member States, Helsinki: Finnish Metalworker U-nion, 1999: 77. //赵守博. 罢工权的保障与规范. 厦门大学法律评论, 2008 (1): 13.

② Fairbrother, Hall, Peter Fairbrother, David Hall, Steve Davies, Nikolaus Hammer, Emanuele Lokina. The Right to Strike in the lectricity Sector in EUCountries, The University of Greenwich, 2002; Leslie Wolf-Phillips. Constitutions of Modern States. N. Y.: Frederick A. Publishers, 1968; Juri Aaltonen. International Secondary Industrial Action in the EU Member States, Helsinki: Finnish Metalworker U-nion, 1999: 45. //赵守博. 罢工权的保障与规范. 厦门大学法律评论, 2008 (1): 13.

争论之处还表现在工会的法律地位上，有的国家授予工会法人身份，有的国家的工会却不具有法人地位。有法人资格的工会更具备了享有集体行动权的条件，而不具有法人资格的工会就相应的没有法定的权利，也就是说无法人身份的工会没有真正的权利，而此种情况下，工会享有的领导和组织产业行动权是属于国家的授权性行为或是劳动者集体委托的行为，集体产业行动权仍然是劳动者个人的权利，工会只是基于授权或委托而享有了"代表权或代理权"，产业行动权还是劳动者的个人权利。

不管是个人权利还是集体权利，产业行动权都必须遵循法律的规定，这是没有任何异议的。

意大利参议员、著名劳动法专家T. 特雷乌教授认为：意大利与其他欧洲国家如法国和西班牙认为"罢工是个人的重要权利"，即使与其他权利一起实施时，不必获得工会的授权。① 世界上许多国家都与此不同，不管产业行动权的性质如何（个人权利抑或是集体权利），产业行动都必须有工会的引领，否则就是非法的和不正当的，这已经是普遍的主流观点和实践中的主要做法，并为大多数国家所认同和践行。

二、工会的法律身份和地位

上述之争，不仅仅是一个理论问题，还具有重要的实践意义，因为它直接关系到有关资方即雇主之反工会行为之不当劳动行为的法律救济问题，即在雇主实施了反工会的不当劳动行为时，工会是否可以作为合格的诉讼主体对雇主提起诉讼。

"英国是第一个赋予工会合法地位的国家，时间是1824年"。② 英国工会法律地位的确定经历了反反复复的过程，工会开始不是法人组织，但是这产生了许多困难，为了解决工会不是法人的困难，后来的一系列案件使工会具有公司法人的特征，如在塔夫·韦尔（Taff Vale）案中，上议院认为，根据1871年《工会法》登记注册的工会，应对其会员在罢工中受到的损害负责。同样，在奥斯本（Os-

---

① [意] T. 特雷乌. 意大利劳动法与劳资关系. 刘艺工，刘吉明译. 北京：商务印书馆，2012：248.
② [英] 史蒂芬·哈迪. 英国劳动法与劳资关系. 陈融译. 北京：商务印书馆，2012：3.

borne）案中，工会被看作是准公司法人，从而被适用越权原则。到了1971年的《劳资关系法》，"工会被赋予法人的地位，但这取决于工会是否自愿根据法案进行登记"。① 1974年，"恢复了工会的非法人地位"，但是，解决了一些源于非法人性质的现实问题。1992年法案规定："工会有能力以自己的名义起诉和应诉；工会有责任以自己的名义接受刑事起诉，以及可对工会保管的任何财产，强制执行判决、裁定和命令"。② 后来的判例认定："只有工会组织而非会员，能就工会遭受的违法行为以及内部违规行为提起诉讼，除非会员的个人权利受到侵害，或者侵害行为属于欺诈或越权性质"。③ 可见，在英国，不管是成文法还是判例法，都认定工会的非法人身份，但是，又直接赋予工会享有部分法人的权利，特别是直接赋予工会享有"以自己的名义起诉和应诉"的权利，而英国有关产业行动的制度是规定必须有工会的引领，由此可以认为，在英国，产业行动权是一种工会享有的集体权利，当然，工会对雇主之反工会的不当劳动行为就有了可以提起诉讼的权利。

德国工会是不具有法人资格的，但是，工会在事实上被视为法人。"德国工会不具有法人资格。然而，这一缺陷不应过分夸张。因为工会在事实上被当作法人"。④ 工会的法人资格是通过法律和法院的判决取得的，这体现了德国法有关集体劳动法之"成文法（主导）＋判例法（辅助）"的基本立法模式。"根据《民事诉讼法》第50条的规定，不具有法人资格的工会只有在相当复杂的条件下才能成为诉讼原告"。"《劳动法院法》第10条赋予了工会等同于法人的法律地位。"⑤ 在德国，罢工权"被认为是集体结社自由的延伸"④，"可以说，在德国罢

---

① ［英］史蒂芬·哈迪. 英国劳动法与劳资关系. 陈融译. 北京：商务印书馆，2012：296.
② 英国1992年《工会与劳工关系巩固法案》第10条。
③ ［英］史蒂芬·哈迪. 英国劳动法与劳资关系. 陈融译. 北京：商务印书馆，2012：296~297.
④③ ［德］曼弗雷德·魏斯，马琳·施米特. 德国劳动法与劳资关系. 倪裴译. 北京：商务印书馆，2012：199.
④ ［德］曼弗雷德·魏斯，马琳·施米特. 德国劳动法与劳资关系. 倪裴译. 北京：商务印书馆，2012：222.

工的权利实际上是工会的权利而非个人权利"[1]。因此,在德国,无论是从工会的"非法人",但被"视为法人",还是从产业行动权属于"集体结社自由的延伸"即为集体行动权,集体产业行动权仍然是工会的集体权利,而不是劳动者个人的权利。这与英国类似,但不同于意大利、法国和西班牙等国。德国和英国的经验已经有力地表明:工会是否具有法人资格,并不是产业行动权是集体权利还是个人权利的决定因素;工会之非法人资格,在法律的规定或是判例法的认同下,同样可以具有与法人相同的地位,同样可以对不当劳动行为进行起诉,从而更为有效地保障工会和劳动者的合法集体劳动权。

---

[1] [德]曼弗雷德·魏斯,马琳·施米特.德国劳动法与劳资关系.倪裴译.北京:商务印书馆,2012:223.

第三章 域外不当劳动制度

第一节 美国不当劳动制度

美国劳动法关于不当劳动行为的规制制度是世界上关于不当劳动行为最早的立法,所以美国是不当劳动行为制度的起源国。这不仅对美国劳动关系特别是工会影响巨大,而且对日本的相关立法也产生了重大影响。"美国是世界上最早创设不当劳动行为救济制度的国家,特别是在1935年制定的《瓦格纳法》,堪称最具划时代的意义。"[①] 美国对不当劳动行为规制的率先立法,首开了劳动法之不当劳动行为制度的先河,不仅对日本法影响巨大,而且对全世界的劳动法特别是工会法的立法影响普遍而深远。

美国1935年的《国家劳动关系法》即《瓦格纳法》包括对雇主的各种不正当劳动行为的定义以及对工会的各种不正当劳动行为的定义,既禁止雇主针对工会的不当劳动行为,也禁止工会的不正当劳动行为,但重点是限制雇主的不当劳动行为。《国家劳动关系法》第8条详细规定了不公平劳动行为,既包括雇主的不当劳动行为,还包括工会的不当劳动行为。雇主的非法行为有五种,包括雇主针对工会或集体行动的干涉、制止或强迫雇主对工会的控制;雇主歧视参加工会或集体行动的雇员;雇主针对不当劳动行为控告或与国家劳资关系委员会(NLRB)合作的报复;雇主拒绝与工会代表真诚谈判。第8条还禁止针对工会或其代理人的不公平劳动行为,包括限制雇员的集体劳动权或限制雇主挑选自己谈判代表的权利,促使雇主歧视某些雇员,作为雇员代表拒绝与雇主谈判等七种行为。

---

① 叶姗. 雇主不当劳动行为的民事救济——基于我国和美国不当劳动行为救济制度之比较. 北方法学, 2012 (4): 96.

1947年的《劳资关系法》即《塔夫脱——哈特莱法》主要限制工会的不当劳动行为。①

美国法不当劳动行为制度的主要特征表现在以下四大方面：一是立法模式的先进性，二是主体规制的全面性，三是救济机构的权威性，四是工会制度的受制性。

一、立法模式的先进性

在美国，判例法与成文法不断交织与融合，在劳动法中突破了判例法与成文法的界分限制，形成了调整集体劳动关系的独具特色的新模式。美国调整劳动关系，既有成文法如《瓦格纳法》和《塔夫脱——哈特莱法》等明确的法律条文规定，又有一些判例法的实际支撑。这种调整集体劳动关系特别是规制不当劳动行为（不论广义或狭义）和产业行动的立法，对其他国家特别是英国、德国和日本影响巨大，笔者在本书后文中将这种调整集体劳动关系之判例法与成文法交织与融合的模式称之为英国的"判例法（主导）＋成文法（辅助）"模式，德国和日本是"成文法（主导）＋判例法（辅助）"模式。意大利因为缺乏判例法的调整而使其集体劳动法落后于美国、英国、德国和日本，并因此不断受到批评，这些也进一步证明美国调整集体劳动关系特别是不当劳动行为和产业行动之法律模式的先进性和前瞻性。

美国规制不当劳动行为制度的立法模式之先进性，除了表现在"判例法＋成文法"的模式上外，美国还率先构建了不当劳动行为的裁决机制即救济制度，形成了非常权威和可操作性的救济模式——"准司法救济"模式。美国确立的这一模式使得不当劳动的救济制度成为介于行政与司法之间的准司法机制，其最大的优点是：一方面具有很高的权威性，另一方具有非常强的可操作性。美国的这一救济模式已经成为世界上许多国家或地区"移植"的楷模，对不当劳动行为制度的立法具有重要意义。

---

① 刘诚. 国外工会代表权立法概述. 工会理论研究，2005（3）：38.

我国台湾地区历经十余年的修法与立法努力，台湾地区的集体劳动三法（即工会法、团体协约法与劳资争议处理法）终于在2011年5月1日正式施行。此次三法修正的改变甚大，可谓树立了未来集体劳动关系发展之法律框架，其中修正重点之一是不当劳动行为制度及其救济制度（裁决）之建立。[①]"此次三法修正中在团体协约法中亦正式引进美日非依诚信协商之不当劳动行为制度"。[②] 不当劳动行为裁决制度在各界多年殷切期盼之下，终于成为台湾地区法律的现实，虽然是参酌美国、日本立法例而订定，但有许多部分乃是台湾地区所独有的情况与特殊规定。[③] 美国不当劳动行为制度的立法模式不但深深影响了日本，还对我国台湾的不当劳动行为裁决制度的构建起到了积极的示范和推动作用，这些都表明了美国不当劳动行为制度之立法模式的先进性和可借鉴性。

二、主体范围的全面性

美国是三方机制的创立国之一。在集体劳动关系中，法律主体往往是三方的，即一般通说的"三方对话机制"（或称"三方机制"），集体劳动法之三方机制已经成为世界上劳动法是否先进的标志性制度，而且许多国家都建立了自己的三方机制，在集体协商或谈判、在不当劳动行为中、在产业行动中等，三方机制的作用无处不在，可以毫不夸张地说，三方机制是集体劳动法的基本制度。

三方机制又叫劳动关系三方协调机制、三方原则或三方对话机制。三方机制创立于1919年，是美国等西方市场经济国家调整劳资关系的重要手段，也是国际上调整劳资关系的惯例和一般原则。三方机制是指政府（通常以劳动部门为代表）、雇主组织和工人组织之间就制定和实施经济与社会政策而进行的所有交往和活动。即由政府、雇主组织和工会通过一定的组织机构和运作机制共同处理所有涉及劳动关系的问题[④]。三方机制是实现劳资关系社会对话的一种基本形式。[⑤]

---

① 黄程贯. 台湾地区不当劳动行为裁决制度. 中德法学论坛, 2011 (9): 208.
② 黄程贯. 台湾地区不当劳动行为裁决制度. 中德法学论坛, 2011 (9): 210.
③ 黄程贯. 台湾地区不当劳动行为裁决制度. 中德法学论坛, 2011 (9): 218.
④ 国际劳工组织1976年144号《三方协商促进国际劳工标准公约》。
⑤ 问清泓. 劳动合同法制度与实践研究. 武汉: 湖北人民出版社, 2011: 339.

"美国的劳资关系在劳动契约（合同）与工会等多重机制下，已经建立起一套较为完备的劳动争议调解与仲裁制度"。①在劳资关系发生冲突时，政府的参与对话发挥着非常重要的作用，特别是在集体争议的处理中。"当续订集体合同的谈判步入僵局时，劳资双方都可以利用政府提供的劳动争议机制调解矛盾走出困境"。②

美国与其他许多发达国家一样都是非常看重集体合同制度的，美国已经将劳动争议调解制度作为一项基本国策。在20世纪三四十年代，当新劳动法规确立了通过工会行使谈判权的劳工保护政策时，劳动争议仲裁已经是契约关系中常见的一项条款。作为一项基本国策，《国家劳资关系法案》(National Labor Relations Act)第201条对劳动调解仲裁的重要性是这样界定的："美利坚合众国的基本国策是(a)劳资双方通过以集体协商的方式解决争议可以最大限度地满足劳资双方维护的切身利益，争取工业建设的和平有序发展和社会福祉……(b)……通过政府向劳资双方提供充分的便利，以促成其协商，协调及自愿仲裁，从而鼓励劳资双方代表达成和维持集体协议……(c)……（通过以上这一系列的措施）以达到最终劳资争议，理顺集体合同纠纷，并处理好其他衍生矛盾"。③

美国与其他许多西方国家或地区一样，劳动争议分为权利争议和利益争议两大类，权利争议主要表现为个别争议，而利益争议主要表现为集体争议。美国劳动争议的重心不在权利争议而在利益争议即集体争议，这已经成为西方市场经济国家劳动争议的共性。权利争议又叫"司法争议"，是对既存权利的执行、解释造成侵犯而引起的争议，此类争议一般通过司法程序来处理；利益争议又叫"非司法争议"，是指对新权利的要求或对既存权利的修改而引起的争议，这类争议一般通过调解、仲裁等方式来处理④。美国的劳动争议处理制度主要是针对集体谈判建立的，即主要处理利益争议，包括开始谈判前的争议处理和谈判过程中的

---

①② 林晓云等. 美国劳动雇佣法. 北京：法律出版社，2007：161.
③ 林晓云等. 美国劳动雇佣法. 北京：法律出版社，2007：162.
④ 王益英. 外国劳动法和社会保障法. 中国人民大学出版社，2001：399.

第三章 域外不当劳动制度

争议处理①。

在美国，产业行动特别是罢工，必须遵守集体合同之规定，即使在劳动争议经过调解或仲裁而无法解决时，如果集体合同中有不得罢工的条款规定，那么，工会是不能组织罢工的。如果工会违反了合同中的不得罢工条款，雇主能够获得各种救济，如仲裁、损害赔偿、禁令等。美国的很多判例，如 Sinclair Oil Corp. v. Oil Workers (7th Cir. 1971.) 认为，对于自发罢工的主要制裁是被雇主解雇或雇主的其他惩罚（因为违约的罢工是不受保护的活动）或由工会支付罚金②。

美国政府一方对产业行动的干预主要体现在"禁令"上。在1947年的《塔夫脱—哈特莱法》修正案中，宣布某些劳工活动，如间接的联合抵制为不正当的劳工行为。这样的行为可以通过国家劳资关系委员会的禁令进行纠正，该禁令是可以由法院强制执行的；也可以由国家劳资关系委员会的官员在委员会做出裁定之前申请禁令，在一些情况下也可以在联邦或州法院进行损害赔偿的诉讼。立法史表明，国会想使劳工合同的双方当事人一方面签订纠纷和仲裁条款，另一方面签订不得罢工、不停工条款③。美国对"禁令"的规定，由许多判例得到了不断发展，已经成为美国产业行动理论的重要组成部分，在劳资冲突中发挥了积极作用。其禁令发布的条件主要是：一是在当事人之间必须存在有效的集体谈判协议；二是合同必须包含强制性的仲裁程序；三是作为罢工或一致行动的争议必须是强制性仲裁条款中包含的争议，依据 Boys Markets 案，只有在罢工涉及的争议是可仲裁的，工会才受禁令的约束；四是协议必须是工会一方具有禁止罢工或举行其他一致行动的义务；五是寻求罢工禁令的雇主必须服从集体谈判协议中确立的仲裁程序；六是禁令必须通过衡平法一般原则的检验：继续违约的危险、对原告造成的不可弥补的损害、雇主因禁令被拒绝签发而遭受的损失将比工会因禁令的签发所遭受的损失大。④

---

① 欧阳琼. 美国劳动争议处理制度. 中国劳动, 2006 (6): 25.
② [美] 罗伯特·A. 高尔曼. 劳动法基本教程. 北京: 中国政法大学出版社, 2003: 526.
③ [美] 罗伯特·A. 高尔曼. 劳动法基本教程. 北京: 中国政法大学出版社, 2003: 524.
④ [美] 罗伯特·A. 高尔曼. 劳动法基本教程. 北京: 中国政法大学出版社, 2003: 528~532.

2002年，美国西海岸港口劳资双方为延续劳动合同而举行的谈判破裂，资方以抗议码头工人消极怠工为由，进行无限期封港，以迫使码头工会让步。劳资双方谈判破裂后，联邦政府介入调停，调停无效后，白宫认为大罢工已经对美国的国家安全和经济造成了危害，根据《劳资关系法》的规定，罢工若影响到国家经济稳定并危及国家安全时，总统有权加以干预。① 申请法院强制工人复工，在冷静期后，迫使劳资双方重回谈判桌。最后劳资双方达成协议同意延续合同6年。法律和强制仲裁作为迫使双方重新谈判的约束力，最终达成和解。② 在美国的一些劳资冲突特别是罢工中，三方机制之政府一方权力有权对罢工进行限制，以解决劳资矛盾。③

概言之，美国的劳动法对三方机制的规定是非常具体的，在广义的不当劳动行为，如不当产业行动中都有关于三方主体的权利和义务的规定，并不仅仅针对一方主体，其主体的规定是非常全面的，不论是政府、劳动者及其"代言人"工会，还是雇主，都有明确的权利和义务；在狭义的不当劳动行为中，既主要规定了雇主的反工会之不当劳动行为，还规定了工会的不当劳动行为，其狭义之不当劳动行为的主体也包含了工会和雇主两大主体，后来还规定了工会与雇主共同实施的不当劳动行为，我国台湾地区有一些学者将其称之为工会与雇主在集体谈判中所签订的"热货协定"，使得美国不当劳动行为的规制主体更加全面。美国法之狭义不当劳动行为的三种类型，充分体现了美国不当劳动行为规制制度之主体范围的全面性。

三、救济机构的权威性

对于美国不当劳动行为的审查和制裁，由专门的、权威的救济机构即国家劳动关系委员会（NLRB）实施，其法律性质为准司法机构。

"《国家劳动关系法》创设了国家劳动关系委员会（NLRB）监督工会选举，

---

① 黄越钦. 劳动法新论. 北京：中国政法大学出版社，2003：314.
② 欧阳琼. 美国劳动争议处理制度. 中国劳动，2006 (6)：26.
③ 问清泓. 劳动合同法制度与实践研究. 武汉：湖北人民出版社，2011：370～371.

禁止某些雇主的不公平劳动行为；创设了国家劳动关系委员会实施这一权利，禁止雇主阻碍组织工会或防止工人商定集体合同的不当劳动行为。"① 国家劳动关系委员会有权直接裁定不当劳动行为，对此裁定还可以向法院上诉，不当劳动行为的救济比较有效。"从美国不当劳动行为救济制度的发展演变历程来看，雇主不当劳动行为的民事救济措施在美国之所以有效，与其劳资关系调整的传统密切相关。大多数不当劳动行为案件是由 NLRB 这一准司法机构来审理的，程序上采取分局和总局两审级制，其决定书具有法律约束力，只有极少数案件进入联邦法院系统。因此，这种救济制度性质上近似于行政程序，更像是一种劳资争议解决制度。"② 委员会在全美 50 个州设立了办事处，有 2500 名官员，作为一种法定机构，它独立于美国政府，以中立的立场监督企业和工会的关系，对违反集体谈判有关规定的不公正劳动行为进行调查和处理，确保集体谈判的有序进行，历史证明，强制规定劳资双方通过集体谈判的原则来协调利益冲突，对构建和谐劳动关系具有重要意义，这不仅是美国，也是发达国家的共同经验。③ "全国劳工关系委员会"由两个主要单位组成，一个是由五人委员所组成的管理委员会，另一个则是主任检察官办公室，五位委员和主任检察官都由总统任命，并且要获得参议院的同意。"全国劳工关系委员会"是一个准司法性质的机构，它要针对劳资关系的事务做出决定，而主任检察官则负责调查和起诉案件。④

美国《塔夫脱—哈特莱法》第 10 条第（c）款"制止不公平劳动措施"："如果根据所获得的优势证据，委员会认为被指控的人曾经采取或仍在从事此类不公正劳动行为，委员会可以……要求此人停止此类不公正劳动行为，并且采取包括为有关雇员恢复工作和补发或不补发欠薪等积极的行动，以贯彻本法的政策。……如果一个雇员被停止工作或解职是有正当理由的，那么，委员会的任何命令

---

① 刘诚. 国外工会代表权立法概述. 工会理论研究，2005（3）：38.
② 叶姗. 雇主不当劳动行为的民事救济——基于我国和美国不当劳动行为救济制度之比较. 北方法学，2012（4）：97～98.
③ 王同信. 美国国家劳工关系法及其启示. 特区实践与理论，2009（4）：32.
④ 卫民. 美国不当劳动行为案件的处理机构与程序. //http：//www.npf.org.tw/post/2/8203.2010—10—06.

都不得要求给他恢复工作或补发工资"。① 该法不仅规定了不当劳动行为的行政责任,还规定了恢复工作、补发或不补发工资的民事责任,以及适用除外情形。美国这种不当劳动行为的救济模式是非常有效的,尽管其性质究竟属于工会保护争议还是劳动争议,是行政制度还是司法制度,在理论上还都存在争议,但是由国家劳动关系委员会(NLRB)直接处理不当劳动行为的救济效果是明显的。

美国不当劳动行为裁决机制在经过逾七十年之运作后,虽曾衍生诸多问题而饱受抨击,但直到目前为止,在维护劳工团结权及促进团体协商程序之进行上,仍有其不可磨灭之功效,即使在工会运动全面衰微的情况下,尚能屹立不移,而未曾听闻有全面撤除之议出现,反在公共部门能继续发扬光大,而让该国之工会组织仍能维持一定之水准,并使得团体协商制度仍属维护工业和平之基石。② 美国的不当劳动行为制度的救济制度,也成为我国台湾地区的学界和立法界极力推崇的楷模,台湾地区有关不当劳动行为的立法特别是新修订的"集体三法"已经充分吸收了美国的成功经验。

四、工会制度的受制性

美国不当劳动行为规制制度是与其工会制度密切相关的,因为美国不当劳动行为主要是狭义上的不当劳动行为即主要是针对雇主的"反工会行为",这就使得美国的不当劳动行为制度始终与工会制度"如影随形",不可分离。

美国不当劳动行为规制制度始终处在与工会的博弈之中,在美国,工会组织的合法地位和职责经历了长期的斗争历程。"在美国,工会由弱势群体发展到具有政治影响力的社会团体,之后势力日渐式微,但'工会究竟是做什么的'这一问题仍然没有达成共识"。③ "工会是当代资本主义社会中工人的主要组织。在自

---

① [美]罗伯特·A. 高尔曼著. 劳动法基本教程:劳工联合与集体谈判. 马静等译. 北京:中国政法大学出版社,2003:697~698.

② 焦兴铠. 美国不当劳动行为裁决机制之研究. http://old.npf.org.tw/PUBLICATION/SS/095/SS-R-095-005.htm. 2006-08-08.

③ 叶姗. 雇主不当劳动行为的民事救济——基于我国和美国不当劳动行为救济制度之比较. 北方法学,2012(4):96.

第三章 域外不当劳动制度

亚当·斯密时代以来的二百多年里,经济学家、社会学家、工会组织者、企业家,甚至妇女都参与了对工会的社会作用的辩论。尽管辩论了很久,然而,人们始终没有对这个问题达成一致的意见。"① 这是经济学泰斗,美国的弗里德曼教授关于美国工会作用研究的一般观点。在美国,"也有一些人认为工会能够产生良好的政治、经济效应。劳资关系专家一直强调集体谈判的方式能够促进管理方式的改善和生产效率的提高。甚至一些拥有工会的公司的管理者也承认工会在企业中具有积极作用"。②

美国工会的地位和作用一直是有争议的,"然而,在过去的二十五年里,对工会的负面评价逐渐占据了上风。左右两派的人都开始怀疑美国工会运动的社会实用性和价值,尽管有相当多的例外。"在美国,许多经济学家也对工会进行了大量的研究,但是,他们主要是从经济效益的角度进行研究,"经济学家对集体谈判的经济影响的定量研究几乎无一例外地集中在工会的垄断工资研究方面",在美国,研究表明工会具有截然不同的两面性:一是争取提供工资的垄断力量;二是工会充当"代言人"或"应答人",工会代表了企业里组织化了的工人。"绝大多数工会具有垄断力量,以争取比竞争状态下更高的工资"。③ 工会对工人工资的垄断,受到了多数经济学家的批判,但是工会对提供劳动者的工资的作用基本是一致的,从法律的角度,这对劳动者来说当然是非常好的事情。从工会的另一面即"代言人"身份来看,"通过代言人的一面,工会也从根本上改变了工厂内部的社会关系"。"存在工会时,通过工业法学体系和申诉仲裁制度,工会可以成为工人力量的源泉,减弱管理层的权力,为工会成员提供保护。"④ 这些都表明,尽管许多经济学家都怀疑工会的价值和作用,但从法律的角度,他们也不得不承认工会确实有着非常大的积极意义,同时,工会也是可以提高经济效益的,正如

---

①② [美]理查德·B. 弗里德曼,詹姆斯·L. 梅多夫. 工会是做什么的?——美国的经验. 北京:北京大学出版社,2011:1.

③ [美]理查德·B. 弗里德曼,詹姆斯·L. 梅多夫. 工会是做什么的?——美国的经验. 北京:北京大学出版社,2011:3.

④ [美]理查德·B. 弗里德曼,詹姆斯·L. 梅多夫. 工会是做什么的?——美国的经验. 北京:北京大学出版社,2011:6.

著名经济学家理查德·B.弗里德曼所说:"观点各异的经济学家都逐渐认识到工会在实施劳动合同(尤其是存在延期要求的劳动合同)、完善劳动合同和协议,以及提高经济效益等方面的能力"。① 因此,从有关工会的争论中可以看出,无论从经济学的角度,还是从法律的角度,虽然有关工会的争议不断,但工会的积极作用还是非常明显的,并在不断博弈中逐渐得到了经济学家和法学家的广泛认可,为工会在集体谈判、反不当劳动和产业行动等集体劳动关系中的地位和作用逐渐被法律所认可打下了良好的基础。

在美国,工会制度是降低不平等还是增加了不平等,这是经济学和法学界都感兴趣的共同问题。著名经济学家理查德·B.弗里德曼等人通过计量分析的数学方法和计算得出了基本结论:"每一项研究都显示工会减少了工资的不平等",在计算分析中,具体的数值大致相同,而且从经济学意义上讲,"具有相当的强度",这些研究"已给长期悬而未决的有关工会对不平等的实际作用的争论,提供了初步解答。在美国,工会的作用大致将工资不平等减少了3%。从这个方面来看,工会的代言人/应答人作用似乎胜过了其垄断性的影响"。② 因此可以看出,工会制度确实可以降低不平等,而不是增加不平等,美国工会制度的经济学价值和法学价值都是具有相当大的积极作用的,美国工会制度的价值和地位也逐渐被立法者和劳动者,包括雇主们所广泛接受,也使得美国的工会制度在世界上具有了先进性,纷纷被许多国家争相效仿。

在美国工会的发展过程中,到了20世纪80年代,也出现了许多新问题,工会出现了衰减的现象,工会的覆盖率和工会组织力度的下降成为美国工会发展中遇到的新问题,引起了社会的关注和研究。

研究表明资方在其中影响巨大,特别是资方在反对工会及其活动中的增强,使得美国不当劳动行为不断增多,美国不当劳动行为规制制度出现了"难以作

---

① [美]理查德·B.弗里德曼,詹姆斯·L.梅多夫.工会是做什么的?——美国的经验.北京:北京大学出版社,2011:6.

② [美]理查德·B.弗里德曼,詹姆斯·L.梅多夫.工会是做什么的?——美国的经验.北京:北京大学出版社,2011:80.

第三章 域外不当劳动制度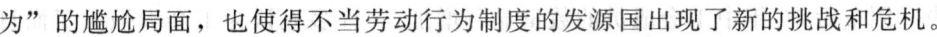

为"的尴尬局面,也使得不当劳动行为制度的发源国出现了新的挑战和危机。

美国工会的衰减,原因是多方面的。

第一个原因:一种直接影响是工会在国家劳资关系委员会(NLRB)代表权表决中的成功率的下降。"到了80年代,工会参加这种表决的机会少了,赢得表决的获胜率也很低(只有4.5%),通过NLRB表决加入工会的工人占劳动力总量的比例只有0.41%——这个比例低于工会维持工会会员占劳动力人口比例所需要的水平,远低于使该比例实现与劳动力人口增加程度相协调所需要的水平"。① "NLRB的工会代表权表决总体上要涉及工会和资方双方面的攻守努力"②。

美国威斯康星大学的学者乌丝的研究表明:工会在NLRB表决中的获胜率下降度中有三分之一与工会组织力度的减少有联系。③ 工会在NLRB表决中的获胜率下降导致了工会组织力度的下降,反过来工会组织力度的下降又影响了表决中的获胜率,正如理查德·B.弗里德曼所说:"总之,工会组织活动的衰减似乎对工会代表权的下降产生了作用",④二者的相互影响,必然导致美国工会的覆盖面和作用的衰减。

第二个原因:雇主反工会活动即不当劳动行为的增强,这说明雇主的不当劳动行为已经得到了不断加强,必将导致工会合法活动被雇主的反制所限制,这对美国的不当劳动行为制度提出了新的挑战,也表明了美国的不当劳动行为制度已经明显暴露出了一些亟待克服的缺陷。

美国反不当劳动行为的成文法主要是《国家劳动关系法》,即《瓦格纳法》和《塔夫脱——哈特莱法》(Taft-Hartley法案)。这两部法律虽然对规制不当劳动行为发挥了很大的积极作用,但它们也都还存在着不少缺陷。《国家劳动关

---

① [美]理查德·B.弗里德曼,詹姆斯·L.梅多夫.工会是做什么的?——美国的经验.北京:北京大学出版社,2011:202.
② [美]理查德·B.弗里德曼,詹姆斯·L.梅多夫.工会是做什么的?——美国的经验.北京:北京大学出版社,2011:208.
③④ [美]理查德·B.弗里德曼,詹姆斯·L.梅多夫.工会是做什么的?——美国的经验.北京:北京大学出版社,2011:209.

系法》颁布后10年中工会成员的数量显著增加，"许多人认为工会太强大了而且缺乏公共责任感，应该接受《国家劳动关系法》规定的雇主责任和限制。"① 1946年大罢工的出现，对《国家劳动关系法》的问题的指责更多了，其主要问题是"过度"保护了工会和工人的利益，使劳资双方权利出现了不均衡，正如美国著名劳资关系教授约翰·W. 巴德所说："《国家劳动关系法》却忽略了工会以及其他组织的不正当活动，因而把钟摆矫正过了头，以至于对劳工过于有利。"② 后来对《国家劳动关系法》进行修改而成的《塔夫脱——哈特莱法》才引入了有关工会的不正当活动即工会的不当劳动行为，允许个体工人不必参加某些工会活动，并且制定了有关管理方"言论自由"的条款。该"言论自由"条款"允许雇主表达对工会活动的反对意见，但不能对要求有工会的工人进行威胁"。③ 该条款还成为"法庭和NLRB给资方增加了反对工会化的权力，资方几乎在每一次重大的NLRB工会代表权的表决中都激烈地对抗工会"。④ 雇主依法对工会的抵制和反对，势必导致美国工会密度的下降。"有人认为，相对于其他工业化国家的同行而言，美国的管理方对工会怀有特别的敌意，传统上特别倾向于采用阻止工会的策略"。⑤

在美国，资方（雇主）对抗工会的策略主要有三种，一是"积极的劳资关系"政策，"试图以工会的游戏规则击败工会，向非工会工人提供大多数工会要求的工人利益——高工资、好福利、高年资工人保护等——但不收相关费用"。⑥ 这种行为实际上是一种更"隐蔽"的、法律管不了的不当劳动行为，美国法律对这种不当劳动行为无法制裁，法律的缺陷直接导致它成为雇主反工会活动的首选。

雇主反对工会的第二种策略是："实施合法的、强硬的反制活动，力图使工

---

①② ［美］约翰·W. 巴德. 人性化的雇佣关系：效率、公平与发言权之间的平衡. 解格先，马振英译. 北京：北京大学出版社，2007：160.

③④⑥ ［美］理查德·B. 弗里德曼，詹姆斯·L. 梅多夫. 工会是做什么的？——美国的经验. 北京：北京大学出版社，2011：210.

⑤ ［美］约翰·W. 巴德. 人性化的雇佣关系：效率、公平与发言权之间的平衡. 解格先，马振英译. 北京：北京大学出版社，2007：162.

第三章 域外不当劳动制度

人相信如果他们在表决中反对工会的进入，他们会有更好的利益"。① 这样导致了美国的许多公司如杜邦、通用电器等都运用此策略进行强硬的反制活动，以便迫使NLRB表决结果对资方有利，这种行为也是一种不当劳动行为，只是还没有被法律所禁止。

雇主反对工会的第三种策略是公然的违法行为。正如弗里德曼教授所指出的："特别是去甄别和开除带头支持工会的工人"，这种做法直接违反了《国家劳动关系法》第8条的相关规定。"按照《塔夫脱——哈特莱法》行使自己合法权利的带头发言人，被开除的可能性是非常高的。"按理说，雇主的这些不当的开除行为，即为法律所禁止的不当劳动行为，应当受到法律的否定和制裁，但实际上并非完全如此，这说明了法律在反雇主的不当劳动行为制度上，还存在一些不足之处，"从另一方面来看，在每次NLRB工会代表权中，大约都有一起违反开除行为被NLRB认为是正当的。"② "分析结果表明，资方的反制行为对工会的获胜率具有一种相当大的、高统计显著性的抑制作用，对NLRB表决后新加入工会工人比例下降也负有大部分责任"。③ 雇主的违法反制工会的不当行为也得不到法律的有力反击，在非常注重成本的美国，雇主们纷纷采取反制行为。

"美国工会组织衰退的第四个可能原因是美国的劳工法——不管是立法机构制定的法令，还是法庭对于这些法令的运用，不管是直接的还是间接的——只支持某些特定形式的工业民主，这种民主削弱了劳工运动的活力"。"其最终的基础还是把工会看作有利于资本主义经济制度的稳定性的一种建制"。④ 可见，美国劳工法的法律和判例也是导致工会地位和作用不断衰减的重要原因，法律的缺陷必

---

① [美] 理查德·B.弗里德曼，詹姆斯·L.梅多夫. 工会是做什么的？——美国的经验. 北京：北京大学出版社，2011：210.
② [美] 理查德·B.弗里德曼，詹姆斯·L.梅多夫. 工会是做什么的？——美国的经验. 北京：北京大学出版社，2011：212.
③ [美] 理查德·B.弗里德曼，詹姆斯·L.梅多夫. 工会是做什么的？——美国的经验. 北京：北京大学出版社，2011：217.
④ [美] 约翰·W.巴德. 人性化的雇佣关系：效率、公平与发言权之间的平衡. 解格先，马振英译. 北京：北京大学出版社，2007：162.

然直接和间接导致资方之不当劳动行为的难以有效治理。

"美国法律允许资方在工会代表权表决中进行时间充分、资金充裕的反制活动，而加拿大则不允许这样的行为"。① 美国法律上的这些天然缺陷是导致雇主反制工会活动盛行的重要诱因之一，虽然美国工会组织不断呼吁对美国劳工法进行改革，但是效果一直不佳。

由上述美国经济学家的数学统计分析可以得出以下结论：立法的缺陷、官方的"默认"态度和雇主的反制工会的行为即不当劳动行为，这三者的共同作用和"叠加"效应必然使得雇主之反制行为更加普遍，反不当劳动行为制度也就逐渐难以被工人认同，工会的吸引力随之减少，工会的密度下降也是必然的了。

21世纪美国工会制度的发展仍然没有摆脱上述问题。美国一些专家的研究仍然显示："我们更多地将私有部门工会密度的下降归因于管理层的反工会活动，并预测得出在可以预见的将来，工会密度可能会继续下跌10%以下。"② 可见，在美国，雇主的反工会活动之不当劳动行为还将继续下去，不当劳动行为规制制度的发源国所遭遇到的挑战，也是世界上其他国家应当高度重视和反思的问题。

第二节 日本不当劳动制度

日本劳动法（工会法）对不当劳动行为的立法渊源来源于二战后的美国法，但是日本法对其进行了改造，形成了自己的特征。

日本不当劳动行为的规定最早见于1945年颁布的《劳动组合法》（即《工会法》），该法规定了雇主的不当劳动行为，其内容只局限于不利待遇和"黄犬契约"，其救济方式是对违反者处以禁锢或罚金，这一规定被称为"科罚主义的不当劳动行为救济制度"③。1949年《劳动组合法》参照美国《瓦格纳法》进行了

---

① [美] 理查德·B. 弗里德曼，詹姆斯·L. 梅多夫. 工会是做什么的？——美国的经验. 北京：北京大学出版社，2011：220.

② [美] 理查德·B. 弗里德曼，詹姆斯·L. 梅多夫. 工会是做什么的？——美国的经验. 北京：北京大学出版社，2011：243.

③ 常凯. 论不当劳动行为立法. 中国社会科学，2000 (5)：72.

第三章 域外不当劳动制度

修改,在不当劳动行为的种类中增加了雇主拒绝集体谈判和支配、介入工会等内容,并将救济方式由科罚主义改为劳动委员会发布救济命令的准司法的行政救济程序。① 这种救济模式基本上是参考了或继承了美国的做法,美国设置了不当劳动行为审查的权威机构,即国家劳动关系委员会(NLRB),其为准司法机构。这种不当劳动行为的救济模式具有非常高的独立性和权威性,是美国法和日本法的共同特征和成功的经验。日本关于不当劳动行为的理论比美国更为完备和发达,不当劳动行为理论已经成为日本劳动法(工会法)不可或缺的基本内容,日本劳动法学界对其研究已经非常普遍,形成了自己独特的制度。

一、团结权的保障制度

在日本法中,不当劳动行为制度是团结权的保障制度,不当劳动行为的法律属性为侵犯了劳动者的团结权。

这一点在日本已经形成共识。根据日本宪法第28条的规定,劳动者享有团结的权利。日本大阪经济法科大学教授、大阪相马达雄总合法律事务所所长、律师相马达雄认为:团结权就是组成工会的权利,如此组成的工会运用其争议权和团体交涉权,经过具体的程序去改善劳动条件。因此,在所谓的劳动基本三权中,可以说,只有团结权才应成为劳动者的主干的权利。换言之,作为劳动者,如果这一团结权被否定,或行使其权利受到严重阻碍,也还是不能希望维护改善自身的劳动条件,可以明确地说,团结权对劳动者来说就是提高劳动条件的命脉。行使团结权在同雇佣者的关系方面,是最为重要的权利,工会法第1条首先规定,雇佣者不得妨害这一权利的行使。这属于工会法第7条规定的禁止的不当劳动行为。妨碍行使团结权并不仅仅来自于雇佣者,工会乃至其执行部门自身也有此情形,更有甚者,第三者特别是同一企业内互相竞争的其他的工会也会做出此举。② "可以说,不当劳动行为制度是保障劳动者团结权的担保制度"。③ 相马

---

① 常凯. 论不当劳动行为立法. 中国社会科学, 2000 (5): 72.
② [日] 相马达雄. 论日本工会组织诸问题. 王丽华译. 中外法学, 1996 (3): 69.
③ [日] 相马达雄. 论日本工会组织诸问题. 王丽华译. 中外法学, 1996 (3): 71.

达雄教授将不当劳动行为制度看作是团结权的重要保障制度,这是日本学界关于不当劳动行为之法律属性"团结权保障说"的重要代表。日本关于不当劳动行为的基本作用在日本劳动法学界主要有三种意见:第一种意见即上面所说"团结权保障说";第二种意见认为,不当劳动行为是为了实现以团结权保障为前提的公正的劳资关系秩序,即所谓"劳资关系秩序维持说";第三种意见认为,不当劳动行为是为了顺利实现团体交涉而特别创设的,即所谓"团体交涉顺畅说"[1]。上述三种意见其实并不互相排斥,而是可以互相补充。[2] "团结权保障说"是从团结权的法理依据的层面予以论证,"秩序维持说"是从团结权的社会作用的层面提出问题,"团体交涉顺畅说"是从团结权实现的手段层面着眼。不管三种学说的侧重点如何,不当劳动行为制度作为团结权保障的"特别制度"[3],从不当劳动行为的法理基础和立法目的等理论层面来讲,不当劳动行为制度以劳动法中的团结权保障为直接的法律依据,是对于侵害团结权的救济[4],在日本学界已经达成了此共识,对不当劳动行为的立法和实际规制都起到了很好的作用。

二、谈判权的救济制度

日本不当劳动行为制度是集体谈判权的保障制度。集体谈判权又称团体交涉权,是指三方机制之一方的工会,代表劳动者与雇主进行集体协商和谈判并签订集体合同的权利,是劳动"三权"之一。日本法对不当劳动行为的救济制度,特别对反映在集体协商谈判上的不当劳动行为有专门的立法规定,以保障集体谈判权的实现。这与美国等其他国家都不相同,可谓是独具特色。"但在美国和西北欧等国,集体谈判并不以不当劳动行为的名目予以立法保护。作为劳动权法律保障的重点,主要关注于团结权和争议权"。[5] 在日本雇主拒绝谈判就是雇主对于工会直接的不当劳动行为。其主要表现是雇主只要对于集体谈判不作为,就可构成不当劳动行为。《日本劳动组合法》第2章第7条第2款明确规定:"雇主无正当

---

[1][2] 常凯. 论不当劳动行为立法. 中国社会科学,2000 (5):72.
[3][4] 常凯. 论不当劳动行为立法. 中国社会科学,2000 (5):73.
[5] 常凯. 论不当劳动行为立法. 中国社会科学,2000 (5):78.

理由拒绝同所雇佣的劳动者代表进行集体谈判"为不当劳动行为。作为工会集体谈判的对手，雇主方面负有"回应谈判义务"和"诚实谈判义务"。前者是指在工会提出集体谈判的请求时，雇主没有正当理由不得拒绝；后者是指雇主不得借故刁难、妨碍或中止谈判。① 日本集体谈判权法理普遍认为，集体谈判权保障的主要效果就在于将雇主诚实回应集体谈判作为一项法定义务。在此基础之上，再通过以不当劳动行为为由提起损害赔偿请求讼诉；请求确认雇主有义务回应集体谈判等司法救济途径；劳动委员会命令雇主诚实回应集体谈判；通过行政调解等方式实现集体谈判等行政救济手段来现实地保障集体谈判权。② 诚实谈判的认定标准主要根据谈判时雇主的态度、有无针对劳动者提案的反对一提案、谈判的次数等，综合各个具体事件，判断当事人双方为达成合意是否做了最大的努力。如果谈判无诚意，劳动委员会可以命令雇主重新与劳动者谈判，但这只是行政救济手段，科处的是公法上的义务。③ 拒绝谈判是日本《工会法》早在1949年就确定的雇主三种反工会行为之一（《工会法》第7条）④，也是反不当劳动行为的主要内容之一，而将诚实谈判义务明确规定为雇主的一项法定义务是集体谈判的基本要求。诚实谈判已经是日本法中雇主的法定义务，其作为不当劳动行为救济制度的重要内容之一，保障了集体协商谈判的有序开展，使劳动者的集体谈判权有一条有效的救济路径。

三、独特的复数代理制

日本法采取的是复数代理制而不是排他代理制，保障了多数派工会和少数派工会的平等权。"在不当劳动行为救济制度的框架下，日本的少数派工会在不当劳动行为方面，可以得到与多数派工会相同的法律保护"。⑤ 日本劳动法专家荒木

---

① 常凯. 论不当劳动行为立法. 中国社会科学，2000（5）：78.
② 李立新. 从日本劳动立法看我国集体谈判权的保障. 中国劳动关系学院学报，2009（6）：78.
③ 李立新. 从日本劳动立法看我国集体谈判权的保障. 中国劳动关系学院学报，2009（6）：81.
④ 日本1949年的《工会法》第7条规定的雇主三种反工会行为是：对工会成员的不利待遇、拒绝谈判和对工会的支配或干涉.
⑤ [日] 荒木尚志. 日本劳动法（增补版）. 李坤刚，牛志奎译. 北京：北京大学出版社，2010：145.

尚志教授将此看作是日本不同于美国不当劳动行为救济制度的第一个特征，日本这种体现各种工会之法律主体地位平等的做法是明显不同于美国的，更是日本工会法在规制不当劳动行为中的特色，值得其他国家学习和借鉴。

在日本的大企业中，通常有一个和雇主较好合作的由多数人组成的工会，如果不是多个工会的情况下，一般还有一个由少数人使用组成的比较激进好斗的工会。由于《工会法》要求保障每个工会的团结权、集体谈判权和集体行动权，所以法院在"日产汽车公司案"中已经确立了一个非常独特的原则——"中立的义务"，依据此义务，雇主要平等对待企业中的每一个工会，不能因为工会的基本特点、倾向、政策和其他方面等的原因而区别对待①。有一个案例，雇主允许一个多数人工会无条件地使用工会办公室，但是却拒绝借给少数人使用工会办公室，对使用办公室进行集体交涉也附加了一些不相关的条件。最高法院认为，这种歧视性对待说明雇主有削弱少数人工会的意图，因此构成对工会的支配与干涉，为《工会法》第7条第3款所禁止。②日本法创设的关于雇主平等对待不同工会的"中立义务"，并不同于法定的"诚实谈判义务"，"中立义务"是由日本最高法院在判例中创造的判例法，体现了日本劳动法既有成文法的明文规定，又有判例法的实际示范，这种将成文法与判例法结合起来的规制模式再次体现了日本法的特色，实践也已经证明了其有效性和超强的可操作性，仅此一点就是我国劳动立法非常值得思量和借鉴的地方。

日本在判例中针对不同的工会组织特别是多数人工会与少数人工会在集体谈判中所遭受到的差别待遇，确立了平等待遇的实施原则，有效解决了两个工会集体谈判的结果不同所造成的差别待遇。如一个工会接受雇主的提案，而另外一个不同意，这是自由谈判的自然结果。一旦雇主与多数人工会达成了协议，为了工作条件的统一，这些工作条件也自然适用于少数人工会。③有一个关于年终奖金的案子，雇主要求只有工会与雇主合作将劳动生产率提高，才会接受工会增加年终奖金的要求。多数人工会同意了雇主提出的条件，而少数人工会却没有接受。

---

①②③ ［日］荒木尚志.日本劳动法（增补版）.李坤刚，牛志奎译.北京：北京大学出版社，2010：150.

结果年终奖金只发给了多数人工会的成员。最高法院认定，鉴于当时的劳动关系，考虑到"增产方面的合作"所蕴含的意义，雇主明知少数人工会不会接受此条件而执意坚持此条件，因此，雇主构成了不正当的劳动行为。① "日本邮购案"创设了不同工会组织集体谈判的平等待遇原则，使雇主与有关不同工会的集体谈判结果的差别待遇之不当劳动行为有了明确的适用与救济办法，也再次体现出了日本劳动法之成文法与判例法相结合的特色和优势。

四、可操作的救济程序

日本不当劳动行为之救济程序上的特色是救济程序的可操作性。不当劳动行为的处理机构为中央和地方两级劳动委员会，劳动委员会是由三方组成的机构。日本劳动委员会像美国一样，其独立性与权威都非常高。劳动委员会由劳、资、公益方（中立方）三方代表组成，中央劳动委员会由三方各出13人共39人，经内阁总理大臣任命后组成。② 劳动委员会的主要工作是对不当劳动行为案件的裁判功能只能由代表公益的中立成员来行使，但是，劳资双方任命的成员在促进问题的解决方面起着重要的作用。在劳动委员会中，负责裁定申诉和起草对不当劳动行为案件的改善命令的中立成员均是兼职人员，不需要具有律师资格。劳动法教授以及劳动经济学、劳动关系或其他领域的专家，常被任命为代表公益的中立成员。这样做的好处是能够利用对劳动关系比较熟悉的人的智慧，而不是仅依靠法律专家。与美国国家劳动委员会不同，日本劳动委员会没有起诉机关。对于不当劳动行为案件，可以向普通法院起诉，要求进行赔偿或撤销法律行为。③ 日本不当劳动行为的救济程序在其《工会法》中都有非常具体的程序性规定，具有很强的可操作性，概括起来分为三部分：一是地方劳动委员会的初步审查，二是中央劳动委员会的行政复审，三是法院的司法审查（地方法院、高级法院和最高法

---

① [日]荒木尚志. 日本劳动法（增补版）. 李坤刚，牛志奎译. 北京：北京大学出版社，2010：150~151.
② 华迎放. 日本的劳动关系调整. 中国劳动，2002（3）：58.
③ [日]荒木尚志著. 日本劳动法（增补版）. 李坤刚，牛志奎译. 北京：北京大学出版社，2010：146.

院都有司法审查权)。对于地方或中央劳动委员会的裁决,雇主可以在裁决书自送达之日起 30 日内要求司法审查(第 27 条第 6 款)。雇主也可以不经过中央劳动委员会的行政复查,直接向法院起诉,要求撤销地方劳动委员会的决定。违反劳动委员会最终决定者,将会受到行政或刑事处罚。如雇主违反最终决定,将会受到 10 万日元以下的行政罚款;如雇主违反得到法院支持的劳动委员会的决定,将被判处 1 年以下监禁或 10 万日元以下罚款,或两者并处(《工会法》第 28 条)。① 从理论上讲,审查机关依次是地方劳动委员会、中央劳动委员会、地方法院、高等法院、最高法院,但从实际工作情况看,60%~80%的不当劳动行为案件都是在劳动委员会做出裁决之前经双方协商一致后撤销申诉。② "一般来说,日本不当劳动行为的行政救济属于第一次权利救济也是最主要的救济,而司法救济属于补充第一次救济之不足的第二次救济。美国的不当劳动行为救济也分为行政救济和司法救济,与日本不同,美国以司法救济为主"。③ 而日本是以行政救济为主。"稳定与合作是当前日本劳动关系的两大特征,因此,不当劳动行为的发生数量相对较少"。④ 日本对不当劳动行为的处罚是将行政责任与刑事责任结合起来的,处罚力度相当大,工会法规制不当劳动行为之威慑力可见一斑。日本大量的不当劳动行为案件的处理,是在劳动委员会做出裁决之前经双方协商后而撤销了申诉,这也正是日本法规制不当劳动行为之威慑力的表现,既节省了司法成本,又和谐处理了劳资冲突,值得我国立法借鉴。

第三节 意大利不当劳动制度

意大利是古罗马法的故乡,其法律体系属于大陆法系。意大利劳动法起步比较早,已经积累了比较丰富的立法和司法经验,但是在中国"言法必德美"的现

---

① [日] 荒木尚志著. 日本劳动法(增补版). 李坤刚,牛志奎译. 北京:北京大学出版社,2010:153.
② 华迎放. 日本的劳动关系调整. 中国劳动,2002 (3):58.
③ 常凯. 论不当劳动行为立法. 中国社会科学,2000 (5):81.
④ 何霞. 日本集体协商制度. 中国劳动,2012 (6):37.

状下，意大利法却往往被忽略了，因此，在中国有关意大利法的文献和研究非常少见，笔者也只能在仅有的文献资料中反复研读和思考，以求"管窥"其一二。意大利不当劳动行为规制制度具有与美国和日本不同的特色，值得我们研究和借鉴。

一、立法模式的单一性

意大利之不当劳动行为规制制度和产业行动制度不同于英国之"判例法（主导）＋成文法（辅助）"模式[①]，也不同于同处大陆法系的德国和日本的"成文法（主导）＋判例法（辅助）"模式，英国和德国日本模式都已经表明：判例法在处理劳资冲突特别是集体劳动争议中具有重要作用，甚至可以据此来判断一个国家有关集体劳动关系立法是否先进。意大利在处理劳资冲突中的判例法并不发达，"意大利法院没有很好地建立关于罢工和闭厂的判例法，是这个国家劳动冲突制度低水平的另一表现"。[②]

意大利之不当劳动行为规制制度的立法主要体现在1970年的第300号法案即《工人权利法》中。它是意大利集体劳动关系的基础的法律渊源。"该法案的中心不再是工会的认可和集体协议的范围，而是授权工会和工人一些基本权利，作为促进工作地点内工会活动和集体谈判的必要条件，一定程度上打击了管理特权[③]"。[④]《工人权利法》以授予工会和工人之基本劳动权为立法宗旨，对雇主的权利进行了必要的限制，其第28条是最为有影响的法律条文，其规定："如果雇主在行为上纵容设计好的否决或限制工会自由、工人活动和罢工权利的实施，利益相关的国家工会的地方组织可以要求行为发生地的首席法官出具法令停止该行为并且消除其影响。地方法官，现在是法庭，必须在两天内传唤当事人并且取得基本信息；他的裁决（命令）可以立即生效，并且能够被同一法庭（同一司法部

---

① 这些英国、德国和日本"模式"，仅仅只是笔者的研究和总结，学界并无此说。
② [意] T. 特雷乌. 意大利劳动法与劳资关系. 刘艺工，刘吉明译. 北京：商务印书馆，2012：257.
③ "管理特权"是雇主享有的、对抗雇员的一种基于雇主之企业财产权所决定的权利——笔者注。
④ [意] T. 特雷乌. 意大利劳动法与劳资关系. 刘艺工，刘吉明译. 北京：商务印书馆，2012：187.

门,但不是同一人)驳回,但是会一直有效,直到法庭裁决。未遵守法官出具的命令的雇主根据刑法典第650条要受到惩罚(可被处以3个月监禁或8万意大利元的罚款)"。① 这是意大利非常著名的有关工会和工人权利的法条,其条文实体规定与程序规定相结合,并且规定了刑事法律责任,这是意大利集体劳动法中难得一见的、非常具有可操作性的规定。

T. 特雷乌教授认为:"到目前为止,第28条一直是第300号法案的规定中适用最广泛的一条",工会也会引用这个条款来质疑雇主行为宽广的合法性,怀疑雇主限制了他们的活动和工人的自由,最常见的是,他们(工会)太弱而不能采用直接的行为来对抗雇主的非法行为,但是,如果发生紧张的劳资冲突,因集体的压力会获得进一步的支持。② 这是意大利《工人权利法》第28条所规定的工会抑制雇主之反工会活动的主要内容,雇主之反工会活动即为美国法和日本法上的不当劳动行为,也是本书笔者所称的狭义的不当劳动行为。由于工会在意大利长期以来并不具有强势地位,因此,对不当劳动行为的规制,还需要产业行动的有力支持,才能真正有效抑制雇主的不当劳动行为。

二、集体谈判的形式化

意大利法之不当劳动制度除了上述的立法模式的单一性,还表现在集体谈判制度的形式化,可操作性不强。其主要缺陷是缺乏有关雇主之诚实集体谈判义务的直接规定,使得雇主的这种常见的不当劳动行为游离于法律规制之外。笔者认为,产生这种现象的主要原因是由意大利独具特色的集体谈判制度所决定的。

德国汉斯—伯克勒基金会欧洲劳动与集体谈判政策处处长托斯腾·舒尔腾博士将意大利的集体谈判模式划归为欧洲的第三种模式,即"南欧模式"。除意大利外,还包括法国、希腊和西班牙等国家,"南欧模式"的主要特征是:"它们拥有更多地以国家为导向的市场经济,相应的集体谈判机制是基于相对低的工会组织率、高的雇主组织率、高的集体谈判覆盖率,并以行业谈判为主要的谈判层

---

①② [意] T. 特雷乌. 意大利劳动法与劳资关系. 刘艺工,刘吉明译. 北京:商务印书馆,2012:197.

面。后者得到了国家的有力支持,国家通常把集体协议扩展到那些没有直接在谈判中代表的雇员和企业身上"。① 意大利集体谈判之高度的全国统一的模式更为显,它是欧洲集体谈判模式之"南欧模式"的典型代表。

意大利集体谈判制度在实践中发展比较缓慢,正如特雷乌教授所说:"但是,仅仅随着时间的推移,集体谈判才变成有效的方式。"② 意大利集体谈判制度全国统一的模式特征表现在,所有的经济部门和所有的产业分支都已达成了全国性的集体协议。一种协议对应一种职业类别,由工会和雇主协会谈判,通常所有工会都签订了相同的协议。然而是所谓的"联合会之间的协议"——许多国家都不知道的一类协议——起了主要作用。此种协议是在全国进行统一的规范,省级协议非常少。"公司或工厂的谈判在实践中是不存在的,因为在这一范围内没有工会,虽然,企业内部关于工作条件的一些问题由工作委员会进行非正式的谈判"。③ 这些反映了20世纪50年代,意大利的"谈判制度高度集权化"④。20世纪六七十年代,意大利的集体谈判制度有所变革,一直到1993年,大多数行业类别的谈判能够独自进行,任何级别的谈判都可以进行,但是"这种谈判结构反映了意大利集体劳动关系制度化水平非常低"⑤。自1969年起,谈判制度有了前所未有的发展,特别是在工厂和公司级别的集体谈判和协议不断增长,但"尽管工厂谈判数量增长了,但是国家协议一直继续保持其重要作用,为所涉部门的所有雇员提供统一的处理平台"⑥。到了20世纪80年代,自由主义浪潮"改变了意大利的制度","人们更加赞同谈判结构的非集中化","国家在劳动事务中的'管制'已经慢慢降低"。⑥ 由意大利集体谈判的历史发展过程来看,虽然其高度集中的全国性的谈判不断减弱,工厂或公司级别的集体谈判不断加强,但是其集体谈判制度

---

① [德]托斯腾·舒尔腾.欧洲集体谈判体系概览.//[德]鲁道夫·特劳普-梅茨.劳动关系比较研究:中国、韩国、德国/欧洲.张俊华编.北京:中国社会科学出版社,2010:43~44.
②③④ [意]T.特雷乌.意大利劳动法与劳资关系.刘艺工,刘吉明译.北京:商务印书馆,2012:200.
⑤⑥ [意]T.特雷乌.意大利劳动法与劳资关系.刘艺工,刘吉明译.北京:商务印书馆,2012:204.
⑥ [意]T.特雷乌.意大利劳动法与劳资关系.刘艺工,刘吉明译.北京:商务印书馆,2012:211.

仍然是处于一种不发达的状态,这就直接导致了意大利集体谈判制度的低水平,也直接影响了对不当劳动行为之雇主诚实谈判义务的规制,反映出了意大利不当劳动行为制度的缺陷。

另外一个原因是意大利集体谈判制度的不可操作性直接导致雇主集体谈判义务的难以实现。"意大利谈判制度的主要特征是缺少谈判程序、范围和内容的法律规定,并且,通常对于谈判各方的行为和集体协议的适用,排除民法关于合同通则的规定"。① 意大利集体谈判制度的不可操作性与意大利之集体协议是由其《宪法》规定有着直接的关系。意大利《宪法》第39条规定了集体协议具有普遍的约束力。虽然直接由宪法规定集体协议具有最高的法律权威和地位,但是,宪法规范本身具有高度抽象性,如果再缺乏法律层面的具体规定,宪法的规制也只是"空中楼阁",如特雷乌所指出:"缺少集体协议的法律规定已经成为意大利劳资关系的主要特征",②"根据意大利《宪法》第39条规定,签订的有约束力的集体协议在实践中不具有创造性,因为缺少实施宪法规定的法律"。③ 集体谈判制度仅仅依靠宪法的抽象规定是很难有所作为的,集体谈判和集体协议还必须依赖非政府部门的公共机构的后续行为获得认可,在此点上意大利与法国和德国不同④,意大利的集体谈判制度确实存在着需要改进的地方,这些缺陷也直接导致了意大利反不当劳动行为制度的重大遗漏——缺乏对雇主违背诚实谈判义务的规制。

意大利集体谈判制度还有一个显著的特征:"拥有相对高的集体谈判覆盖率,但是工会组织率是最低的"。⑤ 意大利相对于欧洲其他国家的高的集体谈判覆盖率,并不是由其高的工会覆盖率或密度所决定的,相反,意大利的工会密度是欧洲最低的,这由德国汉斯-伯克勒基金会欧洲劳动与集体谈判政策处处长托斯

---

①④ [意] T. 特雷乌. 意大利劳动法与劳资关系. 刘艺工,刘吉明译. 北京:商务印书馆,2012:213.

② [意] T. 特雷乌. 意大利劳动法与劳资关系. 刘艺工,刘吉明译. 北京:商务印书馆,2012:214.

③ [意] T. 特雷乌. 意大利劳动法与劳资关系. 刘艺工,刘吉明译. 北京:商务印书馆,2012:216.

⑤ [德] 托斯腾·舒尔腾. 欧洲集体谈判体系概览. // [德] 鲁道夫·特劳普-梅茨. 劳动关系比较研究:中国、韩国、德国/欧洲. 张俊华编. 北京:中国社会科学出版社,2010:43~51.

腾·舒尔腾博士根据2005—2006年欧洲的相关统计数据得出此结论。笔者认为造成这一"不同常理"现象的主要原因是意大利集体谈判之国家主导所引起的。也正是因为意大利工会的低覆盖或低密度，使得在反不当劳动行为中扮演最主要角色的工会失去了应有的作用。工会的缺失必然导致雇主势力更加强势，从而使得雇主之反工会的不当劳动行为更加普遍，反过来，雇主之反工会势力的强大又使得工会的覆盖率或密度不断降低，造成了恶性循环，而最大的受益者当然是雇主，最大的受害者是劳动者及其"代言人"的工会。意大利反不当劳动行为制度的重大遗漏——缺乏对雇主违背诚实谈判义务的规制，已经成为意大利工会组织发展壮大的主要障碍之一，也直接影响了广大劳动者和工会之合法集体劳动权益的保障。

三、可复制的成功经验

意大利有关不当劳动行为的规制制度具有以上的立法模式的单一性和集体谈判制度的形式化这两大缺陷，但是，也有一些值得借鉴和可复制的经验。

意大利不当劳动行为规制制度的一个主要特征是程序上的快捷性和可控性。第一，程序快速，平均花费1~2个月时间，这对于传统意大利劳动法院的低速是前所未有的记录。[①] 第二，诉讼权直接交给工会，但是，因歧视受到影响的个体工人如果有明显的理由，可以比较容易地劝说其放弃对雇主的起诉。第三，雇主如果不遵守法官的命令要受到刑事制裁是意大利法律上的一项新的制裁，目的是对雇主的行为采取间接强制执行，根据民事程序的一般规则，这并不是实际履行的既定目标。[②]

意大利处理雇主之不当劳动行为的另一个特征是对雇主的不当劳动行为进行宽泛的解释。对于雇主的反工会活动的宽泛解释与第15条相似，包括所有类型的行为，只要这些行为事实上限制工人和工会的权利。[③] 雇主之反工会活动的宽泛解释有利于保障工会和劳动者的权益，倒逼以企业财产权为基础的雇主履行其

---

①②③ [意] T. 特雷乌. 意大利劳动法与劳资关系. 刘艺工，刘吉明译. 北京：商务印书馆，2012：197.

劳动法之义务，可以有效实现资本主义之劳工权与财产权的平衡和劳动争议的解决。

意大利之反不当劳动行为不仅主要体现在《工人权利法》中，还在具体的司法解释中有更为具体的规定。最高法院批注的主要观点已经裁决第 28 条不仅适用于雇主直接的不当劳动行为，即直接攻击工会的行为和雇主违背第 300 号法案具体规定认可的工会的权利和权力行为，例如，拒绝根据第 20 条的条件在公司内召集集会，未经过第 22 条的官方批准调动工会领导人等，而且适用于雇主直接对个体工人采取报复的行为，特别是在工会权利下间接罢工并损害他们在公司的职位时，例如，因工会斗争，解雇、调动或其他歧视工人的行为。[①]

意大利法还明确规定了针对雇主的不当解雇和调动之不当劳动行为，劳动者可以采取个人行动，而且工会也应当支持这些合法的个人行动。这是意大利法之不当劳动行为制度比较独特的地方之一。雇主的解雇、调动或其他歧视工会或工人的行为都是意大利法规制的不当劳动行为，正如特雷乌教授所说，这些歧视性行为不仅违背了个人权利而且还违背了集体权利，在这两方面都是违法的，为了保护它们中的每一个权利，这一制度规定了两类不同的矫正步骤：为保护自己的权利，工会作为自治的实体可以使用（并且经常使用）第 28 条的规定来对抗由受到侵害的工人采取的独立步骤（根据第 15 条或第 18 条）。[②]意大利《工人权利法》（第 300 号法案）第 15 条、第 16 条和第 28 条授予所有工人享有通常的保护——禁止遭受歧视性解雇和调动工作。除此之外，第 18 条特别规定，当工会代表、工会委员会的成员和候选人遭受解雇，经他们工会的共同要求，如果首席法官认为雇主用来证明解雇雇员公平的证据要素是不相关的或不充分的，他能够在程序进行的任何阶段发布命令使雇员恢复原职位。不遵守恢复原职位命令的雇主，除了向雇员支付根据第 18 条第 2 款应付的工资外，还必须支付与公共养老保险金等额的工资。[③] 由上可见，意大利法对雇主的不当解雇和不当调动行为的

---

①② ［意］T. 特雷乌. 意大利劳动法与劳资关系. 刘艺工，刘吉明译. 北京：商务印书馆，2012：198.

③ ［意］T. 特雷乌. 意大利劳动法与劳资关系. 刘艺工，刘吉明译. 北京：商务印书馆，2012：191.

第三章 域外不当劳动制度

规定是非常具体而明确的，有效保障了工会和工人的合法权利不受雇主的非法抑制，这是意大利抑制雇主反工会行为之不当劳动行为的比较成功的立法。

意大利反不当劳动行为的立法不仅体现在《工人权利法》（第300号法案）上，还在后续的立法上不断有新的规定。如1990年第428号法案第47条规定了一类特殊的不公平待遇情况，如果企业在调动方面违背了通知程序，可以使用《工人权利法》（第300号法案）第28条的规定。在公共服务方面，1993年第29号法案解决了一个长期存在的法律争议，如果在严格意义上违背了工会权利，可以适用第28条；违背了个人权利可以在行政法庭（像所有公共服务情况那样）前进行辩解（即使有特殊的加速程序）。但是，该区别是暂时的，2000年第83号法案第4条规定：不公平的劳动行为①民事法院具有同样的管辖权，像所有的私人劳动争议那样。②

意大利法还规定了不当劳动行为的举证责任分配问题。《工人权利法》（第300号法案）第28条对此规定的唯一条件是工会必须证明影响了工会权利和权力的情况。没有必要证明违背工会权利的正面动机或恶意；雇主必须证明自己的行为合法并具有正当理由（例如，解雇的正当理由）。事实上，工会的证明责任并不像过去经历所期望的那样难以到达，因为法院使用宽泛的事实推定。③可见，工会对不当劳动行为的举证责任仅仅是形式举证，而且是比较容易的举证，因为法院对其使用非常宽泛的事实推定；而雇主的举证责任是实质性的，否则就要承担相应的法律责任。意大利法之不当劳动行为的举证责任分配制度还是比较有利于保护工会的合法权利和权力的，这也充分反映出意大利法比较注重反不当劳动行为的程序性规定的特色，这是世界上其他国家反不当劳动行为之程序性立法应当特别值得借鉴的地方。

---

① "不公平的劳动行为"即一般所称的不当劳动行为——笔者注。
② [意] T.特雷乌.意大利劳动法与劳资关系.刘艺工,刘吉明译.北京：商务印书馆,2012:198.
③ [意] T.特雷乌.意大利劳动法与劳资关系.刘艺工,刘吉明译.北京：商务印书馆,2012:198~199.

第四节 我国台湾地区不当劳动制度

一、旧法不当劳动制度的局限性

我国台湾地区的不当劳动制度起源于其早期的《工会法》，但是其有关不当劳动的规定是非常粗糙的，并不具有可操作性，历来就遭到台湾学者的批判。

我国台湾地区不当劳动制度的立法不发达，是其劳动法一直处于弱势地位和落后状态的必然表现，这与我国台湾地区其他部门法之发达形成了极大的反差，也与其有关劳动法包括不当劳动制度的理论研究比较发达和先进形成了巨大的反差，这是台湾地区法律让人非常困惑的一大"怪相"。

台湾地区不当劳动制度落后主要可归因于其工会法的不发达，而工会法的不发达主要是工会组织长期受到压制而导致工会的弱势地位所造成的，"长期以来，台湾地区工会组织受到政府的收编或压制，已成为政府的政治工具"。[1] "长期以来，台湾地区工会功能萎缩，因而难以实现工会组织的目标，也不能完全代表劳工阶级利益，显示劳工组织的弱化与异化以及阶级凝聚力之低下"。[2] 工会职能的弱化和异化，使之难以真正代表劳动者的利益，没有强势的工会，必然导致不当劳动制度的不发达。

台湾地区工会是维护劳工权益的重要组织，其工会组织的形成与运作主要是依据民国时期制定的《工会法》，该法制定于 1929 年 2 月 21 日，同年 11 月 1 日正式施行，施行至今已经修正 9 次。[3] 台湾地区旧《工会法》虽经过多次修改，仍然对劳工组织的限制颇多，禁止劳工采取罢工、倒闭或怠工手段；"《工会法》对劳工团结权的保护不够，也体现在对工会干部缺乏保护上，导致劳工在发起或

---

[1] 黄安余. 台湾经济转型中的劳工问题研究. 北京：人民出版社，2010：103.
[2] 黄安余. 台湾经济转型中的劳工问题研究. 北京：人民出版社，2010：223~224.
[3] 朱磊. 台湾劳工及工会面临的新机遇. 海峡科技与产业，2011 (6)：57.

组织工会阶段就惨遭资方打压"。① 旧《劳资争议处理法》也与旧《工会法》一样，"对劳动争议缺乏保护，压缩了劳工争议权行使的空间。事实上，劳工行使争议权时受到若干限制，如'调整事项'之劳资争议才可以行使争议权，而'权利事项'则不能进行争议"。台湾地区还规定："又如劳资争议在调解或仲裁期间，劳工不得行使争议权"。② 除此之外，台湾地区旧《劳资争议处理法》还以强制仲裁条款形式排除罢工的合法地位，以致"劳动三权"（团结权、团体交涉权和争议权）难以得到充分保障，劳资双方以平等地位通过市场机制配置资源的理想难以实现。③台湾地区的旧三法对劳动者集体劳动三权的保护存在很大的缺陷，在此大背景下，对不当劳动行为规制的缺漏就是顺理成章的了。

我国台湾地区旧《工会法》规定不当劳动主要有三条。《工会法》第35条规定："雇主或其代理人不得因工人担任工会职务，拒绝雇用或解雇及其他不利之待遇"；第36条规定："雇主或其代理人对于工人，不得以不任工会职务为雇用条件"；第37条规定："在劳资争议期间，雇主或其代理人不得以工人参加劳资争议为理由解雇之"。这些规定完全属于类似美国和日本的狭义之不当劳动规定，第35条规定了不当待遇之不当劳动，第36条和37条的规定相当于日本法的"黄犬协议"之不当劳动行为。这些不当劳动行为的规定都是针对雇主的不当劳动行为，并无针对工会的不当劳动行为。

我国台湾地区在国民党统治时期，对集体谈判的规定也是非常不合理的，"在集体协商上，主张在劳资双方同意的基础上，才能开始实行集体协商，也可以任意终止实行"。④ 因此，台湾长时期并无有关雇主之集体谈判或诚实谈判之不当劳动规制制度，虽然2000年民进党执政后，集体谈判的情况大为改观，"民进党则采取强制协商措施，如果工会提出协商要求，雇主必须在诚实信用的原则下履行集体协商义务，不能随意终止集体协商，更不得无故拒绝协商，否则将会构

---

① 黄安余. 台湾经济转型中的劳工问题研究. 北京：人民出版社，2010：103.
②③ 黄安余. 台湾经济转型中的劳工问题研究. 北京：人民出版社，2010：104.
④ 黄安余. 台湾经济转型中的劳工问题研究. 北京：人民出版社，2010：240.

成'不当劳动行为'罪"。① 这一时期,台湾的不当劳动制度之雇主诚实谈判义务得到了初步体现,不当劳动的范围比以前也有所突破,但是,这也仅仅是一种政策层面的制度,还没有真正转化成立法形式,真正的不当劳动制度还没有建立起来。

台湾地区旧《工会法》之不当劳动行为是非常狭小的不当劳动行为,可操作性不强。正如台湾政治大学法律系教授黄程贯所批判的那样:"但此等条文事实上均未能真正发挥保护工会的作用,法律规定不周延、不明确等原因,使得劳工行政主管机关无法在第一时间发挥遏制资方侵害劳方集体权利的行为,而另一方面,因为资方在侵害工会与劳方集体基本权时,常常是包藏在解雇、调职等个别劳动契约争议的外衣内,故而司法机关在处理此等问题时,遂常忽略资方不当侵害行为之集体法本质,而完全以个人的契约争议处理之,因此,未能真正解决或维护集体劳资关系的正常化与和谐。再加上法律与现实重重限制导致工会集体力量无法集结壮大,集体劳资关系的正常化发展受到强烈的压制与扭曲。"② 台湾旧《工会法》之不当劳动行为不但只规定的雇主之不当劳动行为,还因为工会法律地位的薄弱而难以发挥作用,并没有移植好美国和日本的先进经验。

二、新法规定的不当劳动主要类型

我国台湾地区不当劳动行为规制制度是新世纪新修订的劳动三法所建立的。

2010年6月1日,《工会法》修正案终于通过了,新《工会法》于2011年5月1日与先前已修订完成的新《团体协约法》及新《劳资争议处理法》同时施行。这三部新法分别对应集体劳动三权——团结权、协商权和争议权,调整劳动关系的三部法律同时实施,这在世界上也是绝无仅有的,这已经成为台湾地区劳动法上的标志性事件,它标志着台湾地区劳动法开始迈进新时代,是集体劳动关系发展的新纪元,这也是台湾地区劳动法学界长期坚持不懈地进行理论研究和广

---

① 黄安余.台湾经济转型中的劳工问题研究.北京:人民出版社,2010:241.
② 黄程贯.台湾地区不当劳动行为裁决制度.//中德法学论坛(第9辑).北京:法律出版社,2012:209.

第三章 域外不当劳动制度

大劳动者不断斗争而修成的"正果"。同时，也是因为三法同时实施，才真正构建起台湾地区的不当劳动制度，凸显了台湾地区不当劳动制度的最大特色，即"三法一体"之立体不当劳动制度的立法模式：《工会法》规定不当劳动的一般类型及相应的法律责任，偏重于对团结权的保障；《团体协约法》规定了雇主之诚信谈判的义务和责任，偏重于对集体协商权即谈判权的保障，是规制雇主非诚信谈判之不当劳动的立法；《劳资争议处理法》具体而明确地规定了不当劳动之救济程序，偏重于对集体争议权的保障，不当劳动的裁决制度是我国台湾地区不当劳动制度的又一特色。

我国台湾地区新《工会法》第35条专门规定了不当劳动行为的具体类型，第35条第1项规定了五种雇主或代表雇主行使管理权的不当劳动行为：第一，对于劳工组织工会、加入工会、参加工会活动或担任工会职务，而拒绝雇用、解雇、降调、减薪或其他不利之待遇；第二，对于劳工或求职者以不加入工会或担任工会职务为雇用条件；第三，对于劳工提出团体协商之要求或参与团体协商相关事务，而拒绝雇用、解雇、降调、减薪或其他不利之待遇；第四，对于劳工参与或支持争议行为，而解雇、降调、减薪或其他不利之待遇；第五，不当影响、妨碍或限制工会之成立、组织或活动。

中正大学劳工关系学系卫民教授认为："新《工会法》第35条第1项中雇主的五种不当劳动行为可以分为两大类，第一类是雇主解雇、降调或减薪，进而造成已雇佣之个别劳工的损失，涉及私权纠纷，第二类则是雇主对于未雇佣之劳工或工会组织造成不利影响，这与第一类有所不同"。①

新修订的"劳动三法"同时施行之后，为劳方形成强大有力的集体协商能力提供了最有效的保护伞。其中最重要的变化是劳工的团结权与谈判权得到强化，工会的作用和影响以及劳委会的仲裁机制得到加强。例如，在新修订的"劳动三法"实施前，与雇主谈判团体协约的劳方单位并没有限制非由工会担任不可；即使工会出面向资方争取利益，非工会会员也能享受该权益，再加上忌惮可能遭雇

---

① 卫民. 新《工会法》第35条之内容分析——兼论规范雇主不当劳动行为的复杂性与困境. 台湾劳工季刊，(23)：92.

主打压,因此多数员工并没有意愿加入工会,这导致工会力量越来越薄弱。以前工会只能在公司、工厂内成立,未来则可以用"产业别"组成工会。新《工会法》准许教师筹组工会,未来教师工会可能会成为台湾地区劳工运动的生力军。[①]

三、新法明确雇主的诚信谈判义务

我国台湾地区新法之不当劳动制度的第二个特征是新《团体协约法》详细规定了雇主之诚信谈判义务,突破了以前的立法和政策限制,使得雇主之诚信谈判义务完成了法制化的进程,体现了台湾"新劳动三法"的进步性,对规制雇主之不当劳动行为意义重大。

台湾地区新法所规定的雇主之诚信谈判义务移植自美国和日本,并比美国和日本的规定更为详细,也更具有可操作性。

台湾地区《团体协约法》第6条第1项规定:"劳资双方应本着诚实信用原则,进行团体协约之协商;对于他方所提团体协约之协商,无正当理由者,不得拒绝。"第2项规定:"劳资之一方于有协商资格之他方提出协商时,有下列情形之一,为无正当理由:第一,对于他方提出合理适当之协商内容、时间、地点及进行方式,拒绝进行协商;第二,未于六十日内针对协商书面通知提出对应方案,并进行协商;第三,拒绝提供进行协商所必要之数据。"第3项规定:"依前项所定有协商资格之劳方,指下列工会:一、企业工会。二、会员受雇于协商他方之人数,逾其所雇用劳工人数二分之一之产业工会。三、会员受雇于协商他方之人数,逾其所雇用具同类职业技能劳工人数二分之一之职业工会或综合性工会。四、不符合前三款规定之数工会,所属会员受雇于协商他方之人数合计逾其所雇用劳工人数二分之一。五、经依劳资争议处理法规定裁决认定之工会。"第4项还规定:"劳方有两个以上之工会,或资方有两个以上之雇主或雇主团体提出团体协约之协商时,他方得要求推选协商代表;无法产生协商代表时,依会员人数比例分配产生。"该法第7条规定:"因进行团体协约之协商而提供数据之劳

[①] 朱磊. 台湾劳工及工会面临的新机遇. 海峡科技与产业,2011(6):57.

资一方，得要求他方保守秘密，并给付必要费用。"

上述台湾地区《团体协约法》第6条和第7条关于雇主之诚信谈判义务的规定在构建不当劳动制度中意义重大。正如台湾地区金融业工会联合总会秘书长韩仕贤所说的"这项'诚信协商'的规定是一有利于劳工的武器，因为资方的心态就是不乐见工会的成立，甚至进而要求签订团体协约；劳委会的统计资料显示，在新法修正实施前，台湾地区已签订团体协约的有效份数仅有43份，可知台湾地区的团体协约签订状况很不理想，所以团体协约法增修'诚信协商原则'及一方违反可透过'裁决'认定，并有相关罚则及发动争议行为等配套措施，就是冀望可以提升团体协约签约质与量的政策目标"。① 台湾地区新法的雇主诚信谈判义务的入法，并不仅仅对提高团体协议的签订率有帮助，对反雇主之不当劳动行为意义更为重大，对保障劳动者集体劳动权也有积极作用。

"此次三法修正中在团体协约法中亦正式引进美日非依诚信协商之不当劳动行为制度"。② 这在域外的相关立法中是绝无仅有的，是对美国和日本雇主之诚信谈判义务的发扬光大，是非常值得我国大陆今后进行立法所学习的。

四、新法独创不当劳动的裁决制度

我国台湾地区不当劳动制度的另一个特色是新法非常具体地独创了不当劳动的裁决制度，保障了不当劳动的有效和有力救济，再次体现了台湾不当劳动制度立法的先进性和前瞻性。不当劳动的裁决制度主要规定于《劳资争议处理法》。

《劳资争议处理法》第39条和第51条第1项专门规定了不当劳动的裁决制度。第39条规定："劳工因《工会法》第35条第2项规定所生争议，得向中央主管机关申请裁决。前项裁决之申请，应自知悉有违反《工会法》第35条第2项规定之事由或事实发生之次日起90日内为之。"第51条第1项规定，基于《工会法》第35条第1项及《团体协约法》第6条第1项规定所为之裁决申请，

---

① 韩仕贤. 劳动三法修正实施后对集体劳资关系的影响. 台湾劳工季刊，(30)：22.
② 黄程贯. 台湾地区不当劳动行为裁决制度. //中德法学论坛（第9辑）. 北京：法律出版社，2012：210.

其程序准用第 39 条、第 40 条、第 41 条第 1 项、第 43 条至第 47 条规定。

台湾地区新法之不当劳动的裁决制度的主要目的"乃是为确实保障劳工之团结权及协商权,迅速排除不当劳动行为,恢复集体劳资关系之正常运作,故增订不当劳动行为裁决机制之相关规定,对于劳资双方有违反《工会法》第 35 条或《团体协约法》第 6 条第 1 项规定之不当劳动行为时,由中央不当劳动行为裁决委员会予以裁决认定,以为解决,并对裁决期间劳资双方之行为予以限制"。①

台湾地区劳资争议的处理机构和处理方式比较全面,"依据台湾《劳资争议处理法》,劳资争议处理机构包括独任调解人、独任仲裁人、调解委员会、仲裁委员会、裁决委员会、乡镇市调解委员会、仲裁法仲裁委员会、法院等七种"。"台湾劳资争议处理方式包括调解、仲裁、裁决、诉讼等四种"。② 其中最突出的特色是"裁决委员会"和"裁决",它们是针对不当劳动行为的专门机构和处理方式,至此台湾地区不当劳动之裁决制度的专设机构已经形成,这是有效打击不当劳动行为的必不可少的一环。

"劳工遭受不当劳动行为,不仅集体劳动权——结社权、协商权及争议权受到侵害,更直接冲击到个别劳工的私权——薪资、工作权,因此分别由行政救济及司法救济检视不当劳动行为之救济管道"。③ 台湾不当劳动裁决制度体现了行政救济和司法救济相结合而保障劳动者集体劳动三权的特色。

台湾地区新法之不当劳动的裁决制度得到了许多人的认可。"本次大幅度修正劳动三法,最值得记载的是导入了禁止不当劳动行为的明确规范,但是禁止不当劳动行为的法规定,其具体落实仍取决于是否具备有效且迅速确实的救济管道,这个救济管道就是《劳资争议处理法》中的裁决制度。裁决机制在台湾地区也是一个创举"。④ 邱俊彦教授还认为,不当劳动行为裁决制度还可以为集体劳动

---

① 黄程贯. 台湾地区不当劳动行为裁决制度. //中德法学论坛(第9辑). 北京:法律出版社,2012:212.

② 陈金福. 两岸劳动三权相关法律之比较. 台湾劳工,(31):102.

③ 王厚伟,黄琦雅. 我国不当劳动行为救济制度之窘境与展望——由美日制度看台湾未来发展方向. 台湾劳工,2008(13):49.

④ 邱俊彦. 展望与内省劳动三法整体评析. 台湾劳工,(26):66.

第三章 域外不当劳动制度

关系发展打开一条活路。"在新《劳资争议处理法》增列'裁决'机制，对于不当劳动行为之认定，能有效保障工会干部工作权及工会运作，避免被资方打压"。① 黄程贯教授认为其有以下四大优点：第一，此制度系介于行政与司法之间之准司法机制，一方面要求行政之快速，另一方面又要赋予司法之效力，同时更要符合中立性之要求，唯此一制度仍必须保持可以进入司法最后裁判之可能性，此乃是宪法上法律途径保障之基本要求。第二，此裁决制度乃是诉讼外纷争解决（ADR）的一种，是附属于行政机关的诉讼外纷争解决，但非行政权的行使，而是独立超然的委员会。第三，此裁决制度理应由熟悉集体劳动关系事务，同时也具备法律专业（尤其是劳动法专业知识）者来操作，以不当劳动行为作为审查之核心，在程序上力求迅速积极而主动。第四，裁决之结果应可直接介入人民劳动契约上的私权关系，并保留当事人针对裁决结果之法院的救济途径，其本质乃是替代司法，补足司法在现时制度下的不足与限制。② 台湾地区独创的不当劳动裁决制度，虽然对有效规制不当劳动将有巨大效用，但是，它也还存在一些不足，需要在实践中不断完善。

台湾地区自 2011 年 5 月实施"新劳动三法"以来，不当劳动之裁决制度已经取得了可喜的成绩。台湾从 2011 年 5 月 1 日到 2012 年 3 月 31 日，不当劳动行为裁决委员会已受理 46 件裁决申请案，其中有 13 件做出裁决决定，有 5 件于审理期间由裁决委员会促成和解。由此可见，不当劳动行为裁决制度已发挥一定效用，以往若通过司法途径解决将花费相当多的时间，但是如通过不当劳动行为裁决制度将可于 3—5 个月内做出裁决决定，时间大大缩短，且申请裁决还可受新法第 8 条之保护。③ 台湾地区不当劳动裁决制度在不到一年的时间内就取得了一定的成效，并非一日之功偶然所得，而是台湾地区劳动法学界和劳动者长期努力奋斗的结果，这已经从实践中证明了台湾地区不当劳动制度立法的先进性，值

---

① 刘格珍. 劳动三法实施周年概况之初探. 台湾劳工，(30)：11.
② 黄程贯. 台湾地区不当劳动行为裁决制度.//中德法学论坛，(第 9 辑). 北京：法律出版社，2012：212.
③ 刘格珍. 劳动三法实施周年概况之初探. 台湾劳工，(30)：11.

得我国大陆构建不当劳动制度之借鉴。台湾地区不当劳动制度构建所经历的长期过程：立法不发达——理论研究发达——立法开始发达，以及新劳动三法——《工会法》《团体协约法》和《劳资争议处理法》共同构建的不当劳动制度之立法模式——"三法一体"之不当劳动制度立法模式都是值得我国大陆的学者和立法者反思的。

第四章 不当差别待遇

不当劳动行为理论的一般原理（狭义上）认为，差别待遇是不当劳动行为最为典型的一种不当行为，因此，构建反不当劳动的制度必须首先解决差别待遇问题，而反不当差别待遇最为有效的办法就是构建平等待遇制度。因此，反不当差别待遇的主要制度就是平等待遇制度。

平等待遇是平等权的下位概念即平等待遇权，它既是宪法或法律特别是劳动法的基本原则即平等待遇原则，又是劳动者享有的具体权利。在劳动法领域内，平等待遇问题主要体现在非典型劳动关系中，当前我国劳务派遣和业务外包泛滥，不平等待遇问题非常突出，我国劳务派遣和业务外包之平等待遇问题的理论研究和立法都显得非常滞后，业务外包更是新生事物，不是真正属于法律范畴，更没有形成一定的法律"范式"。宏观上劳务派遣与业务外包平等待遇包括非歧视性待遇，即劳务派遣工与业务外包工享有与同单位劳动者一样的非歧视性待遇。

第一节 内涵界定

一、不当差别待遇的内涵

在域外狭义的不当劳动制度上，一种最为普遍和典型的不当劳动行为就是不当差别待遇，有的称之为"不利待遇"。笔者认为狭义不当劳动行为之"不利待遇"就是不当差别待遇的一种，换言之，不当差别待遇属于广义上的概念，它包括了狭义不当劳动上的"不利待遇"；而如果从狭义上看，不当差别待遇与"不利待遇"是相同的概念。

狭义"不利待遇"的内涵是：因雇员是工会会员，或试图加入工会或建立工会，或者进行正当的工会活动，雇主给予雇员之不当解雇或者其他不利待遇。日本法中："雇主因劳动者为工会会员，劳动者加入工会，或从事工会之正当行为，而解聘劳动者或对其不利益者禁止。所谓'不利益'就是不单限于解雇或工资差别等经济不利益，亦包括使工作痛苦等精神上之不利益，及工会活动上之不利益"。[①] 可见，日本法上的"不利待遇"即包括物质上的待遇即经济上的利益，还包括精神上的待遇，且日本《工会法》已经比较全面地直接规定了这几种不利待遇情况。

我国台湾地区对不利待遇的规定也比较早。台湾地区旧《工会法》第35条第1项规定："雇主或其代理人不得因工人担任工会职务，拒绝雇用或解雇及为其他不利之待遇"。本条中明确规范禁止之不利待遇有："拒绝雇用""解雇"及"其他不利之待遇"。其中"其他不利之待遇"包括"违反法令、契约或习惯上之降级、减薪、调职、资遣及不加薪、不加奖金或其他处分，以损害劳工权益者而言"。[②] 台湾地区旧《工会法》第37条还规定："在劳资争议期间，雇主或其代理人不得以工人参加劳资争议为理由解雇之"。台湾地区旧《工会法》虽然具有很大的缺陷且操作性不强，但是，其对不利待遇的规定还是比较具体的，其所规定的三种不当劳动行为中之两种是规定不利待遇的：一是对于劳工组织工会或担任工会职务有不利待遇，二是对于劳工参加劳资争议有不利待遇。2011年实施的新《工会法》仍然是继承了这些有关不利待遇的规定，但是，新法的规定更加全面和更具有可操作性。台湾地区新《工会法》第35条规定的五种不当劳动行为中有三种是关于不利待遇的规定，占了五分之三：第一，对于劳工组织工会、加入工会、参加工会活动或担任工会职务，而拒绝雇用、解雇、降调、减薪或为其他不利之待遇；第二，对于劳工提出团体协商之要求或参与团体协商相关事务，而拒绝雇用、解雇、降调、减薪或为其他不利之待遇；第三，对于劳工参与或支持争议行为，而解雇、降调、减薪或为其他不利之待遇。可见，我国台湾地区的

---

① 黄越钦.劳动法新论.北京：中国政法大学出版社，2001：316.
② 王厚伟，黄琦雅.我国不当劳动行为救济制度之窘境与展望——由美日制度看台湾未来发展方向.台湾劳工，2008（13）：49.

第四章　不当差别待遇

立法，一直以来都是非常重视不利待遇的，相关规定突显了具体而明确的特色，但是，也同美国一样，还没有规定政治上即精神层面的不利待遇。

除此之外，狭义的不当差别待遇还包括"黄犬契约"。"黄犬契约"是指雇主以雇员不能加入工会或退出工会为雇佣条件的协议，也是不当劳动之"不利待遇"的主要范畴之一。域外之狭义不当劳动制度都有关于"黄犬契约"之不当劳动行为的规定，美国、日本和我国台湾地区的立法都严格禁止"黄犬契约"。所谓"黄犬契约"（Yellow-dog Contract）是指雇主迫使员工签订答应不加入工会或不参加集体行动的契约，将之作为录用条件，又称"畜性契约"。[①] 日本《工会法》规定，雇主不得以劳动者不加入工会或退出工会作为雇佣条件，此谓"黄犬契约"之禁止。此规定还包括禁止以劳动者不从事一切工会活动等为雇佣条件。[②] 日本禁止的"黄犬契约"增加了"退出工会"的雇佣条件，比美国能够更为全面地保障工会和工会会员的权益。我国台湾地区新《工会法》第35条第1项中的第2、第5款的雇主不当劳动行为则与前面的状况有所不同，第2款是针对尚未被雇用之劳工或求职者要求其不加入工会或不能担任工会职务才同意予以雇用，这种情形就是所谓的"黄犬契约"。[③] "黄犬契约"在域外许多国家和地区都是法律明确禁止的不当劳动行为之一，"黄犬契约"实质上也是雇主所给予劳动者特别是工会会员的一种歧视性待遇，是典型的不当差别待遇。

狭义的不利待遇还包括雇主之报复性行为，在日本不当劳动行为中，雇主的报复性措施也是不当劳动行为，如解聘或处分向劳动委员会投诉的劳动者或者在劳动委员会作证的劳动者的行为[④]，雇主之报复性行为也就是一种狭义的"不利待遇"，属于不当差别待遇。

"不利待遇"也被称之为"个人非利益待遇"。个人非利益待遇主要包括三种情况：劳动者因参与工会组织而遭受非利益待遇，劳动者因参与团体协商而遭受

---

① 黄越钦. 劳动法新论. 北京：中国政法大学出版社，2003：313.
② 黄越钦. 劳动法新论. 北京：中国政法大学出版社，2003：316.
③ 卫民. 新《工会法》第35条之内容分析——兼论规范雇主不当劳动行为的复杂性与困境. 台湾劳工，2010（23）：87.
④ ［日］荒木尚志. 日本劳动法（增补版）. 李坤刚，牛志奎译. 北京：北京大学出版社，2010：148.

非利益待遇，劳动者因参与争议行为而遭受非利益待遇。[①] 这些所谓的个人非利益待遇实则为雇主之不当劳动行为的常见类型。

总而言之，不当差别待遇在狭义上即为不当劳动之不利待遇，是域外狭义不当劳动制度最为普遍和典型的不当劳动行为类型。

广义的不当差别待遇即为歧视性待遇，除了包括以上狭义不利待遇外，还应当包括劳动者在政治上的不平等待遇。这样，反不当差别待遇既包括反狭义上的不利待遇，还应当包括反政治上的不平等待遇即本书下文所说的平等待遇制度；既包括宏观上的平等权，又包括微观上的平等权如同工同酬权等。因此，不当差别待遇与平等待遇实际上是一个问题的两个方面，平等待遇就是为了克服不当差别待遇。

二、平等待遇的一般内涵

平等首先是人类基本人权的价值目标和追求，其次，平等是人权和宪政的一般原则。在立法上，平等还是各国宪法和法律规定的公民的基本权利，平等即为平等权；在法律适用上，平等是指"法律面前人人平等"，是指公民在适用法律上的一律平等，任何人都没有超越法律之上的特权。待遇一般是指物质上的报酬或政治上所给予的权利、地位，待遇包括政治待遇和经济待遇两类。平等待遇是指公民在政治权利和经济上所享有的与他人无差别的权利或原则。平等待遇应当是平等权的下位概念，即平等待遇或平等待遇权是平等权之一种，平等待遇也像平等权一样，它既是公民享有的具体权利，又是宪法或法律确立的基本法律原则，即平等待遇原则。

在国际法领域内，平等待遇原则与国民待遇原则没有什么差别，可以相通使用。"国民待遇原则也是国际法上的'法律面前人人平等'思想的体现，因此，不管是本国人还是外国人，公约都将他们同化为国民，以致他们在其选择的国家享有同样的权利。国民待遇原则还指由被要求保护之国家的法律来回答是否享有

---

① 黄安余. 台湾经济转型中的劳工问题研究. 北京：人民出版社，2010：241.

第四章 不当差别待遇

权利和权利之保护范围是什么的问题"。① 国民待遇还是 WTO 的重要原则，国民待遇制度是指一国给予外国人（包括自然人和法人）在投资、贸易、知识产权保护、出入境管理等方面享有不低于本国人（包括自然人和法人）的待遇。最先在国内立法中规定国民待遇的是 1804 年的《法国民法典》，该法第 11 条所要求的国民待遇须以条约规定的互惠为前提。同时，赋予居住在法国的外国人以广泛的民事权利，该法第 13 条规定："外国人经政府许可设立住所于法国者，在其继续居住期间，享有一切民事权利"。随后，很多国家纷纷规定了国民待遇制度，国民待遇原则成为国际社会普遍适用的一项基本原则。②

平等待遇还是国际人权法或公约之非歧视原则的重要方面。非歧视是国际人权公约中常见的术语。亚历山大·基斯认为，非歧视原则构成适用国际人权公约条款的一般原则③。美国纽瓦克市拉特格斯法学院副教授、人权法专家卡里玛·贝努姆认为："禁止歧视、包括禁止以性别为根据的歧视乃是人权法的基石，是联合国宪章中唯一明确举出的人权规范，包含于构成国际人权法案核心的种种法律文书之中。"除《经济、社会和文化权利国际公约》外，这些文书还包括《世界人权宣言》（UDHR）（第 12 条）以及《国际公民和政治权利公约》（ICCPR）（第 2 条、第 26 条）。④

在语义上，歧视与平等相对应。平等与非歧视实际上是一个问题的两个方面，平等就意味着排除歧视。平等是法律的一项基本价值，所有法律的实质性条款均以平等为原则，即要求不能有歧视性的规定。歧视的理由一般采取非穷尽性列举，随着时代发展和对歧视问题认识的进一步深化，这种理由存在逐步增加的趋势。《经济、社会和文化权利国际公约》很多条款都规定了反歧视原则，其中

---

① 曹新明. 试析国际著作权分约中的国民待遇原则. 法商研究，1995（1）：34.
② 姜茹娇. 我国国民待遇制度的现状及发展前景探析. 政法论坛，2002（4）：41.
③ See Alexandre Kiss, Commentary by the Rapporteur On the Limitation Provisions, in Human Rights Quarterly, 1985，7：16. //毛俊响. 国际人权公约权利限制的基本原则及其对我国的启示. 政治与法律，2010（9）：139.
④ 卡里玛·贝努姆著. 经济、社会和文化权利国际公约——反对歧视妇女的工具：总的评价及阿尔及利亚个案研究. 陈斯译. 国际社会科学杂志（中文版），2006（2）：164.

最为重要的是第 2 条第 2 款的概括性规定。该条款确认，本公约缔约各国承担保证，本公约所宣布的权利应予以普遍行使，而不得有种族、肤色、性别、语言、宗教、政治或其他见解、国籍或社会出身、财产、出生或其他身份等任何区分。这项条款要求所有人在享有《公约》权利的过程中均不应受到歧视。① 也有人认为平等与非歧视是有明显区别的。它和国内法中常用的术语——平等是一对相互联系而又相互区别的概念，非歧视和平等的价值追求是一致的，那就是公正和公平，但是非歧视和平等又有所不同，从义务的角度来看，平等不仅包含禁止歧视立法的消极义务，也包含消除不平等对待以取得平等结果的积极义务；非歧视则仅包含不得存在不合理的区别待遇的消极义务。② 笔者认为，平等待遇原则与非歧视原则是一致的，并无实质上的区别，因为法律规范或义务本身就既包括积极性的规范或义务，又包括消极性的规范或义务，单独区分积极或消极意义容易将法律规范或义务割裂开来，影响法律规范的完整性和统一性。

在我国，关于国民待遇研究和适用的新课题是农民工的国民待遇问题。学界对农民工的国民待遇的研究也多是从政治和社会学的角度出发，从法学角度的系统研究并不多见。农民工之国民待遇和权益问题的提出，反映了我国社会变迁和发展的时代需要，这几年从学界到人大代表、政协委员以及普通老百姓都开始意识到国民待遇问题，特别是有关农民的国民待遇问题，全国人大代表和政协委员也呼吁给农民和农民工以国民待遇。农民工的国民待遇问题主要是指国家在最基本的政策和制度方面如何对待所有国民的问题。所谓农民工得不到国民待遇是指国家在一些最基本的社会、政治和经济政策上没有给予农民工与其他公民同等的对待，而往往给予了很不公平的待遇。③ 笔者认为，农民工的国民待遇问题实际上就是法学界所说的平等待遇问题即歧视性待遇，也属于广义上的不当差别待遇，二者的内涵虽然一样，但是由于国民待遇是国际法领域内的名词，而农民工问题主要是我国所特有的现象，农民工的权益和保障问题也主要涉及的是国内

---

① 黄金荣.《经济、社会和文化权利国际公约》国内实施读本.北京：北京大学出版社，2011：25.
② 毛俊响.国际人权公约权利限制的基本原则及其对我国的启示.政治与法律，2010（9）：139.
③ 王春光.农民工的国民待遇与社会公正问题.郑州大学学报（哲学社会科学版），2004（1）：77.

法，因此，用"平等待遇"或"不当差别待遇"比用"国民待遇"更符合我国法律的范畴和范式。尤其在劳动法语境下，在构建不当劳动制度中，用"不当差别待遇"或"歧视性待遇"一词，更有利于将广大的农民工纳入不当劳动制度的调整范畴中，农民工也应当成为中国劳动法构成不当劳动制度的重要主体，这也是中国之不当劳动制度有别于国外的特殊国情之一，当然，在目前中国整个不当劳动制度还极不发达的大背景下，中国农民工之不当劳动问题也就成为一个有待研究的空白和全新课题。

第二节 劳动法语境下之反不当差别待遇

一、劳务派遣之平等待遇

在劳动法领域内，平等待遇的主要新问题体现在非典型劳动关系中，时下在我国的劳务派遣和业务外包中，不当差别待遇即不平等待遇现象尤为普遍，而且，我国劳务派遣和业务外包之不当差别待遇的理论研究和立法都显得非常滞后。

国外对劳务派遣的平等待遇问题的理论研究和立法规制都比较发达，使得劳务派遣的发展始终处于法律的有效控制之下，显得有序而正当。平等待遇已经成为许多发达国家和地区劳务派遣的重要原则，也已经成为劳务派遣工的基本劳动权利之一。从世界范围来看，劳务派遣在发达国家经历了从禁止到严格限制，再到逐步放松管制的发展过程。20世纪90年代以来，在知识经济和全球化的背景下，劳动用工的弹性化要求愈来愈高，为此，有关国家纷纷对劳务派遣制度进行了调整和改革，普遍放松了对劳务派遣的管制，将被派遣劳动者纳入一般劳动保护制度体系，与直接雇用的雇员一样进行相同的保护。① 劳务派遣立法比较早且发达的是德国，德国在劳务派遣立法中不断加强了对派遣员工的保护，并赋予派

---

① 康桂珍. 主要发达国家劳务派遣法律规制情况概述. 北京市工会干部学院学报，2010（4）：37.

遣员工平等待遇权。德国原来的《雇员转让法》规定，派遣员工只有在同一派遣企业连续工作12个月后，才享有与用工单位直接雇员平等待遇的权利。2004年修订的《雇员转让法》规定，派遣员工从派遣任务开始，就与用工单位直接雇员享有同等的劳动条件和社会福利待遇。

平等待遇原则是法国规范劳务派遣行为的重要原则。"单一雇主"模式一般还要求，派遣单位给予被派遣劳动者同等待遇。"同等待遇"是指被派遣劳动者与用工单位中相同岗位、相同资质的固定雇员的待遇应当相同。为了避免劳动者的层级化，保证被派遣劳动者的平等待遇，立法者采取了一系列措施，如法国《劳动法典》规定被派遣劳动者的平等待遇包括劳动报酬；从事工作的条件，如劳动时间、夜班、周休息、节假日、安全与卫生、特别保护等；其他集体福利等。①

在美国，没有关于劳务派遣工与用工企业直接雇员享有平等待遇的规定，因此派遣工的待遇通常远远低于用工企业直接雇用的长期雇员。美国劳务派遣工与用工企业直接雇员平等待遇的实现是通过反就业歧视法来实现的，这体现了美国反不当差别待遇立法的独特性。美国关于禁止就业歧视的立法比较多，包括《公平报酬法》《民权法案》《雇用年龄歧视法》《公平就业机会法》等。此外，"共同雇主"责任原则也保障了平等待遇的实现。当派遣员工在用工企业工作时，因其性别、种族、年龄、宗教、残疾或者原国籍等原因受到差别对待时，派遣企业和用工企业都要承担雇主责任。② 美国的经验也体现了不当差别待遇就是一种歧视性待遇的一般法理，还开辟了用反歧视规制劳务派遣之差别待遇的新路径，事实证明这是一条非常有效的路径。

法国、韩国对劳务派遣的法律规制相对比较严格，美国对劳务派遣始终采取了相对宽松的政策，德、日等国家对劳务派遣采取了逐步放松管制的态度，一方面逐步取消了劳动派遣方面的诸多限制，另一方面加强了对被派遣劳动者的保护，赋予被派遣劳动者"同等待遇"，将被派遣劳动者纳入一般劳动保护制度体

---

① 张荣芳. 论我国劳务派遣法律规制模式. 法学评论, 2009 (6)：54.
② 康桂珍. 主要发达国家劳务派遣法律规制情况概述. 北京市工会干部学院学报, 2010 (4)：40.

系，他们与直接雇用的雇员享有相同的保护。放松管制、取消限制的目的是赋予企业灵活的用工自主权，促进劳务派遣业的发展，解决日益严重的失业问题；而通过"平等待遇原则"来解决长期存在的被派遣劳动者的待遇不平等问题，增强派遣型就业的吸引力。① 从德国、法国、美国、日本和韩国等国的劳务派遣立法中可以总结出相同的原则，即不断加大对被派遣劳动者的保护，其主要措施就是确立了劳务派遣的同等待遇原则，以反对不当差别待遇，并赋予被派遣劳动者之同等待遇权，这也是这些国家劳务派遣之法律规制的成功经验所在。

有人认为同工同酬和同等工作条件是劳务派遣法律规制的三大基本制度。该学者综合国内外有关劳务派遣的学术观点和立法实践，认为劳务派遣法律制度由两大部分构成：对劳务派遣合同的规制和对劳务派遣机构的规制。后者主要包括劳动派遣的形态、登记和报告要求、同工同酬和同等工作条件等三项基本制度要素。② 其比较的38个国家中，"更多的国家有法定的平等对待要求，但规则各异"。③ 从多数国家对劳务派遣的法律规制中可以看出，平等待遇是劳务派遣不可或缺的主要制度，也是劳务派遣工所应当享有的基本权利之一，即平等待遇权。虽然同工同酬和同等工作条件是劳务派遣之平等待遇的主要微观内容之一，但是劳务派遣之平等待遇还应当包括更广义的个人劳动权利和集体劳动权利，特别是集体劳动三权即平等的团结权、集体协商权和集体争议权（含产业行动权）。

二、业务外包之平等待遇

业务外包是当代经济中出现的新生事物，对其法律规制几乎还处于"真空"状态，业务外包还不属于真正的法律范畴，更谈不上法律范式。我国服务外包的发展非常迅猛，已经成为第二大服务外包承接国。全球最大的发包国是美国，发展中国家是全球服务外包产业的最大承接市场。2011年，中国承接国际离岸服务外包合同执行金额为238.3亿美元，同比增长65%，已成为全球第二大离岸服

---

① 康桂珍. 主要发达国家劳务派遣法律规制情况概述. 北京市工会干部学院学报，2010（4）：41.
② 钱叶芳. 劳务派遣规制强度的国际比较及对我国的启示. 法治研究，2012（5）：78.
③ 钱叶芳. 劳务派遣规制强度的国际比较及对我国的启示. 法治研究，2012（5）：82.

务外包承接国。① 由于业务外包的承接国主要是发展中国家，发达国家对业务外包的法律规制就显得意义不大，而发展中国家的法律又不是很发达，因此，这就造成了业务外包的法律规制还没有引起足够的重视，立法响应显得非常迟缓和落后，我国也不例外。

美国是全球最大的业务外包发包方，其关注的并不是业务外包之平等待遇问题，而是美国劳工因业务外包而导致的国内失业问题和美国的国家地位问题等。美国企业外包协会（OEA）首席顾问麦克·马特森指出，美国企业工作的外包问题在今年的总统大选中已成为一个政治热点话题，从目前的趋势看，美国企业的工作外包问题的争论并没有显示出降温的迹象。总统大选中的批评者们则认为美国劳工因工作外包而失业；众多实行外包的企业控制力、创新能力与安全性等都在下降；美国的科技领先地位在外包中也将不保②。在美国还发生了一起因业务外包而引起的诉讼，诉讼的内容就是业务外包导致的失业问题，而不是业务外包之平等待遇问题。2012年1月，失业的美国工人向纽约国际贸易法庭提起上诉，指控通用与摩托罗拉等著名企业将大量业务外包，导致他们失去工作机会，要求这些公司补偿他们的经济损失。③可见，在业务外包之发包国，业务外包带来的主要问题并不是劳动者权益保障问题，平等待遇还不为发包方所关注。因为，发包国将主要业务承包给了承包国，也就相应的将劳资问题转嫁给了承包国，使得承包国之业务外包中的劳工权益问题更加凸显，其不当差别待遇问题也就成为承包国的问题。

与业务外包之发包国不同的是，平等待遇问题已经成为业务外包承接国劳动者权益保障的重要问题。发展中国家劳动者的规制福利待遇甚至比国内其他企业的劳动者还要低，这是离岸业务外包非常繁荣的重要原因，因为离岸业务外包最大的好处是可以降低发包公司的成本，将劳动力成本转移给不发达国家的企业，低廉的劳动力成本是离岸业务外包发展的重要动力。

---

① 范旭光.去年国际服务外包达238亿美元.新京报，2012－05－31（5）.
②③ 麦克·马特森著.美国企业工作外包新动向.王庄林译.时代金融，2012（19）：30.

第四章 不当差别待遇

关于离岸业务外包造成的工资之不当待遇差别等不平等现象，有专家指出："服务外包发展的动力源于跨国公司在全球范围内优化资源配置，从而降低成本提高经营效率，打造核心竞争力。"具体看，直接诱因包括接包国与发包国的巨大成本差异，主要是工资水平的差距，例如，美国的计算机人才年薪在10万美元以上，而通过离岸外包此年薪至少可以减少二分之一，甚至降为几十分之一。服务外包的成本通常由进行交易产生的显性成本、合约风险、组织间协调产生的隐性成本所构成。外部市场大多数都是不完善的，企业在业务外包时要花费大量的交易费用于搜寻信息、签订合同及控制费用等。当然，如果企业没有将业务外包而是在内部完成，也需要有一个内部的交易费用。企业外包的总体目标是实现成本最小化、利益最大化。① 根据美国劳工统计局的统计，2012年4月份，美国每小时平均工资是21.16美元。美国的一些中小型制造业将业务移转到海外，例如，当前中国工人的薪资是每小时约5.9美元，在2012年至2015年间将可能达到每小时8美元以上。② 离岸业务外包法律关系的主体可以梳理为一方为发包方，通常是发达国家的大公司；相对方为承包方，通常是发展中国家或不发达国家的企业。离岸业务外包为发包方和承包方都可以带来极大的好处，发包方可以降低用工成本，而获得与本国企业生产的一样的产品或服务；承包方可以因此而获得更多的赚钱机会，靠廉价的劳动力③完成发包方的任务。二者达到了"双赢"。承包方中的劳动者一般都是本国的公民，主要是非正式的劳动者如劳务派遣工，劳动者的地位和工资福利待遇具有"双低"的特征：一是比发包方（国外）相同或相似岗位的劳动者劳动报酬低很多；二是比国内其他单位相同或相似岗位的劳动者劳动报酬也要低。也就是说，在离岸业务外包中承包方的劳动者的法律地位和待遇最有可能遭受不当差别待遇即不平等待遇，其劳动权益因其地位的不同而最难以保障。

---

① 王习农. 服务外包发展趋势分析. 实事求是，2011（1）：50.
② 麦克·马特森著. 美国企业工作外包新动向. 王庄林译. 时代金融，2012（19）：30.
③ 劳动力虽然廉价，但是劳动力的工作能力并不"廉"，其专业技术的能力要求还是很高的，否则是"制造"不出发包方（发达国家企业）要求的产品或服务的。

在同工同酬问题上，承包方中的劳动者之"同工"中的相同或相似岗位容易界定，其中的相同工作业绩也是比较好界定的，因为在离岸业务外包中，发包方的基本目的就是要获得相同的产品或服务，没有相同的工作业绩，承包方也将不能实现对发包方的承诺，构成违约并要承担违约责任。"服务外包之所以成为全球产业转移的新兴方式，是因为发展中国家具有成本低廉，同时又掌握现代科技、具有熟练技能的人力资源的特点，能够按照发达国家外包商的要求提供同发达国家人力资源同质同量的服务。因为在服务外包迅速发展过程中，其科技含量越来越高，比如，全球企业项目外包领域扩张最迅速的是IT服务、人力资源管理、媒体公关管理、客户服务、市场营销等，尤其是IT服务外包，需要有科技水平较高的专门人才。只有这样，外包出去的服务才能使外包商既能获得高质量的服务，又达到降低成本、加强竞争优势的目的"。① 因此，从界定同工同酬的问题上，相同的工作业绩是比较容易界定的，从理论上讲，劳动者之同工同酬权也应当容易实现，但实际状况却完全不同，劳动者的同工同酬权经常被以追求利润最大化为根本动因的发包方和承包方"践踏"，不当差别待遇已经成为非常普遍的现象。

在我国，目前有一些大型民营企业，业务外包工的人数甚至远远超过了其正式职工的人数，如中国熔盛重工集团。"熔盛重工分为三类用工制度：本部人员、劳务派遣人员及外包工。目前，本部人员加上劳务派遣人员大概有5 000人，而外包工则有6 000多人。本部员工和劳务派遣人员实行的是同工同酬制度，外包人员的薪水则要看其具体参与的项目情况。假设熔盛重工派发一个10万元的分段项目，参与者是10个人，那么该项目结束，每个外包工就可能拿到1万元的薪酬"。② "外包队的人员构成相对来说并不均衡，有的多达800人，有的就是10多人的小分队"。③ 中国熔盛重工大量使用劳务派遣工和业务外包工，其业务外包工在企业中人数最多，达到6 000多人。之所以这样，就是因为企业看中了业务

---

① 王习农. 服务外包发展趋势分析. 实事求是，2011（1）：50.
②③ 王佑. 熔盛重工或减员3000人，50亿美元订单成"烫手山芋". 一财网，http://www.yicai.com/news/2013/07/2831368.html. 2013—07—04.

外包工与劳务派遣工之同工不同酬的巨大好处，业务外包工与其本部人员更是妄谈同工同酬权问题，这已经不是我国企业中的个别现象，立法响应实在是刻不容缓。

在我国2012年《劳动合同法修正案（草案）》的讨论中，绝大多数讨论都是关于劳务派遣的，很少涉及业务外包，这与我国一直以来对业务外包的理论研究严重匮乏、没有将业务外包纳入劳动法或劳动合同法或劳务派遣法的范畴是紧密相关的。笔者认为，基于劳务派遣与业务外包之"天然"关系——业务外包"天然"是劳务派遣、劳务派遣"天然"不是业务外包，劳动法或劳动合同法或劳务派遣法（未来的）非常有必要将业务外包纳入法学理论研究的范畴和劳动法立法的实践中来，不能让业务外包再游离于法律之外，使"伪装劳务承包""伪装劳务派遣"或"隐蔽雇佣劳动"能够得到法律的有效规制或打击，让我国的劳务派遣业和业务外包业得到有序健康的发展。

在我国《劳动合同法修正案（草案）》的讨论中，有两位专家已经关注了业务外包问题。北京化工大学文法学院教授薛长礼认为："实际上，劳务派遣行为是市场行为，只要用人单位有需求，除劳务派遣外，还可能变通出其他方式，比如业务外包或者承包。因此，还应考虑限制了劳务派遣单位准入门槛后可能出现的问题"。① 中国人民大学法学院副院长、中国人民大学劳动法和社会保障法研究所所长林嘉教授也认为，提高准入门槛后可能会出现新的规避法律的方式。法律明确了劳务派遣的责任所在，而劳务外包②在劳动合同法中没有规范，就可能带来新一轮的劳动者权利受到侵犯的问题，林嘉教授呼吁立法者应当对此关注。③ 这些呼吁应当引起我国劳动法理论界、劳动立法部门和劳动司法部门的高度重视，逐渐塑造出我国业务外包的法律制度。

---

①③ 李吉斌.劳动合同法修正案草案正向社会公开征集意见，专家建议应增加规定规范异地劳务派遣.法制日报，2012－07－31（3）.

② "劳务外包"即为"业务外包"。——笔者注。

三、我国平等待遇之宏观内容

我国劳务派遣与业务外包中反不当差别待遇即平等待遇的内容主要包括两个方面：第一，宏观上[①]平等待遇包括非歧视性待遇，即劳务派遣工与业务外包工享有与同单位劳动者一样的非歧视性的待遇。第二，微观上平等待遇包括劳动者享有的平等的政治权利和经济权利。政治权利主要包括参与用人单位民主管理的权利（民主管理权）、平等结社权、平等集体协商（谈判权）、平等争议处理权、平等提升晋级权、平等工作条件权等；经济权利主要包括平等报酬权即同工同酬权、平等社会保障权等。

劳务派遣与业务外包中平等待遇原则所体现的平等待遇权的宏观内容就是非歧视待遇原则或权利。

劳务派遣工和业务外包工经常遭受到的就是歧视性待遇。由于他们的身份不同于其同单位的正式员工，属于临时性的非正式员工，因此，他们遭受的差别待遇即歧视待遇就成为"顺理成章"和"习以为常"的事情了，再加上我国目前劳务派遣和业务外包用工泛滥，在相关法律法规严重滞后甚至缺失的背景下，不当劳务派遣和不当业务外包用工已经成为我国目前劳动者权益受到侵犯的最为严重和普遍的用工形式，成为用人单位节约劳动成本、实现利润最大化、规避或逃避劳动法制裁的上佳选择。

2011年全国人大常委会组织开展的第二次《劳动合同法》执法检查结果表明，我国劳务派遣用工不规范、同工不同酬等是主要问题。我国中央企业（央企）和事业单位作为劳务派遣用工量最大的两类单位，在劳务派遣用工中起到了很大的消极示范和推动作用。"国企、机关事业单位派遣员工与正式员工同工不同酬现象严重。派遣员工的工资收入按照市场价格标准确定，正式员工的工资收入由体制确定，二者相差较大。而派遣员工是以正式员工作为参照，身份歧视感

---

① 因笔者对劳务派遣与业务外包之平等待遇微观上的内容如同工同酬权等另有专门的论述，为避免重复，本文仅指平等待遇的宏观上的内容。

受比较强烈"。① 中国劳动保障科学研究院于 2011 年 9 月至 2012 年 2 月面向全国 117 家央企，组织开展的"中央企业劳务派遣用工情况专项调查"，对能源、建筑、通信、金融等行业中 5 家大型国企的劳务派遣用工情况的实地调研表明，我国央企劳务派遣岗位具有"非临时、主流化、不替代"的特点：其一，岗位非临时性，派遣工在央企工作年限在 2 年到 10 年之间的，占到总劳务派遣用工的 52.4%；其二，低端业务主流化，很多央企在自己的主营业务中大量使用劳务派遣工；其三，包罗万象的不替代性。这次对央企劳务派遣调研反映的有关不当差别待遇问题即歧视待遇问题主要有三方面：第一，央企劳务派遣中的同工不同酬问题非常突出，有一半以上的受调查企业表示"很难做到同工同酬"。据测算，劳务派遣工的平均工资是 2464.4 元/月，整个央企的平均工资水平为年薪 5.4 万元，即 4500 元/月，这是劳务派遣工平均工资的 1.8 倍。第二，劳务派遣工的职业发展有很大障碍，主要体现在央企派遣工培训制度不完善、发展空间有限、激励政策不对称等几个方面。第三，劳务派遣工参与民主管理的问题，以加入工会为例，调查数据显示，央企 37.2% 的劳务派遣工未加入工会，其中加入用工企业工会的人数更少。②

在我国，劳务派遣用工不仅已经被央企普遍采用，还被事业单位所"青睐"。有关调查显示，目前，我国事业单位劳务派遣用工的规模仅次于央企劳务派遣用工。调研时发现，事业单位劳务派遣越界使用的情况比较严重。与企业相同，事业单位劳务派遣引发的诸多问题也和目前"三性"岗位劳务派遣使用难以操作等有关。派遣工无法享受正常的工资晋升、无法享有劳动者的基本权利和义务等诸多问题造成派遣工权益受损。同时，"同工同酬"在执行时出现偏差，影响到我国事业单位的工作效率及其自身形象。③

为了解决事业单位劳务派遣中的平等待遇问题，中国劳动保障科学研究院、中国劳动学会劳务经济与境内劳务派遣专业委员会会长张新民建议："要高度重视派遣工在使用时的平等保护，包括明确派遣工享有的基本权利和义务、限制劳

---

①②③ 张新民. 关注劳务派遣的是非纷争. 中国劳动保障报，2012-10-13（3）.

务派遣的适用范围、明确规定三方的责任与义务、明确派遣工享有同工同酬、明确派遣工享受正常的工资及晋升等"。① 笔者认为,我国业务外包中同样存在这样的问题,虽然我国还没有关于业务外包的全国性大检查和相关调研,但是由于业务外包与劳务派遣的"天然"联系即业务外包"天然"是劳务派遣,这些建议同样适用于我国的业务外包及业务外包工之权益保护。

在我国劳务派遣企业中,平等待遇做得比较好的例子较少。笔者经过多方查寻,终于找到一例。《工人日报》在 2012 年 2 月 3 日的头版头条刊载了一篇题为《千余劳务派遣工实现身份转换》的文章,对西安飞机国际航空制造公司(简称西飞国际)的劳务派遣用工进行了非常精炼的总结,笔者认为,这树起了我国劳务派遣用工的一面旗帜,应当成为我国劳务派遣和业务外包用工的正面典型。自 2007 年以来,西飞国际新进员工 2 200 多人,全部以劳务派遣工的身份进入。截至目前,其中 1 200 多人告别了劳务派遣"身份",成为直接与企业签合同的工人。该公司工会主席吴继文说:"在这些数字的背后,是员工权益保障与企业的用人风险得到兼顾的双赢局面"。2007 年以来,西飞国际形成了涵盖劳务派遣用工使用、管理、权益保障、职业发展等方面的制度体系。劳务派遣工在入党、入会、评先进、参加职代会等政治民主权益上,在劳动保护、技能培训、子女上学等权益上,与合同工没有丝毫差别;在经济权益上,除住房公积金因政府政策原因有细微差别、年金须在转正后才能享受外,其余完全平等。该公司还规定,劳务派遣工工作满 5 年经考核合格即可转为合同工,获得先进等则可提前转正。西飞国际人力资源办公室经理杨永平说:"核心是做到了同工同酬,让有适应岗位能力的派遣工有盼头,让适合其他企业岗位的派遣工有更多的职业选择"。西飞国际劳务派遣新用工制度实行 4 年来,已有近 30 人因获得高级职业资格、获评先进等而提前转正,没有发生一起有关劳务派遣工的劳动争议。② 西飞国际之劳务派遣的成果实现了劳务派遣劳动者的平等待遇权,不仅从宏观上保障了劳务派遣者的平等待遇权,还从微观上有效实现了许多具体的平等待遇权,不过这些好

---

① 张新民. 关注劳务派遣的是非纷争. 中国劳动保障报, 2012-10-13 (3).
② 毛浓曦. 千余劳务派遣工实现"身份转换". 工人日报, 2012-02-3 (1).

的做法都是公司自身从道德层面的自律,并无法律的强制要求,此成功经验值得我们思量和推广,更值得我国劳务派遣和业务外包单位参考借鉴,以实现劳资利益的"双赢"和道德与法律的"互补"。

第三节　日本法之反不当差别待遇

日本的劳动法在世界上是非常发达的,其劳动法的体系非常完备。日本的劳动法律有近 60 部[①],其劳动法体系有两大特征。

第一个特征分为两大方面:一是作为基本法的"劳动三法"——《工会法》《劳动关系调整法》和《劳动基准法》;二是从属于基本法之下的作为其特别法的其他劳动法规,如《劳动者派遣法》《雇佣机会平等法》《职业安定法》等。作为日本劳动法之基本法的"劳动三法"和与作为特别法的若干诸法是紧密结合的,前者是从宏观上规定了劳动法的总纲,后者无疑是从微观上、从不同角度、不同方位进一步规定了各自不同的调整对象。前者是后者的准则,后者是前者的补充,两者紧密配合、相辅相成,构成了一个结构严谨的劳动法的立法整体。[②] 日本劳动法完备的两级体系各有侧重并互为呼应,对保障劳动者的权益形成了立体式的保护网络,用工单位也很难有"钻空子"的机会,迫使用工单位规范用工。

第二个特征是把劳动法区分为个别劳动关系法和集体劳动关系法两个部门,并以这两个部门为中心构成各自的体系。个别劳动关系法把个别劳动关系的主体——各个劳动者作为对象,包含了以保护其劳动条件为中心内容的法律,而这些劳动者保护法又包括劳动契约的缔结和终了、工资支付义务及其他有关雇主履行契约上承担之义务的保护、劳动时间的限制和保护等各种保护法规。集体劳动关系这个部门则包括以集体劳动关系的产生和发展为基础的劳动者的团结,特别是有关工会的组成、机构、活动的法规,以及规范有关集体劳动关系中特有的各种关系,即日常的团结和组织活动等法规、团体交涉、劳动争议、劳动协约、不当

---

① 安远超. 日本的劳动法律与工会参与. 工会理论与实践,2001(1):57.
② [日]满达人. 日本劳动法的形成、特点及其作用. 日本学刊,1994(6):38.

劳动行为等法规。① 这些都充分反映出了日本劳动法的一个重要特色——既注重个体劳动关系，又特别注重集体劳动关系，并且对集体劳动三权即结社权、集体谈判权和集体争议权（包括产业行动权）特别重视，这就使得日本法规制不当差别待遇的制度比较全面和有效。日本不当劳动制度的高度发达也与此有着很大的关系。

第三个特征是立法模式的独特性。不当劳动规制和救济的立法模式各具特色。笔者将其立法模式大致分为单一法模式和混合法模式。混合法模式主要是指"判例法与成文法"模式，并进一步细分为"判例法（主导）＋成文法（辅助）"或是"成文法（主导）＋判例法（辅助）"两大基本模式。美国的立法模式主要是"判例法（主导）＋成文法（辅助）"模式，英国也属于此模式。日本法深受美国和德国的影响，其不当劳动的立法模式是"成文法（主导）＋判例法（辅助）"，这样的立法模式对规制不当劳动是非常先进和有效的，对不当差别待遇的法律救济也是极为全面和有力的，比较充分地发挥了成文法与判例法的优势，值得"复制"。

日本《劳动基准法》规定了劳动标准的六项基本原则，其中有关平等待遇的规定就有两个原则，即"劳资平等的原则"和"平等待遇的原则"，这样的立法充分反映了对平等待遇原则的重视程度。"劳资平等的原则"是指对劳动条件的应用，工人与雇主之间，应以平等的地位决定劳动条件为前提。特别是在工资方面，阐明了男女同工同酬原则，规定了雇主不能以工人是妇女为由，对其实行与男子不同的报酬。"平等待遇的原则"是指雇主对工人之待遇，不能予以区别待遇，应一律平等。不得以工人的国籍、信仰或社会身份为理由，在工资、劳动时间以及其他劳动条件等方面实行差别待遇。② 可见，日本法的规定是将平等待遇的抽象性原则规定与具体的表现结合了起来，使得反不当差别待遇非常具体而具有相当强的可操作性。

---

① [日] 片冈昇. 日本现行劳动法及其体系. 谢次昌译. 国外法学，1981（4）：41.
② [日] 满达人. 日本劳动法的形成、特点及其作用. 日本学刊，1994（6）：36.

日本劳动法之平等待遇原则主要体现在反歧视待遇上,其反歧视待遇的规定主要体现在两个方面:一是反对对女性的工资歧视,主要由成文法,如《劳动基准法》和《雇佣机会平等法》规制;二是反工资歧视之外的歧视待遇,主要由判例法规制。目前日本采取两种方式使男性和女性享有平等雇佣机会:一是禁止和纠正以性别为基础的歧视,二是为劳动者工作和家庭生活的和谐提供法律支持。第一种方式主要由《劳动基准法》、1985年《雇佣机会平等法》(该法在1997年做了较大修改)和判例法来规制。关于针对女性歧视的法定禁止,《劳动基准法》的规定仅限于工资歧视,其结果是日本需要发展判例法和制定新法以禁止工资歧视以外的其他对于女性的歧视。判例法的发展已经确认,针对女性设定较早的强制性的退休标准或强制要求已婚女性退休的规定无效,这些判例法的发展也是消除针对女性歧视的世界性的运动的反映。[①] 已经确立的有关退休制度的公共政策理论也扩展到了雇佣中歧视待遇的其他形式,例如,法院认定在升职方面对男女采取差别对待构成侵权,并确定雇主对因没有升职造成的工资差额进行补偿。最近,法院认定在升职中的不利对待属于非法性别歧视,并确认了原告被升职位。[②] 日本法之反不当差别待遇制度即为反歧视待遇,这是世界上反不当差别待遇之一般原理在日本的表象,代表了一种历史之必然趋势,这些反歧视性的原则也共同构建了日本不当劳动制度的发达与兴盛。

一、劳务派遣之平等待遇

日本是较早对劳务派遣进行规范的国家[③],日本从1986年7月开始实施《劳动者派遣法》,承认了劳务派遣的合法性,并规定了严格的规制措施。但是,由于这部法律在运行中未能解决劳务派遣中存在的种种问题,所以,日本对派遣法进行了几次大的修改,每次修改都适度放松了对劳务派遣的管制。[④] 特别值得说

---

① [日]荒木尚志.日本劳动法(增补版).李坤刚,牛志奎译.北京:北京大学出版社,2010:81.
② [日]荒木尚志.日本劳动法(增补版).李坤刚,牛志奎译.北京:北京大学出版社,2010:82~83.
③ 张新民.关注劳务派遣的是非纷争.中国劳动保障报,2012-10-13(3).
④ 康桂珍.主要发达国家劳务派遣法律规制情况概述.北京市工会干部学院学报,2010(4):38.

明的是,日本《劳动者派遣法》也同其他很多国家一样规定了法定的平等对待要求,特别是明确规定了在工作条件上的平等待遇问题。依据《日本劳工派遣法》第30条至第40条,法律上,用户公司应当努力采取必要的措施以维持工作场所的适当性;用户公司的雇主受制于关于劳动保护的相关法律,并在临时工作机构和用户公司之间分配责任而保障派遣工的劳动条件。[1] 日本劳务派遣法还制定了对劳动者保护的特别规定,对保障劳务派遣者的平等待遇有很好的作用。因劳动者派遣关系涉及复杂的三方关系,需要制定特别规定保护被派遣劳动者。被派遣劳动者仅和派遣机构有劳动关系,和客户公司[2]无劳动关系。总的原则是,派遣机构负责遵守具有保护性质的劳动法律,包括《劳动基准法》。然而,由于客户公司实际指挥控制派遣劳动者,《劳动者派遣法》规定,客户公司应对特定的事项负责,如保障派遣劳动者自由行使公民权、遵守工作时间规定、遵守有关危险岗位和矿业中不使用女性和未成年人的规定等。派遣机构和客户公司对一些其他事务负连带责任,如平等待遇、禁止强迫劳动、禁止滥用学徒和安全卫生规定等。[3] 可见,日本的劳务派遣法特别明确规定了对劳务派遣者平等待遇保护的连带责任,对规制不当差别待遇特别有效,我国需要借鉴日本的成功经验。

笔者认为,日本的《劳动者派遣法》对平等待遇的规定还有一个特色体现在两个方面:对"伪装承包"和"不当劳动行为"有法律上的明确规定,通过对"伪装承包"和"不当劳动行为"的规制,来实现对劳务派遣者之不当差别待遇的法律救济。

纵观日本劳务派遣的发展及立法规制的历史,其始终伴随着与"伪装承包"的博弈,劳务派遣之平等待遇问题也就相应地与此紧密联系在一起了。日本的劳务派遣在开始发展阶段是不被法律认可的,因为劳务派遣与《职业安定法》相抵触,在此背景下,劳务派遣就以工作委托和业务转包的形式而存在。"当时的劳务派遣由于不被《职业安定法》认可,所以在1986年7月1日《劳务派遣法》

---

[1] 钱叶芳. 劳务派遣规制强度的国际比较及对我国的启示. 法治研究, 2012 (5): 82.
[2] 日本法上的"客户公司"与我国的劳动法上的"用工单位"是相同的。——笔者注.
[3] [日] 荒木尚志. 日本劳动法(增补版). 李坤刚,牛志奎译. 北京: 北京大学出版社, 2010: 36.

开始实施之前，劳务派遣只能以业务承包的形式存在"。为了规避法律的制裁，很多企业只能以伪装业务承包的形式开展劳务派遣业务，即出现了"伪装承包"。所谓"伪装承包"是指以承包业务的名义开展劳务派遣活动，即两个企业表面上签订承揽业务合同，一方以履行合同为由将自己的员工派遣到对方企业工作，但实际上双方仅有人员上的派遣关系，并没有业务上的委托关系。"伪装承包"第一可以满足用工需求，其次又可以很巧妙地规避劳动法律上的义务和责任，降低用人成本。[①] 日本法早期对劳务派遣的严格管制导致了不当业务外包之"伪装承包"的异常发展，使得劳务派遣和业务外包出现了新的变化，其法律也对这些新情况及时"跟进"和响应。在我国，目前由于劳务派遣立法的相对滞后，也已经导致了劳务派遣与业务外包的异常发展，这与日本当时的情形类似，不同的是，我国还没有做出相应的立法响应。

董保华教授对日本的劳务派遣有比较深刻的审视，他对"伪装承包"的用词是"伪装承揽"，并将其作为"隐蔽雇佣关系"的一种形式进行了研究。他认为日本 1947 年公布的《职业安定法》对于劳务派遣持全面禁止的态度，这一不切实际的规定促使产业界纷纷以承揽契约的形式来进行规避。对此，日本《职业安定法施行规则》第 4 条特别规定了承揽人应具备的条件和应负的责任，即必须独立承担法律上的责任，自行指挥监督劳动者，对劳动者负有法律规定的雇主责任等。即使有了关于承揽的规定，实际情况却是用工单位并没有将派遣员工和自己直接雇用的员工分开分别进行管理，他们遵守同样的工作规则和秩序。由此可见，派遣单位与用工单位签订的承揽合同仅仅是形式而已。对于劳务派遣全面禁止的结果是使"伪装承揽"盛行。[②] 日本于 1985 年修改的《劳务派遣法》对劳务派遣有所松动，规定了 16 种允许派遣的业务范围，并希望在此基础上实施严格的政府管制措施。由于制造业不在这 16 种允许派遣的业务范围内，"伪装承包"在该法出台以后急速增加。关于"伪装承包"的界定，日本神户学院大学法学博士田思路认为，"伪装承包"是指制造业工厂使用外部劳动力，事实上从人才派

---

① 范明，朱珺. 日本劳务派遣行业发展现状及对我国的启示. 中国人力资源开发，2011 (7)：87.
② 董保华. "隐蔽雇佣关系"研究. 法商研究，2011 (5)：113~114.

遣公司接受了劳动者派遣，但形式上却伪装成"承包"，以便在使用劳动者的时候回避各种法律责任的行为。20 世纪 90 年代后期开始，大企业把大量正式员工替换成了承包工。劳动局认定的违法企业中，以佳能、日立等著名企业为代表，"伪装承包"在日本制造业蔓延。据厚生劳动省统计，2004 年 8 月仅对制造业进行调查时，伪装承包劳动者达 87 万以上，而其中许多人仍认为自己是派遣劳动者，许多企业也对此认识不足。① 之后，日本经过多次修改《劳务派遣法》，使劳务派遣的立法和发展也被逐渐规范起来。虽然在日本的劳务派遣中，劳务派遣工与正式员工的工资差距还很大，根据日本厚生劳动省 2009 年发布的调查报告显示，劳务派遣工的平均月工资是正式职工的 66.44％②，但是，日本的《劳务派遣法》通过对"伪装承包"的不断"斗争"，劳务派遣之平等待遇逐步得到发展。

日本劳动法对"不当劳动行为"的规制和救济制度，是劳动者平等待遇实现的又一非常有效的路径。

日本劳动法的发达之处不仅在于其个体劳动法的发达，还在于其调整集体劳动关系的法律也非常发达。日本集体劳动关系的法律体系主要由《宪法》《工会法》和《劳动关系调整法》构成。1946 年制定的日本《宪法》第 28 条保障了劳动者的基本权利，第 28 条规定："劳动者的团结权、集体谈判权和集体行动权受到保护"。因此，任何无合理的正当理由侵害这些权利的立法或行政行为均属违宪和无效行为。劳动者正当的工会活动免除刑事和民事责任。本条规定被解释为，它不仅保护国家与私人之间的关系，而且保护私人与私人之间，即雇主与劳动者之间的关系。因此，劳动者对侵害他们的工会权利的雇主可以提起诉讼。1949 年制定的《工会法》规定了工会成立的要件，确立了不当劳动行为制度以防止雇主抵抗工会的行为，确立了集体交涉协议的规范性约束力，并成立了劳动委员会。③

日本《工会法》第 7 条禁止雇主进行以下三种类型的反工会行为：对工会成

---

① 田思路，贾秀芬. 契约劳动的研究：日本的理论与实践. 北京：法律出版社，2007：47～48.
② 范明，朱珺. 日本劳务派遣行业发展现状及对我国的启示. 中国人力资源开发，2011 (7)：89.
③ [日] 荒木尚志. 日本劳动法（增补版）. 李坤刚，牛志奎译. 北京：北京大学出版社，2010：159.

第四章　不当差别待遇

员的不利待遇、拒绝谈判和对工会工作进行支配或干涉。日本的地方劳动委员会——地方的三方组织，首先在各地区负责劳动争议的处理和救济，东京的中央劳动委员会——三方的上诉机构，对不当劳动行为采取行政救济。劳动委员会救济程序的规定见《工会法》第 27 条。这些规定被称作不当劳动行为救济制度。①《工会法》第 7 条明文禁止六种形式的不当劳动行为：不利待遇、"黄犬契约"、拒绝谈判、支配或者干涉、资金支持、报复性不利待遇。"黄犬契约"和打击报复是不利待遇的特别形式。资金支持构成了控制或者干涉。这些禁止行为实际上可以分为三个主要类型：不利待遇、拒绝谈判以及控制或干涉。《工会法》第 7 条第 1 款规定的工会会员的不利待遇是指因劳动者是工会会员、试图加入或建立工会，或者进行正当的工会行为，而给予劳动者解聘或不利待遇，属于被禁止的不当劳动行为。这一规定同样适用于以劳动者不能加入工会或退出工会为雇佣条件的情况，即"黄犬契约"。第 7 条第 4 款规定，报复性措施也是不当劳动行为，诸如解聘或处分向劳动委员会投诉的劳动者或者在劳动委员会做证的劳动者的行为等。② 在日本劳动法上禁止的"不当劳动行为"之一的"不利待遇"是保障劳动者集体劳动权和平等待遇权的重要制度之一。对不当劳动行为的救济程序分为三部分：一是地方劳动委员会的初步审查，二是中央劳动委员会的行政复审，三是法院的司法审查。③ 按照《工会法》的规定，劳动委员会有权对事实进行认定，对申诉的有关不当劳动行为进行裁决，分别对三种类型的不当劳动行为发出救济命令。其中对于不利待遇案件的救济命令是恢复被解雇或被转岗劳动者的原职位，并决定是否补发工资。作为独立的、专门处理劳动关系的行政机构，劳动委员会对救济命令的内容有任意决定权。因此，劳动委员会可以根据具体情况做出处理决定，避免因不当劳动争议带来的损失，维持和谐的劳动关系。④ 以上关于"不当劳动行为"的救济制度是否适用于劳务派遣或业务外包，其法律并没有明

---

① [日] 荒木尚志. 日本劳动法（增补版）. 李坤刚，牛志奎译. 北京：北京大学出版社，2010：191.
② [日] 荒木尚志. 日本劳动法（增补版）. 李坤刚，牛志奎译. 北京：北京大学出版社，2010：148.
③ [日] 荒木尚志. 日本劳动法（增补版）. 李坤刚，牛志奎译. 北京：北京大学出版社，2010：151.
④ [日] 荒木尚志. 日本劳动法（增补版）. 李坤刚，牛志奎译. 北京：北京大学出版社，2010：152.

确规定，但是，在实际的劳动关系中，非劳动合同当事人也能做出反工会的对劳动关系造成损害的行为，因此，为规制不当劳动行为，学界和法院对不当劳动行为的雇主做了两种扩大的解释。一种是内部的扩大解释，一般来说，执行机构成员或者上层管理人员的行为可归属为雇主的行为，低层管理人员或一般劳动者的行为，只要有证据证明他们的行为是受雇主的指使或命令，也能归属于雇主的行为。另一种是外部扩大解释，在特定的条件下，特别是为了集体谈判，企业的外部实体也可被看作是雇主。如果客户公司（接收公司）和分包商派出的劳动者或和派遣公司（派遣单位）派遣的劳动者之间存在客户公司为客户的利益劳动的关系，则可以做出这样的扩大解释。在分承包商只是个空壳，其劳动者纳入了接收单位的组织运作，在其受接收单位雇主命令的情况下，最高法院已经认定，为集体交涉的目的，客户公司被视为是被派出的劳动者的雇主。在这些案例中，被派遣劳动者和用工单位之间被认为存在默示的劳动合同。派遣公司实质上是一种商业企业，因为派遣公司和其劳动者之间已有了一个真实的实质性的劳动合同，所以很难确认其劳动者与接收公司之间存在劳动关系。尽管如此，在1995年"朝日放送案"中，最高法院还是对"雇主"的概念进行了部分扩展，其理由为："根据《工会法》第7条，劳动合同的一方当事人雇主以外的其他实体也可被视为雇主，但只有这一实体从雇主单位接收被派遣劳动者，让劳动者在其自己的企业劳动，并且居于能决定劳动者基本工作条件的地位，这样的主体和劳动合同的雇主是等同的，至少是部分等同的"。最高法院对"部分雇主"这一新概念及部分相应责任的认定，格外引人注目。① 可见，在日本，对劳务派遣中的"不当劳动行为"的规制和救济，虽然在成文法《工会法》中没有直接的规定，但是，其实际判例或判例法对其进行了具体而明确的扩大解释，使劳务派遣中的"不当劳动行为"得到了有效的救济，同时也使得劳务派遣之不当差别待遇问题能够得到有效解决，这种劳动法之成文法与判例法紧密结合的制度，应当对我国的劳动立法有一定的启示效应。

---

① ［日］荒木尚志.日本劳动法（增补版）.李坤刚，牛志奎译.北京：北京大学出版社，2010：146～147.

二、业务外包之平等待遇

虽然日本关于劳务派遣的立法比较发达,对平等待遇的原则或权利的规定在成文法和判例法、在个体劳动法和集体劳动法中都非常具体,且操作性都比较强,但是,关于业务外包的立法或判例却仍然是比较罕见的。笔者在有限的资料中能够找到的也仅仅是"业务委托""业务承包"或是"劳务承包业"①之"说词"而已。

"业务委托"和"业务承包"的用语并不是日本法律上规定的概念,是在实务上被使用的通称。从实务上被使用的契约书可见,像"契约委托契约""业务承包契约""业务委托承包契约"等将"业务""承包""委托"三个用语进行组合,或者单独使用"委托契约""承包契约"等的表述是普遍存在的。②日本镰田耕一教授对"业务委托""业务承包"下的定义是:"业务委托是某人接受其他公司(委托者)的委托,以个体经营的形式(基于劳动契约以外的劳动供给契约),在委托者的协力下从事被委托的业务,与之相对获得报酬。为了实现这个目的当事者之间签订的契约是业务委托契约,在业务委托契约下提供劳务的就业者是'委托劳动者'。业务承包是某公司(业务承包公司)基于与其他企业(发包者)的契约(业务承包契约),为了履行这一债务,在发包者的协力下,自己雇用劳动者或者委托劳动者从事业务,与之相对获得报酬,以业务承包形态提供劳务的劳动者以及委托劳动者称为'承包劳动者'。在这里,产生了业务承包公司、发包者、承包劳动者之间的三者间关系"。③笔者认为,日本的"业务承包"与我国的"业务外包"极其相似,二者都不是法律意义上的概念,即都还没有真正被纳入劳动法或劳务派遣法的调整范畴,二者都只能由民法调整,也都还没有形成一定的特有劳动法"范式"。

---

① 田思路,贾秀芬.契约劳动的研究:日本的理论与实践.北京:法律出版社,2007:35.
② 田思路,贾秀芬.契约劳动的研究:日本的理论与实践.北京:法律出版社,2007:36~37.
③ [日]镰田耕一.委托劳动者·承包劳动者的法的地位和保护.日本劳动研究杂志,2004(526):56.//田思路,贾秀芬.契约劳动的研究:日本的理论与实践.北京:法律出版社,2007:35.

有研究日本劳动法的学者认为:"业务承包是由发包者、业务承包企业和承包劳动者三方成立的,其三者之间的关系极为复杂"。并将"业务承包"分为"转包型"和"中介型"两种业务承包类型。业务承包公司为发包者从事承包下来的业务,把自己雇用的劳动者送至发包者的事务所。该劳动者在发包者的经济的依存下从事劳动的形态称为"转包型",发包者与业务承包公司之间签订业务承包契约,业务承包企业与劳动者之间签订劳动契约。对于这种类型的承包,劳动者形式上是业务承包公司的正式的劳动者。发包者和业务承包公司之间签订契约,业务承包公司再委托派遣承包劳动者从事该业务,这种形态被称之为"中介型"。这里发包者和业务承包企业之间存在业务承包契约,业务承包企业与承包劳动者之间是业务委托关系,而且承包劳动者与发包者之间存在类似于雇佣的经济依存关系,但承包劳动者与发包者和业务承包企业都不存在正式的雇佣关系。[①]日本关于这两种业务承包的法律规制都还存在很大的争议,没有定论,并且都还存在着严重的"伪装承包"的问题,这成为日本"隐蔽雇佣劳动关系"的主要表现,《劳务派遣法》《民法》对其还没有明确的法律规定。

日本马渡淳一郎教授将劳务承包看作是与劳务派遣相并列的"民营雇佣业"之一种。"劳务承包业"是指为了特别指定工作的派遣而录用和供给劳动者的行业。与劳动者派遣业在法律上的区别是,劳动者派遣业不向劳动者提供器具、资材,也不对派遣中的劳动者进行监督指挥,而劳动承包则是如此。这个区别很细微,从表面看难以识别。对此工会组织持批评态度,认为即使没有业务的特别指定性和业务完成的独立性,承包合同也会被恶用。[②]

日本荒木尚志教授对劳务承包者的用词是"承包合同劳动者",将之看作是与"固定期限合同工""非全日制工""劳动者派遣"相并列的四种"非正式工"。他认为,第三类非正式工是指公司外部的劳动者,可以分为三种类型:承包合同劳动者、派遣劳动者和借调劳动者。合同制劳务承包是指劳动者在客户公司工作,但不受客户公司管理,而是由与之缔约的实际雇主管理。客户公司对这些劳

---

① 田思路,贾秀芬. 契约劳动的研究:日本的理论与实践. 北京:法律出版社,2007;36~37.
② [日]马渡淳一郎. 劳动市场法的改革. 田思路译. 北京:清华大学出版社,2006;110.

动者管理和指挥会构成非法劳务供应，被《雇佣安定法》所禁止。为区别非法劳务供应与合法劳务承包，《雇佣安定法实施条例》列举了合法性的四个要件：承包商对工作完成承担全部的经济和法律责任；承包商自己指挥命令劳动者完成工作；承包商作为雇主对劳动者承担所有的雇主义务；承包商提供所有的机器、设备、电器设施及必要的材料，或者履行的并不是简单的体力劳动，而是策划或需要专业技术或经验的工作。然而，由于《雇佣安定法实施条例》规定严格，一些合同劳务安排并未完全满足这些条件。[1] 日本的劳务供应与劳务承包在实质上可以说就是一种业务外包，只不过其有合法与非法之分，日本《雇佣安定法》和《雇佣安定法实施条例》都对这些业务外包进行了规定，不具备法律规定的合法要件的业务外包就是非法的劳务供应与劳务承包即业务外包，笔者称之为不当业务外包。可见，日本法对不当业务外包有明确的法律规定，且将劳务派遣与业务外包联系在一起进行规制，并没有使不当业务外包游离于法律之外，这也有效抑制了日本的不当业务外包，保障了劳务派遣和业务外包的正当而有序的发展，也保障了劳务派遣工和业务外包工之不当差别待遇的有效救济。

第四节 欧盟之反不当差别待遇

一、欧盟指令之平等待遇

欧盟劳动法对平等待遇的规定比较具体，第一，表现在禁止性别歧视上；第二，表现在对流动劳动者的保护上；第三，表现在劳务派遣上。

（一）禁止性别歧视

《劳动领域性别平等待遇指令》（76/207/EEC）禁止在工作机会、职业培训与工作条件方面的性别歧视。该指令第 2 条 (1) 规定："平等待遇原则意味着不

---

[1] ［日］荒木尚志.日本劳动法（增补版）.李坤刚，牛志奎译.北京：北京大学出版社，2010：32.

允许存在任何直接和间接性别理由的歧视,特别是有关婚姻和家庭地位的歧视"。第 2 条(4)规定:"本指令不应妨碍为促进男女平等机会而采取的措施,特别是消除影响妇女平等机会实现的既定的不平等。这一命令要求欧盟成员国按照该指令的规定要求制定全国性的禁止性别歧视的法律"。[①]《阿姆斯特丹条约》第 141 项条款(4)进一步明确规定了平等待遇原则不应妨碍成员国保留或采取积极措施,通过下列条款强化了对实质平等的意义:"为了保障在工作中男女充分平等""维持或通过提供特别利益的措施,以便在工作场所就业率偏低的(妇女)能够相对容易地从事职业活动"以及"采取措施预防(女性)在专业职业领域的劣势或对处于劣势的女性群体进行补偿"。[②]可见,欧盟劳动法之平等待遇原则是贯穿于实现男女平等待遇的主题之中的,也体现了劳动法反不当差别待遇之反性别歧视的一般规律和价值追求。

  欧盟指令反不当差别待遇之反性别歧视,将歧视分为直接歧视与间接歧视两种。有关劳动法之平等待遇的规定较早见于欧共体反直接与间接的歧视,其中为了保障流动人员的平等待遇权的相关规定对欧共体的劳务派遣制度有很好的示范作用。在当代欧洲社会,直接或间接的种族、民族、性别等歧视仍然屡见不鲜,在就业、职业培训、晋升和退休待遇等方面就更加突出。为了保证人员的自由流动,欧共体在一开始就强调男女平等。《欧洲经济共同体条约》119 条明确规定:"各成员国应从第一阶段起保证并保持男女同工同酬的原则得到实施"。条约条款虽然只涉及流动工人的报酬问题,但初步确立了男女平等待遇的原则。在此基础上,理事会根据自己的权限于 1979 年通过了《关于逐步实现男女在社会保障方面平等待遇的指令》(Directive79/7EEC),对包括流动工人在内的男女社会保障平等待遇问题做出了规定,要求各成员国在规定的期限内修改国内所有与男女社会保障平等待遇原则相悖的法律、法规和行政条款并提交报告。在 1986 年 7 月

  [①] 金铮. 欧盟劳动性别平等法律的适用及发展. 中国欧洲学会欧洲法律研究会 2008 年年会论文集, 2008: 190.
  [②] 金铮. 欧盟劳动性别平等法律的适用及发展. 中国欧洲学会欧洲法律研究会 2008 年年会论文集, 2008: 191.

24日又通过了86/378指令（Directive86/378/EEC），此指令对在职业社会保障方面的男女平等待遇原则做出了规定，对违反男女平等待遇原则的主要表现进行了罗列，并对成员国应何时修改这些不平等现象提出了具体的时间要求。① 欧盟指令对反不当差别待遇之反男女不平等待遇的规定是非常具体的，将反对歧视作为了首先要解决的不当差别待遇，对欧洲各国具有一定的指导意义。

（二）流动劳动者之平等待遇

欧共体1971年的《关于适用在共同体内流动的雇佣工人和自雇职业者及其家属社会保障制度的条例》（Regulation 1408/71，以下简称"1408/71号条例"）对劳务派遣之平等待遇原则或权利的制度构建值得我国借鉴。1408/71号条例适用于涉及国际劳动组织第102号公约所规定的八项社会保险待遇，包括疾病和生育、残疾、老年、遗属、工伤和职业病、死亡、失业和家庭补贴。1408/71号条例对各国关于社保问题立法的冲突规定了下述解决原则：第一，采取工作地原则。该条例第13条第1款规定一个人只适用单独一个成员国的法规，以此来确定应适用哪一国的社会保障法。该条例第13条第2款规定一个在成员国范围内从事获得薪金工作的工人，原则上要服从该国的法律，尽管他居住在其他成员国或其公司总部或雇主的住所地在其他的成员国。欧共体之所以采取工作地原则，主要考虑所有受雇于某一雇主的流动工人都应该与工作地工人承担相同的缴费义务，并享受同样的待遇。第二，累计原则，为了使工人不因流动而使社会保障权益受损，条例明确规定应累积计算保险期限、工作年限和居住期限。这种原则同样适用于疾病和生育、残疾、老年和死亡，以及失业保险。第三，避免重复得利的原则，既要为流动工人提供必要的社会保障，也应避免工人由于自由流动而在社会保障方面重复获利。第四，权益发放的份额化原则，不同成员国应按照工人在该国完成的不同的期限来分配相关社会保障权益的份额。② 除了这些一般性的规定外，还规定了特殊劳动关系特别是劳务派遣的相关规定。1408/71号条例根

---

① 刘世元，黄桂洪. 欧共体流动人员社会保障立法的特点及启示. 当代法学，2008（5）：140～141.
② 刘世元，黄桂洪. 欧共体流动人员社会保障立法的特点及启示. 当代法学，2008（5）：141～142.

据流动工人的流动性和具体劳动关系的复杂性，对一些社会保障权利做出例外规定：一是工人的临时调动。流动工人受公司派遣临时调动到其他国家完成工作的，如果受委托工作的时间预计不超过12个月，该工人将适用雇主所在国的社会保障法。二是工作在几个国家。对从事铁路、陆路、航空或是内河航运行驶或是航行工作的，无论客运还是货运的国际交通公司的人员，通常适用该公司注册地或营业地所在国的法律。如果该公司在某个成员国有分支机构或代表处，而目前工人受雇于这个分支机构或代表处，则该工人适用分支机构或代表处的社会保障法；如果工人主要在某个成员国工作，目前居住在这个成员国，则他适用于所居住的成员国的社会保障法。① 上述四个原则是保障不同成员国之流动劳动者的基本社会保障权特别是平等社会保障权实现的重要原则规定，再加上非常具体的有关流动劳动者权利保障的规定，使得流动劳动者的平等待遇权更容易实现。

中国与欧盟虽然存在着明显的不同，但在流动人员社会保障方面所面临的问题有着许多相似之处，在立法技术方面，欧盟的许多经验可以借鉴。有必要一方面通过立法的方式，对一些急需解决的问题做出最低标准的原则性规定，以平衡和协调各地之间在社保政策方面的差别和冲突。我们至少应该借鉴欧盟的上述立法，确定几个原则解决平等待遇问题。第一，强制工作地提供社会保障待遇。国家应强制规定，各地必须采取有效措施，给所有在本地工作的农民工及其随行的家属提供工伤保险、医疗保险和养老保险等社会保障待遇。第二，明确农民工社保基本标准。国家应明确规定农民工保障的范围、种类和最低标准，消除以户籍为标准的限制和歧视，有条件的地方可以将农民工纳入城镇社会保障体系。第三，实行保障期限累计原则。第四，解决社保缴费异地转移问题。② 笔者认为，借鉴欧盟关于流动劳动人员的平等社会保障权的做法，不仅对保障我国几亿农民工的平等社会保障权有很大的积极意义，同时，还对我国劳务派遣和业务外包之平等待遇问题的立法具有参考价值，因为，我国农民工不仅是最庞大的流动劳动

---

① 刘世元，黄桂洪. 欧共体流动人员社会保障立法的特点及启示. 当代法学，2008（5）：142.
② 刘世元，黄桂洪. 欧共体流动人员社会保障立法的特点及启示. 当代法学，2008（5）：143.

人员群体，也是我国劳务派遣与业务外包用工中最大的劳动者群体。我国的劳务派遣有着不同于其他国家和地区的特征，其中农民工在劳务派遣中占的比例非常大。根据中华全国总工会2010年和2011年对全国劳务派遣用工的调研，得出的权威结论是："劳务派遣工以农民工为主体"。全国企业劳务派遣用工呈增长态势，其中第三产业使用劳务派遣用工最为普遍，劳务派遣工主要从事一线工作，劳务派遣工以农民工为主体。劳务派遣工中农民工和外地户籍人员均占52.6%。[1] 既然我国劳务派遣工以农民工为主体，那么农民工在劳务派遣中之同工不同酬问题的解决，应当成为解决同工不同酬问题的重点。同时，笔者认为，虽然关于业务外包用工状况还没有正式的统计资料，但由于劳务派遣与业务外包的"天然"联系，笔者可以推断：农民工也是我国业务外包用工中的主要劳动群体，因此，为了有效地解决业务外包之平等待遇问题，农民工仍然是主要的法律关系主体，解决了主要主体的问题，也就基本解决了劳务派遣和业务外包之平等待遇问题。

（三）劳务派遣之平等待遇

2002年的《欧盟被派遣劳动者工作条件指令（草案）》的主要内容是赋予被派遣劳动者和固定雇员同等的权利，或称"平等待遇原则"，即被派遣劳动者在基本劳动条件方面的待遇不得低于用人企业中相同特征、相同岗位工人的待遇；被派遣劳动者的"非歧视待遇"原则只包含基本的工作和雇佣条件，如工资、工作时间、节假日、妇女孕产假保护、儿童和青少年保护、非歧视保护等方面，没有养老金和病假待遇问题。这相对于"固定期工人指令"中的保护范围要窄，固定期工人的非歧视待遇除包括以上基本劳动条件之外，还包含有关职业养老金和职业培训方面，并且规定工人放弃上述权利的行为属于违法。被派遣劳动者的平等待遇是与用人企业中的"可比工人"相比较而言的，这里的"可比工人"是指有一定的服务年限、资历和工作技能，在用人企业中处于与被派遣劳动者相同或

---

[1] 全总劳务派遣问题课题组. 当前我国劳务派遣用工现状调查. 中国劳动, 2012 (5): 24.

者相似职位的工人（指令第3条）。"可比工人"的确定方式首先看用人企业是否存在一个可以比较的工人；如果没有，看用人企业中被同一集体协议覆盖的雇员中有无相似的工人；如果没有这种集体协议的话，就在派遣机构中找被同一集体协议覆盖的相似工人。① 欧盟法对劳务派遣工之平等权的保护还是比较好的，对保障劳务派遣工之同工同酬权具有一定的示范性指导作用，但是遗憾的是，这些规定都还仅仅是草案性质的文件并没有进入到欧盟法律的范畴，再加上欧盟指令有其本身的非强制性，使得保障劳务派遣工之平等待遇的措施并无多大的实际效果。

尽管该指令草案未能进入欧盟法律规范的行列，但有关被派遣劳动者基本工作条件方面的"平等待遇原则"被欧盟很多成员国通过国内法或者团体协议的方式得到了执行。据调查，欧盟20个成员国中超过14个国家已经赋予了被派遣劳动者在工资方面与相同或者同一岗位的直接雇用工人相同的待遇，如比利时、丹麦、法国、芬兰、德国、意大利等国。② 欧盟许多成员国的法律都规定了"平等待遇原则"，特别是在劳务派遣中，同工同酬之平等待遇落实得还是比较到位的，但是，这却并不是上述欧盟指令草案的"功劳"，而是由欧盟许多成员国之国内法的先进性决定的。关于此点，下面将对欧盟部分国家立法之平等待遇问题进行阐述，以管窥其一二。

二、德国法之平等待遇

德国关于劳动者平等待遇的立法是非常完备的，其宪法第33条规定了平等待遇原则，除此之外，德国于2006年8月18日正式生效的《一般平等待遇法》也规定了平等待遇，德国这种单独立法规定平等待遇问题的做法，可以说是非常少见的，足见德国对平等待遇的重视程度。

《一般平等待遇法》第1章第7条规定："受雇人员不得因《一般平等待遇法》第1条规定的种族或者民族、性别、宗教信仰、残疾、年龄或性取向等受到

---

① 张容芳. 被派遣劳动者的劳动权利保护研究. 武汉：武汉大学出版社，2008：108.
② 张容芳. 被派遣劳动者的劳动权利保护研究. 武汉：武汉大学出版社，2008：113.

歧视。"在主体方面,《一般平等待遇法》适用于《一般平等待遇法》第6条界定的受雇人员。其"受雇人员"包括雇员、学徒以及依据经济独立性标准而被视为类似雇员的人;在物质方面,《一般平等待遇法》第2条第1项做了规定:"不管是在哪个经济领域,在包括晋升在内的所有职业等级层次上,涉及包括选择标准和招聘条件的雇佣准入、自我雇佣准入以及职业准入等方面,如果受到《一般平等待遇法》第1条规定事项上的歧视,都是非法的。"

《一般平等待遇法》第3条对"歧视"一词做了界定,并对直接歧视、间接歧视、骚扰和教唆歧视等进行了区分。当一个人因第1条规定的任一事项而受到的待遇较之于相似情况下另一个人已经获得或者将要获得的待遇差,则构成直接歧视;间接歧视规定在《一般平等待遇法》第3条第2款中:"当一项明显中立性的规定、标准或实践,由于遇到《一般平等待遇法》第1条规定的任一情形,使得一部分人与其他人相比处于不利的境地,除非这条规定、标准或实践在客观上有合法的目的,且实现这一目的的手段是适当和必要的,否则就构成间接歧视。"①

德国法规定平等待遇原则还有一个重要特点,就是将平等待遇直接规定为雇主的法定义务即"平等对待义务",且非常明确地规定了此义务适用的主体。"对于固定期限合同中的雇员、兼职雇员和临时雇员的非歧视性规定,除遵守《基本法》第9条第3款有关贸易联盟成员的明确规定和《欧共体条约》第39条有关国籍的规定外,雇主必须遵守平等对待的一般原则和2006年《一般平等待遇法》中规定的各种非歧视性规定"。② 雇主的"平等对待义务"是规范工作待遇的决定性因素,意义重大。"从一开始就应该强调平等对待义务只适用于对工作待遇进行群体导向性规制。一方面,平等待遇原则要求必须平等对待团体中的每一位成员;另一方面,它又限制雇主按照不同的工作待遇将劳动力分配到不同团体的自由。平等待遇原则并不完全排除差别对待。它禁止随意区分,但是允许具有特定

---

① [德] 魏斯,施米特.德国劳动法与劳资关系.倪斐译.北京:商务印书馆,2012:80~81.
② [德] 魏斯,施米特.德国劳动法与劳资关系.倪斐译.北京:商务印书馆,2012:98.

正当性理由的差别"。① 德国法直接将"平等对待义务"规定为雇主的法定义务，并且并不绝对禁止和排斥雇主实施差别待遇，而是相对禁止实施差别待遇，只要雇主有正当的理由，此差别待遇就是可以的，这反映了平等权并不是绝对的平等，而是相对的，符合一般法理之"平等对待相同的人"和"不平等对待不同的人"之平等权的两大内涵。

德国法对劳务派遣之平等待遇的规定还有专门的劳务派遣法和就业促进法，德国2002年修改《德国劳务派遣法》和《德国就业促进法》，是以欧盟指令为蓝本，完全改变了传统的规制模式，建立了一种新的规制模式。

德国于2002年对《德国劳务派遣法》进行了一次修改，改变了原有的严格规制模式，将相关限制性规定基本放开，特别值得一提的是新法赋予被派遣劳动者"同等待遇"。2004年后，被派遣劳动者的工作条件发生根本的变化，依法规定，派遣单位有义务保证被派遣劳动者在工资、基本劳动条件方面享有与用工单位直接雇用的"可比工人"相同的待遇；还给予被派遣劳动者有关工会和工厂委员会的集体代表权。立法者希望通过改善被派遣劳动者的待遇，提升派遣用工方式的吸引力来促进就业。该法规定了两种例外情况：被派遣劳动者在被派遣之前处于失业状态，在派遣劳动的第六周内，被派遣劳动者的报酬可以低一些，但不得少于之前其所得到的失业救济金的数额；集体协议可以排除该平等待遇的保护，即被派遣劳动者可以与派遣单位签订集体合同约定相关劳动条件。② 这种立法模式体现了平等待遇的一般原则和适用的灵活性（当然仅限于法律框架下的灵活），这种劳务派遣平等待遇的规制模式值得我们借鉴。

三、意大利法之平等待遇

意大利对平等待遇的规定有自己的特色，第一，立法和判例长期围绕着女性的平等待遇权问题；第二，对未成年人享有的同工同酬权规定非常明确。其宪法

---

① [德]魏斯，施米特. 德国劳动法与劳资关系. 倪斐译. 北京：商务印书馆，2012：98~99.
② 张容芳. 被派遣劳动者的劳动权利保护研究. 武汉：武汉大学出版社，2008：110~111.

第四章 不当差别待遇

第37条规定女职工与男职工有相同的权利，二者享有同工同酬的权利；未成年人也享有同工同酬的权利。意大利贯彻执行女职工同工同酬原则经历了漫长又颇有争议的过程。

在意大利，很长一段时间，"同工"的含义是有争议的。主要有两种意见：一种意见将其解释为相同的工作类别；另一种意见将其解释为相同的工作类别和相同的劳动生产率（这实际上等同于，当女性职工与从事相似工作类别的男性职工相比劳动生产率更低时，得到更少的报酬）。第二种意见受到上诉法院的认可并继而得到集体协议的支持，使之成为20世纪60年代有影响力的意见。这导致传统的劳资双方派代表谈判区分女性工作和男性工作的做法，因具有歧视而被废除。1977年903号法案所确认的全面实施男女同酬的原则带来了20世纪六七十年代间男女工资差别的减少。然而，总体差异依然明显，并且依据扩大职业差别的总体趋势，在一些情况下男女工资差别有所增大，而职业差别尤其反映在性别差异上。① 1977年903号法案已经确认了男女雇员在雇佣、工资、工作分类、职业发展可能性、职业培训、一些社会保险福利（家庭津贴、丈夫去世所给予的抚恤金）及与就业有关的所有其他方面的平等对待原则。第903号法案没有明确提到间接歧视——但多数法律学者认为这被法案的宽泛措辞所包含，其中第一条禁止任何雇佣时的性别歧视，不管是在雇佣程序上，还是通过婚姻状况、怀孕或任何要求性别作为竞争一些工作的先决条件的间接方法。②

意大利法之平等待遇的第二个特色是法律明确将未成年人纳入了法律规制的范畴。传统上，未成年人在现实中得到的报酬少于成年劳动者并且低于集体协议的规定，并被分配从事报酬最低的工作。不同的集体收费表早已确立，有时是针对21岁以下未成年人的，有时是针对各年龄段的（如15～16岁、16～18岁、18～21岁）；平均工资差别在20%～30%之间。因年龄所造成的工资歧视根据法院采纳的针对女性职工的同样法律论证，已被宣布为非法（因违背宪法第37

---

① [意] T. 特雷乌. 意大利劳动法与劳资关系. 刘艺工，刘吉明译. 北京：商务印书馆，2012：90.
② [意] T. 特雷乌. 意大利劳动法与劳资关系. 刘艺工，刘吉明译. 北京：商务印书馆，2012：92.

条),并彻底在 1975—1976 年后从集体协议中消失。① 意大利平等待遇的规定,将未成年人的平等待遇纳入了集体合同的调整对象,对保护未成年人的平等待遇权是非常有利的,而我国劳动法并没有将未成年人的劳动关系真正纳入调整范畴,更谈不上对其进行有效的平等待遇保护,我国非常有必要借鉴意大利的经验,扩大我国劳动法保护的主体范围,填补立法空白地带。

---

① [意] T. 特雷乌. 意大利劳动法与劳资关系. 刘艺工,刘吉明译. 北京:商务印书馆,2012:96.

第五章
不当劳务派遣

　　不当劳动行为是国外劳动法的重要范畴，并且主要是针对集体劳动关系的，是保证劳动者集体劳动"三权"即结社权、集体谈判权和产业行动权的重要救济制度，并不包括与工会或工会活动无关的不当劳动行为，可谓是狭义上的不当劳动行为，规制不当劳动行为的发达和完备的制度基础和前提是工会在调控集体劳动关系中的强势地位和法定的职责，工会已经成为劳动者的真正"代言人"，工会在三方机制中发挥着极其重要的作用，同时工会还是产业行动的领导者和组织者，如果没有工会的引领，产业行动如罢工一般就是非法的，因此，笔者认为，没有强势的工会就"对抗"不了"强资本"，也就没有发达的不当劳动行为规制制度。

　　我国目前的国情与上述不同，集体劳动关系制度不发达、工会与劳动者一样处于"弱劳动"的地位，因此，中国的不当劳动行为独具特征，规制中国的不当劳动行为不能像国外从狭义上理解，应当从广义上将不当劳动行为纳入劳动法规制的范畴，目前首先是要构建规制不当劳务派遣和不当业务外包等不当劳动行为的法律制度，在逐渐强化工会的地位和职能后，再与国外接轨，打造出我国的不当劳动行为规制制度，换言之，我国劳动法理论研究和立法之当务之急是加大对不当劳动行为（广义），特别是对不当劳务派遣和不当业务外包的规制。

　　由于我国劳务派遣的立法缺陷，特别是《劳动合同法》对劳务派遣之"三性"规定的模糊，导致了劳务派遣的泛滥，加上"隐性"的不当劳务派遣的盛行，使得我国劳务派遣已经"成灾"，急需破解之法。

　　我国劳动法既没有将不当劳动行为纳入自己的范畴，更没有关于不当劳务派遣的规定，二者都还没有法律界定。仅有极少数专家对不当劳务派遣进行了专题研究，郑尚元教授对不当劳务派遣进行了专门研究，其研究具有一定的启发价值。不当劳务派遣的表象主要是以下三种：隐名派遣、自设派遣和逆向派遣。

第一节 隐 名 派 遣

"所谓隐名派遣，即从事派遣劳工业务之机构将其真实业务隐匿于其他名称之下，以非派遣形式从事派遣业务。此类机构和组织可谓纷繁复杂，名称各异，如人力咨询服务、人力顾问、物业、人事代理、人事外包服务、人才市场服务等名称注册之经营组织，它们以较少的注册资本注册而成为一般公司"。[①] 这种劳务派遣属于"假名称真派遣"，是一种为了逃避劳务派遣之劳动法义务的实质上的劳务派遣。也有人认为它是假劳务派遣，"假借劳动派遣而另行他道，或打破劳动派遣本质的情形，则也可以被认为是假劳动派遣"。[②]

一、主体资格的失当性

隐名派遣之不当性主要在于主体资格的失当性。首先，其违背了《劳动合同法》之相关规定。《劳动合同法》第 57 条规定："劳务派遣单位应当依照公司法的有关规定设立，注册资本不得少于五十万元。"这表明设立劳务派遣机构必须是依照公司法的有关规定设立的合法公司，而不应当是其他单位。同时，第 58 条规定："劳务派遣单位是本法所称用人单位，应当履行用人单位对劳动者的义务。劳务派遣单位与被派遣劳动者订立的劳动合同，除应当载明本法第 17 条规定的事项外，还应当载明被派遣劳动者的用工单位以及派遣期限、工作岗位等情况"。这还说明，设立劳务派遣机构应当按照劳动法对"用人单位"所规定要求，必须与劳动者签订书面的劳动合同。隐名派遣不具有《劳动合同法》和《公司法》规定的合法身份，因此，是不当的和非法的劳务派遣机构。

其次，隐名派遣违背了《劳动合同法修正案》。2013 年 7 月 1 日起施行的

[①] 郑尚元. 不当劳务派遣及其管制. 法学家, 2008 (2): 8.
[②] 李海明. 劳动派遣原论. 北京：清华大学出版社, 2011: 28.

第五章 不当劳务派遣

《劳动合同法修正案》关于劳务派遣单位的身份规定更为具体,其规定是四大"硬件","经营劳务派遣业务应当具备下列条件:第一,注册资本不得少于人民币二百万元;第二,有与开展业务相适应的固定的经营场所和设施;第三,有符合法律、行政法规规定的劳务派遣管理制度;第四,法律、行政法规规定的其他条件"。特别值得称道的是从修正案实施后,我国对经营劳务派遣的单位实行行政许可制度,"经营劳务派遣业务,应当向劳动行政部门依法申请行政许可;经许可的劳务派遣部门依法办理相应的公司登记;未经许可,任何单位和个人不得经营劳务派遣业务"。今后,不符合许可条件的任何单位和个人都不得经营劳务派遣业务,否则就是违法的。

《劳动合同法修正案》还有不足之处,没有明确规定"混业经营"的问题。"混业经营"有几层含义:一是市场主体身份合法的非劳务派遣单位是否可以通过正当的程序获取经营劳务派遣的许可。二是合法经营劳务派遣的机构是否可以经营其他业务,如职业介绍,特别是是否可以经营"业务外包"。这种将劳务派遣与业务外包二者"混业经营"的现象已经非常普遍,已经成为"隐名派遣"的另一种表象,即笔者在第六章"劳动合同欺诈"中所说的劳务派遣与业务外包之欺诈行为,属于"假派遣真外包"或"假外包真雇佣"等形式,这些也是隐名派遣的新表象。

二、派遣行为的违法性

隐名派遣之不当性还在于隐名派遣是应当受到法律制裁的违法行为。

我国《劳动合同法》第 92 条规定,劳务派遣单位违反本法规定的,由劳动行政部门和其他有关主管部门责令改正;情节严重的,以每人一千元以上五千元以下的标准处以罚款,并由工商行政管理部门吊销营业执照;给被派遣劳动者造成损害的,劳务派遣单位与用工单位承担连带赔偿责任。"第 93 条规定:"对不具备合法经营资格的用人单位的违法犯罪行为,依法追究法律责任;劳动者已经付出劳动的,该单位或者其出资人应当依照本法有关规定向劳动者支付劳动报酬、经济补偿、赔偿金;给劳动者造成损害的,应当承担赔偿责任。"第 94 条还对非单位即自然人的法律责任包括非法之劳务派遣进行了规定:"个人承包经营违反本法规定招用劳动者,给劳动者造成损害的,发包的组织与个人承包经营者承担连带赔偿责任。"因此,对隐名派遣进行规制是有明确的法律规定的,它应当承担相应的行政责任和民事责任,构成犯罪的,还应当承担刑事责任,如果隐名派遣从事胁迫或强迫派遣劳动,或"为其招募、运送人员或者有其他协助强迫他人劳动行为的",还要以"强迫劳动罪"追究其刑事责任。

第二节 自设派遣

在我国当前的劳务派遣中,有的企业即用工单位为了降低用工成本,将一些原来本单位的正式职工以所谓"改制"的名义,分流到本企业设立的劳务派遣公司,然后又以劳务派遣公司的名义将工人派遣到原来的岗位。有的是将内设的劳动管理机构又挂上一个劳务派遣公司的牌子,将招用的员工以劳务派遣公司的名义派遣到所属企业。这就是"自设派遣",其特征就是滥用劳务派遣,将一个原本正常的劳动关系人为地分割开,以降低用工成本和规避用人单位的雇主责任。

据劳动部门工作人员介绍,劳务派遣公司之所以火爆,其主要原因就是为企业降低了各种成本和"转嫁"了因签订劳动合同而需承担的风险和责任。如企业使用劳务派遣工,只需要向劳务派遣公司支付一定的被派人员工资和社保及管理费用,大大降低了人力资源管理成本;使用劳务派遣工,企业不存在与这些劳动者解除劳动关系问题,也就没有了经济补偿等解决成本和纠纷。

自设派遣,是指用人单位自己设立劳务派遣机构并向本单位或所属单位派遣劳动者的情形。《劳动合同法》第67条规定:"用人单位不得设立劳务派遣单位向本单位或者所属单位派遣劳动者"。可见,自设派遣已经是我国劳动法所明确禁止的派遣类别,这说明自设派遣是一种非法派遣。有人认为"自设派遣是一种假派遣"[①],笔者不敢苟同,自设派遣应当是一种真派遣,其在我国《劳动合同

---

① 李海明.劳动派遣原论.北京:清华大学出版社,2011:29.

第五章 不当劳务派遣

法》出台之前,甚至可以说还是合法的派遣,它与假派遣不同,只不过现在是一种非法的派遣罢了。

一、所属单位的界分

虽然我国《劳动合同法》明确规定了用人单位不得设立劳务派遣单位向本单位或者所属单位派遣劳动者。这已经表明法律是明确禁止"自设派遣"的,但是,这里最大的问题在于如何界定"本单位"和"所属单位"。

在自设派遣中比较难认定的是当派遣单位与用工单位的关系属于关联公司即关联企业或企业集团时,如何认定和处理所属单位的界线。

美国《国内税收法典》第482条规定,任何两个和两个以上的组织、贸易主体或经营主体共同隶属于一个利益主体,或者直接、间接地受控于此同一利益主体,即为关联企业。①

我国有关关联企业的法律界定是1991年《外商投资企业和外国企业所得税法实施细则》第52条所规定的:"税法第13条所说的关联企业是指与企业有如下之一关系的公司、企业和其他经济组织:在资金、经营、购销等方面,存在直接或间接的拥有和控制关系;直接或者间接地同为第三者拥有或者控制;其他在利益上相关联的关系"。

张国平教授认为关联企业有以下四个法律特征:第一,关联企业特指一组具有独立法律人格的企业。如果一方是另外一方的分公司,这样的双方不能组成关联企业,因为实际上它们是一个企业,而不是一组企业。这里强调的是一组企业具有法律人格,而不是法人人格。第二,关联企业之间存在着从属关系或者共同从属关系。如母子公司之间存在着从属关系,同属一个母公司的两个子公司之间存在着共同从属关系。第三,关联企业的形成都是基于特定的经济目的。这种特定的经济目的可以是加强竞争、垄断市场、逃避税收等。第四,关联企业之间的

---

① 张国平.关联企业的法律特征及其与企业集团的关系.南京师范大学学报(社会科学版),2007(4):31.

纽带不仅有股权参与，还有契约和身份连接。① 这里关于关联企业的界定和是否具有法人人格一直是有争议的问题，有人认为"关联企业是由单体企业而形成的没有法人资格的企业联合群体"。② 该观点认为关联企业不是一个单体企业，而是一个企业群体。这个企业群体作为一个整体是不能具有法人资格的。

所谓关联企业，既包括资本的关联性，也应当包括人的关联性。资本的关联性是指多个企业具有资本上的联系，或者是母子公司的关系，或者是同一母公司投资、控股的若干个子公司之间的关系。所谓人的关联性是指多个企业相互之间并不存在资本上的关联性，但在实际上却是由同一个人或者同一个群体同时进行管理的情形。这种情形较多地存在于民营企业中。③

关联企业和企业集团也是有争议的，"我国多数学者认为，企业集团和关联企业是同一概念"。④ 如施天涛提出："在一定意义上讲，关联企业就是企业集团，或者说企业集团是关联企业的一种典型表现形式。"⑤ 也有学者认为二者是不同的。关联企业和企业集团质的区别在于：关联企业连接的纽带可以是股权关系、契约关系，也可以是人事关系；而企业集团的连接纽带只能是股权关系。也就是说，股权连接是企业集团的内涵特征，只有以股权为连接纽带的企业，才能纳入企业集团的外延之内；而关联企业则有股权、契约、人事三种连接纽带。⑥

由于我国关联企业和企业集团的争论，以及法律界定的缺失和模糊性，加上劳动法还没有相关的立法，这些都必然导致在涉及关联企业和企业集团的劳务派遣之"所属单位"界定的混乱和无序。

二、自设派遣的认定

关联企业和企业集团对劳务派遣之劳动关系的主要影响有两点。

---

① 张国平. 关联企业的法律特征及其与企业集团的关系. 南京师大学报（社会科学版），2007（4）：32.

② 王天习. 关联企业的法律界定. 求索，2003（1）：73.

③ 郭文龙. 关联企业与劳动者之间的劳动关系认定. 中国劳动，2010（11）：49.

④⑥ 张国平. 关联企业的法律特征及其与企业集团的关系. 南京师大学报（社会科学版），2007（4）：33.

⑤ 施天涛. 关联企业法律问题研究. 北京：法律出版社，1998：5.

第五章 不当劳务派遣

第一，劳动关系认定的问题。在现实生活中，有不少关联企业既不按照法律规定办理用工登记手续，也不按照法律规定与劳动者订立书面劳动合同。实际用工过程中，也始终不能清晰地确定是以其中的哪一家为主要用工者，发布工作指令的人同时管理着多家公司，工资也是毫无规律地由多家关联企业任意支付，难以确定到底是由其中的哪一家企业承担了工资支付义务。在这种情况下，一旦产生劳动争议，往往会发生关联企业之间相互推诿、均否认与劳动者存在劳动关系的情形。在极端的情况下，在案证据也无法帮助确认其中的哪一家企业更具有用人单位的特征，由此使得劳动关系的确认变得不那么容易。[①] 上海市第一中级人民法院的法官郭文龙对关联企业劳动用工引发的争议进行了研究，认为但凡由关联企业用工引发的争议，一个共同的事实特征就是劳动者同时为多家关联企业提供劳动，由此引发的争议将会引出下列问题：一是劳动者同时为多家关联企业提供劳动，是否意味着多家企业均在同一期间内与该劳动者建立了劳动关系，进而引出这些关联企业是否同时产生了向该劳动者支付工资的义务这一问题。二是如果不能得出上述结论，那么又该如何确认这些关联企业中谁是劳动者的用人单位。[②] 该法官认为，对于有关关联企业的劳动争议的处理，应当坚持我国法律所倡导的一重劳动关系的原则，既不能被多个关联企业的相互推诿所迷惑，也不能因此就引入多重劳动关系的思维，将相关企业都认定为用人单位。[③] 对此，笔者认为虽然我国劳动法倡导一重劳动关系的原则，但是现在劳动关系已经出现多样化趋势，如非典型劳动关系中的劳务派遣、非全日制用工等已经出现极为"繁荣"的局面，况且我国《劳动合同法》已经从法律上认同了这些非典型劳动，"一重劳动关系"的理论已经很难再适用新的劳动关系，因此，在劳动法中应当构建多重劳动关系的理论，尤其在劳务派遣中，其劳动关系就具有"二重性"，用工单位和劳务派遣单位与劳动者是一种多重的劳动关系，不能简单地认为相关企业就一定不是用人单位。

第二，对劳务派遣单位的影响。劳动用工单位之关联企业或集团企业设立的

---

①③ 郭文龙. 关联企业与劳动者之间的劳动关系认定. 中国劳动，2010 (11)：49.
② 郭文龙. 关联企业与劳动者之间的劳动关系认定. 中国劳动，2010 (11)：48.

劳务派遣是否属"自设派遣",或者说劳动用工单位之"所属单位"到底包括哪些。我国《劳动合同法》没有对这些问题做出界定,因此,在实践中鉴别"所属单位"和认定"自设派遣"都还没有明确的立法可供参考。

实践中,有的是从广义上理解"所属单位",即不管是关联企业还是集团企业都属于法律禁止设立劳务派遣单位的范畴。如哈尔滨市劳动部门表示,用人单位不得设立劳务派遣公司向本单位或者所属单位派遣劳动者。当被派遣单位与公司为子公司与母公司,下属公司与集团公司,以及具有关联性质的公司关系时,如派遣劳动者将违反劳动法。①

有人认为,本着撕开假派遣的面纱寻找真劳动关系的精神,当派遣单位与用工单位之间属于关联企业时,如果能够判断用工单位对派遣的单位控制实质上属于企业内控制,则可以直接认定劳动者与用工单位之间的关系为传统的典型劳动关系。②

如果认定此种情形下的劳务派遣属于假派遣,也只能是对这种不当劳务派遣之自设派遣的结果的处理,其实质上还是应当认定为不当劳务派遣即非法劳务派遣之自设派遣仍然属于真派遣的一种,而不是假派遣。但是,对此种自设派遣最终效力的认定可以这样处理,即"可以直接认定劳动者与用工单位之间的关系为传统的典型劳动关系"。

笔者认为,从广义上将关联企业和集团企业一概认定为"本单位"或"所属单位"是"一刀切"的做法,是不恰当的。当派遣单位与用工单位的关系属于关联企业或集团企业时,应当将其细分为以下三种类型。

第一,如果二者是全资母子公司时,就可以直接认定其劳务派遣为自设派遣,是非法的不当劳务派遣。

第二,如果是控股,要区分绝对控股和相对控股两种不同形式。

我国《劳动合同法》第57条规定:"劳务派遣单位应当依照公司法的有关规

---

① 薛宏莉. 部分企业为规避劳动法自设派遣公司逃避用工责任. 东北网, http://heilongjiang.dbw.cn/system/2008/02/21/051149911.shtml. 2008-02-21.
② 李海明. 劳动派遣原论. 北京:清华大学出版社,2011:29.

定设立。"由此规定可以看出，我国的劳务派遣单位都是公司式的，不应当存在非法人单位的劳务派遣单位，这样在关联企业或集团企业中，就排除了合伙企业等非公司企业，因此，在我国可以设立劳务派遣单位的都是公司，这样就排除了非公司企业，那么，关联企业或集团企业就可以缩小为"关联公司或集团公司"了。另外，上述规定说明我国在劳务派遣中适用《公司法》的有关规定，是合法的和可行的。

按照《公司法》的规定，控股分为绝对控股和相对控股两种形式，根据《公司法》第217条的规定，控股股东是指其出资额占有限责任公司资本总额的50%以上，或者其持有的股份占股份有限公司股本总额50%以上的股东，此即为绝对控股；出资额或者持有的股份虽然不足50%，但依其出资额或者持有的股份所享有的表决权已足以对股东会、股东大会的决议产生重大影响的股东为相对控股。如果派遣单位与用工单位属于绝对控股关系，那么劳务派遣就属于自设派遣；如果派遣单位与用工单位属于相对控股，则劳务派遣不应当被认定为自设派遣。

第三，关联公司或集团公司的"混业经营"是否可以认定为自设派遣。

这个问题的前提是我国是否允许"混业经营"的劳务派遣单位。对此，我国《劳动合同法》及其修正案，包括自2013年7月1日起施行的《劳务派遣行政许可实施办法》都没有关于"混业经营"的规定，这已经成为我国劳务派遣立法的重大缺漏。笔者认为，先不管这样的劳务派遣是否非法，但是可以肯定的是这种劳务派遣是不当的劳务派遣，至于合法与违法之争，因没有法律的明文禁止，应当是可行的，符合"法律没有禁止的就是可为的"这个一般法理。

第三节 逆向派遣

逆向劳务派遣简称逆向派遣，即与本单位部分或大部分职工解除劳动合同后，让这些解除劳动合同的职工再与本单位指定的某一劳务派遣机构重新订立劳动合同，然后由派遣机构将这些职工再派回本单位继续工作。逆向劳务派遣是指用人单位与劳动者之间本来存在劳动关系，用人单位通过一定的方式解除与劳动者之间的合同，要求劳动者与其指定的劳务派遣单位签订劳动合同，然后通过该派遣单位派遣到用人单位执行原来的工作。①

目前，这种逆向派遣的现象正成为扩大的趋势，逆向派遣只是一种形象的表述，实际用人单位与劳动者存在事实劳动关系，然而通过签订劳动力派遣合同，将用人单位所应承担责任转嫁给劳务派遣单位，自己则摇身变为与劳动者无劳动关系的第三方（即劳务派遣中的要派单位）。实质上这是一种借用劳动力派遣的名义逃避法律责任的假派遣。②

有专家学者所称的"虚拟派遣或合谋派遣"，在笔者看来，与逆向派遣是一致的，只是说法不同而已。

一、虚拟派遣——合谋派遣

"所谓的虚拟派遣或合谋派遣，即员工原本为直接雇用劳工，但是，该员工之用人单位私下与劳务派遣机构或隐名派遣机构合谋，刻意地强迫劳工转变身份，即强迫劳工与本用人单位解除劳动合同（辞职），在不离岗的情形下，与劳务派遣机构或隐名派遣机构签订劳动合同，形成'旱地拔葱'式的原地劳务派遣转换"。③合谋派遣的本质是"钻空子"，利用了现行《劳动合同法》界定"三性"的不确定性，将常规劳动关系转化成了临时劳动关系即劳务派遣关系，应当将其定性为非法劳务派遣，因为按照法理，劳务派遣是不能在常规性岗位上设置的即只能是"三性"岗位。合谋派遣不仅可以降低用人单位的成本，其背后还与贿赂有关，正如有人所说的"合谋派遣不仅仅是用人单位出于自身用工成本的考量，有时候把合谋派遣当作向派遣公司的某种让利或贿赂，而公权力假借派遣企业之手与索贿行贿打了'擦边球'"。④合谋的认定主要看原用人单位是否强迫或变相

---

① 喻术红. 劳动合同法. 武汉：武汉大学出版社，2008：166.
② 问清泓，宋晓波. 逆向劳务派遣之法律规制研究. 中国人力资源开发，2009（6）：84.
③ 郑尚元. 不当劳务派遣及其管制. 法学家，2008（2）：9.
④ 李海明. 劳动派遣原论. 北京：清华大学出版社，2011：29.

强迫原正式劳动者转化身份而变成劳务派遣工,"在强迫式的向劳动派遣转换的情形下,可以认定原用人单位与劳动派遣单位之间具有合谋,这是我们一般的认识"。① 笔者认为,合谋派遣除了上述的劳动者身份的转换之外的不当派遣,笔者将其称为"直接合谋",还有一种"间接合谋"派遣。"间接合谋"派遣是指用工单位与劳务派遣机构事先达成协议,将本来应当是在常规岗位上聘用的劳动者,改为劳务派遣用工,以降低劳动成本。"间接合谋"派遣是针对新劳动者的,而"直接合谋"是针对用人单位原有职工的,二者的共同点就是将常规劳动关系(典型劳动关系)非法转化成了非常规劳动关系(非典型劳动关系)。笔者认为,"间接合谋"派遣与董保华教授所说的"隐蔽雇佣关系"类似。"隐蔽雇佣关系"的一种是指"以非标准雇佣关系掩盖标准雇佣关系""隐蔽雇佣关系是一种表里不一的关系,往往是以国家干预较少的社会关系来掩盖国家干预较多的社会关系,以对劳动者保护较少的关系掩盖对劳动者保护要求较高的关系"。"劳务派遣作为一种三角雇佣关系,也是非标准劳动关系的一种形式。劳务派遣的问题之所以会引起社会各界高度关注,很大程度上也是由于其作为一种临时用工的形式掩盖了雇主长期雇佣的真实意图"。② "间接合谋"派遣是我国时下劳务派遣异常"繁荣"的重要"推手",应当加大对其规制力度,但是,由于"间接合谋"派遣不像"直接合谋"容易识别,它更加隐蔽,难以确认,因此规制"间接合谋"派遣存在一定的困难,这就需要我国对"隐蔽雇佣关系"进行深入研究,为立法响应提供理论支撑。

二、逆向派遣的效力

关于逆向派遣的法律效力问题,其涉及逆向派遣的正当性与非正当性、合法与非法的论争。目前学界观点不一,各持己见。

"有效论"观点认为:逆向派遣是正当的和合法的。《劳动合同法》中并未涉及逆向派遣行为,且因劳务派遣之相关司法解释滞后,故认为逆向派遣行为不违

---

① 李海明. 劳动派遣原论. 北京:清华大学出版社,2011:29.
② 董保华. "隐蔽雇佣关系"研究. 法商研究,2011(5):112.

法，其打的是法律的擦边球，因此，逆向派遣是正当的，也是合法的。

"无效论"观点认为：逆向派遣是不正当的和不合法的。此观点为主流观点。笔者认为持此观点的典型代表就是上文的"虚拟派遣或合谋派遣"。此种派遣不管是直接合谋，还是间接合谋。都是一种不正当的劳务派遣，且就是非法的劳务派遣。

"时至今日，当逆向劳务派遣劳动者的权益保护被广泛讨论时，人们却几乎一边倒地认为逆向劳务派遣无效"。①

"无效论"是关于逆向劳务派遣效力认定的主流观点，其基本理由有以下几点：第一，劳动者与劳务派遣单位签订劳动合同时是否遵守平等自愿原则。在逆向派遣中，劳动者的身份从"正式员工"转变为"劳务派遣工"。由于劳动力供过于求，以及用人单位对生产资料的掌握，劳动者处于相对弱势。选用逆向派遣方式的用人单位辞退员工，要求其与劳务派遣机构签订劳务派遣协议时，利用劳动者弱势群体的"有工作总比没有工作好"或"你不和劳务派遣机构签订劳务派遣协议，就让你下岗"的心理来逼迫劳动者妥协。劳动者在签订劳务派遣协议过程中，并非实质自愿。根据《劳动合同法》总则第三条的规定，订立劳动合同，应当遵循合法、公平、平等自愿、协商一致、诚实信用的原则。在逆向派遣中，用工单位的胁迫行为违反劳动合同订立的平等自愿的基本原则，一旦劳动者能够证明其签订劳务派遣协议非自愿，受到用人单位胁迫，则用人单位逆向劳务派遣行为的违法性毋庸置疑。第二，逆向劳务派遣的岗位是否符合《劳动合同法》的相关法律规定。《劳动合同法》第66条规定："劳务派遣一般在临时性、辅助性或替代性的工作岗位上实施。""三性"的规定属原则性规定，具体的法律适用需要根据具体法律情况进行自由裁量。逆向派遣中的用工单位利用"三性"界定模糊的漏洞，将原本正式员工的岗位使用劳务派遣人员，显然与劳务派遣"三性"的立法本意相违背。故笔者认为，在原本适用正式员工、不具备"三性"特征的正常岗位，大量使用劳务派遣员工已属违法。② 第三，逆向派遣明显违背《劳动

---

① 秦文献. "逆向劳务派遣"有效论. 广西社会科学，2010（10）：56.
② 问清泓，宋晓波. 逆向劳务派遣之法律规制研究. 中国人力资源开发，2009（6）：84～85.

合同法修正案》之"三性"法律规定,《劳动合同法修正案》规定:"前款规定的临时性工作岗位是指存续时间不超过六个月的岗位;辅助性工作岗位是指为主营业务岗位提供服务的非主营业务岗位;替代性工作岗位是指用工单位的劳动者因脱产学习、休假等原因无法工作的一定期间内,可以由其他劳动者替代工作的岗位"。逆向派遣是将原来的常规劳动关系改为劳务派遣关系,是明显的违法行为。

  李坤刚教授认为不仅逆向派遣是非法的,而且"异地派遣"也是非法的。他认为,不规定逆向派遣为非法,不禁止利用异地派遣逃避社会保险义务的行为,则即使对'三性'工作岗位作了明确界定,也难以遏止借劳务派遣之名侵害劳动者合法权益的现象。他认为:"立法应严格规制逆向派遣和异地派遣",① 其理由是:第一,明确规定逆向派遣为非法,用人单位逆向派遣劳动者的,仍视为其与被派遣劳动者存在劳动关系;第二,对异地派遣做一般性禁止规定,仅允许劳动者户籍所在地进行异地劳务派遣,同时规定进行异地派遣者,应按照用人单位所在地或用工单位所在地的较高标准缴纳社会保险费;第三,规定利用逆向派遣和异地派遣侵犯劳动者合法权益的,劳动者主张权利时不受劳动争议仲裁时效的约束。笔者认为,立法明确规制不当劳务派遣之逆向派遣是应当的,但是,对"异地派遣"还不能认定为是违法的劳务派遣,立法对之进行规制是必要的,但是,从一般法理来说,"异地派遣"还是合法的劳务派遣,至多,也只能是在实施中存在不当的行为,因此,从总体上,"异地派遣"应当是法律允许的合法的劳务派遣。

  持"有效论"观点的人认为:"如果进一步分析的话,刻意让劳动者与劳务派遣机构签订劳动合同后派遣回原用人单位继续劳动,还可以被分为原用人单位尚未和已经解除或终止与员工的劳动关系(包括事实劳动关系)两种情形。所讨论的逆向劳务派遣应仅限于狭义上的情形——原用人单位尚未解除或终止劳动关系,又刻意让劳动者与劳务派遣机构签订劳动合同后派遣回原用人单位继续劳动。"② 该学者将逆向劳务派遣分为广义的和狭义的两种,对于狭义的逆向劳务派

---

① 李坤刚. 我国劳务派遣法律规制的再思考. 中州学刊, 2013 (2): 49.
② 秦文献. 逆向劳务派遣法律效力再思考. 公民与法, 2011 (4): 37~38.

遣应当确认原用人单位与劳动者的劳动关系已经解除，逆向劳务派遣有效。他认为狭义逆向派遣有效的理由是：第一，如果被派遣劳动者不能证明劳动合同无效的情形，则不能轻易认定无效。根据举证规则，劳动合同无效是"谁主张谁举证"，被派遣劳动者若要证明原用人单位刻意改变自己身份并与指定派遣机构合谋事实上是很难的，不能简单地说逆向劳务派遣违反了平等自愿和协商一致、公平、诚实信用的原则。第二，符合劳动法的直接目的和终极目的。众所周知，劳动法的立法目的具有双重性，倾斜保护劳动者是劳动法的直接目的，而和谐劳动关系的构建则是劳动法的终极追求。第三，符合最高人民法院《关于当前形势下做好劳动争议纠纷案件审判工作的指导意见》的精神。该意见指出："要积极促进劳动关系的和谐稳定，要尽量维护劳动合同的效力，慎重简单使用解除劳动合同的方法来解决劳动争议纠纷案件，如果简单确认被派遣劳动者与劳务派遣机构签订的劳动合同无效，不一定就有利于劳动者，而且必然涉及劳动合同的强制履行，易激化矛盾。"第四，正确看待用人单位自设劳务派遣单位。① 笔者认为，从狭义上，即原用人单位与劳动者的劳动关系已经解除或终止，这时，劳动者与用工单位已经不存在劳动关系了，在签订新的劳动合同时，产生了逆向派遣，这是一种新的合同关系，在遵循自愿的原则和不违背法律规定的情况下，当然是有效的，但是，如果劳动者的岗位未变，即仍然在原来的常规岗位，那么此时的逆向派遣合同因违背"三性"规定而无效；如果劳动者与派遣单位新签订合同时，原用工单位已经履行了如实告知义务，劳动者自愿签订劳务派遣合同，且劳动关系符合"三性"规定，这时的劳务派遣合同才是有效的，但是，这种有效的劳务派遣合同与逆向派遣是没有任何关系的，因此，不能由此劳务派遣的有效而推及到逆向派遣的有效，二者是完全不同的概念，逆向派遣仍然是不当的和违法的，当然没有法律效力。至于因举证的困难而认定合同的有效，更是站不住脚的，举证是程序性的，它不能改变实体性的权利和义务。因此，笔者认为，逆向派遣不存在有效的情况。

---

① 秦文献. 逆向劳务派遣法律效力再思考. 公民与法，2011（4）：38~39.

逆向派遣的无效不能导致劳动合同的当然、自始、绝对无效，而应当实行部分有效，并将其劳动合同或事实劳动关系认定为可撤销合同，由于我国劳动法还没有建立劳动合同之可撤销制度，目前还只能是按照劳动法的规定认定其为部分无效，劳动者已经付出的劳动还应当得到相应的劳动报酬，因逆向派遣给劳动者造成的损失，原用人单位和派遣单位应当承担连带赔偿责任，拖欠的工资还应当按照劳动合同法的规定予以双倍的赔偿，符合转化为无固定期限劳动合同的，还必须转化为无固定期限劳动合同。

第四节 不当劳务派遣的治理

一、明确三性界分

近年来，我国劳务派遣用工形式越来越受到企业青睐。据中华全国总工会公布的资料显示，2011年，我国劳务派遣工占企业职工总数的13.1%，总数约为3700万人。[①] 可见，我国的劳务派遣已经大面积推行。

全国人大常委会委员、中国人民大学教授郑功成说："劳务派遣被滥用，与《劳动合同法》规范劳务派遣用工的立法初衷完全背离，不仅给劳动者带来了极大的不公平，而且严重影响了《劳动合同法》的立法效果"。全国总工会法律部部长刘继臣表示，由于相关条款特别是关于劳务派遣的规定不够具体，致使劳务派遣用工过多过滥，被派遣劳动者的合法权益得不到有效保障，这些成为影响劳动关系和社会稳定的重要因素。刘继臣说："劳务派遣用工削弱了职工的主人翁意识，劳务派遣人员在用人单位里没有归属感，没有发展，在劳动报酬、福利待遇等方面与正式职工存在较大差距，企业为降低成本、增加利润，严重侵害了劳务派遣人员的合法权益"。中国人民大学周孝正教授也指出："如果任由劳务派遣用工规模无限制扩大，不仅直接损害劳动者的合法权益，而且必然会冲击正常的

---

① 王燕琦，殷泓. 劳务派遣立法之变. 光明日报，2013-01-31（15）.

用工方式和劳动合同制度,最终殃及劳动关系和谐与社会稳定"。①

为了有效治理劳务派遣,我国已经专门就劳务派遣对《劳动合同法》实施了修改,《劳动合同法修正案》于2013年7月1日实施,与《劳动合同法修正案》同时实施的还有《劳务派遣行政许可实施办法》。《劳动合同法修正案》重大的亮点是解决了劳务派遣中长期未解决的"三性"问题,这对有效治理劳务派遣将有很大作用。

(一)"三性"规定评述

《劳动合同法修正案》规定:"劳务派遣'只能'在'三性'岗位上实施",并首次对"三性"岗位的具体含义做了明确界定。临时性是指用工单位的工作岗位存续时间不超过六个月;辅助性是指用工单位的工作岗位为主营业务岗位提供服务;替代性是指用工单位的职工因脱产学习、休假等原因在该工作岗位上无法工作的一定期间内,可以由被派遣劳动者替代工作。同时规定:"用工单位应严格控制劳务派遣用工数量,劳务派遣工不得超过其用工总量的一定比例。"

刘福平教授认为,此次修法将会产生三个方面的积极影响:一是通过行政许可手段,提高了劳务派遣机构依法经营水平,同时通过提高经营劳务派遣机构的准入门槛,将淘汰一大批经营不规范、存在侵犯劳动者合法权益、规模偏小的劳务派遣机构;二是通过明确"三性"的含义,限制了用工单位使用劳务派遣用工的范围,从源头上遏止了用工单位通过劳务派遣用工逃避法律责任的行为;第三是强调同工同酬,明确同工同酬的含义,保障了被派遣劳动者的合法权益,为劳务派遣用工自身维权和执法部门严格执法提供了法律依据。② 上海市总工会副主席、华东政法大学茆荣华教授认为:"规范劳务派遣用工有利于控制劳务派遣用工总体规模,改善同工不同酬等状况,使劳动者在公平公正的条件下获得平等的就业机会,在工作中得到尊重,更好地实现劳动经济权、民主管理权、精神文化

---

① 王燕琦,殷泓. 劳务派遣立法之变. 光明日报,2013-01-31 (15).
② 刘福平. 关于劳务派遣与"人才银行"的设想. 中国劳动保障报,2013-06-15.

第五章 不当劳务派遣

权和职业发展权"。①

全国总工会法律部部长刘继臣认为:"这一限定,有利于减少劳务派遣不分行业、不分岗位、不限时间的泛滥使用"。②

"对'三性'的定义,进一步界定出劳务派遣用工形式的适用范围。这是归劳务派遣于本位、还国家法律以权威的重要调整。《劳动合同法》实施几年中,'三性'概念的不明确,是某些用工单位肆无忌惮地使用劳务派遣工的一个重要原因。法律的修改,意味着使用劳务派遣工不能再由用工单位自己说了算,而要严格遵守法律'三性'原则"。③

这些评价也是《劳动合同法修正案》引起社会较高评价的共同点。

我们在看到《劳动合同法修正案》带来新希望的同时,还要审视其带来的新问题,按照马克思的唯物辩证法,任何事情都是一分为二的,有优还有劣。

董保华教授认为:"这次立法希望通过各种行政管制的手段,实现'劳务派遣用工的补充形式',并且要实现'不能把劳务派遣变成用工主渠道'的目标,使劳务派遣的人数得以减少。若法律奏效,现有的派遣员工有三种出路:终止劳动关系、变形为其他用工形式、转为直接用工。无论哪种情况,至少一个相当长的时期内,都是弊大于利"。④

在大家一致为新法之"三性"规定叫好的时候,董保华教授却有新的担心。就临时性而言,派遣员工在一个用工单位工作时间不能超过六个月,这些员工将很难形成一技之长;就替代性而言,由于正式员工因病或因伤的休假返回时间本不确定,正式员工一旦返回,派遣员工便得走人,派遣员工将毫无职业规划可言。他认为这些规定"很大程度上是在加剧本已存在的职业歧视"。⑤

"一个不应忽视的问题是,相对而言,'临时性'和'替代性'易于界定,

---

① 苗荣华. 贯彻《劳动合同法(修正案)》工会可积极作为. 上海法治报,2013-5-29(6).
② 王燕琦,殷泓. 劳务派遣立法之变. 光明日报,2013-01-31(15).
③ 林嘉,黄龙,李进东.《劳动合同法》都修改了哪些内容?——专家解读《劳动合同法(修正案)》. 劳动保障世界,2013(2):20.
④⑤ 董保华. 劳务派遣制度:从旧法到新法. 上海法治报,2013-05-15(6).

'辅助性'在实践中如何落实，则仍有不确定性"。①

劳务派遣"三性"岗位的强制规制与《劳动合同法》其他法律条款之间存在冲突和摩擦，折射出《劳动合同法修正案》与原有制度协调上的不足，并可能成为严重影响劳务派遣适用范围严格规制实施的重要因素。为了贯彻劳务派遣用工只能在"三性"岗位上实施的强制性规范，有必要检讨原有规定与新制度之间的内洽性，并删除与新制度存在矛盾或者冲突的相关规定，以保持法律规定在逻辑上的一致性。②

周孝正教授指出，修改决定对于存续时间、执行标准等的解释仍过于原则，建议相关部门出台细则时明确限定辅助性岗位的存续时间。"如果不能科学、合理地限定辅助性岗位的存续时间，那么用工单位将很有可能随意对其加以解释，并在所谓的辅助性岗位继续长期、大量使用劳务派遣"。③

全国总工会法律部部长刘继臣也认为，"临时性"界定为工作岗位存续时间不超过六个月是比较清晰、具有可操作性的，但辅助性岗位和替代性岗位，却难以准确界定，容易被钻空子，实践操作起来存在困难。"建议有关行政主管部门在实施细则中进一步明确临时性、替代性、辅助性岗位，其存续时间均不应超过六个月。如果超过六个月，或员工是长期离开工作岗位的，则应当再招用正式职工，而不是使用劳务派遣工"。④

在我国这样一个劳动关系具有较强流动性的国家，应更加严格地限制劳务派遣的期限，应当废除《劳动合同法》中关于签订二年以上劳动合同的规定。"修改决定"显然已注意到了这一问题，但其仅通过明确界定实施劳务派遣的"临时性、替代性和辅助性"岗位来提高劳务派遣机构的注册资本要求等手段，尚难以达到抑制滥用劳务派遣的目的。况且，关于"辅助性"岗位，"主营业务"与

---

① 林嘉，黄龙，李进东．《劳动合同法》都修改了哪些内容？——专家解读《劳动合同法（修正案）》．劳动保障世界，2013（2）：20.
② 沈同仙．论我国劳务派遣适用范围的法律规制．苏州大学学报（哲学社会科学版），2013（3）：76.
③④ 王燕琦，殷泓．劳务派遣立法之变．光明日报，2013—01—31（15）.

第五章　不当劳务派遣

"非主营业务"的认定在实践中还存在一定的困难。[①]

有人建议对于"辅助性"的界定可以采取限定辅助性岗位存续时间的方式，将"辅助性"界定为向主营业务岗位提供不超过两年服务期的工作岗位。因为在目前"主营业务"还难以准确界定的现实背景下，如果不能科学、合理地限定辅助性岗位的存续时间，那么用工单位将很有可能随意对续存时间加以解释，并在所谓的辅助性岗位继续长期、大量使用劳务派遣员工。其次，可以采取一种更为科学和明确的界定方法来限定劳务派遣，建议采取列举式的表述方式，把不同行业、产业所有不可以采取劳务派遣的岗位列举出来，并明确规定哪些岗位属于临时性、辅助性、可替代性，这样将极大增加可操作性。[②]

根据"修改决定"，还不能认定逆向派遣和一些虚假的异地派遣为非法；"修改决定"规定劳务派遣用工"只能在临时性、辅助性或者替代性的工作岗位上实施"，这会在一定程度上限制劳务派遣，但是，不规定逆向派遣为非法，不禁止利用异地派遣逃避社会保险义务的行为，则即使对"三性"工作岗位做了明确界定，也难以遏止借劳务派遣之名侵害劳动者合法权益的现象。[③] 该学者认为，仅仅立法规定"三性"还是不够的，应当规定逆向派遣和一些虚假的异地派遣为非法的劳务派遣，才能遏制劳务派遣之严重的侵权现象。

需要注意的是，如果劳务派遣单位违背"三性"规定，那么这种劳务派遣的法律性质是什么，效力如何认定和处理，这些在《劳动合同法修正案》中都没有规定。

有学者指出，既然我国《劳动合同法修正案》中关于劳务派遣适用范围的"只能"的规范具有管制性强制规范的属性，超出"三性"岗位派遣劳工属于无效派遣。按照法律关系运作的需要和逻辑，法律应该对无效派遣中已经存在的实际用工关系的处理方式做出规定，以便相关机构或者当事人对已经存在的实际用

---

① 李坤刚. 我国劳务派遣法律规制的再思考. 中州学刊, 2013 (2): 50.
② 程万华. 对《劳动合同法》修订"劳务派遣"中突出"两限"的评析. 北京劳动保障职业学院学报, 2013 (1): 14.
③ 李坤刚. 我国劳务派遣法律规制的再思考. 中州学刊, 2013 (2): 49.

工关系在派遣协议被确认无效后的归属和走向做出抉择。纵观《劳动合同法修正案》的规定，不难发现，我国现行法律缺少了对已经存在的用工关系处理的规定。① 该学者建议：可以考虑增加"在非'三性'岗位上使用劳务派遣员工的，视为用工单位直接与派遣员工建立劳动关系"的规定，这一方面可以弥补现有法律在超出"三性"岗位使用派遣员工处理方式上的缺失，另一方面有利于推动企业的直接用工。② 这种处理方式还是比较可行的，具有合理性，立法者可以考虑。但是，这样的处理方式还不是法律所认可的，即缺乏法律的直接支撑，在实践中恐怕难以操作，在现有立法之框架下，借用劳动法之部分无效制度还是比较可行的，也是有法律依据的。

笔者认为，违背"三性"规定的劳务派遣的法律性质应当是不当派遣之违法派遣，其效力的认定应当遵循欺诈劳动合同的效力认定和处理办法，即这种不当劳务派遣是一种相当无效的，不能认定为当然、绝对和自始的无效，而应当认定为部分、相对的无效，虽然我国劳动法还没有建立可撤销制度，从法理上，这种不当劳务派遣应当按照可撤销合同来处理才是合理的。

笔者认为，新法之"三性"规定总体上是有积极意义的，当然，立法上的价值不一定就能够转化成实践价值，"徒法不足以自行"，关键在执法。新规的效用是逐步产生的，有待在实践的不断检验中完善。依笔者拙见，我国今后应当专门出台"劳务派遣法"，才能解决新法即《劳动合同法修正案》与旧法《劳动合同法》之间的矛盾和兼容性问题，才能有效防止和打击不当劳务派遣，"打补丁"式的修法必然导致"修了东墙，忘了西墙"，"补丁"在短时间内还是有"立竿见影"之功效，不过不能指望它"治标又治本"。

二、设置用工比例

《劳动合同法修正案》规定："用工单位应当严格控制劳务派遣用工数量，不得超过其用工总量的一定比例，具体比例由国务院劳动行政部门规定"。这是我

---

①② 沈同仙. 论我国劳务派遣适用范围的法律规制. 苏州大学学报（哲学社会科学版），2013（3）：75.

第五章 不当劳务派遣

国法律第一次对劳务派遣进行用工的比例限制,这将对遏止我国的劳务派遣失范,特别是对有效规制不当劳务派遣将有非常大的积极价值和意义。

(一) 设置用工比例的价值取向

为了响应《劳动合同法修正案》的规定,2013年1月23日人力资源和社会保障部下发了《关于贯彻实施新修订的劳动合同法严格规范劳务派遣的通知》,通知称"为确保新修订的劳动合同法有效实施,部里正在研究制定《劳务派遣规定》"。

《劳务派遣规定》将明确劳务派遣用工的比例。人力资源和社会保障部正在加紧制定《劳务派遣规定》,在征求意见的过程中,劳务派遣工占企业用工总人数的上限有可能被规定为10%。不过,截至目前,该规定尚未最终正式出台。

虽然劳务派遣用工的比例还未出台,但是,有关劳务派遣之用工比例的争议,从2012年《劳动合同法修正案(草案)》征求意见时就开始了,争议双方意见发生分歧,各执一词。

持肯定观点的人认为,立法规定劳务派遣之用工比例是非常必要的,且立法者最终采用了肯定观点,将之顺利入法。

林嘉教授认为:"由于不同行业的客观差异及法律的相对稳定性要求,这里没有写明劳务派遣用工比例的具体上限,但增加这一内容无疑是非常必要的。国务院劳动行政部门应当按照法律要求,根据不同行业特点及时研究制定合理比例,以落实法律限制劳务派遣用工范围和规模的意图"。① 可见,林嘉教授是赞同规定劳务派遣之用工比例的,她建议应当根据不同行业特点及时研究制定合理比例,以便实现修法宗旨。

劳动法专家、上海汇业律师事务所洪桂彬律师认为,由于企业用工方式的复杂性以及用工状态的流动性,确定劳务派遣比例并非易事。目前企业的用工方式已逐步实现多元化,用人单位除了使用全日制劳动合同工之外,尚有非全日制劳

---

① 林嘉,黄龙,李进东.《劳动合同法》都修改了哪些内容?——专家解读《劳动合同法(修正案)》.劳动保障世界,2013(2):20.

动关系、劳务关系、退休返聘、实习生、外籍员工等多种其他用工形态。①

除了法律界人士，企业界人士更加关注劳务派遣用工比例。"《劳动合同法修正案》实施后，企业最关心的就是劳务派遣用工比例问题，但是到现在，具体比例也没出台，"英格玛人力资源集团董事长庄志对记者说。庄志认为，对于劳务派遣工比例要依具体行业、具体企业来进行具体分析，不能简单地以一个固定的比例来适用于全部企业。"这种方式加大企业的用工成本，如果企业不敢用工了，那么最终劳动者的就业也成了问题"。②

劳动法学界也有一些专家学者持否定意见，认为对劳务派遣之用工进行比例限制是不可行的，也是没有必要的。李坤刚教授认为："'修改决定'关于'用工单位应当严格控制劳务派遣用工数量'的规定更是舍本逐末。""劳务派遣主要是应灵活性用工需求而产生的，要从根本上解决劳务派遣问题，靠硬性的比例规定是难以做到的。"他认为可以通过其他部分代替对劳务派遣之用工比例的限制，他说："最好的办法是通过限制劳务派遣的最长期限来限制不当劳务派遣，立法可明确规定劳务派遣不得超过两年，超过两年的，视为正式雇用"。③ 笔者认为李坤刚教授的"通过限制劳务派遣的最长期限来限制不当劳务派遣"的办法是非常可取的，也是非常具有可操作性的，这对遏制和打击不当劳务派遣应当是一个非常好的措施；并且，这个办法与设置劳务派遣之用工比例不但没有矛盾，还是可以并存的有效措施，特别是为了有效禁止不当劳务派遣，这两个办法可以兼用。因为，鉴于我国劳务派遣不规范的国情现状，为严格规制劳务派遣而设置"硬性的比例"是非常有必要的，这与国外许多国家在劳务派遣发展的初级阶段采取严格的限制措施，后来在劳动市场发育比较成熟的情况下，才逐步放松对劳务派遣的管制的一般规律也是相符合的，即对劳务派遣设置"硬性的比例"是符合国际惯例的，具有立法之理论支撑。

---

①② 许浩. 人社部拟劳务派遣新规，派遣比例引争议. 中国经营报，2013－06－17（12）.
③ 李坤刚. 我国劳务派遣法律规制的再思考. 中州学刊，2013（2）：50.

（二）设置用工比例的困难选择

在劳务派遣中设置合理的用工比例是具有意义的，对规制不当劳务派遣将发挥有效的作用，我国的立法也已经进行了这样的原则规定。学界的理论争执可以先放一边，下面就来研究如何设置用工比例的问题了。

由于劳动用工单位之用工方式的复杂性以及用工状态的灵活性，立法确定一个数字很容易，但是实际中如何计算劳务派遣用工的比例并非易事。

按照一般的数学常识，要想明确比例，就要先搞清比例的参照基数。

洪桂彬律师认为，目前企业的用工方式已逐步实现多元化，"用工总量究竟是以哪种用工方式为准，《劳务派遣规定》需要对其做出明确规定，否则在操作中麻烦很大"。①

用人单位除了雇用全日制劳动合同工之外，尚有非全日制劳动关系、劳务关系、退休返聘、实习生、外籍员工等多种其他用工形态，从某种程度上而言，其均属于"用工总量"的范畴，如果《劳务派遣规定》须对各种用工方式进行规定，则不免有挂万漏一之嫌。如果将基数仅限于劳动合同工与劳务派遣工之和，则上位法规定的"用工总量"并未如此限定。况且尚有事业单位、国家机关采纳劳务派遣用工，其受《公务员法》调整的"公务人员"是否纳入"基数统计"也值得讨论。国家机关是否需接受《劳动合同法》关于"用工总量"和"派遣比例"的限制，如完全无须遵守，则事业单位、国家机关将成为"派遣比例"的"避风港"。以上"基数"问题如不明确，则比例是否超标将无从谈起。② 在确定劳务派遣之用工比例时，比例之"基数"的确定并非易事，要考虑以上诸多因素，否则，比例就失去了立法的价值和意义。

另外，在考虑劳务派遣之用工比例时，是否应当考虑比例的时间节点，如何认定用工单位是否超过法定的比例。难怪有人担忧：由于企业员工的流动性，实

---

① 许浩. 人社部拟劳务派遣新规，派遣比例引争议. 中国经营报，2013—06—17（12）.
② 洪桂彬. 劳务派遣比例不宜"一刀切". 中国劳动咨询网. http://www.51labour.com/show/186539.html.2013—05—21.

际生活中派遣用工的比例随时在发生变化。如果以特定的时间点来衡量比例是否超标,则会完全陷入执法的困境。今天比例达标的企业因为明天一个正式员工的离职,导致比例超标了,劳动行政部门是否应对其进行当处罚。因此无论是选定"年初"还是"年终",还是任意时间节点,凡是以某个具体日期来统计比例是否超标都不符合用工现状。① 洪桂彬律师提出的这些具体认定问题,都是在设置比例时应当考虑的实际问题,值得立法者细细思量。

三、构筑许可报告制度

为了有效整治不当劳务派遣,构筑劳务派遣之许可报告制度是把好第一"关卡"即入口的重要举措。《劳动合同法修正案》最大亮点之一是建立了劳务派遣之行政许可制度,以期借助行政权力规范劳务派遣,这也是劳动法学界长期理论研究和不断呼吁的结果。行政许可制度从此成为我国劳务派遣的重要制度之一,这也是遏止不当劳务派遣的第一道"防线",立法价值与现实意义都将是不容被低估的。学界和实践中对这一制度的"粉墨登场"几乎都是肯定和抱有极大希望的。

但是,也有少数人对这一制度持怀疑态度。"对劳务派遣实行行政许可制度非但不能解决问题,反会带来寻租现象",然而,对劳务派遣公司实行行政许可制度,笔者认为并不能消除劳务派遣界定模糊的问题;相反,我们担心行政许可制度将使权力成为劳务派遣市场新的利益分享主体,从而使职工利益再度受到削弱。一旦公权力借助行政许可介入,就会有着较大的自由裁量空间,从而导致寻租。所以,要想根本解决问题,应该对劳务派遣劳动力与企业直聘职工一视同仁。同时,应通过法律形式要求劳务派遣公司成立工会组织,构建劳资双方集体议价制度。而公权力则以秩序制定和仲裁者的角色维护劳动力市场的自由竞争博弈,以降低劳动力市场交易成本。② 从这些观点中可以看出,虽然劳务派遣之行

---

① 洪桂彬. 劳务派遣比例不宜"一刀切". 中国劳动咨询网. http://www.51labour.com/show/186539.html.2013—05—21.

② 刘晓忠. 行政许可制难解劳务派遣乱象. 第一财经日报,2012—05—18.

第五章 不当劳务派遣

政许可制度存在一些弊端，但在我国建立劳务派遣之行政许可制度还是非常有价值和意义的，这种制度虽然有可能导致行政权力的"寻租"和"膨胀"，但是，我们不能"因噎废食"，况且劳务派遣之行政许可制度已经是世界上大多数国家的立法惯例，我国实行这一制度是有成功经验可以借鉴的，只要在具体制度的设置和执行中坚持"依法行政"，还是可以克服其制度弊端的。

在劳务派遣法律制度的诸要素中，劳务派遣合同方面，我国在续签次数、累计持续时间、向直接雇佣或不定期合同转化等项的规制强度处于比较对象中的最低水平。在对劳务派遣机构的要求方面，我国除派遣劳动者工作和劳动条件的同等待遇规制与国际水平相仿外，向劳动主管部门申请许可和报告制度却是缺失的。总体上，我国劳务派遣的立法规制强度处于国际低端水平。[①] 这是对40多个国家和地区的劳务派遣立法进行比较分析后，得出的结论。我国有关劳务派遣的立法规制非常弱，更为落后的是我国对劳务派遣机构的规制更差，申请许可和报告制度缺失。该学者认为我国劳务派遣中同工不同酬的主要原因在于，同工不同酬却是我国目前劳务派遣领域最突出的问题，其主要原因在于我国法律对劳务派遣机构的管制太松。因而，在适度提高劳务派遣整体规制强度的思路下，应当将重点置于劳务派遣机构的设立和义务配置方面。[②] 劳务派遣单位的设立应该采取许可制，由劳动行政部门根据其人员、资金、劳务派遣计划等多方因素核定是否许可，且许可证应该设定期限，如3年，3年期满前，劳务派遣单位需向劳动行政主管部门申请延期。[③] 可见，在我国劳务派遣的立法规制中，提高劳务派遣机构的准入门槛，对劳务派遣机构实现许可和报告制度是非常必要的，也是解决劳务派遣中同工不同酬问题的有效路径之一。

提高劳务派遣机构的注册资本，实行行政许可制度是这次《劳动合同法修正案》中又一焦点问题。在《劳动合同法》中，第57条规定了劳务派遣机构的准入要求："劳务派遣单位应当依照公司法的有关规定设立，注册资本不得少于50

[①] 钱叶芳. 劳务派遣规制强度的国际比较及对我国的启示. 法治研究，2012 (5)：83.
[②] 钱叶芳. 劳务派遣规制强度的国际比较及对我国的启示. 法治研究，2012 (5)：84.
[③] 林嘉，范围. 我国劳务派遣的法律规制分析. 中国人民大学学报，2011 (6)：78.

万元。"劳务派遣机构的设立条件是在符合公司法的前提下,劳务派遣公司只要满足《劳动合同法》关于注册资金不少于50万元的要求,就可到工商部门登记设立,无须经过其他许可程序,市场准入门槛实在太低。

《劳动合同法修正案》的制定过程中,本着"加强对劳务派遣单位的管理,强化劳动行政部门的监督职责"的原则,将《劳动合同法》第57条中关于设立劳务派遣单位应当具备的条件修改为:第一,注册资本不得少于人民币100万元;第二,有符合法律规定的劳务派遣管理制度;第三,法律、行政法规规定的其他条件。设立劳务派遣单位,应当向劳动行政部门依法办理行政许可。经许可的,依法办理相应的公司登记;未经许可,任何单位和个人不得经营劳务派遣业务。这样的修改不仅规定了经营劳务派遣业务应当向劳动行政部门依法办理行政许可,而且还对许可的条件进行了具体规定。这相对于之前的《劳动合同法》中的规定,无疑是一个巨大的进步。但是,劳务派遣机构的准入门槛还是显得偏低,对遏止劳务派遣机构不规范发展显得力度不够。由于劳务派遣机构要直接承担劳动者工资、福利及社会保险待遇,还要直接承担劳动争议的各种赔偿,这就要求劳务派遣机构的资本充足率要非常高,才能真正保障劳务派遣工的权益,因此100万的注册资本还是偏少。笔者建议还应当进一步提高劳务派遣机构的准入门槛,注册资本应提高至200万元或500万元。最终出台的《劳动合同法修正案》将注册资本改为200万元,与笔者的期望值基本相符。

建立劳务派遣的许可制度和报告制度是我国与国际劳动法接轨之必然要求。国际劳工组织于1997年6月第85届国际劳工大会上通过的《1997年私营就业机构公约》(简称第181号公约)对劳务派遣关系的法律规制提供了一个基本框架,这是目前唯一一个对劳务派遣关系做出全面规定的国际劳工公约。第181号公约承认劳务派遣机构在促进就业方面的积极作用,但公约主张政府主管部门应当对劳务派遣机构等私营就业机构进行适当的监管,防止其滥用权力。首先要求建立许可或者认证制度,劳务派遣企业的设立应当取得劳动主管部门的许可。公约成员国除非依照国内法律或惯例已经采取了其他的规制或认定方式,应当建立一种许可或者认证制度,来决定私营就业机构的运营条件。劳务派遣企业的设立应当

第五章 不当劳务派遣

取得劳动主管部门的许可,这是各国劳务派遣立法中的常见做法。"我国应遵循国际通例,对劳务派遣公司的设立实行许可制度,并要求其定期报告,以控制劳务派遣公司的质量,保障派遣工的合法权益"。[①] 劳务派遣单位的主要滥用行为是将被派遣劳动者非雇员化。为此,不少国家和地区的立法采取了一系列措施以避免可能发生的滥用行为,其中加强监管,建立派遣单位营业许可制度和业务报告制度是其重要措施之一。在德国的《雇员转让法》和日本的《劳务派遣法》中都有明确规定,规定派遣单位应当与被派遣劳动者签订书面劳动合同,并记载法定的必要事项,或者至少书面告知劳动者派遣劳动的性质以及相关的工作条件和环境。德国1972年的《雇员转让法》对劳务派遣的许可制度和报告规定得非常仔细,可操作性非常强,其规定劳务派遣企业获得许可才能设立,取得许可证才能经营;许可的期限不超过一年,期限届满需再行申请,连续运营三年的,才可以核发不定期许可证;在许可运营期限内的任何违法行为均会导致不许可经营的后果。同时,德国的《雇员转让法》还明确规定了报告制度,其规定派遣单位在运营过程中,承担依法向行政主管部门报告的义务,报告的具体内容也做了明确规定,如营业场所变更、成立分支机构、企业关闭、经营者发生变化时,应主动向审批机关报告;必须每半年向审批机关做一次统计报表。2004年《雇员转让法》修改后,在保留了派遣行政许可制度的同时,扩大了豁免范围。如适用于同一集体合同的公司之间的雇员派遣不需要获得许可,如果雇主来自欧洲经济区成员国和建立欧洲经济区国际协议缔约国,只要符合该条件的,也不需要获得许可等。[②] 我国立法需要借鉴的是其劳务派遣的行政许可制度,而其豁免制度对我国暂时没有借鉴价值,因为,我国首先要构建劳务派遣的行政许可制度和报告制度,豁免制度是在已经具有严格的许可制度的前提下,因特殊情况才需要的制度。

法国《劳动法典》也有关于报告制度的规定,派遣单位的业务报告内容包括日常经营要素的变化,如营业场所的变更、分支机构的设立、企业关闭、经营者

[①] 钱叶芳. 劳务派遣规制强度的国际比较及对我国的启示. 法治研究, 2012 (5): 84.
[②] 康桂珍. 主要发达国家劳务派遣法律规制情况概述. 北京市工会干部学院学报, 2010 (4): 38.

发生的变化等方面的内容。① 因此，我国的劳务派遣立法应当规定劳务派遣的许可和报告制度，切实保障劳务派遣工的权益。

劳务派遣之行政许可制度是域外发达国家和地区之劳动法先进性的表象之一，也是国家劳动法的立法趋势之一；我国将之纳入立法的范畴，既符合国际惯例和立法理念，又符合中国的国情，接下来要对劳务派遣进行行政许可方面的规定，这样的具体行政行为是否真正依法进行，还值得我们期待。但是，不管今后的许可效果如何，规制不当劳务派遣的第一道"防线"终于构筑完成了，这本身就是一件非常有价值和意义的事情。

---

① 张荣芳. 论我国劳务派遣法律规制模式. 法学评论，2009 (6): 54.

第六章
不当业务外包

第一节 不当业务外包的新动向

一、业务外包的一般状况

业务外包,或称劳务外包、服务外包、资源外包、资源外置等,它是指企业为了获得比单纯利用内部资源更多的竞争优势,将其非核心业务交由合作企业完成,从而达到降低成本、提高效率、充分发挥自身核心竞争力和增强企业对环境的迅速应变能力的一种管理模式。[①]

我国服务外包的发展非常迅猛,在企业业务上取得了很大成就。中国已经成为第二大服务外包承接国。据我国商务部发布的报告统计,2011年实现服务外包合同执行金额323.9亿美元,同比增长63.6%;其中,离岸服务外包合同执行金额238.3亿美元,同比增长65.0%,占全球离岸市场比重为23.2%,比上年提高6.3个百分点。《中国服务外包发展报告2012》称我国服务外包企业经历了从小到大、从弱到强的发展历程。截至2011年底,全国共有服务外包企业16 939家,其中2011年新增服务外包企业4 233家。截至2011年底,21个服务外包示范城市共有服务外包企业12 417家,从业人员242万人,分别占全国的73.3%和76.1%;承接离岸外包合同金额301.1亿美元,合同执行额219.0亿美元,分别占全国总量的92.3%和91.9%。2011年全国新增服务外包从业人员85.4万人,其中新增大学毕业生58.2万人。[②]"服务外包作为异军突起的新兴产业,对于保增长、调结构、

[①] 周国良.论劳务派遣难以转成业务外包.中国劳动,2012 (11):14.
[②] 李庭辉.中国服务外包在创新中跨越发展——《中国服务外包发展报告2012》解读.商务部网,http://coi.mofcom.gov.cn/aarticle/t/201206/20120608191680.html.2012-06-22.

稳外需、促就业，特别是增加大学生就业具有重要意义。2011年，全国新增服务外包从业人员85.4万人，累计达到318.2万人，其中大学生占比为七成。"商务部中国服务外包研究中心副主任金世和说。2011年全球国际服务外包的规模已经达到1100亿美元，同比增长12%，占全球服务业支出的13%。最大的发包国仍然是美国，发展中国家是全球服务外包产业的最大承接市场。2011年，中国承接国际离岸服务外包合同执行金额238.3亿美元，同比增长65%，中国已成为全球第二大离岸服务外包承接国。①

业务外包在市场经济中已经开始大量出现，并呈现出异常繁荣的局面，全国已有业务外包企业1.6万多家，从业人员达300多万。有一些大型民营企业，业务外包工的人数甚至远远超过了其正式职工人数。

笔者从侧面了解到的中国熔盛重工集团就是这样，中国熔盛重工集团控股有限公司是一家大型重工企业集团，集团分别在香港与上海设立总部，并在上海设立研发、营销、采购中心，在江苏南通和安徽合肥分别设立大型生产基地。集团南通生产基地拥有四座经国家发改委核准建设的大型船舶与海洋工程坞，并配备多台大型龙门吊和现代化的生产设施，是中国最大的单体造船厂。集团合肥生产基地建有现代化的柴油机总装生产线，是目前唯一经国家发改委批准的、规划产能最大的民营低速柴油机生产企业。中国熔盛重工集团于2010年11月19日在香港联合交易所主板成功上市，成为年度在港上市市值最高的内地民营企业。

"熔盛重工分为三类用工制度：本部人员、劳务派遣人员及外包工。目前，本部人员加上劳务派遣人员大概有5000多人，而外包工则有6000多人"。② 中国熔盛重工大量使用的劳动者是劳务派遣工和业务外包工，其业务外包工在企业中人数最多，达到6 000多人。

但是，与此繁荣现象相反的是，我国目前还没有专门规制业务外包的法律法规；学界对业务外包的法律关系及属性、业务外包合同的类型化、权益保障、争

---

① 范旭光. 去年国际服务外包达238亿美元. 新京报，2012-05-31(5).
② 王佑. 熔盛重工或减员3000人，50亿美元订单成"烫手山芋". 一财网, http://www.yicai.com/news/2013/07/2831368.html,2013-07-04.

议处理等问题的研究还罕有涉足，更谈不上对业务外包提供可供立法参考的理论支撑。笔者试图对业务外包从法学的视角进行研究，但是，由于业务外包还不是真正的法学范畴，更没有形成基本的"范式"，其法学的理论研究基本缺失，必然带来了许多困惑和困难，从法学的视角研究业务外包确实有相当的难度。在此基础上，研究不当业务外包就更是困难重重的全新课题。

不当业务外包的界定不能像前文界定劳务派遣那样分为非法劳务派遣和假派遣，因为业务外包还不属于真正意义上的法律概念，对不当业务外包就不能相应的以合法与非法来界定，只能是从法理上对其进行分类。笔者认为，不当业务外包主要包括"假外包真派遣"或叫"伪装外包"和"假外包（假承揽）真雇佣"两种形态。

二、业务外包的新变化

笔者认为，民法虽然是一般市民法，它能够调整业务外包之法律关系，但是随着人类社会的不断发展，法律部门越来越细，特别是公法、私法之外的社会法日益发展壮大，有些私法伴随着市场经济中的"市场失灵"现象，也出现了法律调整的"市场失灵"，而社会法正好"适时而入"，用公权力的"刚性"手段来矫正私法之"法律失灵"问题，特别是劳动法，它虽然产生和"脱胎"于传统的民法，但它已经基本摆脱了民法的束缚，已经塑造出了自己的部门地位，劳动法所调整的劳动关系已经大不同于民法之意思自治、契约自由的一般精神，在劳动法内劳动关系已经与民法所调整的劳动关系（劳动法学界称之为劳务关系）完全不同，因此，从劳动法的视野来看，业务外包已经和劳动法中的劳动关系紧紧"搅和"在一起了，特别是业务外包与劳务派遣已经成为"形影难离"的"孪生兄弟"。

我国现实的劳动用工和发展趋势是劳务派遣已有被滥用的趋势，在研究和解决这一问题时，几乎没有将劳务派遣与业务外包联系在一起。在理论研究中也是将二者完全分离开来，对业务外包的研究不管是从经济学、管理学的角度（占绝大多数），还是从法律或法学的角度（极少），都是将业务外包和劳务派遣分开研

究的，造成很大的片面性。笔者认为，业务外包和劳务派遣二者有着天然的联系，无论是在实际用工中，还是理论研究中都应当将二者紧密联系在一起，不能将其割裂开来，这样更有利于透彻解读业务外包和劳务派遣问题，并更有利于立法规制和实际解决业务外包和劳务派遣中出现的大量问题，破解我国目前劳务派遣不当、业务外包游离于法律之外的难题。

以法学为视野将业务外包和劳务派遣一起研究，在我国对业务外包的法律或法学研究还几乎处于空白的背景下，同时在我国对劳务派遣的立法比较重视而忽略了业务外包的立法环境下，厘清业务外包和劳务派遣二者的关系和法律规制问题，确实是有很大困难但又必须搞清楚的问题。

在我国劳务派遣异常"繁荣"的局面下，也促成了业务外包之"共同繁荣"，面对劳务派遣与业务外包的"亲密伙伴"关系，劳动法已经开始严格规制和管制劳务派遣，而业务外包则因其特殊性及人们的"遗漏"，仍然"逍遥法外"，并使原本属于劳务派遣范畴的"悄然"变成了合法的业务外包，特别是在《劳动合同法修正案》于2013年7月1日实施后，这种转变出现"井喷"之势，不当的劳务派遣将以合法的业务外包之新的身份出现，并将再次实现业务外包的被动的第二次"飞跃"发展，即不当业务外包的"被繁荣"，因此，如何有效遏止旧有的业务外包，又如何有效规制和管制新出现的不当业务外包，将是一个全新的课题，在业务外包之旧问题还没有解决的情形下，即将到来并繁荣的新的业务外包必将成为劳动法新的"困局"。

劳动法学界对《劳动合同法修正案》实施后的业务外包已经充满了担忧。董保华教授认为："从变形为其他用工形式来看，劳务派遣最有可能转型为业务承包、业务承揽。日本当年对于劳务派遣进行限制的结果也是出现了大量的业务承包、业务承揽"。[①] 他认为，国家对劳务派遣的严格管制，将迫使劳务派遣朝国家隐蔽的劳动关系转变，促使业务外包大量出现。

"从前景来看，我认为这样修订的结果将会使一部分企业直接把劳务派遣变

---

① 董保华. 劳务派遣制度：从旧法到新法. 上海法治报，2013－05－15 (6).

成直接用工，考虑劳动者素质、能力相对比较高的，企业也觉得需要的，企业可能会采用直接用工。一些特别业务分割不明显的，企业可能做成业务外包。对于业务外包，现在有很多企业也在尝试。要做业务外包，实际上是由过去管人变成了管业务，由直接管理变成制度管理，员工变成承包方，所以会涉及业务外包如何做得更加规范的问题"。① 程延园教授认为，《劳动合同法修正案》实施后，劳务派遣将得到有效控制，一方面可能会带来"企业直接把改劳务派遣变成了直接用工"；另一方面，可能会促进业务外包的大量使用，业务外包的规范将是一个新的问题。

李坤刚教授也认为："在劳务派遣已受到立法限制的情况下，一些用人单位会利用业务外包相关法律规范的缺失，将劳务派遣变相为业务外包，达到逃避劳动法律责任义务的目的。由于缺乏立法的明确指引，司法面对此类争议就会处理混乱"。②

法律事务工作者也认为业务外包将成为用人单位规避劳务派遣新规的上佳选择。有律师认为："如果仅以社会保险缴费为依据，则大量的员工异地参保或干脆不缴社会保险，也最终会导致比例计算成为一笔糊涂账，况且如今企业通过外包等多种方式实现'隐蔽雇佣'从而规避劳务派遣比例计算的现象已初现端倪。比例执法将遭遇更为严峻的挑战"。③ 洪桂彬对《劳动合同法修正案》之劳务派遣用工的比例限制充满疑惑，认为对劳务派遣用工的比例限制将不具有可操作性，其中最大难题之一就是业务外包之"隐蔽雇佣"将使之能够"规避劳务派遣比例计算"，从而，劳动者的社会保险费更加难以落实。笔者认为，正是许多用人单位为了规避劳务派遣之用工比例的限制，将转向业务外包；另外，还有一大"好处"，就是使劳动者的社会保障问题也能排除法律的适用，有了这两大"好处"，"被动"地转向业务外包"何乐而不为"呢！

---

① 程延园. 劳动合同法修改解读：劳务派遣何去何从. 人力资源管理，2013（2）：11.
② 李坤刚. 我国劳务派遣法律规制的再思考. 中州学刊，2013（2）：51.
③ 洪桂彬. 劳务派遣比例不宜"一刀切". 中国劳动咨询网. http://www.51labour.com/show/186539.html.2013－05－21.

还有律师认为用工单位将出现新的应对策略,陆敬波律师认为:"企业应该及早准备应对策略。具体可以采取退(退还劳务派遣公司)一批,雇(转为劳动合同工)一批,包(劳务外包)一批的策略,分批次逐步化解风险。"[①] 其中"包(劳务外包)一批的策略"将使本来就没有明确法律规制的业务外包成为企业用工的"新宠"。

当我们对《劳动合同法修正案》规制劳务派遣寄予厚望时,不当业务外包的"被繁荣"将成为我们不得不面对的新问题;在原有的业务外包还没有研究清楚和没有进行立法回应时,新出现的业务外包将使劳务派遣与业务外包的问题更加复杂化。笔者认为,这些新出现的为了规避劳务派遣的业务外包,都应当将其定性为不当劳务派遣,当然,不当的业务外包是不能与违法行为相提并论的,因为,就我国的现状,还不能将业务外包定性为是非法的,法律没有明确规定业务外包是违法的,就不能推定其具有非法性,只能暂且认定其为"不当"。

将由本应当属于劳务派遣,但为了逃避劳务派遣之新规的制裁而转变来的业务外包都认定为不当业务外包是符合法理的。这些业务外包因其本身违反了"诚实信用"原则,当然不具有正当性。当前还没有业务外包的立法,不等于说业务外包就无法可依了,如果业务外包实质上属于劳务派遣即"真派遣",那么是可以依据劳务派遣的相关立法予以规制的,虽然这还不是长远之计,但是,暂时也只能这样。这些由劳务派遣转变而来的新的不当业务外包,将以何种形态出现,还是一个未知数,目前,笔者推测,其还是可能会以不当业务外包的一般形式"投胎",暂时不会有新的形态。

第二节　假外包真派遣——伪装外包

《劳动合同法》颁布实施前后,有些用工单位就开始利用外包方式规避《劳动合同法》对劳务派遣的规制,即用工单位将一些业务外包给派遣公司,由派遣

---

① 许浩. 人社部拟劳务派遣新规,派遣比例引争议. 中国经营报,2013-06-17(12).

第六章 不当业务外包

公司组织人员到用工单位工作。这种方式的用工实质上是派遣,而只是采取了外包的形式,被称为"假外包,真派遣"。这种"操作"使原用工单位摆脱用人责任,规避了《劳动合同法》有关劳务派遣的相关规定,而承接外包业务的派遣公司承担责任能力又有限,使职工权益难以得到保障,危害极大。① 2011年,上海市总工会在进行企业劳务派遣用工状况调研时发现,一些以前使用劳务派遣工较多的企业,现采取了"业务外包"等形式,将原有的劳务派遣工转换为"外包工"。而这些"外包工"与劳动合同工、劳务派遣工在同一场所工作,接受统一管理,完成同一任务。上海市总工会法律部副部长黄琦介绍说,某个企业用工总数为12550人,其中劳动合同制职工1500人(占12%)、劳务派遣工2850人(占22.7%),而外包工却达到8200人(占65.3%)。企业还设置了从外包工转为劳务派遣工,从劳务派遣工转为劳动合同制员工的"用工转换管理办法"。这种为了规避劳动法的"假外包真派遣"已经成为我国目前不当业务外包的主流形式。② 上海的实践调研表明,在某些企业中"假外包真派遣"劳动者的比例甚至超过了半数以上,"假外包真派遣"之不当业务外包已经达到了相当"繁荣"的状况。

一、法律定性

"假外包真派遣"的法律定性可以用国际劳工组织之"隐蔽雇佣关系"界定,"假外包真派遣"就是国际劳工组织建议要反对的一种雇佣关系。出于逃避税收和社会保障目的而以表象关系掩盖真实雇佣关系时,就出现了"隐蔽雇佣关系"。国际劳工大会第198号建议书即《关于雇佣关系的建议书》的表述是:"与隐蔽的雇佣关系做斗争,例如,其中可能包括使用掩盖真实法律地位的其他形式的合同安排的其他关系。应注意到,在雇主以一种掩盖着某人作为雇员的真实法律地位的方式不把他或她当作一个雇员对待时,就产生了隐蔽的雇佣关系。而且,可

---

① 郑东亮. 劳务派遣的发展与规制. 北京: 中国劳动社会保障出版社, 2010: 36.
② 钱培坚. 上海部分企业以"伪装外包"逃避"雇佣关系"责任. 工人日报, 2011-08-03 (1).

出现合同安排产生剥夺劳动者应享有的保护的后果"。① 隐蔽雇佣关系是一种表里不一的关系，往往是以国家干预较少的社会关系来掩盖国家干预较多的社会关系，以对劳动者保护较少的关系掩盖对劳动者保护要求较高的关系。董保华教授将"隐蔽雇佣关系"归为两种，其中一种就是以民事关系掩盖雇佣关系。"这是一种试图隐藏或歪曲雇佣关系的行为，或者通过另一种合法的外衣，或者赋予它另一种形式"。② "另一种合法的外衣""另一种形式"常常是指民事或商业合同。由于这种民事或商业合同通常并不由劳动法调整，一些本应受劳动法调整的雇佣关系，故意以民事或商业合同的形式出现，构成"隐蔽雇佣关系"。③ 上海市总工会法律部副部长黄琦认为："'外包工'因具备了'伪装外包'的法律外壳，拿着'伪装外包'公司的工资、福利，不论其工资的高低，都没有体现他的劳动力价值，因为他为发包企业创造了价值利润，却不能与该企业的劳动合同制职工同享该企业的利润成果，所以'伪装外包'的实质就是主观故意逃避'雇佣关系'"。④ '假外包真派遣'之不当业务外包就是以民事合同的形式所确定的民事劳务关系的合法外衣，掩盖本应由劳动法调整的派遣劳动关系，其目的是规避劳动法和回避雇主本应承担的社会法上的用人单位（雇主）义务和责任。

二、域外经验

纵观日本劳务派遣的发展及立法规制历史，始终伴随着与"伪装承包"或"伪装外包"的博弈。日本的劳务派遣在开始发展阶段是不被法律认可的，因为劳务派遣与《职业安定法》相抵触，在此背景下，劳务派遣就以工作委托和业务转包的形式而存在。"当时的劳务派遣由于不被《职业安定法》认可，所以在1986年7月1日《劳务派遣法》开始实施之前，劳务派遣只能以业务承包的形式存在"。为了规避法律的制裁，很多企业只能以伪装业务承包的形式开展劳务派

---

① 国际劳工大会第198号建议书——《关于雇佣关系的建议书》.
② 国际劳工局.《雇佣关系》报告五（1），第95届国际劳工大会. 2006.
③ 董保华."隐蔽雇佣关系"研究. 法商研究，2011（5）：112.
④ 钱培坚. 上海部分企业以"伪装外包"逃避"雇佣关系"责任. 工人日报，2011-08-03（1）.

遣业务，即出现了"伪装承包"。所谓伪装承包是指以承包业务的名义开展劳务派遣活动，即两个企业表面上签订承揽业务合同，一方以履行合同为由将自己的员工派遣到对方企业工作，但实际上双方仅有人员上的派遣关系，并没有业务上的委托关系。"伪装承包"第一可以满足用工需求，其次又可以很巧妙地规避劳动法律上的义务和责任，降低用人成本。①

董保华教授对日本的劳务派遣有比较深刻的审视，他对"伪装承包"的用词是"伪装承揽"，并将其作为"隐蔽雇佣关系"的一种形式来进行研究。他认为日本1947年公布的《职业安定法》对于劳务派遣持全面禁止的态度，这一不切实际的规定促使产业界纷纷以承揽契约的形式来进行规避。对此，日本《职业安定法施行规则》第4条特别规定了承揽人应具备的条件和应负的责任，即必须独立承担法律上的责任，自行指挥监督劳动者，对劳动者负有法律规定的雇主责任等。即使有了关于承揽的规定，实际情况却是用工单位并没有将派遣员工和自己直接雇用的员工分开分别进行管理，他们遵守同样的工作规则和秩序。由此可见，派遣单位与用工单位签订的承揽合同仅仅是形式而已，而实质用工应属于劳务派遣。对于劳务派遣全面禁止的结果是使"伪装承揽"盛行。② 日本于1985年公布的《劳务派遣法》对劳务派遣的规制有所松动，规定了16种允许派遣的业务范围，并希望在此基础上实施严格的政府管制措施。由于制造业不在这16种允许派遣的业务范围内，"伪装承包"在该法出台以后急速增加。关于"伪装承包"的界定，日本神户学院大学法学博士田思路认为："'伪装承包'是指制造业工厂使用外部劳动力，事实上从人才派遣公司接受了劳动者派遣，但形式上却伪装成'承包'，以便在使用劳动者的时候回避各种法律责任的行为"。20世纪90年代后期开始，大企业把大量正式员工替换成了承包工。劳动局认定的违法企业中，以佳能、日立等著名企业为代表，"伪装承包"在日本制造业中蔓延。据厚生劳动省统计，仅2004年8月在制造业中的调查，"伪装承包"劳动者达87万

---

① 范明，朱珺. 日本劳务派遣行业发展现状及对我国的启示. 中国人力资源开发，2011（7）：87.
② 董保华. "隐蔽雇佣关系"研究. 法商研究，2011（5）：113～114.

人以上，而其中许多人仍认为自己是派遣劳动者，许多企业也对此认识不足。①之后，日本经过多次修改劳务派遣法，使劳务派遣的发展和立法也逐渐规范起来。在日本的劳务派遣中劳务派遣工与正式员工的工资差距还很严重，根据日本厚生劳动省2009年发布的调查报告显示，2009年日本企业正式职工与劳务派遣工之间的工资差异惊人，劳务派遣工的平均月工资是正式职工的66.44%。②

我国台湾地区劳务派遣法的理论研究和立法也是比较发达的，但是也像发达国家和地区一样，出现了很多问题，并且对社会的劳动用工有较大的影响，我国台湾地区的不当劳务派遣与不当业务外包也是其劳务派遣和业务外包中的重要问题。

台湾地区产业总工会秘书长谢创智认为，劳务派遣之所以会兴起有诸多原因。他认为从要派单位来看，可以降低劳动成本，弹性运用人力，规避劳动法令课以雇主之责任，作为正式雇用的甄选管道，减少与劳工或工会的协商及劳资争议；从派遣单位来看，可以从中获取利益、法令规范及执法效能无力拘束（即规避法律的拘束力）。谢创智认为"虽然劳务派遣可以为要派单位和派遣单位带来好处，但这些好处往往是建构在劳工权益受影响之上，或是靠游走法令边缘来获取利益"。谢创智对台湾地区劳务派遣所引发的问题总结了十七个原因，其中首先第一个问题就是"假承揽真派遣，规避雇主责任"；第二个问题是"逼退正职员工再以派遣劳工身份回聘"。③ 笔者认为，这两个问题实质上就是本文所述的不当劳动行为之不当业务外包，也可划归为不当劳务派遣，不当业务外包也就是"假外包或假承揽真派遣"的主要表象，规制不当业务外包在劳务派遣和业务外包用工中具有重要意义，是解决不当劳动行为的主要内容之一。

不当业务外包之所以为许多雇主所青睐，主要原因还是业务外包本身就因其低成本而大行其道，不当业务外包更是可以打着业务外包的幌子节约更多的成本。

---

① 田思路，贾秀芬. 契约劳动的研究：日本的理论与实践. 北京：法律出版社，2007：47~48.
② 范明，朱珺. 日本劳务派遣行业发展现状及对我国的启示. 中国人力资源开发，2011（7）：89.
③ 谢创智. 化解歧见共谋派遣劳工保障良策. 台湾劳工，2010（22）：96.

第六章 不当业务外包

"不同于全职工作的稳定性,企业全球化的外包采购、劳务派遣合约决定把次要工作交由临时人力租赁业者来执行的原因是'外包采购具有低成本、灵活机动弹性'的优点。"[1]

台湾地区的汉翔航空工业股份有限公司（简称汉翔）是台湾地区航空工业中的唯一国营模范公司和国防科技公司，其用工状况却又不禁让人产生合理怀疑。2002年间汉翔编制内3527名现员中已有574名以临时工名义包装的劳务派遣人力，兼职员工则占全职现员1/6。2006年初，3700名现员中以劳务承揽契约驻厂工作者仍有约1400名劳务派遣人力。汉翔编制外的"准派遣劳工"与编制现员的比例竟然已达将近1/2；换句话说，这家科技公司每两三位正式员工之中就有一位是以劳务承揽契约来进行指挥的派遣人力。[2]上述内容是台湾地区的侯武勇博士以当地一家著名公司为例，说明了劳务派遣和业务外包用工的状况，其所谓的"准派遣工"应当包括业务外包工（含不当业务外包工），其比例已经达到将近一半了，这足以说明不当业务外包在台湾地区的盛行。我国大陆也不例外，时下国有企业和事业单位之不当业务外包已经大行其道，其原因是规制业务外包和不当业务外包之法律的缺失。

2012年6月26日，十一届全国人大常委会第二十七次会议初次审议《劳动合同法修正案（草案）》，全国人大常委会于2012年7月6日公布了《劳动合同法修正案（草案）》，开始面向全民征求意见。《劳动合同法修正案（草案）》的主要目标是立法规制混乱的劳务派遣现象，核心内容是严格限制劳务派遣用工岗位范围；对设立劳务派遣单位实行行政许可；切实维护被派遣劳动者享有与用工单位劳动者同工同酬的权利；增加对相应违法行为的处罚。此次修改充分体现了国家规制劳务派遣的决心和力度，这将是我国劳务派遣与业务外包的法制化和规范化真正开始落实的重要举措。但是，在当前规范劳务派遣的讨论中，有一种观点是劳务派遣不应当被规制，因为一旦劳务派遣被规制，劳务派遣就会转向业务外

---

[1][2] 侯武勇. 国际劳动派遣问题研究：以台湾国防科技公司为例（上）. 台湾地区法律网，http://www.lawtw.com/article.php? template＝article_content&area＝free_browse&parent_path＝,1,785,&job_id＝172324&article_category_id＝862&article_id＝97113.2006－05－24.

包（或者称劳务外包）。这样，不仅立法者所期望的用人单位直接用工没有增加，而且劳动者权益可能更加无法得到保障。上海市劳动人事争议仲裁院院长周国良认为，劳务派遣难以转成业务外包，所谓的劳务派遣转成的业务外包，往往仍然是以业务外包之名行劳务派遣之实。① 他认为规范"真派遣假外包"可以采取以下几方面的措施：一是对劳动关系做出明确的界定；二是要确立"重实质、轻形式"的原则，对于使用掩盖真实法律地位的其他形式的合同安排均应当不予认可，凡是发包单位对劳动者或者劳务过程实施管理与控制的，应当优先认定为业务外包不成立；三是实施综合管制，加强税收缴纳、外包单位外包资质等方面的审查与监管，对于缺乏外包资质的，应由工商部门或相关业务主管部门进行严厉处罚；四是加强执法、推进守法，要加强劳动保障监察工作，要制止有关部门随意解释法律，肆意缩小劳动法律适用范围的行为，要进一步发挥工会组织的作用，推动劳动关系的团体自治。②

在劳动法非常发达的德国，也曾经出现过由于劳务派遣法的严格规制，导致"假承揽真派遣"的大量出现，成为德国法比较关注的问题。由于从严管制，部分雇主曾经运用"假承揽，真派遣"或"非典型承揽契约"方式来回应，但德国政府为了防止雇主权利滥用行为，已经要求承揽人的每一工作细节都必须在契约中详列，所以劳动派遣问题却也因此变得更为复杂。劳工派遣的单独立法显然让德国政府为了承担公共责任而必须投入更多的交易成本。③

笔者认为，我国当前的劳务派遣急需加大规制力度，那种认为劳务派遣如果被严格规制，劳务派遣就会转向业务外包的想法是多余的。但是，在严格规制劳务派遣的同时，必须将业务外包纳入劳动法或劳务派遣法的立法范畴，借此《劳动合同法修正案》的立法契机，应当将业务外包列入其中，对不当业务外包特别是对"假外包真派遣"更应当有相应的立法响应，因为业务外包本身与劳务派遣

---

①② 周国良. 规制会否使劳务派遣转成业务外包，劳动报，2012－10－13（4）.
③ 侯武勇. 国际劳动派遣问题研究：以台湾国防科技公司为例（上），台湾地区法律网，http://www.lawtw.com/article.php?template=article_content&area=free_browse&parent_path=,1,785,&job_id=172324&article_category_id=862&article_id=97113.2006－05－24.

第六章 不当业务外包

密不可分，立法必须将二者联系起来，才能有效规制劳务派遣和业务外包。

第三节 假外包真雇佣——假承揽

一、法律界定——承揽与雇佣之辩

假外包真雇佣——假承揽的不当劳动是假借外包或承揽之名，雇佣劳动者，其真实目的是借民事或商业合同关系，在非"三性"岗位上长期雇佣和使用劳动者，借民事或商业合同掩盖或逃避劳动法上的雇主法定义务或雇主责任，其法律性质仍然属于国际劳工组织所反对的"隐蔽雇佣关系"。由于这种民事或商业合同通常并不由劳动法调整，一些本应受劳动法调整的雇佣关系，故意以民事或商业合同的形式出现，构成"隐蔽雇佣关系"。[1] 与此略为不同的是"假外包（假承揽）真雇佣"之劳务关系还不是真正的民事雇佣关系，而是民事承揽关系。如果不严格区分外包与承揽的关系，"假外包（假承揽）真雇佣"是假借承揽合同之名，长期雇佣劳动者，雇主而不与雇佣者签订本应当属于劳动法范畴的无固定期限劳动合同，以便规避社会法上的义务和雇主责任，其隐蔽性更强。

雇佣关系（雇佣合同）是民法上的一个具有历史范畴的概念，在资本主义国家早期民法中即有使用，其涵盖面甚广（包括后来所称的劳动关系），以合同法规范调整之。我国法学界对雇佣关系也常有不同解释，大体可分为两类：一是"并列说"，把雇佣关系视作与劳动关系互相并列的两种社会关系；二是"包容说"，认为雇佣关系与劳动关系并非并列概念，而是包容与被包容的关系，即雇佣关系为一般关系，劳动关系则是一种特殊的雇佣关系，故劳动关系从属于雇佣关系。民法学者大多持"包容说"。但是，在劳动法学界有人持"并列说"，雇佣关系"并列说"即指《劳动法》调整之劳动关系范围以外的与劳动关系具有类似性质的社会关系，亦即被《劳动法》遗漏的那部分雇工与雇主间因提供劳动力与

---

[1] 董保华. "隐蔽雇佣关系"研究. 法商研究，2011（5）：112.

给付报酬所发生的关系，如家庭雇佣保姆，私人之间的雇佣（车主雇人开车），雇请钟点工，聘用离退休人员，不具有招工资格的单位招用临时工等。[1]

由于承揽和雇佣都是提供劳务的劳动形式，二者很容易混淆两个法律关系。但是，承揽关系与雇佣关系存在着本质上的区别。

（一）性质不同

"受雇人之劳务给付是一种'从属性劳动'，而承揽人之劳动给付则是'独立劳动'。"[2] 承揽关系中承揽人与定做人是一种合同关系，双方的地位是平等的，不存在人身依附，承揽人对于其经营范围内的工作安排有完全的自主权，定做人无权干预；雇佣关系中雇员在雇主的控制下从事劳动活动，双方具有一定的人身依附关系，雇员的工作具有从属性，没有自主选择权，应当服从雇主的安排、指挥和监督。

（二）报酬不同

雇佣关系中，雇员的劳动报酬的支付不是一次性的支付，而是与劳动法调整的劳动关系一样，是以工资的形式支付的；承揽关系中的报酬则是一次性或按阶段结算，一般不存在长期的支付关系，如果承揽人工作未完成或不符合定做人要求的，定做人可以不支付报酬。

（三）劳务专属性不同

承揽关系中承揽人可以将承揽的工作部分交给第三人完成，也可以与他人合伙完成工作，还可以请帮手共同完成工作。而雇佣关系中，雇员一旦由雇主选定，非经雇主同意不能由第三人代为提供劳务。[3]

---

[1] 许建宇. 雇佣关系的定位及其法律调整模式. 浙江大学学报（人文社会科学版），2002（2）：40.
[2] 黄越钦. 劳动法新论. 北京：中国政法大学出版社，2001：132.
[3] 马丽，应良华. 如何区分承揽关系和雇佣关系. 江苏法制报，2007-10-16（1）.

第六章 不当业务外包

(四) 责任不同

承揽关系中,承揽人与定做人是一种合同关系,双方的地位是平等的,承揽人如在工作中受伤,不属于合同的约定,定做人不负有赔偿义务。而在雇佣关系中,雇主和雇员的地位不同,雇员在雇主的控制下完成工作,雇主处于主导地位,双方存在人身依附关系,所以雇主在雇佣关系中承担的是严格无过错责任,即不论雇主是否有过错,只要雇员在雇佣活动中受到人身损害或致人损害,赔偿权利人均可以向雇主要求赔偿。① "雇佣契约中由雇主负危险责任,在承揽契约中则由承揽人负危险责任。"② 在劳动安全保障方面,定做人不提供劳动安全保障条件,承揽人在工作过程中受到伤害的风险一般自行承担,除非承揽人按定做人指示或定做人有过错;而在雇佣关系中,雇主除应为雇工提供工作条件外,还应提供安全保障、购买劳动保险等。雇工在工作过程中造成他人或自身损害的,先由雇主承担赔偿责任。

假外包真雇佣——假承揽的不当业务外包,是假借外包或承揽之名,雇佣劳动者,其法律性质是一种真正的雇佣关系或雇佣合同,就是一种不为劳动法所调整的雇佣关系,采取这种不当业务外包的真实目的是借民事之雇佣合同关系,在非"三性"岗位上长期雇佣和使用劳动者,从而逃避了劳动法上的雇主责任。同时,这种不当业务外包不仅直接规避了劳动法的调整,还可以钻我国民法之空子,即使不搞"假承揽",就是真正的雇佣合同,也仍然可以游离于民法之外。当然,不当用工单位直接实施"假承揽"更是有双重"保险":一是可以直接规避劳动法,二是可以规避《合同法》,因此,劳动法与民法对规制雇佣关系或雇佣合同的"共同缺位"成为不当业务外包的重要诱因。

在我国《合同法》中,还没有"雇佣合同"一说,民法学家梁慧星教授曾评价《合同法》的成功与不足,他认为,未将雇佣合同纳入《合同法》之有名合同的范围是一大憾事,且仍将使"法院受理大量的雇佣合同纠纷案件苦于没有具体

---

① 马丽,应良华. 如何区分承揽关系和雇佣关系. 江苏法制报,2007—10—16 (1).
② 黄越钦. 劳动法新论. 北京:中国政法大学出版社,2001:133.

法律规定作为裁判基准",他说:"改革开放以来广大体力劳动者和脑力劳动者的利益未受到应有的保护,各种严重侵害劳动者权益的事件层出不穷,建议草案在广泛参考各国保护劳动者的立法经验基础上精心设计和拟定的雇佣合同一章被删除,是最令人惋惜的。"① "世界上许多国家都在其民法典中规定了雇佣契约制度,尽管这一制度因劳动法之劳动合同制度的建立而缩小了其发挥作用的空间,但是,民法典对雇佣契约的规定绝不是在劳动法之劳动合同制度上画蛇添足,而是有其合理的存在价值。"② 即使是现在,大量有关雇佣合同的纠纷仍然是司法实践中的"烫手山芋",实践中的判例也成为不当业务外包盛行的又一重要推手。

"我国《合同法》未能将雇佣合同有名化,使得这类合同关系的调整明显缺位,也就是说私人领域雇佣关系实体法的法律缺失直接影响了雇佣关系当事人权利救济的程序法通道,给当事人的权利救济制造了巨大的制度障碍,如私人保镖、私人律师、私人司机等私人雇佣关系实际上成为法律调整的真空地带"。③ 由于我国民法的缺漏,不仅私人雇佣关系是空白,而且,就算是真正的一般雇佣关系也是难以适从。这为不当业务外包提供了极为有利的法律空间,大大降低了选择不当业务外包的机会成本,以营利为首要目的的企业怎能放过这一极好的用工模式,不仅劳动法不能限制它,民法也对其"无可奈何"。这样,假外包真雇佣——假承揽的不当业务外包所具有的"合法外衣"仍然是无法揭开,也只能是冠以不当之业务外包了,可见,立法规制雇佣合同及业务外包已是刻不容缓了。

二、台湾的启示

在我国台湾地区,"假外包(假承揽)真雇佣"的不当劳动行为也存在。最近新闻报道中台湾某邮政系统劳动争议案就是例证。

台湾地区的某邮政系统目前约有 9000 位邮差,其中 686 人是非编制内的

---

① 梁慧星. 统一合同法:成功与不足. 中国法学,1999(3):28.
② 郑尚元. 雇佣关系调整的法律分界——民法与劳动法调整雇佣类合同关系的制度与理念. 中国法学,2005(3):85.
③ 郑尚元. 雇佣关系调整的法律分界——民法与劳动法调整雇佣类合同关系的制度与理念. 中国法学,2005(3):80.

第六章 不当业务外包

"特约邮差"。由于劳委会点名其违反劳动条件,是名列第三的"血汗工厂",因此决定逐步解雇这批"特约邮差"。"特约邮差"身穿邮局制服,但骑自己的机车送信。他们自付劳健保费,如果不幸发生意外,邮政系统不必负责。邮政单位以"自然人承揽"名义,在偏远地区释出这些工作机会。"交通部部长"毛治国在专案报告时,遭到台湾地区劳工阵线秘书长孙友联批评,邮政系统的"自然人承揽业务"是"假承揽真雇佣",劳工得不到更好的保障。[①] 这些"特约邮差"与其雇主形成了真正的雇佣关系,但是他们不属于公司本身的正式员工,没有签订长期的劳动合同,而只是属于一种承揽关系,但是,由于不属于真正合法的承揽关系,所以说是"假承揽",雇员的工资福利待遇都遭到非常严重的不平等对待。正如该邮政系统台东营运处经理邱鸿恩所说:"台东就业市场小,一个月三万多块薪水的工作的确非常不容易,台东这15位特约邮差工作都非常认真,只是没有正式员工的福利。"

在台湾地区,"假外包真雇佣"的不当劳动行为在实践中还表现在"假外包真派遣"上。这与上文的"假外包真派遣"类似,其"真雇佣"的实质是劳务派遣用工。这种不当劳动行为在台湾政府机关中也是大量存在的。

台湾地区"立法委员"李昆泽于2012年11月14日针对"行政院"及所属单位任用派遣劳工多达10 738人这一问题,向"行政院人事行政总处"人事长黄富源提出质询,要求"人事行政总处"应严格稽查政府单位任用派遣人事的状况,并降低派遣劳工等非典型雇佣人力的比例。李昆泽表示,现在派遣劳工越来越多,劳工就业非常不稳定,而政府部门竟然带头当最大的派遣用户。依据"人事行政总处"第二季的调查统计,"行政院"及所属单位总共任用了10 738名派遣劳工。李昆泽还指出,最近几年,政府部门雇用的派遣劳工有些微减少,这些派遣劳工减少的原因除部分为契约到期不续约或精简人力外,很多是改以劳务承揽方式进用或将原填报派遣劳工重新认定为劳务承揽人力。政府单位透过将劳务外包的采购方式,降低派遣人力运用的人数,根本是"假承揽真派遣"。李昆泽

[①] 血汗邮差,新进人员离职率两成三,特约邮差没保障,邮局承诺将终止. 联合报, http://www.edtung.com/TopNews/NewsContent.aspx?type=6&no=2884.2012-06-08.

最后还呼吁,各级机关与公共事业应避免使用派遣劳工,杜绝"假承揽真派遣"的状况,针对现职的派遣劳工,政府务必保障他们的劳动权益及尊严,避免同工不同酬的状况发生。①

我国大陆政府机关企事业单位和国有企业大量使用"假外包真雇佣"的不当劳动行为也很普遍,只是被关注的程度还远远不及台湾地区。

中国劳动保障科学研究院于 2011 年 9 月至 2012 年 2 月面向全国 117 家央企,组织开展了"中央企业劳务派遣用工情况专项调查"。在调研中发现,我国央企劳务派遣岗位具有"非临时、主流化、不替代"的特点:其一,岗位非临时性。派遣工在央企工作年限在 2—10 年之间的占到总劳务派遣用工的 52.4%。其二,低端业务主流化。根据实地调研,很多央企在自己的主营业务中大量使用劳务派遣工。有关调查显示,目前,我国事业单位劳务派遣用工的规模仅次于央企劳务派遣用工。调研时发现,事业单位劳务派遣越界使用的情况比较严重。与企业相同,事业单位劳务派遣引发的诸多问题也和目前"三性"岗位劳务派遣使用难以操作等有关。此外,派遣工的派遣年限都很长,甚至可以界定为是长期性的,临时性岗位的要求形同虚设。②调研报告还指出:"国企、机关事业单位派遣员工与正式员工同工不同酬现象严重。派遣员工的工资收入按照市场价格标准确定,正式员工的工资收入由体制确定,二者相差较大。而派遣员工是以正式员工作为参照,因此身份歧视感受比较强烈"。2011 年全国人大常委会组织开展的第二次《劳动合同法》执法检查结果表明,我国劳务派遣用工不规范、同工不同酬等问题是存在的主要问题。我国中央企业(央企)和事业单位作为劳务派遣用工量最大的两类单位,在劳务派遣用工中造成了很大的负面影响。当然,由于我国大陆劳动法学界和劳动实践中都还没有关注不当劳动行为,更没有关注和研究不当劳务派遣和不当业务外包,因此,我国大陆国企、机关事业单位中的"假外包(假承揽)真雇佣(真派遣)"之不当劳动行为还没有像我国台湾地区那样已经

---

① 郭玉屏. 政府为降低派遣数字滥用劳务承揽. 自立晚报,http://www.idn.com.tw/news/news_content.php? catdid=0&artid=20121114abcd020,2012-11-14.

② 张新民. 关注劳务派遣的是非纷争. 中国劳动保障报,2012-10-13 (3).

第六章 不当业务外包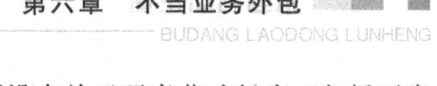

开始引起法学界和司法实践的关注和重视，还没有关于不当劳动行为（包括不当劳务派遣和不当业务外包）的概念，更谈不上有不当劳动行为的统计数据，换言之，在我国大陆不当劳务派遣和不当业务外包既没有进入官方的视野，又没有成为法律规制的范畴；既没有一定的理论研究，又缺乏司法实践经验。因此，对不当劳务派遣和业务外包的理论研究已经是非常迫切的课题，应当引起高度的重视并开始进行深入的理论研究和立法尝试。

第四节 不当业务外包的治理

一、统一劳动关系立法

我国目前业务外包还不是真正意义上的法律概念，更没有形成关于业务外包的法律"范式"，业务外包还基本游离于法律之外，法学界对其研究还非常少，业务外包之法律问题还有许多新课题有待研究。

业务外包和劳务派遣中劳动关系的复杂性，一是国际法和国内法之间的冲突和障碍，在岸业务外包和离岸业务外包存在法律规制的复杂性；二是国内法中业务外包法律关系主体的复杂性并使其劳动关系错综复杂，既有受民法、合同法调整的劳务关系、雇佣关系、承揽关系，又有受劳动法、劳动合同法、社会保障法、劳务派遣法、集体合同法规制的劳动关系，还有受行政许可法、政府采购法等调整的关系。在劳动关系调整中由于我国国内法之现行立法是将劳动关系和劳务关系采取分开立法的模式，直接导致了在规制劳动关系时不同于世界上很多国家和地区通行的做法，法律部门之间的障碍非常明显，民法、合同法调整一般意义上的劳务关系，劳动法、劳动合同法调整狭义上的劳动关系，行政关系由行政法调整；对劳动关系产生的争议也由与实体法相对应的不同法律解决，劳务合同、雇佣合同、就业歧视引起的争议属于一般的民事争议，采取"或裁或审"之模式，劳动争议、集体劳动关系争议、部分社会保险争议属于劳动争议，采取"先裁后审"模式，行政争议由行政复议法和行政诉讼法解决。我国现行劳动关系之立法的复杂性,让涉及劳动关系的争议解决机制异常混杂,即使法律专业工作者也容易难以适从。在此情况下,业务外包之劳动者的劳动权益保障问题也就困难重重,维权成本让劳动者望而却步。因此,统一劳动关系立法,整合劳务合同、雇佣合同、劳动合同等劳动关系立法,是解决业务外包中复杂劳动关系的基础和前提条件,我国劳动关系的立法必须审时度势,进行理论调研和立法响应,让法律为正当的劳动关系和劳动者保驾护航,促进我国业务外包健康有序地发展。

基于劳务派遣与业务外包二者的特殊关系,我国的立法和执法监督是不能遗漏任何一方的,而实际情况却完全相反,不管是理论研究,还是执法检查或监督,也不管是保障劳动者权益的立法还是有关劳动争议或其他争议的仲裁或司法实践,几乎都是将劳务派遣与业务外包分离开来的,割裂了二者的联系,这对保护劳务派遣和业务外包之劳动者的权益都是非常不利的,立法者和司法者都要检视这一问题。

《劳动合同法修正案(草案)》主要修改的重点是"劳务派遣相关的条款","此次修正案的核心话题是规范劳务派遣,保证同工同酬"。[①] 其目的是以求破解目前中国劳务派遣被滥用的困局,其核心是对劳务派遣岗位临时性、辅助性、替代性等"三性"进行界定,并要求构建劳务派遣的许可和报告制度,以及加大对违规滥用劳务派遣的惩处力度。这次的修法让人期待已久,但是,笔者认为,其缺陷之一就是缺乏对业务外包之劳务派遣的规制,没有将劳务派遣和业务外包联系起来进行相应的立法响应,这与理论研究和实践中一般都将业务外包看作与劳务派遣没有关系的偏差有关,时下应当借此《劳动合同法》修法的"东风"将业务外包率先进行立法尝试,开启我国业务外包立法和劳工权益保障之"先河"。这是笔者在2012年参与《劳动合同法修正案(草案)》征求意见时提出的观点,而最终,《劳动合同法修正案》因种种原因没有采纳的建议。

笔者认为,李坤刚教授的立法建议可以参考。他认为我国一些专业化的劳务

---

① 劳动法修正案本周审议,央企成劳务派遣重灾区,人民网,http://finance.people.com.cn/n/2012/0626/c1004-18379920.html,2012-06-26.

服务机构如保安公司、清洁公司、家政公司等派遣劳动者的行为都属于劳务派遣。但是，如果对劳务派遣和业务外包进行区分的话，有些专业化服务可能要归属业务外包的范畴。据此，上述劳务服务机构的一些"劳务派遣"行为如家政公司完成所承包的特殊企业清洁服务应归类为业务外包。我国立法没有对业务外包做出规定，实践中对业务外包和劳务派遣不做区分，实际上是将一些业务外包按劳务派遣对待，这虽然有利于对劳动者的暂时保护，但从长期规范地发展业务外包和劳务派遣的需要来看，应当对业务外包做专门规范。[1]

立法必须对业务外包做出专门规定，其内容之一是明确区分劳务派遣与业务外包。可以参考日本《职业安定法施行规则》第4条，规定提供劳动者供他人使用之人，即便采取了承包这一合同形式，如果不满足下述四个必要条件，也应被视为进行了劳务派遣。这四个必要条件是：第一，承担完成作业方面的、财政上和法律上的全部责任；第二，指挥监督从事作业的劳动者；第三，对于从事作业的劳动者，作为使用者负有法律规定的全部义务；第四，使用自己的机械、设备、器材或作业所必需的材料、资材，或是进行需要企划或专门的技术、经验的作业，而不是单纯提供肉体劳动力。[2] 不管如何立法的技术问题，时下的首要任务是要认清对业务外包的立法价值和意义，只有有了这样的立法动机，才可能启动有关业务外包的立法活动，这也是笔者和其他学者研究业务外包和不当业务外包的理论价值之所在。

二、打击混业经营行为

我国劳务派遣的不正常发展，劳务派遣和业务外包之相互混业经营是一大"推手"，因此，反不当业务外包，必须有效打击劳务派遣和业务外包之相互混业经营的乱象。

混业经营是经济学上的概念，还没有法律的界定。混业经营是指一个合法的单位依法经营多种业务。混业经营单位必须是依法登记的，具有合法经营资质的

---

[1] 李坤刚. 我国劳务派遣法律规制的再思考. 中州学刊, 2013 (2): 49.
[2] 李坤刚. 我国劳务派遣法律规制的再思考. 中州学刊, 2013 (2): 51.

法人或非法人单位；其经营的各种业务也都必须是合法的业务，且是法律明确规定的业务，否则就是非法的或不正当的违法经营或欺诈经营。

有关劳务派遣之混业经营问题，正如中华全国总工会的调研报告所指出的："混业经营现象严重。许多劳务派遣单位同时从事劳务中介、劳务服务等业务，有的以劳务承包或劳务中介为主业，兼营劳务派遣。混业经营现象致使劳务派遣单位经营管理松散、专业化程度偏低、行业运营不规范"。[①] 笔者认为，中华全国总工会的调研报告具有非常高的权威性，但是其调研的主体是单纯的劳务派遣，对我国劳动用工中的另一新问题即业务外包并没有涉及，只调研了劳务派遣单位同时从事劳务中介、劳务服务等混业经营，而遗漏了业务外包单位混合经营劳务派遣业务，即没有将劳务派遣和业务外包之相互混业经营纳入调研的视野，这不能不令人遗憾。因为，我国目前与劳务派遣几乎同样"繁荣"的业务外包中的劳务派遣问题也是非常普遍的，业务外包中的劳务派遣或劳务派遣中的业务外包还是理论研究和实务中的空白。因此，2013年7月1日实施《劳动合同法修正案》后，将会有大量的劳务派遣转化成业务外包，以规避新法的规制，在这种情况下，打击劳务派遣和业务外包之相互混业经营就显得非常必要，否则，将会出现劳务派遣得到了有效管制，而不当业务外包却泛滥起来的情况，这种不良局面将严重影响和谐的劳动关系。

三、积极发挥工会作用

从不当劳动之狭义上的历史渊源看，不当劳动是与工会密切相关的，工会在规制不当劳动中具有不可替代的作用。最先立法规制不当劳动的美国和日本，其工会都是不当劳动的法律关系的主体，它是广大劳工利益的代表，无论是在集体协商中，还是在领导产业行动中和三方机制的谈判中，工会的势力从受到限制向具有强势地位发展，工会在劳资冲突中扮演着重要角色，因此，在反不当劳动特别是规制不当业务外包中，也只有工会能够填补我国业务外包之主体"空位"，

---

① 全总劳务派遣问题课题组. 当前我国劳务派遣用工现状调查. 中国劳动，2012 (5)：25.

第六章 不当业务外包

来处理不当业务外包中的矛盾，以发挥工会的积极作用。

工会是世界上大多数国家维护劳动者权益最基本的组织，是"强资本弱劳动"下广大劳工的能够真正与"强资本"进行对话、谈判和抗衡的"代言人"。我国工会组织制度的构建与发达国家还有相当的差距，工会组织的职责规定还有很大的缺陷。"在大部分国家，工会维护劳动者合法权益是其全部职责，在我国则是主要职责。"① 那些根本没有工会或没有资格加入工会的劳动者的民主权利很难实现，特别是我国目前有 3 700 万劳务派遣工，还有一部分是无法统计的业务外包工（其中还有大量的劳务派遣工），仅服务外包的从业人员就有 318 万人，且呈逐年上升态势；截至 2010 年底，中国服务外包企业承接服务外包合同金额和执行金额分别达到 274 亿美元和 198 亿美元，同比分别增长了 37％和 43.1％，全国有服务外包企业 12 706 家，从业人员 232.8 万人。② 这两部分庞大的人群，其加入工会的状况非常差。2012 年 7 月，亚太总裁协会全球执行主席郑雄伟在第五届全球外包大会上发表《全球外包大会昆明宣言》并指出："最近几年，中国的国际服务外包逆势增长，一枝独秀，大有当年制造业国际化的迅猛势头"。"预计未来 5～8 年中国服务外包企业就业人数将达到 2 000 万人，中国将成为全球离岸外包第一承接国。我们可以预计，在此基础上再过 10 年、20 年，中国有望成为全球最大的服务业国家之一。"③ 依此第五届（2012 年）全球外包大会的预计，我国未来 5～8 年服务外包企业就业人数将达到 2 000 万人，因此，我国今后业务外包凸显的问题将与当今的劳务派遣问题一样突出和严重，维护业务外包劳动者的权益，构建规制业务外包的法律体系将是我国业务外包发展中的重要任务。

中华全国总工会对 2010 年和 2011 年全国劳务派遣用工的调研报告指出："民主权利实现状况较差。在入党、入团、入会、评先评优和晋升等诸多方面，

---

① 董保华. 十大热点事件透视劳动合同法. 北京：法律出版社，2007：52.
② 2011 全球服务外包发展报告. 第四届全球外包大会 http://news.163.com/11/0523/15/74OGG2VM00014JB5_6.html.2011－05－23.
③ 郑雄伟. 全球外包大会昆明宣言. 和讯网，http://news.hexun.com/2012－08－24/145085403.html.2012－08－24.

劳务派遣工基本上都不被列入考虑范围。"① 劳务派遣工的基本民主权利，特别是加入工会的权利很难实现，入会比例偏低。以入会为例，劳务派遣工中的工会会员比例为55.8%，比正式工低17.9个百分点，差距比2010年（11.2个百分点）扩大了。其中，国有企业劳务派遣工中会员比例为57.2%，比正式工低33.6个百分点。四川省为63%，其中85%加入了派遣公司工会；北京市30.2万劳务派遣工中，加入工会组织的为13.46万人，入会率为45%；据内蒙古自治区总工会调研的15家用工单位，职代会中都没有劳务派遣工代表；江苏省总工会抽样调查显示，劳务派遣工中工会会员比例为56%，能够正常参加工会活动和企业民主管理的仅占入会劳务派遣工的23%。②业务外包单位中职工一般都是临时雇佣的，其中劳务派遣工也占有一定的比例，其加入工会面临的障碍更多，由于对业务外包重点关注的是产业发展和利润问题，很少关注其职工权益问题，加上理论研究的匮乏，还没有关于业务外包之有关工会情况的统计。

团结权是宪法或法律确认的劳动者的基本权利，狭义的团结权是指劳动者组织和参加工会并保证工会自由运行的权利。广义的团结权则是指劳动者运用组织的力量对抗雇主以维护自身利益的权利，其具体内容主要包括三个方面：一是团结权，即组织和参加工会的权利；二是集体谈判权或称团体交涉权，即由工会代表劳动者与雇主进行集体谈判签订集体合同的权利；三是集体争议权或称团体行动权，主要是指劳动者通过工会组织罢工的权利。各国的劳动法学界一般都将此称之为"劳动三权"。其特点在于，这些权利并不是由劳动者个人来行使的，而主要是由劳动者的集体组织工会来行使的，是劳动者集体享有的权利，即所谓集体劳动权。③ 集体谈判以劳动者团结起来组成工会为前提和基础，因此团结权是集体谈判的"先行行为"。为了进行集体谈判，劳动者必须团结起来组织工会，因此团结权并不是以组织团体为最终目标，而是进行集体谈判所必要的一种"先行行为"。④ "劳动三权"是劳动者享有集体劳动权，其基本内核是工会，如果没

---

①② 全总劳务派遣问题课题组. 当前我国劳务派遣用工现状调查. 中国劳动, 2012 (5): 25.
③ 常凯. 论不当劳动行为立法. 中国社会科学, 2000 (5): 73.
④ 程延园. "劳动三权"构筑现代劳动法律的基础. 中国人民大学学报, 2005 (2): 103.

有工会或劳动者不能加入工会,"劳动三权"包括团结权就成为"无本之木"。业务外包之劳动者加入工会,是劳动者团结权的一个重要部分,是业务外包之劳动者合法权益保障的重要环节。团结权在保障劳动者权益上具有重要意义,为了破解我国目前劳务派遣和业务外包之劳动权益保护的困局,必须构建完备的工会组织,让广大劳工都成为工会的会员,真正发挥工会之维护职工合法权益的全部职能。

中华全国总工会对2010年和2011年全国劳务派遣用工的调研报告建议之三是:工会应加强对劳务派遣工的权益维护工作。加大劳务派遣工入会力度;加强劳务派遣工工会会籍管理,理顺转会关系;对用工超过6个月的劳务派遣工,用工单位统一与用人单位签订会员托管协议;积极探索劳务派遣工入会和参与工会活动的工会组织联合工作机制。真正发挥双方在促进劳务派遣工入会方面的最大效应,最大限度地把劳务派遣工组织到工会中来。[①] 笔者认为,全总的建议对破解我国目前劳务派遣泛滥之难题,保障劳动者的基本劳动权是有重要意义的,应当成为我国各级工会的指导性意见,贯彻执行下去。另外,这些建议也应当适用于我国目前的业务外包或至少应当适用于业务外包中的劳务派遣用工中,以填补我国目前业务外包之劳工集体权保护的空白。

四、构建三联三动机制

我国业务外包还没有纳入法律的视野,成为法律中罕见的"三不管"现象。

第一,劳动法不但不能管业务外包,还由于《劳动合同法修正案》的实施,将"倒逼"劳务派遣向业务外包转换,劳动法将成为不当业务外包盛行的新的重要"推手",劳动法之新规的实施将使受到"围剿"的劳务派遣转向新的"阵地",实践也将证明,《劳动合同法修正案》之规制劳务派遣的举措将"治标不治本",即遏止了(只能说是"赶走")劳务派遣,行使了劳动法的功能,却将不当业务外包推向了新的法律边缘地带。

[①] 全总劳务派遣问题课题组. 当前我国劳务派遣用工现状调查. 中国劳动,2012 (5):25.

第二,民法也管不了业务外包,我国目前的民法只能明确规制承揽关系,而对业务外包没有明文规定,即使将业务外包视同承包或承揽关系来处理,也只能是小有可为,而大部分的业务外包却是假借承包或承揽之名,实则是真正的雇佣关系,即笔者全文所称的不当业务外包之"假承揽真雇佣",这样选择的好处主要是因承揽关系与雇佣关系的重要区别,采用真正的雇佣关系(雇佣合同)的用工成本是明显高于承包或承揽关系的,另外,在违法成本上,采用雇佣关系风险太大,因工资、福利、社会保障含工伤、社会保险等都是雇佣关系中雇主的主要义务和责任,虽然我国民法还没有直接将雇佣关系(雇佣合同)纳入调整范畴,但是,从法理和实践中选择雇佣关系(雇佣合同)还是有一定的风险的;而承包或承揽则无这些义务和责任,风险明显小于雇佣;因业务外包还是一个新生事物,更属于多个法律(行政法、劳动法和民法)的边缘地带,其风险和成本都是最少的。因此,从用工成本和违法成本导致的"机会成本"上看,从法律之责任风险上看,选择雇佣关系是最为不利的,承包或承揽是第二选择;特别是在业务外包和不当业务外包都还是法律的边缘的情况下,业务外包毫无疑问是最佳选择,也不管它是正当的业务外包还是不当的业务外包。可见,民法对业务外包也是"无计可施"。

第三,在我国的劳动法和民法都还无法规制业务外包的"两不管"情形下,行政法是否有所作为呢?回答当然也是否定的,行政法也管不了业务外包。首先从市场准入上看,没有任何法律法规规定进行业务外包必须进行登记注册、领取营业执照后才可经营(除非是专门的从事业务外包的单位,实践中此类专营业务外包的企业很少),更没有对业务外包实现行政许可制度(原来的劳务派遣也是没有,但是从2013年7月1日后将实施行政许可制度),可见,业务外包市场几乎没有准入门槛,可谓是"出入自由";其次,从行政执法上看,业务外包还不是执法、检查、监督的范围,工商部门、劳动行政监督部门等都对业务外包无能为力。

由以上可知,遏止和规制业务外包特别是不当业务外包将面临诸多困难。首先是法律上的困难,由于针对业务外包的立法完全没有,缺少法律或法规的直接支持,打击不当业务外包就成为"法外执法";其次是我国目前调整劳动关系

第六章 不当业务外包

(广义)涉及多个部门法,劳动法调整劳动关系(狭义),民法调整劳务关系,包括承包、承揽和雇佣关系,行政法调整劳动行政管理关系,包括对劳动用工的登记、许可、发证、监督、检查等行政许可和行政执法行为,多法管理必然导致无法管理,更何况业务外包本身还是无法可依的状态;再次是因为我国劳务派遣的失范,这已经使业务外包出现了混乱局面,使得劳务派遣与业务外包成为"孪生兄弟",劳务派遣与业务外包已经是一种"天然"关系,即劳务派遣天然是业务外包,业务外包天然不是劳务派遣,基于这种"天然"关系,固然,劳务派遣之行政许可报告制度等新规即《劳动合同法修正案》可以有效遏制和规制劳务派遣,但是,其也仅仅是将劳务派遣"赶出"了劳动法之领地,业务外包与不当业务外包将在劳动法之外"大显身手"。因此,寻求破解业务外包之"良策"实在困难,但再难也需"寻觅"。

规制业务外包实行"三法联动"机制,可能对治理业务外包将有一定的作用。"三法联动"就是要实行劳动法、民法和行政法三法之"联",并从法理研究到立法,再到执法之"动"。只有实现"三联"和"三动"之机制,才能有效治理业务外包。

实现"三法联动",可按照以下四方面进行。

第一,要求劳动法将业务外包纳入自己的范畴,在立法规制劳务派遣时,鉴于劳务派遣与业务外包的天然关系,将业务外包一并入法,这样的建议笔者在2012年《劳动合同法修正案(草案)》征求意见时就主张过,但是,并未被采用。即便如此,笔者还是坚持应当将劳务派遣与业务外包一并治理的思路,在今后的立法如《劳务派遣法》中可以将业务外包纳入其中,首先在立法上要构建较高的市场准入"门槛",实现业务外包之行政许可和报告制度,吸收原来劳务派遣立法的"前车之鉴",行政许可和报告制度是规制业务外包的第一道"闸门",意义重大,这就需要劳动法与行政法联手把好劳务外包之第一道"防线"。

第二,劳动法与民法应当将劳动关系进行重新界定和界分。目前调整劳动关系的法律是比较混乱的,立法实行的是分开调整模式,即劳动法调整具有从属关系的狭义上的劳动关系,民法调整具有平等关系的承包、承揽等劳务关系,雇佣

• 165 •

关系却成为劳动法与民法都不直接调整的边缘关系,这种实体法分开立法的模式也导致了处理劳动争议的不同模式,即劳动法上的劳动争议实行"先裁后审"、民法上的劳动争议(劳务争议)实行"或裁或审",社会保障争议更加复杂,有的属于劳动法上的劳动争议,有的又属于民法上的劳务争议,容易导致实践中法律的使用混乱而无序,这种对劳动关系采用分开立法的模式的弊端早已为学界和实务界所诟病。因此,从法制建设的长远性来看,我国非常有必要将劳动关系统一立法,特别是要将游离于劳动法和民法之外的雇佣关系统一到劳动关系中来,统一的立法才能使劳务派遣关系和业务外包关系都受到法律的明确调整,让不当劳动特别是不当业务外包再也无法"遁形"。

第三,"联动"之近期任务是出台行政法规和地方规章,使"办法或条例"至少有一个可以来办理业务外包、治理不当业务外包。这样不仅可以起到"立竿见影"的效果,还可以节约立法资源和成本。如可以像劳务派遣那样订立《业务外包管理办法》或《业务外包行政许可办法》等。

第四,加强学界的配合,加大理论研究的力度。针对我国目前业务外包之理论研究的极度贫乏,建议有关部门加强对业务外包研究的支撑力度,将业务外包作为国家、各部委和省市社会科学研究的课题,进行"攻关"式的学术研究,将不当劳动含业务外包之法律规制研究纳入重大课题进行招标,大力鼓励和激励不同学者从不同角度研究不当劳动,既可繁荣我国的学术研究,又可为今后的立法提供理论支撑。可惜的是,笔者在今年的国家社科基金和司法部、教育部的研究课题中都没有看到相关课题,笔者以"不当劳动法律规制研究"为题申请的国家社科基金,也是最终被淘汰。笔者不敢大言,对不当劳动有深刻的研究,但是,笔者以一个劳动法学者和教师的身份和责任,对不当劳动进行"浅尝不止"的研究,还是小有价值的,期盼更多的民法学者、劳动法学者和行政法学者共同研究不当劳动制度,有了较为坚实的理论基础之后,不当劳动和不当业务外包的"困局"何愁不破。

# 第七章
不当劳动合同——合同欺诈

第一节 民法语境下的欺诈与合同欺诈

一、民事欺诈的基本内涵

合同欺诈又称合同欺诈行为,主要是指狭义私法上的不当合同行为即民事欺诈之一。合同欺诈还是一个广义的概念,根据其性质和责任不同,合同欺诈广义上包括民事合同欺诈和刑事合同欺诈即合同诈骗两种。合同欺诈是指一方当事人故意告知对方虚假情况,或者故意隐瞒真实情况,诱使或误导对方做出错误的判断和不真实的意思表示,以签订合同达到欺诈的目的。合同欺诈是指欺诈行为人以达到欺诈为目的,以合同为手段,以合同的订立、履行为途径,不公平地获得他人财产的行为;广义上的合同欺诈是合同违法行为的一种类型,就其性质可分为行政违法行为和刑事犯罪行为,前者为狭义上的"合同欺诈",后者为合同诈骗,但二者联系紧密,只是违法的程度不同而已。①

欺诈在法律制度的发展中源远流长,古罗马法就已经对欺诈有了相关规定。按照拉贝奥的定义,罗马法上的欺诈是指"一切蒙蔽、欺骗、欺诈他人而采用的计谋、骗局和手段"②。罗马法之民事欺诈制度基本被大陆法系所继受,认为欺诈是意思表示瑕疵的情形,是指当事人故意编造虚假或歪曲的事实,或故意隐匿事实真相,使表意人陷于错误而为意思表示的行为。③诈欺(dolus malus)即以欺骗手段使他人为或不为某种行为。公元前66年,裁判

---

① 王洪宇. 合同欺诈的法律思考及其救治. 法律适用, 1999 (11): 42.
② [意]彭梵得. 罗马法教科书. 黄风译. 北京: 中国政法大学出版社, 1996: 73.
③ 刘守豹. 意思表示瑕疵的比较研究. //梁慧星. 民商法论丛 (1). 北京: 法律出版社, 1994: 72.

官盖路斯创设诈欺诉,诈欺此后被列入私犯范畴。诈欺诉的特点是必须在无其他救济权时才能提起,显然是一种辅助诉或从诉。裁判官法对诈欺的制裁重于胁迫,虽然受害人只能获得实际损失之赔偿,但裁判官要对诈欺人予以"不名誉"之宣告。① 罗马私法上的私犯和准私犯,与契约、准契约同为债的发生原因,正如优士丁尼《法学阶梯》所言:"债要么是出于契约的;要么是出于准契约的;要么是出于非行的;要么是出于准非行的。"罗马法上私犯的这一特性,完全被欧洲法典化运动中的各国民法典所继受。各国在制定民法典时,基本上是将侵权行为法放在债法之中,作为债的组成部分或发生原因。② 由上可见,欺诈在古罗马法中属于"私犯"的范畴,是债之产生的重要原因之一,同时欺诈也是一种民事侵权行为,是侵权法调整的主要内容之一。

18世纪法国私法学的集大成者朴蒂埃认为欺诈是契约合意的瑕疵之一。在债权理论中,朴蒂埃首先认为,债的核心是契约,它是合意的一种,而合意是指为创设或解除或变更某种债权,两人或多人之间的同意。他认为,与古罗马时代强调契约的约束力的根据在于契约的要式(形式)不同,现在契约的约束力的根据在于当事人之间的合意。这种"意思主义"为契约自由奠定了基础。他认为合意的瑕疵主要有错误,即关于标的物的目的性、标的物的主要特性、当事人的同一性等的错误。基于错误的契约毫无疑问是无效的。除错误外,自由的欠缺(受到胁迫、被强制)、诈欺、买卖契约中的不当提价等也属于合意的瑕疵。③ 契约约束力的核心根据在于当事人之间达成的合意,而欺诈是契约合意的瑕疵之一,并导致契约的无效。

1804年颁布于世的《法国民法典》(或称《拿破仑法典》)基本继受了罗马法所确立的民事欺诈制度,认为欺诈是意思表示瑕疵的情形,是指当事人故意编造虚假或歪曲的事实,或故意隐匿事实真相,使表意人陷于错误而为意思表示的行为。但是学理认为,各国法典在规定中多区分法律行为制度中的欺诈和侵权法

---

① 叶秋华,刘海鸥. 论古代罗马侵权行为法的发展演变. 法学家, 2006 (6): 142.
② 叶秋华,刘海鸥. 论古代罗马侵权行为法的发展演变. 法学家, 2006 (6): 146.
③ 何勤华. 朴蒂埃与《法国民法典》. 外国法译评, 1996 (1): 57.

第七章 不当劳动合同——合同欺诈

上的欺诈,如《法国民法典》第 1116 条与第 1151 条。[①] 法国学者达维认为:"法国民法把欺诈作为缺乏意愿处理,当当事人一方的错误是由于当事人他方的欺诈的诱惑而致的时候,允许他以此为理由使自己的许诺无效。但在债务履行法和侵权法中,欺诈的要求应该有更多的条件,如一种侵占行为,此类行为的后果导致赔偿责任。因此,'欺诈'一词在《民法典》第 1116 条中的含义与关于契约缔结法第 1151 条中的'欺诈'的含义并不一样,这一点是没有异议的。"[②]《拿破仑法典》在人类社会立法史上的巨大意义,除了法律规范得以法典化,还在于它里程碑式地确立了体现合同自由原则的意思自治,《拿破仑法典》第 1108 条将缔约人的同意列为协议生效的首要条件,从第 1109 条到第 1122 条构成同意制度的专节,明确错误、欺诈和胁迫成为构成缔约人同意的瑕疵,并可导致合同无效或被撤销。而第 1156 条要求合同解释必须探寻缔约人真实的共同意志。[③]

德国法继承上述传统,但更深入和更细化,提出了更具概括性的欺诈概念,即诈欺是依他人之欺骗行为而陷于错误而为的意思表示[④]。《德国民法典》第 123 条第 1 款规定:"因被恶意诈欺或非法胁迫而为意思表示者,表意人得撤销其表示。"有研究《德国民法典》的专家将欺诈行为认为是一种可撤销的民事法律行为,《德国民法典》第 119 条、第 120 条和第 123 条规定了若干种撤销事由。第 119 条第 1 款规定:"表意人在为意思表示时对其内容发生错误,或表意人根本无意为此种内容的意思表示的,如可认为,表意人若合理地考虑其情况即不为此表示,则表意人得撤销表示。"第 2 款规定:"对于人或物之性质发生的错误,交易上认为重要者,视为对意思表示内容发生的错误。"第 120 条规定:"意思表示因传达人或传达机关传达不实的,得按第 119 条关于因错误而为意思表示所规定的相同条件而撤销表示。"第 123 条第 1 款规定:"因被恶意诈欺或非法胁迫而为意

---

① 竺琳. 民事诈欺制度研究. //梁慧星. 民商法论丛(9). 北京:法律出版社,1998:440.
② 董安生. 民事法律行为. 北京:中国人民大学出版社,2002:111.
③ 秦立威.《法国民法典》合同制度改革之争. 环球法律评论,2011(2):89.
④ 徐志军,张传伟. 欺诈的界分. 政法论坛(中国政法大学学报),2006(4):92.

思表示者，表意人得撤销其表示"①。该专家还认为："可撤销的法律行为不同于无效的法律行为。无效的法律行为从一开始就不生效力，而可撤销的法律行为是有效的，只是在撤销权人行使撤销权的情况下，法律行为才自始无效。如果撤销权人不行使撤销权，则可撤销的法律行为同有效的法律行为完全一样。因此，德国民法理论认为，可撤销的法律行为是有效的法律行为。"②在中国民法界，可撤销民事行为的法律效力问题是一个有争议的问题，可撤销民事行为在撤销之前究竟是有效的法律行为，还是相对无效的民事行为，抑或是效力待定，对此学者们有意见分歧。有人认为可撤销民事行为应为有效，有人则认为是相对无效的法律行为，或认为可撤销民事行为的效力未定。邵建东在上述对《德国民法典》的研究中认为，可撤销之民事行为在被撤销之前是有效的法律行为，撤销权的存在并不影响法律行为发生效力；同时他认为欺诈行为在《德国民法典》中就是一种可撤销的民事法律行为，民事欺诈属于有效的法律行为，并不是当然无效。他的观点与我国《中华人民共和国民法通则》（以下简称《民法通则》）第59条第3项规定的"以诈欺或胁迫手段使对方在违背真实意思情况下所为之民事行为无效"是不同的，他说："撤销的事由不仅仅局限于上述几类错误，而且还包括恶意诈欺和非法胁迫。同表意人发生了上述错误一样，表意人因受到恶意诈欺或非法胁迫而发出的意思表示也是可以撤销的。可见，在恶意诈欺或非法胁迫行为的影响下成立的法律行为依然是有效的。"②他认为我国学者认同的《民法通则》将因诈欺或胁迫而为之民事行为"升华"为无效民事行为之列，是打破了传统民法理论的界限，显示了中国法律对此类民事行为处理的彻底和严格。

对欺诈的行为认识是有争议的，中外一些学者将一般的民事欺诈行为分为意思瑕疵的欺诈、属于侵权行为的欺诈两种，还有一种欺诈是属于犯罪的欺诈行为。德国学者科勒指出，《德国民法典》第123条所规定的欺诈和胁迫具有不同于《侵权法》第823条及其后条款所规定的欺诈和胁迫的含义。第823条规定的

---

① ② 邵建东.《德国民法典》对可撤销之法律行为的调整. 南京大学法律评论，1994（2）：111.
② 邵建东.《德国民法典》对可撤销之法律行为的调整. 南京大学法律评论，1994（2）：113.

第七章 不当劳动合同——合同欺诈

是另一种欺诈,即指行为人"通过欺骗或隐瞒等手段"故意从事的"不法侵害他人生命、身体、健康、自由、所有权,或其他权利者,对被害人负赔偿损害"责任的行为。"因为第123条所规定的目的不在于制裁欺诈或胁迫人,而在于保护'被欺诈或被胁迫人',相反,侵权法中对欺诈胁迫的规定则'体现了民法对侵权行为的制裁'"①。著名法学家史尚宽将欺诈分为三种:有以意思表示瑕疵而被撤销者;有为侵权行为而生损害赔偿责任者;有为犯罪行为而应受刑事上之裁判者。②我国台湾地区学者王泽鉴先生也认同民事欺诈就是一种民事侵权行为,他说:"以欺诈使他人为意思表示者,系侵害法律所保护之利益,一般言之,多会导致损害,应构成侵权行为。被害人得依民法第184条规定,请求损害赔偿"。③笔者认为,将民事欺诈分为有意思表示瑕疵的欺诈与侵权行为欺诈两种是比较恰当的,前者一般表现为合同欺诈,应当承担合同责任;后者应当承担侵权责任。同时,二者有时并没有明确的界分,会产生责任竞合问题。

英美法系国家对罗马法的继受远不及大陆法国家,英国法上没有与大陆法中欺诈相对应的概念,而是将欺诈作为错误陈述的一种情形加以规定。所谓错误陈述,是指"当事人在正式订约前,为引导订约而做出的与事实不相符合的事实陈述"。依其对合同效力影响的不同,错误陈述分为欺诈性错误陈述、过失性错误陈述和无辜的错误陈述。其中,欺诈性错误陈述为"误述人并非真诚相信其陈述是真实的,或者说他故意错误陈述"。美国法是将欺诈与错误陈述区别开来,"欺诈是有意的歪曲事实,取得另一方的信任,从而使另一方放弃为其所有的某些有价值的东西或放弃某种法律上的权利"。当然,在英美侵权行为法中,欺诈是作为一种具体侵权行为被加以规定的。美国《侵权法重述》(第2版)第525条规定:"任何人如果就事实、观点、意图或法律做出欺诈性的虚假陈述,以便引诱他人相信其虚假陈述做出某种行为或不从事某种行为,则应就他人因相信此种虚

---

① [德]科勒. 德国民法典·总则. 郑冲,贾红梅译. 北京:法律出版社,2001:144~149. //徐志军,张传伟. 欺诈的界分. 政法论坛(中国政法大学学报),2006(4):92.
② 史尚宽. 民法总论. 北京:中国政法大学出版社,2000:424.
③ 王泽鉴. 意思表示之欺诈与侵权行为. //民法学说与判例研究(二). 北京:中国政法大学出版社,2005:182.

假陈述所导致的金钱损失承担侵权法律责任。"[①] 英国法将欺诈作为错误陈述之欺诈性错误陈述的一种，容易忽略欺诈之主观故意的边界，并不可取；美国法是将欺诈与错误陈述区别开来，主要以侵权法对欺诈进行规制，但是没有大陆法系全面。

二、民事欺诈的立法现状

我国有关民事欺诈的立法现状是，《民法通则》第58条第3款规定："一方以欺诈、胁迫手段或乘人之危，使对方在违背真实意思的情况下所为，为无效的民事行为"。最高人民法院《关于贯彻执行〈民法通则〉若干问题的意见（试行）》第68条规定："一方当事人故意告知对方虚假情况，或者故意隐瞒真实情况，诱使对方当事人做出错误意思表示的，可以认定为是欺诈行为"。《合同法》第54条规定："一方以欺诈、胁迫的手段或乘人之危，使对方在违背真实意思的情况下订立的合同，受损害方有权请求人民法院或者仲裁机构变更或者撤销"。从《民法通则》颁布至今，我国关于民事欺诈的规定也见于许多单行法规中。

我国于2010年7月1日起施行的《侵权责任法》第2条规定："侵害民事权益，应当依照本法承担侵权责任"。第3条规定："被侵权人有权请求侵权人承担侵权责任"。但是，令人非常困惑的是，《侵权责任法》并没有关于欺诈侵权或合同欺诈侵权的直接规定，甚至全法也找不到"欺诈"一词，笔者贸然揣度，这与欺诈或合同欺诈是一种侵权行为的一般法理或立法精神是有很大距离的，甚至可以说得上是"有违法理"。前文有关欺诈的国外立法，不管是大陆法系（包括《法国民法典》《德国民法典》）还是英美法系，一般都将欺诈视为一种侵权行为，许多民法界大家也都认同欺诈或合同欺诈是一种侵权行为，由此可见，我国侵权法应当直接立法规制这种侵权行为。

王利明教授认为《侵权责任法》不规定合同债权是为了防止"侵权责任法的

[①] 徐爱国. 英美侵权行为法. 北京：法律出版社, 1999: 198. // 徐志军, 张传伟. 欺诈的界分. 政法论坛（中国政法大学学报）, 2006 (4): 92.

第七章 不当劳动合同——合同欺诈

过分扩张",界分侵权法与合同法,他认为:"与私法自治相联系的是侵权责任法与合同法的利益保护范围问题。两法的利益保护范围受制于两法自身的性质、特征。合同法因贯彻了私法自治,决定了它以实现合同当事人的意志为中心,因而保护合同债权构成了其利益保护的核心。而侵权责任法以救济合同外的私权为目的,由此决定了其必然以绝对权为主要保护对象。这种模式已为我国《侵权责任法》第2条所确认。该条在详细列举其所保护的权利时,有意省去合同债权,这并非是立法的疏漏,而是立法者的精心设计。立法者试图以此宣示,合同债权主要受合同法保护,侵权责任法则保护合同债权之外的其他权利。这就在保护范围上大体界定了两法的关系。""《侵权责任法》第2条的这种立法处理方式是妥当的","如果侵权责任法过度扩张,以致涵盖合同债权,则必然导致侵权责任法对合同法的替代,对民法原有体系构成威胁。"①王利明教授的上述论断具有一定的道理,但是民事欺诈构成的侵权行为在《侵权责任法》中完全不提,也是不恰当和不全面的,毕竟民事欺诈其本质就是一种侵权行为,至于如何界分合同法与债权法、如何防止侵权法的过度扩张,也是我们当然要研究的问题。王利明教授还认为:"《侵权责任法》第2条尽管划清了侵权责任法与合同法的关系,但是,该法仍然在不同程度上受到'大侵权'思想的影响,因此,从适用的结果来看,《侵权责任法》的颁布并没有真正和合同法划清界限,相反,在许多制度上,进一步加剧了两部法律调整范围的重叠"。②依笔者之愚见,减少合同法与侵权法的重叠问题,不能仅从《侵权责任法》中减去民事欺诈的问题,反而应当多考量减少其他侵权问题,如应当减少有关"产品责任"之侵权问题,因为我国还有专门的《产品质量法》可以调整,而欺诈却并无专门法的调整。

有人认为侵权法上的欺诈本质属于一般侵权行为,指行为人通过欺骗或隐瞒等手段故意从事的不法侵害他人"生命、身体、健康、自由、所有权或者其他权利者,对被害人负赔偿损害"责任的行为,包括欺诈侵害他人财产权、人身权和

---

① 王利明. 侵权责任法与合同法的界分——以侵权责任法的扩张为视野. 中国法学, 2011 (3): 112.
② 王利明. 侵权责任法与合同法的界分——以侵权责任法的扩张为视野. 中国法学, 2011 (3): 120.

其他权利的各种行为,但我国司法观念中,侵权法上的欺诈行为往往仅指财产欺诈。① 由杨立新教授负责起草的《中华人民共和国侵权责任法司法解释草案建议稿(草案)》第3条规定了"侵权债权":"行为人明知他人享有债权,故意以引诱、胁迫或散布虚假信息等方式致使债务人不履行债务,或者以其他方式侵害他人债权,造成财产损失的,应当承担侵权责任"。此规定虽然没有直接将欺诈或合同欺诈纳入调整范畴,但是"故意以引诱、胁迫或散布虚假信息等方式"实则已经包括了欺诈或合同欺诈之内涵,这对规制欺诈或合同欺诈具有很高的立法价值和意义。

《消费者权益保护法》第49条规定:"经营者提供商品或者服务有欺诈行为的,应当按照消费者的要求增加赔偿其受到的损失,增加赔偿的金额为消费者购买商品的价款或者接受服务的费用的一倍"。此条为我国立法首次确立惩罚性赔偿制度之双倍赔偿,其前提条件就是欺诈。同时此规定也成为我国"打假"或惩治"知假买假"的法律依据。

我国有关反消费欺诈的单行法规是《欺诈消费者行为处罚办法》。其第2条明确界定了欺诈消费者行为是指经营者在提供商品或者服务中,采取虚假或者其他不正当手段欺骗、误导消费者,使消费者的合法权益受到损害的行为。其第3条采取列举方式明确了其13种欺诈行为:销售掺杂、掺假,以假充真、以次充好的商品的行为;采取虚假或者其他不正当手段使销售的商品分量不足的行为;销售"处理品""残次品""等外品"等商品而谎称是正品的行为;以虚假的"清仓价""甩卖价""最低价""优惠价"或者其他欺骗性价格表示销售商品的行为;以虚假的商品说明、商品标准、实物样品等方式销售商品的行为;不以自己的真实名称和标记销售商品的行为;采取雇佣他人等方式进行欺骗性的销售诱导的行为;做虚假的现场演示和说明的行为;利用广播、电视、电影、报刊等大众传播媒介对商品做虚假宣传的行为;骗取消费者预付款的行为;利用邮购销售骗取价款而不提供或者不按照约定条件提供商品的行为;以虚假的"有奖销售""还本

---

① 董安生. 民事法律行为. 北京:中国人民大学出版社,2002:110.

第七章 不当劳动合同——合同欺诈

销售"等方式销售商品的行为;以其他虚假或者不正当手段欺诈消费者的行为。第6条重申了《消费者权益保护法》第49条规定的"双倍"之惩罚性赔偿。消费欺诈从法律性质上讲,它仍然属于民事欺诈行为,按照民事赔偿的基本原则应当是实行补偿性的赔偿原则,但是为了加大打击力度和更有效地保护处于弱势地位的消费者,所以实行了惩罚性的赔偿制度,这也是经济法对传统民法理论的突破,是治理民事欺诈制度的发展。

2009年6月1日起施行的《食品安全法》第96条规定:"违反本法规定,造成人身、财产或者其他损害的,依法承担赔偿责任。生产不符合食品安全标准的食品或者销售明知是不符合食品安全标准的食品,消费者除要求赔偿损失外,还可以向生产者或者销售者要求支付价款十倍的赔偿金"。此规定为我国首次"假一罚十"的立法,对打击食品欺诈具有重要意义。

我国关于欺诈的最新立法是2013年4月23日首次提交全国人大常委会审议的《消费者权益保护法修正案(草案)》(以下简称《草案》),其最大的亮点之一是加大了对欺诈行为的惩罚力度。《草案》第25条规定:"经营者提供商品或者服务有欺诈行为的,应当按照消费者的要求增加赔偿其受到的损失,增加赔偿的金额为消费者购买商品的价款或者接受服务费用的两倍"。这比现行法律关于金额赔偿的规定提高了一倍,是我国惩罚性赔偿之"双倍"赔偿的发展,可以称之为"三倍"惩罚性赔偿制度。《草案》还规定欺诈赔偿的最低金额为500元:"增加赔偿的金额不足五百元的,为五百元"。这样的关于最低赔偿金额的规定很有意义,如有利于激励消费者同欺诈行为做斗争,有利于消费者维权,可以从根本上改变原来消费者因赔偿金额太小、维权成本太高而放弃维权的现状,可以充分体现出惩罚性赔偿制度之激励功能。笔者认为,《草案》还应当加大对欺诈行为的惩罚力度,对欺诈的"三倍"惩罚性赔偿还是太低,可以借鉴《食品安全法》第96条规定实行"十倍"之处罚,这样不仅可以更为有效地"遏止"欺诈行为,还可以实现立法统一,提供我国立法之可预见性和一致性。《草案》规定的欺诈赔偿的最低金额为五百元的标准还是过低,笔者建议可以将金额提高到一千元,这样将更有利于激励消费者同欺诈行为做斗争,更有利于消费者维权,更有利于打击欺诈行为。

　　此外,《草案》还增加规定:"经营者明知商品或者服务存在缺陷,仍然向消费者提供的欺诈行为,造成消费者或其他受害人死亡或者健康受到严重损害的,依法追究刑事责任;受害人有权要求所受损失两倍以下的民事赔偿"。此规定是关于欺诈之刑事责任的立法规定,但是笔者认为,受害人有权要求所受损失为"两倍以下"的民事赔偿将不利于消费者,也不利于有力打击欺诈行为,应当将"两倍以下"的民事赔偿改为"十倍以下"。

三、欺诈合同的效力研判

　　民事合同欺诈从合同的效力上讲是没有法律效力的,但民事欺诈合同是否就属于无效合同的范畴。民事欺诈合同的性质、特征、效力确认、法律后果及处理等是否也都应当遵循私法之合同无效理论呢。

　　有学者认为,合同的效力是指已经成立的合同在当事人之间产生的法律拘束力,也就是通常所说的合同的法律效力。① 也有人认为合同的效力是指合同有效成立后,为实现当事人的合同目的,法律所赋予的效果或权能,是在其所蕴涵的当事人的真实意思与法律所体现的国家意志不相违背时,法律赋予其实现当事人缔约目的的效力。② 此定义特别注重合同所体现的当事人的真实意思和不违背法律所体现的国家意志时,合同才是有法律效力的。"合同效力的根源在于法律",③ 需要指出的是,尽管法律是合同效力的根源,但合同要想具有效力,当事人的意思自治与法律对当事人意思的认可缺一不可④,"一个有效的合同应当是在双方或多方当事人平等基础上,通过当事人之间的自由、真实的意思表示达成的合意。同时,法律还会基于公共秩序和善良风俗的需要,直接引致法律(多是公法)上的强行性和体现社会公德的一般条款,对合同进行审查,符合上述条件

---

① 胡鸿高. 合同法原理与应用. 上海:复旦大学出版社,1999:87.
②③ 王利民. 民法学. 上海:复旦大学出版社,2004:580.
④ 李仁玉. 合同效力研究. 北京:北京大学出版社,2006:3.

第七章 不当劳动合同——合同欺诈

的，将发生完全的效力"①；可见，合同的效力必须以当事人的意思表示为基础，并得到法律的认可，才真正具有合同效力。合同欺诈首先就不是当事人的真实意思的表示，因此，欺诈合同即使成立了，也不具备合同效力。但是，欺诈合同是否就等同于无效合同，欺诈合同到底应当属于合同效力类型化的哪一种，这些问题值得我们斟酌。

关于民事合同效力的分类有多种，有专家认为："从我国《合同法》第三章关于合同效力的规定来看，得到明确认可的合同的效力类型至少有下列几种：生效合同、效力待定的合同、可撤销的合同、绝对无效的合同。除了上述四种合同的效力类型以外，其他一些相关的法律，包括最高法院的司法解释中还存在其他类型的合同效力，比如相对特定第三人无效的合同以及尚未完全生效的合同"。② 王轶教授将合同的效力类型分为以下六种：生效合同、效力待定的合同、可撤销的合同、绝对无效的合同、相对特定第三人无效的合同以及尚未完全生效的合同，这种分类比较全面，基本概况了我国合同效力的主要类型，比有些学者主张的将合同的效力分为"有效、无效、可撤销、效力待定"四种效力状态更为全面。

"无效合同是违反合同生效要件的一种合同类型，是相对于有效合同而言的，是指合同虽然已经成立，但因其在内容上违反了法律、行政法规的强制性规定或社会公共利益而不发生法律效力的合同"。③ "无效合同是相对于有效合同而言的，是最典型的违反生效要件的合同"④ 无效合同的法律特征有违法性、自始无效、当然无效、确定无效。⑤ 郭明瑞教授也认同无效合同的"当然的、确定的、自始绝对不发生效力"。⑥ 无效合同是"违法的""当然无效"的合同，这已经是学界的共识。无效合同的"违法性"是指"合同在内容或形式上违反法律、行政法规

---

① 王利民. 民法学. 上海：复旦大学出版社，2004：586.
② 王轶. 合同效力认定的若干问题. 国家检察官学院学报，2010（5）：151.
③ 王利明. 论无效合同的判断标准. 法律适用，2012（7）：2.
④ 王利明. 关于无效合同确认的若干问题. 法制与社会发展，2002（5）：60.
⑤ 王利民. 民法学. 上海：复旦大学出版社，2004：590～592.
⑥ 郭明瑞. 合同法学. 上海：复旦大学出版社，2005：86.

的强制性规定或合同内容损害了社会公共利益","违法性是无效合同的根本特征"①。由上可知,民事合同只要违反了法律、行政法规的强制性规定或合同内容损害了社会公共利益,此合同就属于无效合同,就是当然之无效合同,并且自始就没有任何法律效力。民事欺诈合同也应当遵循这一一般规律,如果欺诈合同违反法律、行政法规的强制性规定或合同内容损害了社会公共利益,欺诈合同就属于无效合同,就是当然之无效合同,并且自始属于没有任何法律效力的合同。无效合同的违法性应当从狭义上理解即违反了法律或行政法规的强制性规范,而不能从广义理解其违法性。如果从广义上理解,任何违反了"诚实信用"原则的民事行为都属于违法行为,那么欺诈合同当然是违反了"诚实信用"原则的民事合同,也都应当是无效合同,此推定就排除了效力待定的合同、可变更或撤销合同等存在的必要性了,因此,无效合同的违法性只能从狭义上理解,确定欺诈合同的"违法性"也只能从狭义上进行,如果欺诈合同不具有此违法性,就不能一概认定欺诈合同都是无效合同。

合同欺诈的效力应当属于合同效力类型中的哪种呢?按照我国民法界的一般共识,合同欺诈应当属于无效合同之一种即合同欺诈的法律属性是一种无效的民事行为,其合同也就当然属于无效合同。其无可怀疑的法律依据就是我国的《民法通则》。《民法通则》第58条第3款规定:"一方以欺诈、胁迫手段或乘人之危,使对方在违背真实意思的情况下所为,为无效的民事行为"。由此认为以欺诈、胁迫的手段或者乘人之危,使对方在违背真实意思的情况下所为的民事行为无效,这样欺诈合同也就必然导致合同之无效。但是,后来的《合同法》对合同欺诈行为的规定与上述《民法通则》的规定并不完全相同,《合同法》第51条第1款规定:"一方以欺诈、胁迫的手段订立合同,损害国家利益的合同无效";《合同法》第54条规定:"一方以欺诈、胁迫的手段或乘人之危,使对方在违背真实意思的情况下订立的合同,受损害方有权请求人民法院或者仲裁机构变更或者撤销合同。"由合同法的以上两条可以认定欺诈合同是一种无效的合同,同

---

① 王利民. 民法学. 上海:复旦大学出版社,2004:590.

第七章　不当劳动合同——合同欺诈

时它又是可变更或者可撤销的合同，这样就产生了使人非常困惑的疑问——即欺诈合同既是无效合同，又是可变更或可撤销的合同，或者还可以推定无效合同与可变更或撤销的合同是一样的，但是二者实际上又是不一样的，于是这样的"悖论"就此产生了，即欺诈合同到底是属于无效合同，还是属于可变更或可撤销的合同，抑或二者都是，笔者也不能回答。

《民法通则》第58条规定的一方以欺诈、胁迫的手段或者乘人之危，使对方在违背真实意思的情况下所为的民事行为"无效"，存在着如下不足：第一，按照意思自治原则的要求，法律宜尽可能地承认法律行为有效。据此精神，在受欺诈人、受胁迫人愿意遵守并履行因欺诈、胁迫而实施的民事行为的情况下，法律应当尊重他们的这种意愿。可是，依据《民法通则》规定，因欺诈、胁迫而实施的民事行为必须归于无效，受欺诈人、受胁迫人的意愿化为泡影。第二，在欺诈人、胁迫人认识、判断错误的情况下，如欺诈人误认"宝石"为"顽石"，"诱骗"相对人与之签订"顽石"买卖合同，因欺诈、胁迫而实施的民事行为并不利己，反倒有利于受欺诈人、受胁迫人。于此场合，法律若将此类行为作为可撤销的标的，受欺诈人、受胁迫人可以选择不行使撤销权的路径，使此类行为继续有效，适当履行，自己保有给付结果，使欺诈人、胁迫人遭受损失。可是，按照《民法通则》的规定，此类行为无效，受欺诈人、受胁迫人则无权保有给付结果，至多可以请求欺诈人、胁迫人承担缔约过失责任，反倒承受了不利的后果。① 崔建远教授用具体的例子对有关欺诈之现行立法的批判可谓通俗易懂，将欺诈效力立法之不足问题进行了具体的解读。

有民法专家寻求到了对上述困惑之"悖论"的解答方案。崔建远教授认为《合同法》将合同效力制度设置得更为合理："它承继了《民法通则》奉行的有效、无效、可撤销、效力待定并存的模式，但在其内部予以适当调整，使之进一步完善。"他将因欺诈、胁迫或者乘人之危而实施的民事行为无效区分为两种类型：第一种是一方以欺诈、胁迫的手段订立的，且损害国家利益的合同；第二种

---

① 崔建远. 我国合同效力制度的演变. 河南省政法管理干部学院学报，2007（2）：32～33.

是一方以欺诈、胁迫的手段订立的，没有损害国家利益的合同。对于第一种，《合同法》承继了《民法通则》关于无效的规定；对于第二种，《合同法》没有固守《民法通则》关于无效的规定，而是改为可以变更或者撤销。由于《民法通则》和《合同法》均为有效的法律，法律适用应当遵循这样的规则：只要一方以欺诈、胁迫的手段订立合同，损害了国家利益，无论是按照《民法通则》还是《合同法》的规定，合同都是无效的；在不存在损害国家利益的前提下，确定因欺诈、胁迫或者乘人之危签订的合同的效力，适用《合同法》规定的效力，"受损害方有权请求人民法院或者仲裁机构变更或者撤销"；确定因欺诈、胁迫或者乘人之危而实施的单方行为的效力，则适用《民法通则》58条第1款第3项的规定①。② 笔者认为，崔建远教授上述论断对解决欺诈合同的效力问题非常恰当，依据他的观点，欺诈合同的效力认定应当遵循以下三个原则：第一，只要欺诈合同损害了国家利益就是一概无效，合同为无效合同；第二，只要欺诈合同没有损害国家利益，欺诈合同就应当是可变更或撤销合同；第三，如果欺诈合同是单方行为，则欺诈合同为无效合同。

欺诈合同的效力具有复杂性，并不能将欺诈合同一概认定为无效合同，如果借用"绝对无效"与"相对无效"的观点，欺诈合同有的是"绝对无效"的合同；有的可能是"相对无效"的合同，其效力可能是部分无效、部分有效或效力待定。

根据《合同法》第52条，有五种类型被确认为绝对无效的合同：一方以欺诈胁迫的手段订立合同，损害国家利益；恶意串通，损害国家、集体或者第三人利益；以合法形式掩盖非法目的；损害社会公共利益；违反法律、行政性法规的强制性规定。③ 可见，如果欺诈合同具备上述五种类型之一，欺诈合同就是绝对无效的合同。对这一认定，学者的一般理解有以下几点，"绝对无效的合同一定

---

① 一方以欺诈、胁迫的手段或者乘人之危，使对方在违背真实意思的情况下所为的民事行为无效。——笔者注.
② 崔建远. 我国合同效力制度的演变. 河南省政法管理干部学院学报，2007（2）：33.
③ 王轶. 合同效力认定的若干问题. 国家检察官学院学报，2010（5）：151.

第七章 不当劳动合同——合同欺诈

是损害公共利益的合同,所以它是严重违法的合同"①,"在我国合同法理论中并不存在相对无效的概念,谈到合同无效一般认为是指绝对无效。这种理解是不无道理的。绝对无效确实代表了合同无效的典型类型和典型形式。在一般情况下,无效合同是绝对无效、当然无效,任何人都可以主张无效,法院也可以依职权审查,主动宣告无效。但这只是就无效合同的一般类型而言,即一般的合同无效都是因为违反了法律的强制性规定或公序良俗,但某些特殊的合同尽管具有违法性,但只是涉及特定第三人的利益。如果这种合同都认定为绝对的当然的无效,即允许任何第三人主张合同无效未必妥当。因为一方面,此种合同是否损害第三人利益,只有第三人知道,其他人未必了解,而允许其他人越俎代庖,未必符合第三人的利益和意志。因此,应区分合同的绝对无效和相对无效。"②"损害第三人利益应当区分为是损害的特定的第三人还是不特定的第三人,如果损害的是不特定的第三人的利益,实质是公共利益,应当认定为绝对无效。如果损害的是特定的第三人的利益,则应当属于相对无效的合同,只能由该受害的第三人主张无效。"③欺诈合同如果损害了第三人利益,也应当遵循王利明教授的上述原则,即如果欺诈合同损害的是不特定的第三人的利益,应当认定为绝对无效;如果损害的是特定的第三人的利益,则应当属于相对无效的合同。

关于欺诈合同的效力问题,还应当研判合同的"部分无效"理论和立法。我国《合同法》第56条规定:"合同部分无效,不影响其他部分效力的,其他部分仍然有效"。有的欺诈合同可能就属于部分无效的合同,而不是绝对无效的合同。

王泽鉴先生认为,罗马法上有"有效之部分,不因无效之部分而受影响"的规定,其目的在于维护私法自治,即不使当事人受欠缺无效部分之法律行为的拘束,此通常亦符合当事人之意思。④ 王利民教授认为,确立合同的部分无效,应当符合四个要件:一是合同必须限于一个单一的合同,而不应当构成数个合同,

---

① 王轶. 合同效力认定的若干问题. 国家检察官学院学报, 2010 (5): 159.
② 王利明. 关于无效合同确认的若干问题. 法制与社会发展, 2002 (5): 62.
③ 王利明. 关于无效合同确认的若干问题. 法制与社会发展, 2002 (5): 63.
④ 王泽鉴. 民法总则(增订版). 北京: 中国政法大学出版社, 2001: 487.

否则就是一个分别无效的问题,而不是部分无效的问题;二是合同内容具有可分性。所谓可分性是指将无效部分分离出来,还能够使一项可以想象为有效的行为继续存在,而且这项行为也不得与当事人的愿望相违背;① 三是合同部分无效,不影响其他部分效力的;四是合同部分无效须在除去无效的部分行为后,当事人也将从事剩余部分行为的情况下,才应发生部分无效。② 如果欺诈合同满足上述四个要件,应当认定该欺诈合同属于部分无效的合同。

重视合同效力制度的多样性和复杂性,正是我国合同制度越来越科学发展的表象,也是理论研究的一般趋势。正如大家所言,我国合同效力制度发生明显变化的总趋势是意思自治原则越来越发挥出实际效能,公序良俗原则越来越定位合理,鼓励交易原则越来越落到实处,无效的范围逐渐缩小,效力形式越来越多样化,富有弹性,有效、无效、可撤销、效力待定、未生效并存的模式渐趋完善。③我国合同效力形式的多样化,反映了我国合同法理论的不断发展和完善,与此相对应,欺诈合同的效力研判也应当跟上历史发展的步伐,构建欺诈合同的多样性的效力形式,以便更好地打击合同欺诈。同时,我国的劳动合同制度也应当"紧随"和充分吸收民事合同效力制度的"营养"和发展趋势,打造先进的劳动合同制度。理论研究的成果还必须被立法所认可,实现"知行合一",理论和立法二者的统一,才能真正有效发挥作用,才能有力规制民事合同欺诈和不当劳动合同即劳动合同欺诈。

第二节 劳动合同欺诈的一般形式

劳动合同欺诈是指劳动者或雇员或求职者或应聘者为了获取就业机会,或者是为了获得更好的劳动待遇而故意隐瞒对自己不利的因素,或者捏造虚假情况,或者歪曲、掩盖真实情况,使用人单位或雇主陷入错误认识而录用并与之签订劳

---

① [德]迪特尔·梅迪库斯. 德国民法总论. 北京:法律出版社,2000:384.
② 王利明. 关于无效合同确认的若干问题. 法制与社会发展,2002 (5):62.
③ 崔建远. 我国合同效力制度的演变. 河南省政法管理干部学院学报,2007 (2):27.

第七章 不当劳动合同——合同欺诈

动合同或条款的行为。劳动合同欺诈因不具备道德和法律上的正当性,笔者将之划归为广义不当劳动的范畴,称之为不当劳动合同。劳动合同欺诈的形式可分为一般形式和特殊形式。劳动合同欺诈一般形式主要包括劳动者(雇员)实施的欺诈和用人单位(雇主)实施的欺诈,而劳动者(雇员)实施的欺诈主要是学历欺诈——学历造假。

一、雇员实施的欺诈——学历欺诈

(一)一般原理

由雇员即劳动者实施的欺诈劳动合同,欺诈的一方主体为劳动者或雇员或求职者或应聘者,相对方为用人单位或雇主或招聘单位;合同欺诈的主观状态为故意。欺诈行为的后果及责任的认定是一个比较纠结的问题,它要比民事合同欺诈复杂得多,欺诈行为实施者欺诈的主要终极目的是为了获取就业机会或者是为了获得更好的劳动待遇而签订劳动合同。按照民法的一般原理,故意隐瞒与订立合同有关的重要事实或者提供虚假情况,属于缔约过程中的欺诈行为,属于缔约过失责任的第二种类型。① 关于缔约过失责任,杨立新教授认为:"缔约过失责任是指在合同缔结过程中,当事人因自己过失致使合同不成立、无效、被撤销,对相信该合同有效成立的相对人为基于此项信赖而生的损害,应负赔偿责任。"② 王利明教授认为:"所谓缔约上的过失责任,是指在合同订立过程中,一方因违背其依据诚实信用原则所产生的义务,而致另一方信赖利益的损失,并应承担损害赔偿责任"。③ 信赖利益对于缔约过失责任具有十分重要的意义,从一定程度上说,缔约过失责任制度的产生正是为了保护信赖利益。学界也广泛承认缔约过失责任保护信赖利益。④ "在大陆法系中,信赖利益又称为消极利益或消极的契约利益,

---

① 王利民. 民法学. 上海: 复旦大学出版社,2004: 576.
② 杨立新. 民法判解研究与适用(第2集). 北京: 中国检察出版社,1996: 386.
③ 王利明. 违约责任论. 北京: 中国政法大学出版社,2000: 707.
④ 肖永平,刘珍兰. 论缔约过失责任的概念和性质. 河南省政法管理干部学院学报,2006(2): 12.

是指因信赖无效的法律行为有效而所受的损害"。① 造成他人信赖利益的损失是承担缔约过失责任的重要要件，这已经成为学界的共识，但是合同欺诈是否就应当承担缔约过失责任，即使是在民法学界，对此研究不多且并无明确的"定论"，劳动合同欺诈之责任认定的研究更是少之又少。王利民教授认为对在合同订立过程中的欺诈行为，应当适用缔约过失责任，他认为："在合同订立过程中，因一方故意欺诈或意识表示不真实，致合同无效或被撤销的，对有过失一方致他方的损害，也应适用缔约过失责任"。② 民事合同欺诈主要是发生在合同订立前或订立过程中，因此，据此认为合同欺诈应当承担的民事责任是缔约过错责任是有一定道理的，但是，由于劳动合同的特殊性，有些劳动合同欺诈并没有造成用人单位之信赖利益的损失，此时适用缔约过失责任就显得不恰当，对缔约人即劳动者或应聘者也是不公平的，且与劳动法倾斜保护劳动者利益的立法精神也是不相符的。劳动合同欺诈之责任的认定，既要吸收民法之精神，还要考量劳动法之特色，依笔者拙识，劳动合同欺诈之缔约过失责任的认定，应当分为两种：第一，如果劳动合同欺诈造成了他人信赖利益的损失，就应当承担缔约过失责任；第二，如果没有造成他人信赖利益的损失，就不应当承担缔约过失责任。

劳动合同欺诈如果没有造成他人信赖利益的损失，是不应当承担缔约过失责任的，更不应当承担违约责任或侵权责任。按照侵权法的一般原理，行为人的行为与结果必须有直接的因果关系，才可能构成侵权，但是，由于劳动合同的签订是由多种因素构成的，有的欺诈并不一定就能够误导相对方决定是否签订劳动合同或提供某种待遇，此时欺诈行为与劳动合同的订立并不一定都存在因果关系。在劳动合同欺诈之学历欺诈中，例如，某人学历为硕士研究生，但是他却伪造了博士学历，其他情况都是真实的，而且招聘录用条件仅要求最低学历为硕士，此种情况下，其欺诈行为与最终签订劳动合同并无多大关系，也就是说，他不伪造博士学历，凭其硕士学历已经完全符合录用条件并可签订劳动合同，此欺诈行为

---

① 史尚宽. 债法总论. 北京：中国政法大学出版社，1990：278.
② 王利民. 民法学. 上海：复旦大学出版社，2004：574.

第七章　不当劳动合同——合同欺诈

与合同签订之间并无直接的因果关系，那么这种欺诈行为是否构成劳动合同欺诈，是否应当承担相应的法律后果，是否将导致劳动合同的无效或部分无效，此种欺诈的责任承担方式是缔约过失责任、违约责任，还是侵权责任，抑或竞合兼有，这些问题都是我国目前学历欺诈在劳动合同欺诈中的新问题。

（二）学历欺诈

学历欺诈即学历造假已经成为我国目前劳动合同欺诈之劳动者实施的欺诈的主要形式。最近几年，涉及学历造假的案例屡有出现，钱钟书《围城》之方鸿渐的学历欺诈已经从文学作品中大量走到了现实生活中。

笔者将学历造假分为三类：第一，名人学历造假，通常称其为"学历门"事件，如"打工皇帝"唐某的学历造假，唐某因学历造假被逼辞去有名的互联网公司 CEO 职位。名人们学历造假的主要目的无非是想在职业生涯的第一步，以最简捷的程序获取创业的第一桶金。第二，一般公民的学历造假，其主要目的是为了求职和获取劳动机会，或是为了获取更好的待遇，此类欺诈与第一类相同，都是为了以最简捷的方式获取创业的第一桶金。第三，官员学历造假，其目的是为了升迁，通过学历造假迅速获取任职、晋职等利益，有的官员花钱直接买学历，有的官员请秘书或枪手代劳；最为老百姓痛恨的是一些官员借用手中的权力"以权谋文凭"，他们根本不用到高校学习，就能"曲径通幽"，这种学历造假是最为隐蔽的造假，实则是一种干部任用制度考察缺陷造成的腐败行为。

"重文凭轻水平"已经成为一种"社会病"，学历欺诈是"病中之病"，学历欺诈第一类和第二类的很多案例可以成为劳动合同欺诈的典型案例，值得我们从劳动合同欺诈的角度进行反思。第三类学历欺诈即官员之学历造假由于不是民法和劳动法的调整范畴，而属于公务员法调整的范畴，本文将不再赘述。

1. 学历欺诈胜诉案[①]——合同欺诈并不导致合同无效

徐某于 2007 年 3 月 6 日到北京某网络技术公司担任人力资源总监。徐某的

---

① 周斌. 从莫某自曝"假学历"谈劳动合同的无效认定. 东方网，http://sh.eastday.com/m/20121110/ula6983805.html.2012—11—10.

《应聘人员登记表》中教育背景一栏中填写的是"北京大学 MBA 硕士"。公司在徐某入职后不久即发现其虚报学历。同年 5 月 28 日，公司通知徐某解除劳动合同，原因是在试用期内发现其学习经历不属实，工作能力差，不符合录用条件。徐某提起劳动仲裁，北京海淀区劳动争议仲裁委裁决公司支付徐某经济补偿金 6000 元及额外经济补偿金 3000 元。公司不服提起诉讼，徐某提交北京大学公共经济管理研究中心入学通知书（2006 年 4 月）一份，内容主要为徐某经审核被录取为北京大学企业管理高级研修班学员并要求徐某于 2006 年 4 月前报到。

一审法院认为，公司虽主张徐某不符合录用条件，但未提供该岗位具体的录用条件，故法院对其主张不予采信，认定该公司以此为由与徐某解除劳动关系依据不足，公司应支付徐某经济补偿金 6000 元及额外经济补偿金 3000 元。公司上诉至北京第一中级人民法院。

二审期间，徐某表示该研修班截至 2007 年 3 月，颁发了结业证书。二审判决认为，虽然徐某并非北京大学 MBA 硕士，但公司并未提供证据表明其在徐某入职前曾对徐某的学历有特定的要求，而学历与能力并不能等同，公司在徐某入职前亦对其进行了面试，现以徐某虚报学历为由提出解除劳动关系缺乏正当性。二审判决驳回上诉，维持原判。

本案中虽然徐某存在欺诈的事实，即徐某为了获得劳动机会，伪造了自己的学历，但是由于被欺诈的相对方（公司）不能证明学历欺诈与录用并签订劳动合同存在必然的因果联系，加上本案中的劳动合同欺诈的后果并没有造成直接的危害性后果，因此，徐某虽然是劳动合同欺诈，但是不必承担法律后果。

有人认为欺诈应具备两个构成要件：一是故意告知对方虚假情况，或者故意隐瞒真实情况；二是诱使对方当事人做出了错误意思表示。劳动者在订立劳动合同时未如实披露信息并不必然构成欺诈，只有当劳动者故意隐瞒自己的学历、工作经历等信息对公司录用有重大影响，进而做出录用该劳动者的行为，才构成劳动者对用人单位的欺诈行为，由此签订的劳动合同应属于无效。北京市第一中级人民法院民一庭黄彩相法官认为："应当明确学历是用人单位判断劳动者是否能够符合特定岗位要求并决定录用员工的重要参考因素，但不是唯一的因素。用人单位对员工的学历若有特定的要求,应当在录用员工期间明确要求员工提供并做力所能及的审验。"[①] 笔者的观点与上有所不同,此案中,徐某的伪造学历即构成欺诈,是一种典型的由劳动者实施的劳动合同欺诈,只是由于这种学历欺诈与合同的订立并无直接的关系,与后来劳动者的工作能力也无直接影响,特别是没有造成用人单位直接的危害性的后果,因此,徐某虽然是劳动合同欺诈,属于不当的劳动合同,但是并不能导致该劳动合同的无效,劳动合同仍然是有效的合同。此案说明,劳动合同欺诈有时虽然是不诚实的表现,属于不当的行为,但是不一定就是违法的行为,劳动合同欺诈行为的是否非法及效力认定是不能简单地按照无效来处理的,要具体情况具体分析。

2. 学历欺诈败诉案[②]

2007年7月,李某到某公司工作,双方签订有效期自2008年1月1日至2009年12月31日的劳动合同。李某的职务为人事经理,月工资标准为1万元。双方在劳动合同中约定《员工守则》为合同增加的内容。《员工守则》中规定:聘用员工如被本公司发现提供虚假证明者,一经本公司发现,公司与其劳动关系即行终止。2008年6月,公司发现李某学历造假,并于同日向李某发出解除劳动合同的通知。之后,李某向仲裁委员会提出申诉,要求公司支付解除劳动关系经济补偿金。该委员会裁决驳回李某的申诉请求。李某不服,向法院提起诉讼。

在本案审理过程中,公司主张李某在应聘时提供的学历证明系伪造,李某的行为违反了《员工守则》的规定,公司有权解除与李某的劳动关系,且无须支付李某经济补偿。李某认可其入职时提供的学历证明系虚假证明,但主张学历证明并非其担任职务所必须,其行为并不构成欺诈行为,公司提前解除劳动合同应该支付经济补偿。

法院经审理认为,案中李某作为劳动者,在与公司协商签订劳动合同过程

---

① 周斌. 从莫某自曝"假学历"谈劳动合同的无效认定. 东方网,http://sh.eastday.com/m/20121110/u1a6983805.html.2012-11-10.

② 案例来源:孙军正. 由"唐某造假门"看一起劳动合同欺诈案. 中人网,http://www.chinahrd.net/employee-relations/labour-disputes/2010/0709/128350.html.2010-07-09.

中，提供了伪造的学历。即使学历证明并非担任职务所必须，但根据李某认可遵守的《员工守则》的规定，李某提供伪造学历，双方劳动合同即告终止。并且根据《劳动合同法》的规定，因欺诈而订立的劳动合同是无效合同，据此李某主张公司支付解除劳动关系经济补偿金的诉讼请求于法无据，法院不予支持。最后，法院判决驳回了李某要求公司支付解除劳动关系的经济补偿金的诉讼请求。

关于劳动合同欺诈之学历欺诈的认定及合同的效力问题，司法实践比学理研究要发达，其理论研究滞后于司法实践。有律师结合现实中的劳动合同欺诈之学历欺诈案的实践，做出的解释值得我们注意和研讨。伪造学历文凭应聘的行为是应当受到批评的，但是，也不能认为凡是伪造学历文凭应聘订立劳动合同的行为就一律是《劳动法》上所说的采取"欺诈"手段订立劳动合同的行为，进而认定所订立的劳动合同无效。一般认为，如果用人单位要求某种岗位必须是某种学历文凭，并且所要求的学历文凭是做好该项工作的必要条件，应聘的劳动者伪造了学历文凭才得以签订劳动合同，这才是属于《劳动法》上所说的采取欺诈手段订立劳动合同的行为，在这种情况下订立的劳动合同是无效的。如果用人单位没有要求学历文凭或者要求较低的学历文凭而劳动者出于某种原因伪造了较高的学历文凭，则不构成或者说不属于《劳动法》上所说的采取欺诈手段，因为伪造的这个较高学历不是用人单位决定签或者不签劳动合同所考量的因素，换言之，用人单位并不是因为劳动者有了这个学历才与之签订劳动合同的。此劳动合同是有效的。① 笔者比较赞同上述观点，但是伪造学历文凭应聘的行为是应当受到批评的不当行为，但是，可以认为伪造学历文凭应聘订立劳动合同的行为一律是合同欺诈行为，只不过在效力的认定上，要区别勘定，此类合同并不是一律都是无效的劳动合同，即有的这种欺诈合同还是有效或可撤销的劳动合同。

笔者认为，与上面的胜诉案相比，两案都是劳动者虚报学历的劳动合同欺诈，但是处理的结果却是截然不同的，法院判决的结果都是比较恰当的。两案都属于劳动合同欺诈，只是合同效力的认定和处理结果不同：前者的欺诈并不影响

---

① 周玉文. 使用假文凭订立劳动合同就构成欺诈吗. 就业与保障, 2007 (10): 41.

第七章 不当劳动合同——合同欺诈

合同的效力，劳动合同是有效的，欺诈行为实施者并不必承担缔约过失责任、违约责任或侵权责任；后者的欺诈因违反了合同的约定而应当承担违约责任，劳动合同因有"聘用员工如被本公司发现提供虚假证明者，一经本公司发现，公司与其劳动关系即行终止"的约定，合同无效。

如何看待劳动者之如实告知义务，也是研究劳动合同欺诈包括学历欺诈必须思量的问题。我国《劳动合同法》第8条规定："用人单位有权了解劳动者与劳动合同直接相关的基本情况，劳动者应当如实说明"。劳动者对用人单位的信息告知是有条件和范围限制的，即"直接相关"，学历欺诈是否违反了劳动者的如实告知义务，必须考察其欺诈与订立合同的直接关联性，如果没有直接关联性，那么欺诈并不导致劳动合同的无效。

不管是劳动者主动告知或者是雇主予以提问，如果求职者的相关信息与应聘的工作岗位、职责存在直接、实质的关联性时，求职者应主动告知实情，不得隐瞒。但是，如果用人单位所要求了解的信息与应聘的工作岗位、职责没有直接、实质的关联性时，或者用人单位的应聘条件与拟招聘的工作岗位不存在正当性与合理性时，求职者所进行的"欺诈"行为不应当影响所签订的劳动合同效力。[①] 该观点结合劳动者的如实告知义务对劳动者以欺诈手段订立的劳动合同进行了探讨，并认为求职者告知的情况应当与工作岗位或职责存在直接、实质的关联性，否则即使求职者进行了"欺诈"，也并不影响所签订劳动合同的效力。学历欺诈如果符合上述分析，其欺诈就不能导致劳动合同的当然无效、自始无效，以上的两个案例可以说明这点。

二、雇主实施的欺诈

雇主实施的欺诈包括用人单位和自然人雇主实施的劳动合同欺诈，它比由雇员即劳动者实施的合同欺诈要复杂得多。由劳动者实施的合同欺诈的发生时间主要是发生在合同签订之前或是签订过程中，合同欺诈的目的比较单一，主要是劳

[①] 何小勇，张栋. 对以欺诈手段订立劳动合同的法律思考. 山西省政法管理干部学院学报，2010 (1)：79.

动者为了工作机会而被录用、并能够成功签订劳动合同,其主要欺诈是伪造录用条件。由用人单位(雇主)实施的劳动合同欺诈形式比较多样,欺诈时间几乎涵盖劳动合同签订前、签订过程中和劳动合同履行中,覆盖整个合同的全过程。

  雇主实施的欺诈是多种多样的,最典型的案例是"法国 D 公司软件连环欺诈引发上海无固定期劳动合同解除第一案"[①]。法国 D 公司利用劳动者应聘的简历作为自己员工来参与项目竞标,充实自己实力,欺骗对方公司,拿到项目后用无固定期条件来欺骗劳动者签订合同,再利用试用期随意解除合同,最后利用伪造考勤来达到扣发工资的目的。该案例中的公司充分利用各种欺诈手段来谋求利益。劳动者陈平(化名)与 D 公司软件公司签订从 2008 年 2 月底开始的无固定期劳动合同,其职位是项目经理,合同规定试用期为三个月。事实上,D 公司软件在他进入公司之前,就利用他应聘用的个人简历将其作为公司员工写入项目竞标书等文件去获得威立雅水务公司的项目。然后,用无固定期合同邀请陈平进入公司工作。让陈平没有想到的是,在系统关键的分析和设计阶段完成后,总经理黄某同其谈话,说由于公司实际控制人周年(化名)对陈有意见,要求陈平写辞职报告,被陈平拒绝。后来,要求陈平签署同意解除合同,放弃经济补偿的协议,否则就扣下陈平上个月的工资,也被陈平拒绝。

  在协商无效之后,陈平向上海市普陀区劳动监察投诉后,根据监察的意见,向普陀劳动争议仲裁委员会申请仲裁,于 7 月 1 日立案。在开庭调解时,D 公司软件开始坚持认为其有权在试用期内随时解除合同,而不需要提供理由。后来,公司副总裁何宠(化名)又提出扣发陈平的工资是因为陈在该月只工作了四天,包括两天外出到威立雅亚太总部开会,并拿出一张考勤卡,上面只有两天的打卡记录。陈平当即指出该考勤是伪造,上面并非他的签名,并要求鉴定笔迹。

  此案经过一裁二审,其间进行了多次庭审,争议较大。笔者姑且不论其仲裁或审判的是非曲直,仅仅是为了说明用人单位(并不特指法国 D 公司)实施的劳动合同欺诈形式的多样性。

---

  ① 新浪文化历史论坛, http://club.history.sina.com.cn/viewthread.php?tid=2731185&page=1&authorid=1290153662.2008-08-04.

第七章 不当劳动合同——合同欺诈

由雇主实施的劳动合同欺诈主要有下面几种:

(一) 滥用劳务派遣的欺诈

当前由于我国法律的缺陷,直接导致劳务派遣不规范发展,用人单位为了其利润最大化而节约劳动用工成本,往往滥用劳务派遣,严重侵犯了劳动者的合法权益,这在时下的劳动合同欺诈中占有很大比例。

《南方日报》记者在劳务派遣业务活跃的穗莞两地展开的调查结果表明:"劳务派遣缺乏法律约束,求职者屡遭欺诈"。在劳务用工大省广东,有许多大学生和农民工都曾被劳务派遣欺诈。劳务派遣公司数量的剧增带来了劳务纠纷数量的增长。记者曾于2012年2月统计,该月14日至29日,半月间《南方日报》报料热线共接到了94位东莞读者投诉劳务公司的涉嫌欺诈行为,被骗金额少则一两百元,多则三四千元,平均每人被骗622.12元。这94例共涉及东莞21个镇(街道办),超过三分之二个镇街涉嫌存在黑劳务公司,其中以长安和塘厦为两大中心片区。① 以下是收集到的有关劳务派遣欺诈的最新的真实的案例,具有一定的代表性。

1. 大学生刘某被欺诈案②

广州某银行招聘正式员工,却只能以劳务派遣工的身份签订两年劳动合同,广州某银行涉嫌用工诈骗。刘某去年从东北林业大学毕业后,来到深圳比亚迪公司工作,拥有正式员工的身份。但她一直没有放弃对国企"铁饭碗"的追求。2012年4月,刘某从某求职网上获知广州某商业银行正在招聘员工,招聘公告的最后一个条款明确指出:"应聘者成功录用后,将成为银行正式员工"。"正式员工"这四个字让刘某心动了。刘某通过网申投递了简历,并很快通过了笔试、面试数个环节的考核。5月底,收到录用通知的刘某从比亚迪公司辞职。之后的两个多月里,一切进展顺利:入职、培训、开始试用期。8月初,人力资源负责人突然告知:"总行的编制没有批下来,这一批入职的新员工只能以劳务派遣工

---

①② 戎飞腾,关明辉,杨雄斐. 劳务派遣三性不明,用工漩涡根治不清. 南方日报,2012-08-27(11).

的身份签订两年合同"。刘某和其他25名新同事当场表示抗议,但被告知没有其他选择,要么签约,要么走人。刘某对记者说:"该银行每年都会招两批人,之前几批员工全部有编制,为什么到了我们26人,说好的正式员工突然就成了劳务派遣工?"发稿前,记者再次联系刘某,得知,除了她以外的25人均选择妥协与该银行签订劳务派遣合同。

2. 农民工王某被欺诈案[①]

2011年3月,农民工王某孤身来到东莞,他走进了一家劳务派遣公司。"当时他们登记了我的信息后,要我交1块钱的登记费。1块钱嘛,我当然就给了他"。令王某没料到的是,这1块钱只是一个开始,之后各种各样的费用接踵而来。"我2010年才出外打工,什么都不懂,以为找工作都是这样,最终一共被收了1 370多块钱"。终于,王某被带到用工单位,却得知原本承诺的1 800元月薪是假的,用人公司每月只愿意支付1 300元。王某当场要求换厂,劳务公司一口答应,但表示这家单位的费用已不可能退还,王某同意了。但没想到的是,"他们把我带到南城,直接转卖给了一家保安公司。那之后,我又被他们收了2 000多块钱押金,说干一个月活就退还。他们这回给我找了家服装厂,工资更少,只有1 000元了"。

3. 空白合同欺诈

利用空白合同进行欺诈是民事合同欺诈和劳动合同欺诈中都比较常见的手段,因二者的关联性和共性,笔者首先解读最新的民事空白合同欺诈,再分析空白劳动合同欺诈。

2012年8月20日,50名车主搅闹某公司股东大会,称该公司集团"诱骗签空白合同,销售不能上路的国Ⅱ标准车以及强行短期扣车等"。有维权车主向《证券日报》反映,在与汽车销售公司(与该大集团无关的公司)签订车辆订购合同后,都有自称银行的人士来到家中,要求车主签订合同,不仅时间急而且很多地方都是空的,签订合同后也没有给留下一份,事后才知道这是与该公司签订

---

① 戎飞腾,关明辉,杨雄斐.劳务派遣三性不明,用工漩涡根治不清.南方日报,2012-08-27(11).

第七章 不当劳动合同——合同欺诈

的融资租赁合同。① 2013年初，原本于2012年就已了结的该公司车主维权事件再度被热炒，使得中国最大的汽车经销商集团再陷"欺诈"风波。央视新闻报道相继跟进，使得该事件影响力进一步被放大。

几乎所有购车者都反映，在与该公司签订合同时，购车者都没有阅读过合同条款，而且重要内容基本上也为空白，这给购车者此后申诉该公司销售产品存在质量问题和排放标准未达标问题埋下了隐患。2013年1月16日，该公司集团发布澄清公告称，投诉其"诱骗购车人签订融资租赁合同、将国家明令禁售车辆充当正规车辆销售、销售假冒伪劣产品"的情况均不符合事实。该公司集团董事长秘书车某向记者表示，购车者所谓的被诱骗签订了空白合同并没有事实依据，根据公司出示的合同可以看出，只有乙方信息、金额、产品详情及时间为空白，其他条款均为格式合同。同时，该公司与购车者签订的合同抬头会写有"融资租赁合同"和"租赁物买卖合同"字样，而并非购车者所述的"买卖合同"。"一般而言，诈骗罪的成立必须存在虚构事实、隐瞒真相的情况，但就目前该公司提供的材料来看，其在合同内容和补充协议中都将国二产品与融资租赁业务执行条款解释得很清楚，因此合同诈骗目前并不成立。"北京师范大学刑事法律科学研究院教授刘广三表示。事实上，由于举证困难等原因，购车者指出公司存在"合同欺诈"的行为很难判定，购车者很难再通过走司法程序改变"合同有效"的事实，因而摆在众多购车者面前的唯一出路就是鉴定从该公司处购买车辆的真伪。② 在该公司"欺诈门"案件中，许多人称被诱骗签订了空白合同，但是由于举证不足，导致合同欺诈认定的困难，但是，笔者认为，这并不影响在现实生活中存在大量诱骗当事人签订了空白合同的事实，反而启示我们，要特别注意防止合同欺诈中的这种手段，不能让其欺诈得逞，另外也提醒我们，在被欺诈或胁迫签订空白合同时，一定要注意有效保存证据，以便今后获得法律的有效救济。

我国司法实践中，由用人单位实施的劳动合同欺诈的真实案例有很多，有记

---

① 岳伟. 庞大回应合同欺诈：部分案件可协商处理. 证券日报，2012-08-30 (1).
② 熊斯思. 庞大"欺诈门"风波再起. 中国经营报，2013-01-28 (41).

者对北京市第一中级人民法院最近审理的劳动争议案进行了整理和解析,这些案例具有很大典型性和时代性。

劳务派遣之合同欺诈还有一种典型形式是:"利用空白合同让你变成派遣工"。[①] 北京一中院在近期审理劳动纠纷案件时,已经发现了不少类似的案例。赵某在一家石灰石矿开车,一直未签劳动合同。三年后,他提起劳动仲裁。但他发现不仅他的"东家"与一家劳务派遣公司签有协议,他本人与这家派遣公司也有协议。这时他才想起入职时曾在一份空白合同上签字。庆幸的是,这份合同上的公章经鉴定是伪造的,赵某才最终打赢了官司。而在一家广告公司担任设计师的沈女士却没有这么幸运。当她发现自己"被派遣"后,虽然也主张是在空白合同上签的字,却难以举证,最终败诉。

北京一中院法官解释:即便沈女士所述属实,其作为完全民事行为能力人,亦应知晓其在劳动合同这一重要文本上签字的行为可能导致的相应法律后果,并需承担相应的法律责任。法官提醒劳动者在劳动合同签订过程中应该慎重,避免签订空白劳动合同,同时尽量在每页都签名,防止用人单位更换劳动合同进行欺诈。

4. 变更用人单位欺诈

"变更用人单位劳动者莫名被派遣"案[②]。翟某于2008年10月10日到永鑫矿业有限公司工作,岗位为铲车司机,每月工资2400元。其间一直未签订劳动合同。翟某于2011年3月10日申请劳动仲裁,申请确认劳动关系。此时他的"东家"竟称他是一名被派遣的员工。"东家"拿出了三份派遣合同,根据这三份派遣合同,翟某是武智公司向永鑫公司派遣的劳务人员。而翟某毫不知情。原来,翟某曾在永鑫公司提供的一份空白合同上签过字,但显然翟某已经无法证明自己是在空白合同上签的字。眼看要败诉,翟某申请对这份合同进行鉴定。经鉴定,武智派遣公司与翟某签订的劳动合同书中所使用的公章是被人伪造的。据此,法院最终否定了翟某与永鑫公司的劳务派遣关系,认定双方之间存在劳动

[①] 张红兵,许庆涛. 小心空白合同让你变成派遣工. 法制日报,2013-05-6(6).
[②] 张红兵,许庆涛. 变更用人单位劳动者莫名被派遣. 法制日报,2013-05-06.

第七章 不当劳动合同——合同欺诈

关系。

根据《劳动合同法》第14条第3项的规定，连续订立二次固定期限劳动合同的，用人单位应与劳动者订立无固定期限劳动合同。实践中，一些用人单位为规避此条款，便借助劳务派遣的形式避免与劳动者订立第二次劳动合同，强行让劳动者与劳务派遣公司签订劳动合同，然后以劳务派遣的形式用工。有些用人单位甚至直接将劳动者的劳动关系转给劳务派遣公司，欺骗劳动者签订劳动合同，劳动者诉讼时才发现已经"被派遣"了。而在劳务派遣过程中，劳动者的岗位、职务、工作内容、劳动报酬都没有变化，用工单位规避法律的目的非常明显。

本案中，雇主或用人单位通过签订空白合同的形式欺诈劳动者，使劳动者"被派遣"，并企图规避《劳动合同法》关于签订无固定期限劳动合同的规定。

（二）无固定期限劳动合同欺诈

"工龄已超十年仍没签长期合同"案[①]。河北保定的刘某于2001年6月入职北京D公司，从事售后工程师工作，双方签订了劳动合同。到2011年6月17日，刘某的工作年限就满10年了。但让刘某没想到的是，2011年6月25日，D公司再次与他签合同，没有签无固定期限合同，而是签了三年期的合同。2012年5月刘某向公司提出，要求签订无固定期限劳动合同，未达成合意，双方于2012年6月25日解除劳动关系。刘某将该公司起诉到法院，主张2011年6月17日其工作年限已达到10年，故D公司应与其签订无固定期限的劳动合同，否则就应支付未签订无固定期限劳动合同的两倍工资差额。D公司却不同意，称三年期合同是双方协商一致达成的合意。2012年8月20日的仲裁庭审过程中，仲裁员询问刘某"公司有没有逼迫你签订固定期限劳动合同？"刘某答"签字是自愿的"。本案中，法院没有支持刘某的请求。

根据《劳动合同法》的规定，在劳动者符合签订无固定期限劳动合同的情形下，如果劳动者提出签订固定期限劳动合同，双方协商一致，可以签订固定期限

---

① 张红兵，许庆涛.工龄已超十年仍没签长期合同.法制日报，2013-05-06.

劳动合同。实践中,很多用人单位瞄准了此例外情形,想方设法让劳动者本人提出签订固定期限劳动合同。有的用人单位提供格式化的合同范本,让劳动者本人在上面签字承诺签订固定期限的劳动合同。在很多案例中,劳动者均提出虽然当时知道应该签订无固定期限劳动合同,但为了继续工作,免遭辞退而失业,不得不违背内心真实意愿在书面材料上签字,与用人单位签订固定期限劳动合同。

本案中刘某之所以败诉,关键点在于他无法证明签订劳动合同过程中有欺诈、胁迫的情形,而且劳动合同已经履行了一年之久,他一直没有对劳动合同提出异议。法院综合各方面证据,没有支持劳动者的诉求。

笔者对此案的判法有不同意见,我国《劳动合同法》第14条第2项规定,用人单位与劳动者协商一致,可以订立无固定期限劳动合同。有下列情形之一,劳动者提出或者同意续订、订立劳动合同的,除劳动者提出订立固定期限劳动合同外,应当订立无固定期限劳动合同:劳动者在该用人单位连续工作满十年的……《劳动合同法》在立法中已经极力避免上述《劳动法》中的问题的重现,将原来"当事人双方同意"的条件改为了《劳动合同法》规定的劳动者单方意思:"劳动者提出或者同意续订、订立劳动合同的"。从字面上看,用人单位的决定权没有了,由劳动者单方决定是否签订无固定期限劳动合同,但是,如果用人单位利用自己的强势地位,暗中利诱或胁迫劳动者,如用人单位采取高额补偿、通过找茬等改变劳动者的订立意向,使劳动者自己主动放弃订立权利,做出否定的意思表示,即让劳动者自己不提出或不同意订立无固定期限劳动合同,那么,这些规定仍将是一纸空文,根本于事无补,立法的目的也将难以达到。"旁落"多年的话语权也将由"显性旁落"变为"隐性旁落",签订无固定期限劳动合同的"硬性"条件也就变为了"软肋",签订无固定期限劳动合同的状况也必将变得更加糟糕。劳动者让渡自己的订立无固定期限劳动合同的权利,无论从一般的法理上讲,还是从现行法律的条文上看,都是说得过去的,也都是合理合法的。[①]

本案中,刘某之所以败诉的根本原因是:虽然他工龄已超十年,但他再签的固定

---

① 问清泓. 劳动合同法制度与实践研究. 武汉:湖北人民出版社,2011:127.

期限劳动合同是自愿的,所以签订的固定期限劳动合同是有效的。如果依此判决,是有依据的,但是,法官必须查明其"自愿"并不一定就是劳动者真实意思的表示,其中用人单位的欺诈或胁迫是否存在必须考量,不能简单地认为只要劳动者自己不提出或不同意订立无固定期限劳动合同,签订的固定期限劳动合同就是有效的。另外,从合同欺诈的一般原理来看,欺诈合同的效力认定也不是单纯的"有效"或"无效"的问题,欺诈合同并不一定都导致合同无效,换句话说,合同的无效并不能排除欺诈的存在,因此,笔者认为,本案中合同欺诈是存在的,不能因为当事人刘某的败诉而否认用人单位欺诈行为的存在。

(三)社保与合同分离欺诈

"注册两家公司社保与合同分家"[①] 沈某于 2008 年 4 月 15 日入职 D 公司,担任平面设计师职务,并一直在该公司工作,其间接受该公司的管理。2011 年 5 月 20 日,沈某以该公司未与其签订合同、未缴纳社会保险且拖欠工资为由,提出与该公司解除劳动合同,要求公司缴纳保险并支付拖欠的工资。为证明双方之间存在劳动关系,沈某提供了盖有公司公章的奖状、未盖公司公章或无领导签字的电脑配置单、考勤打卡单照片、员工请假单、工资条等。但该公司却否认沈某是其员工,并提交了沈某与 S 公司的劳动合同书,称沈是 S 公司的员工。沈某承认合同上是自己的签字,但主张当时公司给自己的是空白合同,自己在空白合同上签的字。

虽然沈某说自己是在空白合同上签的字,但却难以提交相应证据材料予以证明。法院认为,作为完全民事行为能力人,沈某应知晓在劳动合同上签字可能导致的相应法律后果,故法院认可了她与 S 公司的劳动合同,以及 S 公司出具的有沈某签字的工资单。

实践中,一些用人单位同时注册两家公司,社保与劳动合同的签订方为两家公司,即员工在一家公司上社保,而与员工签订劳动合同的则是另一家公司,这

---

① 张红兵,许庆涛. 注册两家公司社保与合同分家. 法制日报,2013-05-06 (6).

样做的目的除了可以按照最低工资标准缴纳社保外，还可以规避签订无固定期限劳动合同。

（四）逼迫辞职欺诈

有些用人单位假借调整工作岗位之名，逼迫劳动者辞职[①]。彭某于2006年6月19日入职某水电建设集团卡塔尔路赛项目北京保障部，职务是司机，工作地点在北京市。2011年3月30日水电建设集团向彭某发出《再次协商变更劳动合同通知书》，与彭某协商变更劳动合同，并提出拟定变更彭某的工作地点为境外卡塔尔，职务仍为司机。彭某收到通知后即回了函，称自己母亲年高体弱，与自己共同生活，无其他子女照顾，希望留在北京工作。但2011年6月7日公司发出《解除劳动关系通知书》。

法院认为，根据以前的判决，公司与彭某于2009年6月19日已建立无固定期限劳动合同关系。在彭某所在的北京保障部取消后，水电建设集团应与彭某另行协商变更工作岗位。法院认为劳动合同的变更应遵循公平、诚实信用等原则，用人单位调整劳动者岗位，应平等协商，调整后岗位性质与原有岗位相比应为劳动者体能及职业技能所胜任。

本案中，彭某与水电建设集团已存在无固定期限劳动合同，水电建设集团强行将彭某调整到国外工作，显然缺乏平等协商的态度。公司的目的就是要逼迫彭某辞职，而彭某不辞职，公司便强行解除合同，这是严重不诚信行为。

劳动合同的变更应遵循公平、诚实信用等原则，用人单位调整劳动者岗位，应平等协商，调整后岗位性质与原有岗位相比应为劳动者体能及职业技能所胜任。本案中，水电建设集团拟将彭某的工作地点由北京市调整为境外卡塔尔，已构成对劳动者权益的重大不利变更，显失公平。鉴此，法院对水电建设集团所主张的解除劳动关系理由不予采信，并确认双方无固定期限劳动合同关系依然存续。

---

① 张红兵，许庆涛. 调整工作岗位逼迫劳动者辞职. 法制日报，2013—05—06（6）.

第七章 不当劳动合同——合同欺诈

在《劳动合同法》的刚性要求之下,用工单位普遍重视了劳动合同的签订。但不容忽视的是,仍有不讲诚信的用工单位,为了规避《劳动合同法》上的义务,挖空心思给劳动者设置种种陷阱。对这种违法行为,劳动执法部门必须加大监察力度,给予严厉打击。京一中院的调研发现,一些用工单位的失信行为非常卑劣:要么先让劳动者在空白合同上签字,然后再根据需要补填条款;要么同时注册两家公司,把劳动者玩弄于股掌之上;要么提出显失公平的劳动条件,逼迫劳动者提出辞职;要么要求劳动者违背意愿放弃权利。用工单位种种不诚信的行为直接损害劳动者的权益,损害法律的尊严和权威,导致劳资纠纷频发,严重影响社会的和谐稳定。对某些用工单位的不诚信行为,必须加大打击力度,切实保障劳动者的劳动权利和合法利益。但是劳动者处于弱势地位的状态短期内还不会改变,因此,在同等情况下,执法和司法机关应该给予劳动者倾斜保护。除了加大法律宣传力度,加大执法力度,我们还应该加快社会诚信体系建设,对企业的不诚信行为,纳入诚信记录,让其付出必要的代价。① 用人单位以上的不诚信行为,其本质上就属于不当劳动行为之欺诈行为,是典型的劳动合同欺诈,必须将其纳入不当劳动行为的规制范畴,以便更为有效地打击劳动合同欺诈行为。

(五)试用期欺诈

按照我国劳动法的规定,试用期是劳动合同的一部分,即使是当事人双方协商一致而达成的单独约定的试用期也是没有任何法律效力的,因此,试用期欺诈也应当是劳动合同欺诈之一种。试用期欺诈也可以分为试用者和用人单位两方面主体实施的欺诈,但是由于在试用期欺诈中,用人单位实施的欺诈比较普遍,所以,本文只研究后者。

试用期是用人单位和劳动者为了相互了解、相互约定的一定期限的考察期。在这段时间内,用人单位考察员工的工作能力,员工也考察用人单位的情况,这是双方互相试用的过程。我国目前是劳动力市场供大于求的"卖方市场",用人

---

① 张红兵. 不能容忍把劳动者玩弄于股掌之上. 法制日报, 2013-05-06 (6).

单位一直掌握着主动权,为了其自身利益的最大化,一些单位将试用期当成了"义务劳动",由于试用期的工资、福利待遇和正式录用后差异较大,且招聘费用又微乎其微,有的用人单位便通过无休止的反复"试用"来获得最廉价的"义务劳动",试用期于是异化成为"试用期欺诈",与法律设置试用期制度的宗旨背道而驰,严重侵犯了劳动者的合法权益。

近日有媒体报道,某人力资源服务商展开的一项调查显示,受调查的应届毕业生中有43.8%的人实际试用期时长不符合《劳动合同法》的规定,且这种超长试用期的现象集中在合同期限为三年以下的应届毕业生中。这一群体中,超半数来自民营企业,国企员工所占比例则居第二位。实践中,部分用人单位不规范利用试用期条款而损害劳动者法定权利的现象比比皆是。[1] 以上的最近有关试用期适用的调查说明:我国在《劳动合同法》明确规定试用期制度实施以来,试用期的不规范利用还没有得到有效控制,用人单位不规范利用试用期侵犯劳动者的权益仍然比较普遍。这一现象应当引起我们的反思和高度重视,笔者认为出现试用期不规范利用的问题,不是立法问题,而是执法问题,而执法问题中必须将试用期欺诈纳入劳动合同欺诈的范畴,将试用期欺诈认定为不当劳动行为来进行规制,应当仔细斟酌试用期欺诈所带来的劳动合同之效力问题,特别要将试用期违法与试用期欺诈区别开来,分别进行规制。

有人对我国最近的试用期不规范利用问题进行了归类,称之为"劳动合同试用期的十大陷阱"[2]:先试用再签劳动合同;试用期成为"白用期"或"廉价期";试用期不超过六个月就是合法的;用人单位进行多次试用或延长试用;所有的用工形式都约定试用期;试用期由用人单位单方决定;先试用后订劳动合同,而将试用期从订立劳动合同之时起算;试用期内企业随意辞退员工;试用期内的劳动者不享受医疗待遇;试用期不上社会保险。这"十大陷阱"基本概况了我国试用期滥用的主要类型,但是,如果从狭义上讲,有的"陷阱"是直接的违法行为,因并不一定存在隐瞒或误导真实情况,不能一概认定为欺诈行为,如果用人单位

---

[1] 胡高崇. "试用期权利"知多少. 就业与保障, 2013 (1): 40.
[2] 黄亦兵. 劳动合同试用期的十大陷阱. 中国工会财会, 2011 (3): 34~36.

第七章 不当劳动合同——合同欺诈

存在隐瞒或误导的故意,则可以认定为试用期欺诈;如果没有,则不能认定为试用期欺诈,但是不排除其因违法所应承担的法律责任。换言之,即使不是欺诈行为,可能却是违法行为;或者可以说违法行为不一定是欺诈行为,其合同效力因违法而导致合同条款无效。还有一种情况是用人单位试用行为既是欺诈行为,又是违法行为,这种行为当然导致合同条款的无效;欺诈行为如果不违背国家、社会公共利益和他人利益,就不影响合同的整个效力,可能导致合同部分无效或是可变更或撤销。因此,我们在认定劳动合同欺诈,包括试用期欺诈时,应当注意厘清欺诈行为所导致合同或合同条款之效力的多重性,而不能仅仅是有效或无效这样简单地划分。

下面结合具体的案例来分析试用期滥用行为与欺诈的关系。

2013年6月份,小黄被某机械设备有限公司录用为产品质量检测员。按照公司的规定,新招用的员工试用期一律为六个月,试用期过后经考核通过方能转正。上班后,小黄一直兢兢业业工作,但在工作第五个月的某一天,小黄因为感冒身体不适,工作中一时大意差点给公司造成了损失。第三天,公司通知小黄,因为其工作失误,险些酿成严重后果,决定对其延长试用期三个月。[①]

试用期作为用人单位考察劳动者是否适合工作岗位、是否与录用要求相一致从而避免用人单位遭受不必要损失的一种制度,其期限的设立是有严格的法律规定的。如约定试用期的,用人单位必须和劳动者在劳动合同中明确记载,该试用期条款方能产生法律效力。而试用期期限的约定也不能随心所欲,必须符合法律规定。《劳动法》规定,试用期最长不能超过六个月。《劳动合同法》则更加详细地规定了试用期的期限,该法规定,劳动合同期限在一年以上三年以下的,试用期不得超过两个月,三年以上固定期限和无固定期限的劳动合同,试用期不得超过六个月,并且同一用人单位与同一劳动者只能约定一次试用期。小黄与公司只签订了两年的劳动合同,根据《劳动合同法》的规定,试用期不得超过两个月,但公司却给了小黄长达六个月的试用期,该约定明显违法。而公司以小黄工作失

---

① 赵剑影. 老板随意约定试用期限怎么办?. 工人日报,2013-05-16(7).

误为由，单方延长了三个月的试用期，其做法也是违背法律的，不具有法律效力。

本案中用人单位将两年的劳动合同的试用期规定为六个月，小黄的公司在其试用期即将届满的时候，以小黄工作失误为由，单方又延长了试用期三个月，这种情况是违法的行为，因法律规定，同一用人单位与同一劳动者只能约定一次试用期，不能重复约定试用期，如果用人单位以劳动者调整岗位为由或者以用人单位变更法定代表人、股东、名称为由，要求与劳动者再次约定试用期，这些做法都是违法的。但是，公司的试用期违法或滥用行为，因不存在主观上的欺诈，所以不是试用期欺诈，即试用期违法或滥用行为，不一定就是试用期欺诈行为。该试用期条款因其违法性而无效，可见，违法滥用行为不一定就是欺诈行为，本案属于试用期的违法行为或滥用行为，不是欺诈行为，其违法行为必然导致合同的部分无效即仅仅试用期条款的无效，但是并不影响整个合同的效力，即劳动合同还是有效的，用人单位还必须支付劳动报酬等。

三、集体合同之欺诈

集体合同是劳动法特有的合同，集体合同作为集体协商谈判的法律后果，其性质不同于一般的民事合同，而是一种特殊的合同。首先它具备合同的一般特征，诸如集体合同也是一种能引起法律后果的法律行为，集体合同双方当事人地位平等，集体合同是以双方当事人的意思表示一致为基础成立的。但是，集体合同并不完全适用《民事合同法》的规定。①

集体合同已经是域外发达国家或地区之劳动法的重要制度，也是调整集体劳动关系的重要手段，特别是在三方机制对话中发挥着主导作用，集体合同的价值毫无疑问地成为广大劳动者的"保护伞"，有些国家或地区的集体合同甚至出现了超过个体劳动合同的现象，劳动者可以不与雇主签订劳动合同，但是雇主或行业协会一定要有合法的集体合同。而我国的集体合同制度极不发达，劳动立法中

---

① 常凯. 试析集体合同制度的法律性质. 中国党政干部论坛，2013 (5)：28～29.

也是"重个体轻集体",集体合同几乎就是用人单位的一种"摆设",事实上"社会各方面对于集体合同的实际成效似乎都持有怀疑态度,就连全国总工会也承认,推行的工资集体协商存在建制率低,质量不高、作用不大等问题,并将造成这些问题的原因部分归于集体协商主体力量不对称和工会缺少专家型干部,难以胜任工资集体协商。不仅如此,大范围的集体合同工作并没有吸引广大职工的参与。关于劳动合同的争议数量虽不断增长,但关于集体合同的争议却几乎没有。数量和成效之间的巨大反差投射出当下工会推行集体合同工作的深层次困境"。[1]我国集体谈判与协商制度没有真正建立起来,三方机制还发挥不出应有的作用,劳资诉求没有可行而有效的路径,导致大量集体劳资冲突事件的发生,成为社会和谐稳定的隐患。在我国,单个的合同欺诈即劳动合同欺诈比较普遍,由于集体合同还不普及,因此,相比较而言,集体合同欺诈暂时还比较少,但是,为了今后的《集体合同法》立法之需和劳资冲突的前瞻性研究,将集体合同欺诈作为劳动合同欺诈之一种还是有必要的,也是有一定意义的。

集体合同欺诈主要包括:订立程序的欺诈、订立内容的欺诈和效力的欺诈。

"关于订立程序,对于民事合同的具体订立程序法律没有直接的规定,一般只要双方当事人认可即可。但集体合同的订立程序则有一个严格的规定,从谈判代表、要约承诺、双方谈判、合同签字、报送审查等所有环节都必须按照有关规定操作"[2]。集体合同的订立不同于一般单个劳动合同的订立,其对契约之意识自治有着许多限制,体现了社会法的公权力强干预性的特性。集体合同的协商或谈判是签订集体合同的前提性条件,劳动者的代表(并不是个体劳动者)即工会或职工代表与用人单位双方就劳动报酬、工作时间、休息休假、劳动条件、劳动安全卫生、社会保险福利等事项,通过平等协商谈判后才能达成书面协议。即使这样,集体合同虽然成立,但是还不具备生效要件。双方协商达成一致的集体合同草案还必须提交职工代表大会或全体职工审议,工会代表就草案的产生过程,主要劳动标准条件的确定依据及各自承担的主要义务做出说明。审议通过后,由企

---

[1] 闻效仪. 集体合同工作中的行政模式以及工会困境. 中国党政干部论坛, 2013 (5): 11.
[2] 常凯. 试析集体合同制度的法律性质. 中国党政干部论坛, 2013 (5): 29.

业法定代表人与企业工会主席签字。审议通过的集体合同还要报批审核,即报送当地劳动行政管理部门审查登记。审查通过后将《集体合同审核意见书》送回报送单位,进行公布,完成集体合同的公示环节。

我国《集体合同规定》第32条至第37条,就集体合同的签订规定了相关法律程序。第一,协商。也称谈判,这是签订集体合同的必须程序,由企业和职工双方代表就拟订的集体合同草案进行平等协商。第二,审议。将在集体协商谈判基础上形成的集体合同草案文本,根据有关法律、法规和规章的要求,提交职工代表大会或全体职工大会进行审议,使集体合同能够充分反映和代表广大职工和企业的要求,这也是签订集体合同的法定必经程序。第三,签字。集体合同的草案经职工代表大会或职工大会通过后,由集体协商双方首席代表签字。按照合同成立理论,集体合同一经双方首席代表签字,合同即成立。签字后的集体合同不得因双方代表的变更而解除。第四,审查。集体合同的成立不等于集体合同的生效。根据《劳动法》《劳动合同法》和《集体合同规定》的规定,集体合同由双方首席代表签字之日起十日内,由用人单位一方将文本一式三份报送劳动保障行政部门审查。第五,生效公布。劳动保障行政部门自收到集体合同文本之日起十五日内未提出异议,集体合同即生效。签订集体合同双方在收到劳动保障部门的审查意见后,对其中无效或部分无效的条款应进行修改,并于十五日内报送劳动保障行政部门重新审查。经劳动保障行政部门审查登记生效后的集体合同,双方应及时以适当的形式向各自代表的全体成员公布。

集体合同必须以书面形式订立,也就是说,只有以书面形式订立的合同,才具有法律效力。

凡是与上述集体合同订立程序不符的,即使只有一个程序有问题,集体合同就不具有法律效力。其中的每一个环节都必须在诚实信用的基础上进行,否则就属于合同程序的不正当,或有可能就是欺诈,即如果其中某一个程序属于非真实意思的表示或任何一方隐瞒真实情况,就构成集体合同之程序欺诈。如果集体合同的内容不够真实或在执行中与合同约定的内容不符,包括合同包括的劳动报酬、工作时间、休息休假、劳动条件、劳动安全卫生、社会保险福利等事项,都

第七章 不当劳动合同——合同欺诈

有可能构成集体合同之内容欺诈，造成的不良后果应当主要由欺诈实施者即用人单位承担，如果是工会的过失，工会也要承担相应的责任，最后由于劳动行政审核部门的审查不严，也要承担相应的责任。合同执行过程中的瑕疵造成的欺诈，应当由用人单位独自承担。

集体合同欺诈还有一种常见形式：一方当事人主要是包工头代签合同，并伪称之为集体合同。

此类欺诈的对象主要是农民工。如以下为真实案例：四川省邛崃市外出打工的农民黎某等人，跟随某包工头外出打工多年，最近包工头又替他们与一家公司签了劳动合同，但直到上岗后他们才发现工资太低，甚至比当地政府规定的最低工资标准还少近百元，大家表示不愿再干下去。但该公司却认为，包工头为他们代签的劳动合同属于集体合同，对他们有约束力，他们必须履行，否则应当承担相应的法律责任。

但该公司的上述说法是错误的。首先，虽然《劳动合同法》第54条第2款规定："依法订立的集体合同对用人单位和劳动者具有约束力。行业性、区域性集体合同对当地本行业、本区域的用人单位和劳动者具有约束力"。但包工头代签的劳动合同并不具备集体合同的性质，很明显，包工头并不具有相应的主体资格，其所代签的劳动合同也没有经过当事人同意。另一方面，《劳动合同法》第54条规定："集体合同订立后，应当报送劳动行政部门；劳动行政部门自收到集体合同文本之日起十五日内未提出异议的，集体合同即行生效"。如果包工头代签的劳动合同已经报送劳动行政部门，劳动行政部门肯定会对该合同在订立的过程中存在的诸多问题提出异议。其次，《劳动合同法》第55条规定："集体合同中劳动报酬和劳动条件等标准不得低于当地人民政府规定的最低标准"。月工资低于当地政府规定的最低工资标准近百元，这明显与上述规定相违。最后，《劳动合同法》第26条规定，"违反法律、行政法规强制性规定"的劳动合同无效，因此包工头代签的劳动合同没有任何法律约束力。① 笔者认为本案例应当属于集

---

① 包工头代签的劳动合同属集体合同吗. 四川劳动保障, 2012 (10): 34.

体合同欺诈,包工头代签的劳动合同不是集体合同,按照现行法律没有任何法律效力。但是,基于劳动合同或集体合同的特殊性即劳动者已有劳动的付出,其欺诈合同效力的认定是不能简单地将其认定为无效,应当将集体欺诈合同的效力与前文之个体合同欺诈一样,认定是可变更或可撤销的合同,劳动者付出的劳动还应当获得相应的劳动报酬和社会保障待遇,且工资不得低于当地的最低工资标准。

第三节 劳动合同欺诈的特殊形式——第三人欺诈

一、民法之一般原理

我国现行立法如《民法通则》《合同法》所指的民事欺诈仅仅都是指双方当事人之间的欺诈,即其主体为当事人双方,而没有涉及当事人以外的第三人的欺诈,这是我国立法中的最大遗漏问题之一。同时,我国学界的相关理论研究也非常薄弱,还很难为立法和司法实践提供太多的有益的支撑和帮助。[1] 如何界定和规制第三人欺诈或胁迫所订立的合同,其合同的效力如何认定,在没有直接的立法依据下司法实践又如何处理,合同对劳动法的影响如何等,关于第三人实施的民事欺诈及合同,确实还有许许多多未破解的难题,值得民法学界和劳动法学界以及司法实践对其进行研究,我国的立法也应当对其进行较为迅速的立法响应。

几乎所有大陆法系国家和地区的民法典都有关于第三人欺诈与第三人胁迫的法律效果的明确规定。我国《民法通则》则没有相关的具体规定。但是立法上的疏漏并没有妨碍我国民法学界在这一问题上大体接受大陆法系的主流理论。有学

---

[1] 我国有关研究第三实施的欺诈或合同的论文非常少,截至2013年6月4日,笔者在《中国知网》上仅仅找到了5篇:薛军的"第三人欺诈与第三人胁迫"载《法学研究》2011年第1期;姜宇的"因第三人欺诈而为意思表示的法律效力"载《现代法学》1996年第3期;张淳的"第三人欺诈与民事行为效力瑕疵——来自比较法角度的观察与评析"载《江苏行政学院学报》2005年第5期;赵龙的"完善我国第三人欺诈立法的思考"载《河南商业高等专科学校学报》2006年第6期;冉克平的"论因第三人欺诈或胁迫而订立合同的效力"载《法学论坛》2012年第4期。从劳动法视野研究的几乎没有。

第七章 不当劳动合同——合同欺诈

者认为对第三人欺诈与胁迫的法律效果认定采用"区分模式"即对第三人欺诈与第三人胁迫应该采取不同的处理方法：对于第三人欺诈，只有相对人知道或者应当知道向其发出的意思表示受到了第三人欺诈，该意思表示才可以撤销；而对于第三人胁迫，无论相对人是否知道或应当知道向其发出的意思表示受到了第三人的胁迫，做出意思表示的人都可以撤销其意思表示。①

国外关于因第三人欺诈而订立的合同之立法比较复杂。从主要国家或地区的立法来看，对于当事人一方受第三人欺诈或胁迫而订立的合同的效力模式，可以划分为以下四种类型②：第一，第三人欺诈以构成重大误解为限、第三人胁迫无条件属于合同可撤销的原因，依据《法国民法典》的效力模式，对于第三人实施欺诈的行为，仅在由第三人的欺诈而引起的误解范围时，当事人一方才具有主张合同无效的权利。第二，第三人欺诈以相对人知情为限、第三人胁迫则无条件属于合同可撤销的原因。这一立法模式以《德国民法典》为典型。该法典第123条第2款规定，第三人进行欺诈的，仅在相对人知道或应当知道欺诈时，向他人做出的意思表示才可撤销。第三，第三人欺诈、胁迫无条件属于合同可撤销的原因，如《意大利民法典》《阿根廷民法典》和《越南民法典》所规定的。第四，第三人欺诈、胁迫以相对人知情为限属于合同可撤销的原因。许多国家法律仅在合同相对人知道或应当知道第三人实施了欺诈或胁迫时，才允许当事人一方以欺诈或胁迫为由撤销合同，如《荷兰民法典》《巴西民法典》《埃及民法典》《奥地利民法典》《加拿大魁北克民法典》《韩国民法典》都有类似规定。在美国，以合同的相对人知情为限，作为受害人撤销合同的原因。

在对上述四种模式进行充分比较研究后，冉克平认为："第三人欺诈、胁迫以合同相对人知情为限属于可撤销原因这一效力模式更具有合理性。正是因为如此，《欧洲合同法原则》与《国家商事合同通则》均采用这一效力模式。""从保护善意相对人的信赖利益，维护交易的安全，合理的平衡当事人之间的利益出发，应该采纳《荷兰民法典》所代表的效力模式，以合同相对人知道或应当知道

---

① 薛军. 第三人欺诈与第三人胁迫. 法学研究，2011 (1)：58.
② 冉克平. 论因第三人欺诈或胁迫而订立合同的效力. 法学论坛，2012 (4)：110~112.

该方当事人受第三人欺诈或胁迫的事实,作为其撤销该合同的条件。如果当事人一方有受损害的,可以要求第三人承担侵权责任,赔偿当事人一方的全部损害。"①

有学者对因第三人欺诈而订立的合同效力的认定,从民事行为效力瑕疵的角度进行了专题研究,认为:"就第三人欺诈而言,如果法律视之为民事行为效力瑕疵,它的存在将致使这种民事行为成为无效民事行为或者可撤销的民事行为。"② 关于第三人欺诈能否成为民事行为效力瑕疵,在外国法上有三种规定③:法国法规定,第三人欺诈不能够成为民事行为效力瑕疵;德国法规定,第三人欺诈在对方当事人知道或应当知道其存在情形下即能够成为民事行为效力瑕疵;意大利法规定,第三人欺诈无论对方当事人是否知道或应当知道其存在均能够成为民事行为效力瑕疵。

施洋认为④:"一般来说,欺诈的意思表示来自法律行为的当事人,但如果欺诈的行为与故意来自第三人时,是否影响法律行为的效力呢? 首先,应当肯定的是,如果该第三人与法律行为当事人有密切的法律关系,例如当事人的代理人或者行为辅助人时,第三人的欺诈就应被视为当事人的行为,而允许相对人予以撤销。其次,当欺诈人为任意第三人时,为了保护善意的表意人,相对人必须是在明知表意人受到欺诈或者可得而知时,始得撤销之。"⑤

我国关于上述关于第三人欺诈之民事行为效力瑕疵问题,立法还没有直接的响应,学者的相关理论研究也是"凤毛麟角"。近年来虽然有学者在有关论述中提到第三人欺诈,但却认为第三人欺诈只有在对方当事人知道其存在情形下才能够成为民事行为效力瑕疵。⑥ 有学者依据《民法通则》第55条的精神(将"意思

---

① 冉克平.论因第三人欺诈或胁迫而订立合同的效力.法学论坛,2012 (4):114.
② 张淳.第三人欺诈与民事行为效力瑕疵——来自比较法角度的观察与评析.江苏行政学院学报,2005 (5):101.
③ 张淳.第三人欺诈与民事行为效力瑕疵——来自比较法角度的观察与评析.江苏行政学院学报,2005 (5):101~103.
④ 王利民.民法学.上海:复旦大学出版社,2004:92.
⑤ 王泽鉴.民法总则.北京:中国政法大学出版社,2001:392.
⑥ 魏振瀛.民法.北京:北京大学出版社,2000:164.

第七章 不当劳动合同——合同欺诈

表示真实"规定为任何民事行为要依法成立所必须具备的要件之一),就该项民事行为而言,无论对方当事人在实施时是否知道或应当知道第三人欺诈存在,其均属于无效民事行为。相关法律就是以这样一种独特的方式确认第三人欺诈,无论对方当事人是否知道或应当知道其存在均能够成为民事行为效力瑕疵,即该法在对第三人欺诈能否成为民事行为效力瑕疵方面所持的看法实际上与意大利法相同。①

我国现行立法虽然还没有关于第三人欺诈的直接立法,而且学界对此问题的关注也不够,但是我国民法界的几位大家对第三人欺诈问题还是非常重视的,他们的三个《民法典草案意见稿》都专门规定了第三人欺诈问题,但三个版本规定的第三人欺诈的构成要件都是不同的,值得我们研究和讨论。

梁慧星教授主持的《民法典草案意见稿》第132条对欺诈问题进行了规定,该条第一款规定:"欺诈人非当事人一方的情形,属于无相对人的意思表示的,表意人可以撤销其意思表示;属于有相对人的意思表示的,仅以相对人知道或者应当知道其受欺诈为限,表意人可以撤销其意思表示。"该规定中以"意思表示是否有相对人"作为是否考虑相对人的主观状态的标准与德国民法中以"意思表示是否需要受领"作为是否考虑相对人的主观状态的标准是一致的。② 王利明教授的《民法典草案意见稿》第175条是对第三人欺诈问题的专门条款,该条规定:"第三人进行的欺诈行为,如相对人知道或者应当知道欺诈行为存在,受欺诈人可以请求人民法院或者仲裁机构变更或撤销。"徐国栋的《绿色民法典草案》序编第四题第二章第62条至第68条中对欺诈问题进行了具体的规定,其中,第67条规定了第三人欺诈:"引起法律行为无效的欺诈可以来自当事人的任何一方或第三人。如果在缔结法律行为时,当事人一方知道第三人实施的欺诈,应该对由此引起的损害与诈欺人负连带责任。其他情形,仅由第三人承担责任"。该条款没有区分单方和双方法律行为,也没有区分无须受领和需受领的意思表示,也

---

① 张淳. 第三人欺诈与民事行为效力瑕疵——来自比较法角度的观察与评析. 江苏行政学院学报, 2005 (5): 105.
② 赵龙. 完善我国第三人欺诈立法的思考. 河南商业高等专科学校学报, 2006 (6): 74.

就是说不论是当事人一方还是第三人欺诈行为,只要符合该草案63条规定的要件均可导致法律行为的无效(根据该草案第66条的规定,这里的无效为相对无效,由表意人行使撤销权)。根据63条及64条的规定,在严重的、引起了重大损害的情形下,受第三人欺诈的表意人可以撤销法律行为。可见该条对第三人欺诈能否构成法律行为效力的瑕疵,采取的是客观标准而不考虑相对人的主观状态。①

笔者认为,不管第三人欺诈合同的民事行为效力瑕疵如何具体界定,第三人欺诈导致的合同效力都应当是无效民事行为或是可撤销的民事行为,这一点应当是没有异议的。

二、第三人界分比较

在第三人欺诈中还有一个非常困难的问题有待研究,即"第三人"的界分。国内关于此问题的立法与第三人欺诈的立法同样都处于空白状态,理论研究也很罕见。笔者认为,第三人欺诈中的"第三人"界分的基本原则如下。

第一,不应当是一般的法律关系的主体,而应当是特殊主体,即并不是所有的合同双方当事人之外的人都属于此"第三人"。

第二,"第三人"不应当是民事法律关系中的代理人或表见代理人。其原因是代理人或表见代理人的民事法律行为的后果不是由其自己承担的,而是归于被代理人即本人或被表见代理人;在合伙关系中,"第三人"还不应当是表见合伙人。

其原因之一是表见合伙构成要件的特殊性,使得其表见代理人不同于民事欺诈中的"第三人"。表见合伙的构成要件是:(1)主体要件,有误认存在的合伙,指某人通过自己的言语或者行为表明自己或同意他人表明自己是某个合伙的合伙人,但事实上他并不是真正的合伙人。非合伙人所做的声明,既可以是用语言所做的声明,又可以是以积极行为或消极行为所做的声明,不论声明方式如何,只

---

① 赵龙. 完善我国第三人欺诈立法的思考. 河南商业高等专科学校学报,2006(6):74~75.

第七章 不当劳动合同——合同欺诈

要该声明中确实包含有足以使第三人（受声明人）相信其是合伙人的意思表示。（2）主观要件，误认是善意的，非合伙人的言语或者行为的表明直接导致第三人的误认，并使其对分合伙人产生了实际的信赖。第三人对合伙及非合伙人即表见合伙人的误认和信赖必须是善意的无过错，表见合伙才能成立，如果第三人是恶意的或者有过错，没有尽到适当的注意义务，那么表见合伙是不能成立的。（3）客体要件，第三人的实施行为，第三人实施了一定的行为是基于对误认的信赖，如果没有这种基于信赖而实施的交易行为，就不会产生表见合伙。这种行为包括第三人与表见合伙人或表见合伙进行的交易行为，而不包括侵权行为，因为侵权行为的发生不以信赖为基础，同时，这种行为必须发生在表见人的表明行为之后，因为表明人只对基于对表明行为的信任产生的合同债务负责。（4）客观要件，第三人的地位改变，由于第三人的误认，使其对表见合伙人或表见合伙的信赖，与之发生了交易行为，行为的结果是使自己的地位发生了改变，这种改变，主要是第三人自己的利益因误认而导致了实际的损失，这种损失主要是财产上的损失，即使没有直接导致财产上的损失，但是，可能导致期待利益的损失，也构成表见合伙。上述四个要件必须同时具备才构成表见合伙，据此也才产生了表见合伙的法律责任。表见合伙责任是指表见合伙人对善意第三人要负真正合伙人的责任、普通合伙人对合伙债务要负无限连带责任，表见合伙人要对第三人负合伙人的责任，可以使第三人的债权得到最大限度的实现，真正实现对善意第三人的保护。[①]

其原因之二是表见合伙与民事欺诈的区别也使得其表见代理人不同于民事欺诈中的"第三人"。由于我国还没有建立表见合伙制度，对实践中产生的纠纷，有的是将其认定为一种民事欺诈行为，让行为人承担因欺诈而应承担的法律责任，但表见合伙与民事欺诈有根本性区别，对善意第三人利益的保护也是非常不力的。欺诈属于一种民事违法行为（当然不一定就仅仅是无效的行为，可能是部分无效或是可变更或可撤销的行为），行为人并没有将行为的效果归于被代理人

---

① 问清泓. 表见合伙之价值评判——兼析新《合伙企业法》第76条. 创新，2009（4）：17.

的意思。表见合伙与民事欺诈的相同点是：行为人主观上都有用自己言语或行动"误导"第三人或相对人的故意，第三人或相对人都没有过错，行为都必须有实际的损害后果，行为与损害后果也都必须有因果关系。表见合伙与民事欺诈[①]的区别是：(1) 法律主体不同，民事欺诈的法律主体是当事人双方，即欺诈行为人（侵权人）和相对人，其实没有第三人；表见合伙的主体是三个，即表见合伙人（行为人）、合伙人（真实合伙人）和第三人（善意第三人）。(2) 依据原则不同，表见合伙依据的原则是禁止反言原则，而后者依据的是诚实信用原则。(3) 责任形式不同，民事欺诈行为人承担的是一般的民事赔偿责任，以补偿性为一般原则，以惩罚性为例外；表见合伙人承担的是合伙责任，合伙责任比一般的民事赔偿责任要复杂得多，不能一概而论，要分门别类，如表见的是普通合伙，则行为人即表见合伙人要承担无限连带责任；如表见的是有限合伙，表见合伙人则要承担有限责任；如表见的是有限责任合伙，表见合伙人则要承担无限责任或无限连带责任；如表见的是隐名合伙中隐名合伙人，表见合伙人则要承担以其出资额为限的有限责任，如果表见的是隐名合伙中的出名营业人，则要承担普通合伙责任即无限连带责任；如果没有明确表明是什么种类的合伙，表见合伙人则要承担无限连带责任。(4) 对相对人或善意第三人的救济程度不同，在民事欺诈行为中，相对人只能要求欺诈行为人承担，而不能选择另外之人，在欺诈行为人不能完全承担赔偿责任的情况下，相对人的利益往往不能充分实现，尤其是在我国还没有建立个人破产制度的状况下，法律对相对人的救济程度是非常低的；表见合伙制度则相反，善意第三人享有选择权，如果在从表见合伙人那里得不到充分的救济，他可以选择要求真实合伙人承担全部责任，也可以要求真实合伙人承担表见合伙人没有承担完的补充责任，这样，善意第三人的利益是完全可以充分实现的，可以得到完全的法律救济。[②]

第三，民事欺诈"第三人"不同于一般的"善意第三人"。善意第三人制度

---

① 这里指一般民事欺诈，不包括第三人欺诈。笔者将民事欺诈或民事合同欺诈分为两种：一种是一般欺诈；另外一种是特殊欺诈，指第三人欺诈。

② 问清泓.表见合伙之价值评判——兼析新《合伙企业法》第76条.创新，2009 (4)：19.

第七章 不当劳动合同——合同欺诈

是民法的一般制度,其基本功能是有利于维护和稳定交易秩序。第三人在民法学上系指特定法律关系当事人以外的其他任何人,而善意第三人则是促成不法交易不知情而负有的对价的人,各国民事立法和民法理论对善意第三人的保护可谓趋向一致。① 在善意第三人制度中,善意是指"诚实信用""不欺诈"等含义,与第三人欺诈中"欺诈"有着本质的不同,仅仅从字面上就可以区别。

第四,第三人合同欺诈与"第三人利益合同"的关系。

第三人利益合同又称为"利他合同""不真正利他合同"或"涉他契约"②。它是指当事人一方约定他方向第三人给付,第三人因此取得直接请求给付权利之契约。"为第三人利益合同是指合同当事人约定,一方向合同以外的第三人为给付,第三人取得对义务人的直接请求权的合同。"③ 为第三人利益合同涉及的法律关系比一般合同复杂,受益人更是处于各种矛盾的焦点上,这也是第三人利益合同的关键所在。

合同的善意第三人是指对合同存在无效或可撤销事由不知情,而又与合同有利害关系的合同以外第三人。许多国家法律都对合同的善意第三人给予特别保护,在某些情况下,合同无效或可撤销不得对抗善意第三人。但为第三人利益合同中的第三人(受益人)不受法律的特殊保护。原因在于,受益人享有的利益是直接以第三人之间的合同为依据的,当事人之间合同无效或被撤销,使受益人的利益失去了存在的基础;而且,受益人一般只享有合同利益,合同无效或被撤销,只使之失去合同设定的利益,并不会遭受额外的损失,因此也没有特殊保护的必要。④

---

① 谭玲. 论善意第三人保护的法理基础. 当代法学,1997(2):32.
② 尹田教授认为"涉他契约"与"为第三人利益合同"是不同的:涉他契约是一个特定的概念,我国学者极少使用,即便偶有涉及,也多半与所谓"为第三人利益订立的合同"相混淆。实质上,涉他契约不是指直接或间接导致第三人某种损害的合同,因此,涉他契约之"涉他",仅指债务人有义务使第三人向债权人履行债务(由第三人给付之契约)及第三人有权利请求债务人履行债务(向第三人给付之契约)两种情形。所谓涉他契约,不过是当事人发生该两种结果中之一种而为之特别的合意,至于涉他契约赖以产生的原因行为,则不可与之混同。[参见:尹田. 论涉他契约——兼评合同法第64条、第65条之规定. 法学研究,2001(1):38].
③ 薛虹. 为第三人利益合同中的受益人. 法学研究,1994(2):44.
④ 薛虹. 为第三人利益合同中的受益人. 法学研究,1994(2):46~47.

作为经济发展的产物,为第三人利益合同的出现满足了社会经济发展的现实需要,给当事人带来很大便利,符合意思自治的合同法原则。在我国,为第三人利益合同也已成为重要和常见的合同类型。我国《合同法》对为第三人利益合同的规定体现在该法第64条上:"当事人约定由债务人向第三人履行债务的,债务人未向第三人履行债务或履行债务不符合约定,应当向债权人承担违约责任。"围绕着对该法第64条的解释,利他合同的研究在近年来成为一个热点问题。在研究的结论上也出现了较大的分歧。分歧的焦点集中于对《合同法》第64条的解释。有学者认为,该条的规范对象就是"利他合同"[1];与之相反的观点则认为该条规范不涉及利他合同:"我国《合同法》第64条、第65条既不是对'为第三人利益订立的合同'所做的规定,也不是对涉他契约的规定,而是对合同履行中'经由被指令人而为交付'的规定";[2] 目前主流理论则认为该条规范涵盖多种情形,"利他合同"也属于其涉及的类型之一[3]。

"不真正利他合同"是与"利他合同"相对的法律概念。根据现代合同法理论,"利他合同"是指合同双方当事人约定,由债务人向第三人履行债务,而且基于合同的约定,第三人获得针对债务人的直接的履行请求权的合同。与利他合同存在区别的是,如果合同双方当事人约定,由债务人向第三人履行,但第三人仅仅是纯粹的履行受领人,并不获得直接的针对债务人的履行请求权,对于这一种类型的合同,理论上通常称之为"不真正利他合同"。[4] 笔者认为,民法界对"涉他契约""不真正利他合同""利他合同"等的争议,可能会影响合同该"第三人"的权利和义务,但"此第三人非彼第三人"即与第三人合同欺诈中的第三人是有根本区别的。第三人合同欺诈中的第三人与合同当事人不存在真正的合同关系,但第三人假意表示(即欺诈)与合同有直接关系,误导或诱骗第三人签订合同或交易,这之后,欺诈第三人就完全退出了合同双方当事人之合同关系,即

---

[1] 崔建远. 合同法. 北京:法律出版社,2003:30.
[2] 尹田. 论涉他契约——兼评合同法第64条、第65条之规定. 法学研究,2001(1):48.
[3] 王利明. 合同法研究(2). 北京:中国人民大学出版社,2003:55.
[4] 薛军. "不真正利他合同"研究——以《合同法》第64条为中心而展开. 政治与法律,2008(5):93.

第七章　不当劳动合同——合同欺诈

欺诈第三人的真实身份是与合同是完全独立的，这也是导致欺诈合同之效力认定的复杂性如无效或部分无效或可变更或可撤销的主要原因。"涉他契约""不真正利他合同""利他合同"之第三人主要涉及合同债务的履行问题即请求权问题，这个第三人与合同的订立以及合同的效力没有关系，当然其责任的承担与欺诈第三人也是完全不同的。当然了，如果"涉他契约""不真正利他合同""利他合同"之第三人涉及合同欺诈，那是另外的问题，这时其身份与原合同的身份"第三人"是完全不同的，已经转化成了合同欺诈之第三人。

第三人欺诈中的"第三人"并非概括地指合同当事人之外的任何人，其范围应受到一定的限制。有学者认为，"第三人是根据公平性权衡来界定的，不包括意思表示受领人的'信赖人'，也不包括那些'依据公平性观点并考虑到利益状况'，其行为应该归责于意思表示受领人的人。"① 这些人因与合同一方当事人存在特殊关系，其对另一方当事人实施欺诈或胁迫的，应视为合同一方当事人自己的行为，受欺诈或胁迫的一方当事人当然可以撤销合同，并要求相对方承担赔偿责任，而不适用第三人欺诈或胁迫的规定。②

第三人的范围应当受到如下限制：（1）第三人不包括合同相对方的法定代表人、负责人、代理人或作为其缔约辅助人参与行为的人；（2）在有些情况下，若第三人与合同相对方在利益方面具有密切联系，以至于从被欺诈一方当事人的角度来看，二者看上去在经济上系为一体，合同相对人也必须将该第三人实施的欺诈或胁迫行为归责于自己；（3）第三人利益合同之中的受益第三人并非一般意义上的"第三人"的范畴。③ 上述的有关第三人欺诈中"第三人"范围的三种限制，采取的是排除法的方法，值得我们在界定"第三人"时参考，这也是我国关于第三人欺诈之"第三人"界分中非常难得的研究成果。

最后，关于第三人欺诈的责任承担性质和方式，我国现行法律也是空白状态。《民法通则》并未规定对于一方当事人因受第三人欺诈与对方当事人实施的

---

① ［德］迪特尔·梅迪库斯. 德国民法总论. 邵建东译. 北京：法律出版社，2000：604.
② 冉克平. 论因第三人欺诈或胁迫而订立合同的效力. 法学论坛，2012（4）：109.
③ 冉克平. 论因第三人欺诈或胁迫而订立合同的效力. 法学论坛，2012（4）：109～110.

民事行为被确认无效给前者造成的损失应当由该第三人赔偿,且该法因未明确规定"第三人欺诈"而无法对该第三人的赔偿责任做出规定。由于包括《民法通则》在内的我国的有关法律均并未将欺诈视为一种侵权行为,致使在该项民事行为被确认无效情形下,受欺诈的一方当事人不能够依据我国侵权法向对其实施欺诈的第三人要求承担侵权责任意义上的损害赔偿责任。[①] 我国《合同法》第42条规定:"一方当事人在订立合同过程中如果有违背诚实信用原则的行为,并给另一方当事人造成了损失则应当承担赔偿责任。此条的规定即为缔约过错损害赔偿责任。"既然对方当事人有违背诚实信用原则的行为,那么依据此条,受第三人欺诈的一方当事人便显然有权要求对方当事人向其承担缔约过错损害赔偿责任。[②] 第三人欺诈应当承担的责任到底是哪种?是违约责任,还是缔约过失责任,还是侵权责任?由于现行法律包括《侵权责任法》都没有直接的规定,必然带来很大的分歧,希望我国将来要出台的《民法典》能够彻底解决这一重大问题。

三、劳务中介之欺诈

(一) 劳动法之第三人欺诈概况

我国民法的现行立法都还没有关于第三人欺诈问题的直接立法,直接导致适法困惑和困难。而合同效力制度建设滞后于我国民法的《劳动法》或《劳动合同法》,已经设置的劳动合同的效力制度还是单一的"有效"或"无效",没有合同效力之可撤销或可变更机制,并设有建立像民法那样的多重合同效力制度,因此,第三人劳动合同欺诈问题还是劳动法学界的空白地带,对其规制也就还有相当长的路要走。

我国《劳动法》第18条规定了两项劳动合同无效的情形:违反法律、行政法规的劳动合同和采取欺诈、威胁等手段订立的劳动合同。《劳动合同法》第26条规定了劳动合同无效的情形,其中第一款确认了以欺诈、胁迫的手段或者乘人之

---

①② 张淳. 第三人欺诈与民事行为效力瑕疵——来自比较法角度的观察与评析. 江苏行政学院学报, 2005 (5): 105.

危订立的劳动合同无效。我国现行劳动法都还没有关于第三人欺诈之不当劳动合同问题。劳动法学界关于第三人劳动合同欺诈的论文几乎没有,笔者在《中国知网》上没有找到一篇有关第三人劳动合同欺诈的论文。

由第三人实施的劳动合同欺诈是指实施欺诈的主体既不是劳动者或求职者,也不是用人单位或雇主,而是二者之外的第三人实施的劳动合同欺诈。这种欺诈也不同于劳务派遣欺诈,劳务派遣虽然也涉及三方即劳动者、用工单位或要派单位和派遣单位,但是这三方都属于一定的劳动关系即多重劳动关系,由第三人实施的劳动合同欺诈中,该第三人与劳动者或用人单位都是没有合同关系存在的,是独立的第三方。

由第三人实施的劳动合同欺诈与一方以欺诈、胁迫的手段订立合同,损害第三人利益的合同是完全不同的,不能将其混淆。由第三人实施的劳动合同欺诈与民法中的"表见代理"相类似,但又有明显的不同。

(二)第三人劳动合同欺诈与"表见代理"

表见代理是基于被代理人的过失或被代理人与无权代理人之间存在特殊关系,使善意第三人有理由相信无权代理人享有代理权而与之发生民事法律行为,该代理有效,代理行为的后果由被代理人承担的一种特殊的无权代理。"所谓表见代理,本属无权代理,但因本人与无权代理人之间的关系,具有外表授权的特征,致使相对人有理由相信行为人有代理权而与其进行民事法律行为,法律使之发生与有权代理相同的法律效果"。[①] 我国《合同法》第49条规定:"行为人没有代理权、超越代理权或者代理权终止后以被代理人名义订立合同,相对人有理由相信行为人有代理权的,该代理行为有效"。

表见代理可因下列情形而发生:(1)因本人的明示或默示,即本人的行为显然会让第三人认为代理人享有代理权,虽然事实上本人并未与之授权。(2)因代理人的越权代理,代理人的代理权往往有一定限制,但被代理人对代理权的限制

---

① 魏振瀛. 民法. 北京:北京大学出版社,2000:187.

有时不为第三人所知悉。因此，在代理人超越授权范围实施代理活动时，如果没有相反的通知，第三人完全有可能认为代理人所表现出来的他所拥有的权利，就是他的被代理人所授予他的权利，而与之为民事行为。（3）代理权的终止，本人确实曾经授权给代理人，但在代理人为代理行为时，其代理权已被本人撤或因其他原因（代理事项完成、监护权消灭等）而终止，原代理人继续以代理人身份进行代理活动。如果上述代理权终止的事实不为第三人所知，第三人仍相信代理人享有代理权而与之为民事行为，即构成表见代理。[①]

关于表见代理的特别构成要件，我国民法学界存在两种对立的学说，即单一要件说与双重要件说。单一要件说：表见代理的成立只要求相对人无过失地信赖代理人享有代理权，或者说相对人有充分的理由相信代理人有代理权，不要求被代理人有过失。双重要件说：表见代理有两个特别成立要件，一是被代理人的过失行为使相对人确信代理人有代理权，二是相对人不知也不应知代理人无代理权，即当时有充分理由相信代理人有代理权。二者的分歧在于是否要求被代理人具有过错，从这个意义上说，双重要件说可以被称为被代理人过错必要说，单一要件说可以被称为被代理人过错不要说。[②]

表见代理与民事欺诈的区别：表见代理与民事欺诈是有根本性区别的，欺诈属于一种民事违法行为，行为人并没有将行为的效果归于被代理人的意思，而是掩盖真实的意思表示误导他人与之进行民事行为，这与表见代理是不同的。表见代理与民事欺诈的相同点是：行为人主观上都有用自己的言语或行动"误导"第三人或相对人的故意；第三人或相对人都没有过错；行为都必须有实际的损害后果；行为与损害后果也都必须有因果关系。表见代理与民事欺诈的区别是：（1）法律主体不同。民事欺诈的法律主体是当事人双方，即欺诈行为人（侵权人）和相对人，其实没有第三人；表见代理的主体是三个，即本人（被代理人）、代理人和第三人（善意第三人）。（2）依据原则不同。表见代理依据的原则是禁止反言原则，而后者依据的是诚实信用原则。（3）责任形式不同。民事欺诈行为人承

---

① 尹田.论"表见代理".政治与法律，1988（6）：28.
② 杨代雄.表见代理的特别构成要件.法学，2013（2）：58～59.

第七章　不当劳动合同——合同欺诈

担的是一般的民事赔偿责任，以补偿性为一般原则，以惩罚性为例外，如果欺诈行为人是经营者，相对人是消费者，那么对欺诈行为人要适用惩罚性赔偿制度，即要对消费者承担"双倍赔偿"责任，其法律依据是我国《消费者权益保护法》的第49条；表见代理依法产生有权代理的法律效力，即无权代理人与相对人之间实施的民事法律行为对于被代理人具有法律约束力，被代理人与相对人之间产生、变更或消灭相应的法律关系。(4) 对相对人或善意第三人的救济程度不同。在民事欺诈行为中，相对人只能要求欺诈行为人承担，而不能选择另外之人，在欺诈行为人不能完全承担赔偿责任的情况下，相对人的利益往往是不能充分实现的，尤其是在我国还没有建立个人破产制度的状况下，法律对相对人的救济程度是非常低的。表见代理则由被代理人承担法律责任，之后他可以再追究无权代理人的责任，善意第三人的利益是完全可以充分实现的，可以得到完全的法律救济。

(三) 劳动合同第三人欺诈的主要形式——劳务中介欺诈

笔者认为，在当今社会，第三人实施的劳动合同欺诈的主要表现形式是中介组织实施的劳动合同欺诈，其中劳务中介（或称劳动力市场中介）合同欺诈比较普遍。

市场中介就是介于政府、企业、居民之间的，为提高市场运行效率而从事沟通、协调、公证、评价、监督、咨询等服务活动的个人或机构。① 市场中介组织是指依法设立，在国家机关与市场主体之间以及市场主体之间从事经济运行的中间服务事业的自治性社会组织。②

有权威的调查报告显示，信用差、信息缺乏、服务针对性不够等因素制约了中介组织对就业促进作用的发挥。信用问题成为就业中介服务机构尚未被广泛接纳的首要原因。对北京、上海等地企业在职人员的调查中发现，未使用过任何就业中介服务机构的员工占全部样本的56.6%。之所以不使用就业中介服务机构，

---

① 李恒光. 市场中介组织：含义及类别的探讨. 北京行政学院学报，2001 (6)：12.
② 杨紫烜. 经济法（第二版）. 北京：北京大学出版社，2006：169.

其首要原因是担心就业中介存在信用问题（所占比重达到 27.7%）。[1] 北京、上海等地的实践调查已经表明，劳务中介的社会信用问题突出，直接制约了劳动就业中介机构的健康有序发展。

劳务中介欺诈的主要形式如下所列。

1. 主体资格欺诈——"黑中介"。包括无证照从事经营劳务中介，即有的中介超范围经营；有的中介出租或出借营业执照及相关许可证，中介的执业人员未取得执业资格。

2. 虚假广告欺诈。主要利用广告发布内容不真实或夸大宣传的欺骗广告。

3. 合同签订和履约欺诈。主要表现是劳务双方不签订书面合同，即使签订了书面合同，也是带有欺诈性质的格式合同，或者是合同意思表达不清或故意隐瞒真实内容造成歧义，有的虚构合同业务标的或设置霸王条款。

4. 收费欺诈。包括巧立名目收费，如培训费、管理费、押金等，特别是设置收费陷阱进行欺诈，如假免费或超低收费。

5. 境外劳务输出欺诈。随着我国市场经济的发展，国际化越来越高，我国对外输出劳务的活动不断加大，一些境内劳务中介与境外中介进行内外勾结欺诈求职者。自 2012 年 10 月以来，中国驻罗马尼亚大使馆接待来自吉林、河北、江苏和山东等地的国内劳务人员 40 多批次，1000 余人次。工人主要反映的问题包括到罗马尼亚后实际工资与国内派出机构承诺不符；罗马尼亚方雇主随意更改合同、克扣和拖欠工资；中介机构和雇主未能及时给工人办理合法务工和居留手续等。李保绪是其中一名自称被骗的务工者，来自河北故城的李保绪于 2008 年 3 月通过北京一家劳务中介公司到罗马尼亚打工，本来公司承诺他可以在罗马尼亚打工 3~5 年，但是，他只干了半年，签证就到期了。李保绪说，自己当初交了 8 万元中介费给中介公司，"才这么短时间就到期了，不是欺诈是什么？"[2] 在这起典型的"罗马尼亚被困务工者事件"中，主要的欺诈是签证欺诈，即中介公司利

---

[1] 曾湘泉. 劳动力市场中介组织的发展与就业促进. 中国人民大学学报, 2009 (6): 99.
[2] 赵丽. 部分劳务中介从"娘家人"变成"周扒皮". 法制日报, 2009-01-22 (8).

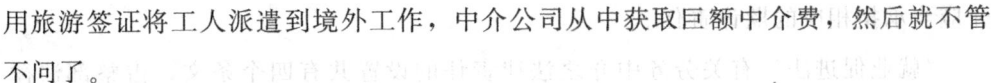

用旅游签证将工人派遣到境外工作,中介公司从中获取巨额中介费,然后就不管不问了。

(四)劳务中介欺诈的法律责任

我国关于中介组织特别是劳务中介的立法并不多见,2008年实施的《就业促进法》可谓是弥补了这一缺陷,使我国的劳务中介有了可依之法,其立法意义以及对处理司法实践中的相关问题都具有一定的意义,也为我国反劳务中介欺诈提供了一定的法律支撑。我国《就业促进法》的用词是"职业中介",它与劳务中介应当是相通的。

我国《就业促进法》第39条规定了劳务中介从业的基本原则:"从事职业中介活动,应当遵循合法、诚实信用、公平、公开的原则。"此条还规定了用人单位通过职业中介机构招用人员,应当如实向职业中介机构提供岗位需求信息。禁止任何组织或者个人利用职业中介活动侵害劳动者的合法权益。第40条第1款特别明确地规定了设立职业中介机构应当具备的条件:有明确的章程和管理制度,有开展业务必备的固定场所、办公设施和一定数额的开办资金,有一定数量且具备相应职业资格的专职工作人员,法律、法规规定的其他条件。第2款规定了我国劳务中介实行的是许可登记制度:设立职业中介机构,应当依法办理行政许可。经许可的职业中介机构,应当向工商行政部门办理登记。未经依法许可和登记的机构,不得从事职业中介活动。国家对外商投资职业中介机构和向劳动者提供境外就业服务的职业中介机构另有规定的,须依照其规定开展业务。

《就业促进法》第41条特别规定了劳务中介应当禁止的行为种类,职业中介机构不得有下列行为:提供虚假就业信息;为无合法证照的用人单位提供职业中介服务;伪造、涂改、转让职业中介许可证;扣押劳动者的居民身份证和其他证件,或者向劳动者收取押金;其他违反法律、法规规定的行为。劳务中介如果实施了这些行为都是违法的行为;同时,如果劳务中介故意隐瞒真实情况,诱导了劳动者,还应当属于劳动合同欺诈的范畴,特别是该条规定的"提供虚假就业信息"就是一种典型的欺诈行为,是为法律所明令禁止的行为,毫无疑问,劳务中介应当承担相应的欺诈责任。

《就业促进法》有关劳务中介之法律责任的设置共有四个条文,占整部法律责任八款条文的一半,足见立法对劳务中介的重视,这也是我国《就业促进法》最大的亮点之一,对规制劳务中介欺诈具有重要意义。一般认为我国《就业促进法》最大的立法缺陷就在于其法律责任的设置上,这是《就业促进法》急需改进的地方。《就业促进法》第63条规定了地方各级人民政府和有关部门、公共就业服务机构举办经营性职业中介机构的泛滥成灾责任:从事经营性职业中介活动,向劳动者收取费用的,由上级主管机关责令限期改止,将违法收取的费用退还劳动者,并对直接负责的主管人员和其他直接责任人员依法给予处分。

《就业促进法》规制劳务中介欺诈的类型及其应当承担的欺诈责任主要有三类。

一是资格欺诈,即劳务中介没有合法从业资质,而擅自从事中介活动。《就业促进法》第64条规定了劳务中介未经许可和登记,擅自从事中介活动的法律责任:违反本法规定,未经许可和登记,擅自从事职业中介活动的,由劳动行政部门或者其他主管部门依法予以关闭;有违法所得的,没收违法所得,并处一万元以上五万元以下的罚款。

二是信息欺诈,即劳务中介提供的信息是虚假的不真实的。《就业促进法》明确了劳务中介"提供虚假就业信息"的劳动就业欺诈的法律责任,这在我国关于劳动就业欺诈的立法中,还是具有很大意义的。其第65条规定:"职业中介机构提供虚假就业信息,为无合法证照的用人单位提供职业中介服务,伪造、涂改、转让职业中介许可证的,由劳动行政部门或者其他主管部门责令改止;有违法所得的,没收违法所得,并处一万元以上五万元以下的罚款;情节严重的,吊销职业中介许可证。"

三是财物欺诈,即劳务中介骗取求职者或劳动者证件,或是骗取求职者或劳动者押金。《就业促进法》还明确了劳务中介"扣押证件"和"骗取押金"欺诈的法律责任。其第66条规定:"职业中介机构扣押劳动者居民身份证等证件的,由劳动行政部门责令限期退还劳动者,并依照有关法律规定给予处罚;违反本法

第七章 不当劳动合同——合同欺诈

规定，职业中介机构向劳动者收取押金的，由劳动行政部门责令限期退还劳动者，并以每人八百元以上二千元以下的标准处以罚款。"

由以上我国《就业促进法》之有关劳务中介欺诈的主要法定类型及法律责任来看，法定类型仅为三种，实在太少，难以反映劳务中介欺诈的全部；法律责任的设置类别全部是行政责任，这与一般法理不符，也不利于规制劳务中介的欺诈行为，凸显了立法缺陷。虽然《就业促进法》最后的第68条概括式的责任规定："违反本法规定，侵害劳动者合法权益，造成财产损失或者其他损害的，依法承担民事责任；构成犯罪的，依法追究刑事责任"。表面上看，责任形态是全面的，不仅有主要责任即上面的行政责任，还有民事责任和刑事责任，但是，《就业促进法》之民事责任的承担必须是"侵害劳动者合法权益，造成财产损失或者其他损害的"情形，非常抽象并不具有可操作性。如果仅仅从劳务中介欺诈的角度来看，上述的三种欺诈都难以真正实施，特别是第一种欺诈即资格欺诈——劳务中介没有合法从业资质，而擅自从事中介活动，其造成的损失根本无从界定。

笔者曾经认为，《就业促进法》的主要不足在于法律责任的设置上，还有需要我们进一步反思之处：第一，对各级政府在就业促进中的义务做了比较全面的规定，但在法律责任的设置中却很少规定；第二，对追究就业歧视行为的法律责任，仅有一条抽象的规定，实质性的作用不大，使遭受歧视者无法真正通过法律手段获得救济；第三，执法主体虽然将原《草案》中的三个执法主体统一成了"劳动行政部门"，但独立性不强，建议设立专门的执法机构，以提高执法机构的独立性和权威性。[①] 现在笔者认为，还应当加上第四个立法缺陷——对劳务中介的责任设置不全面。

有学者认为，在我国已有的立法例中，只要是被取名为"某某促进法"的，政策性就很强，操作性就很弱，《就业促进法》也是如此。将《就业促进法》与《劳动合同法》比较，很显然，前者的软法律手段多于后者，法律责任不完整，即许多关于行为模式的规定没有配套规定相应的法律责任；[②]

---

① 问清泓.《就业促进法》有关问题之反思.创新，2009 (1)：35.
② 王全兴.简评《就业促进法》.中国劳动，2007 (9)：12.

还有人也认为我国《就业促进法》法律责任缺位。一是《就业促进法》与法律责任相对应的责任行为规定得很模糊；二是相对应的违法行为限定的范围较窄，即很多行为模式无相对应的法律责任；[①] 三是应明确政府的法律责任，因为政府在促进就业方面是关键性角色，应将民事责任作为政府责任的一种形式予以规定，而《就业促进法》只规定了政府的刑事和行政责任。[②] 按照一般的法理，凡是规定了法律主体权利、义务的条款都应在法律责任中规定相应的法律责任，以免成为宣示性条款。

有专家建议：贯彻落实《就业促进法》统一就业服务方面的规定，扩大就业服务的覆盖范围，不仅要规范就业中介机构的行为，还要规范其他就业服务机构的行为。提高有关法规的等级，把行政性规定变为真正的法律规定。相应地，改变单一的对违规行为进行行政性罚款或者吊扣许可证的做法，把求职者拉到纠正违规行为的当事人中，通过法律程序解决有关问题。公营就业服务机构应实行免费服务，私营机构要停止向求职者收费。[③]

我国目前由于对劳务中介的规范不力，直接导致了治理拖欠农民工工资即"清欠"的"怪相"——年年清欠年年欠。下面的一个真实案例就很能说明问题。

2012年春节前，某市的法庭出现了70多名讨要劳务费的农民工，经了解，自然人张某将工程发包给了某劳务输出大县的中介刘某；刘某又将该工程分包给了4个同县承包人。按照承包协议，张某付清了全部工程款，而中介刘某却下落不明。张某认为其与农民工不存在雇佣关系，农民工则认为他们给张某盖房子，张某就应该支付劳务费。因无钱返乡过春节，这些农民工只能将发包方张某告上法庭。法庭当天即成立了农民工劳务费清收工作小组，启动调解机制。在审查相关材料时，法庭发现发包方尚有25万元工程款质量保证金未付，便提出用这笔资金解决这些农民工返乡过年的费用，于是双方初步达成了协议。但到了执行日，发包方称全部款项要在次日才能到位，回家心切的农民工自然感到不满；为

---

① 韩桂君，刘金. 和谐社会视野下对《就业促进法》之审视. 法学评论，2008 (5)：72.
② 韩桂君，刘金. 和谐社会视野下对《就业促进法》之审视. 法学评论，2008 (5)：73.
③ 曾湘泉. 劳动力市场中介组织的发展与就业促进. 中国人民大学学报，2009 (6)：101.

第七章 不当劳动合同——合同欺诈

了能让他们顺利踏上归途,最后法庭干警们自筹了 25 万元分发给农民工。很多人被这一结果感动,但学者王泠一却怎么也感动不起来。王泠一认为,首先,这样的"调解"模糊了法律责任主体,试图让已经履约的发包方(自然人)承担"无限责任";其次,可能存在追责失范的情况,"跑路"的劳务中介应受的惩处并未得以体现;第三,或有误导之嫌,今后如有类似案例,农民工可能就无视合同条款或不签劳务合同,而在"道义""亲情"上"逼迫"无直接责任的政府和法庭。也有学者和王泠一谈起劳务中介是否有存在的必要,换言之,能否让农民工直接面对劳务市场。王泠一认为,不仅现阶段,就是今后相当长一个时期内,劳务中介还将继续存在,关键是健全针对劳务中介的资质认定、信息锁定和司法补救等机制。具体而言,就是每一个劳务输出大县的政府社保部门或劳动服务职能机构,应掌握好劳务中介及其责任人的完整信息;在资质认定的基础上,可考虑严格按照相关比例收取、封存劳务保障金于独立账户;一旦发生劳务中介"跑路"的情况,除启动刑事程序外,由法庭和职能部门启用独立账户内的保障金进行劳务支付,这才是有意义的"司法补救"。王泠一认为市场经济要在法治的轨道上运行,政府以及相关管理机关更应该注重"规则"所应起的作用。因此,我们有必要大力完善农民工讨薪的制度保障。除了从源头上进行治理外,在此过程中还要积极推进对中介机构和相关责任人的监管与惩治。① 以上是上海社会科学院的王泠一通过一个真实的劳务中介欺诈农民工的案例,说明将劳务中介及治理拖欠工资纳入法制轨道的必要性。

再以深圳市为例,以招工为名、骗钱为实的劳务中介和劳务诈骗日益猖獗,因此引发的社会不稳定因素不断增加,直接影响了深圳的软环境建设。② 调查显示,来深圳找工作的外来劳务工中一半以上有被骗的经历,主要被职业介绍所、招牌单位所骗。违法犯罪分子已从单纯开高风险、低效益的非法职业介绍、人才中介机构转向开低风险、高效益、手段隐蔽化、表面形式合法化的变相的非法职

---

① 王泠一. 劳务中介也应及时纳入法治轨道. 云南经济日报,2012-02-13(1).
② 魏宇航. 深圳市劳务中介市场调研报告. 北大法律信息网. http://article.chinalawinfo.com/Article_Detail.asp? ArticleID=33591.2006-06-22.

业介绍机构——贸易公司。这也是引发当前劳务中介市场乃至整个劳务市场混乱、劳务诈骗相当猖獗的原因。违法犯罪分子实施劳务诈骗，主要以开真实或者虚假的贸易公司介绍工作或者自己招工实施，具有主体有法人化、组织化、欺骗性强、力求使其表面形式合法化等特点。主体主要有三大类：有合法证照的所谓贸易公司、无（或者假）证（职业介绍或者人才许可证）照（营业执照）的"骗子公司"、超范围经营的家政服务公司。他们以假身份证或者他人身份证成立所谓的一家或者若干家贸易公司，大多数持有工商部门核发的营业执照，税务部门核发的税务登记证，甚至有劳动部门批准的用工证明，只有少数以复制等手段持有虚假的营业执照。还有的成立家政公司或者设立分支机构，超范围经营职业中介业务，披着合法的外衣进行诈骗。

违法犯罪分子成立公司后，采取到报社、正规人才市场或者职业介绍所、路边的《招聘栏》等处登招工广告，或者派人到正规人才市场或者职业介绍所拉单（即将需要找工作的求职者骗到公司）等办法诱使求职者来应聘，从而为实施诈骗违法犯罪行为迈出关键一步。而诈骗手段也呈多样化特点：(1) 联手诈骗，职介诈骗分子相互勾结，以推荐工作为名收取各种费用，而后把求职者推荐给其他所谓的贸易公司；(2) "网络"式诈骗，同一个老板或者同一个团伙开设几个网点或者分公司，同时大肆"招聘"，互相推荐求职者；(3) 游击诈骗，在车站、人才市场等外来劳务工流动量大的地段租用酒店、招待所或者写字楼，通过"招聘"诱人上当受骗后捞钱就走；(4) 招聘求职者后签订劳动合同（大多数是劳动局统一印发的标准合同，有少数是违法犯罪分子自行设计的合同），收取押金或者服装费等之后，将求职者安排到所谓分公司或者工厂（实际上是其他正规公司但早已相互串通好，也有部分是临时搭建的），之后在合同规定的不用支付工资的不满一个月期限内通过各种方法使出各种手段折磨求职者，让他们因受不了苦而不得不主动辞职，从而骗取押金或者服装费等费用；(5) 作案手段更加隐蔽、表面形式合法化的新型劳务诈骗方式，这些方式目前普遍存在，即开贸易公司自己招工，利用求职者急于找工作和不熟悉市场的心理，签订内容模糊或者任务非常难以完成的劳动合同，收取求职者押金或者服装费等费用，开具收据后采取诱骗或者暴力手段将收据取回。在实际操作中劳务诈骗分子还有许多其他诈骗手段，如有的成立真实或者虚假的贸易公司后长期大量招聘，但设下种种圈套骗取钱财，以考试不合格、不服从工作安排、销售业绩不佳、违反制度等种种借口刁难求职者从而使其自动辞职，或者安排求职者推销高价假冒伪劣产品，从事性服务，甚至做"职业杀手"，让求职者知难而退，达到不退或者少退押金或者服装等费用的目的。

第四节 劳动合同欺诈的治理路径

一、将欺诈纳入不当劳动范畴

笔者将不当劳动行为简称为不当劳动，它是国外发达国家劳动法的重要范畴，域外许多国家和地区如美国、日本、意大利和我国台湾等地不当劳动行为规制和救济制度已经形成了自己的特色，其在调整劳资冲突中发挥着重要作用。"强工会"是不当劳动行为规制与救济制度的前提条件，因此，在发达国家的美国和日本，不当劳动是其工会法的重要范畴。不当劳动行为在我国还不属于法律范畴，理论研究也非常少见。笔者认为，规制中国的不当劳动行为不能像国外那样从狭义上理解，应当从广义上将其纳入劳动法规制的范畴。

狭义的不当劳动行为又可称不正当劳动行为或不公正劳动作为或不公正劳工措施，它最早是美国劳动法上的概念，后来日本劳动法吸收并将其改造细化，使之成为劳动法上的重要制度。"其含义最初是指雇主凭借其经济上的优势地位，以违反劳动法律原则的手段来对抗工会的措施或行为"。[①] "不当劳动行为主要是指雇主以各种理由限制或妨碍工人行使结社权和保护自身权益的行为"。[②] 这些有关不当劳动界定的，都是从狭义的工会法角度界定的，而根据我国的国情，工会法还非常不发达，工会在调控劳动关系中的巨大作用还没有很好发挥，我国工会

---

① 常凯. 论不当劳动行为立法. 中国社会科学，2000 (5)：71.
② 华迎放. 日本的劳动关系调整. 中国劳动，2002 (3)：58.

的职能也已经异化了,而与法律制度滞后的情况不同,现实中大量的不当劳动又非常普遍,因此,在我国从广义上研究不当劳动比仅仅从狭义上更具有现实意义。

我国劳动合同欺诈的治理制度相对于民法来说也是非常滞后的,为了有效规制劳动合同欺诈,将其纳入不当劳动的治理范畴就显得很有必要。

二、重塑劳动合同之效力制度——新建可撤销制度

(一) 我国劳动合同无效制度的现状和缺失

1. 劳动合同效力类型单一,基本上属于无效或部分无效的二元结构。按照民事合同效力的一般原理,合同一般可以分为有效合同、无效合同、可变更或可撤销合同、效力待定合同等多种类型。我国劳动法在承继民法理论时,过分强调劳动合同与民事合同的区别,而没有顾及一般规则,仅仅规定了有效劳动合同、无效劳动合同这两种效力类型,对可变更或可撤销合同、效力待定劳动合同等其他合同效力形式没有规定,立法缺漏明显。

在民法上,两大法系的立法在对待因欺诈而订立的合同的效力问题上,存在着惊人的相似之处,即都将其视为可撤销合同,而并非绝对的无效的合同,在这一点上,两大法系的判例学说也基本上不存在重大分歧。事实上,无论是在崇尚个人主义和契约自由的自由资本主义时代,还是在强调契约公正的当代,无论是从合同法既往的演化过程还是从合同法今后的发展趋向来看,将因欺诈而订立的合同作为可撤销合同而不是无效的合同对待,基本上已形成一项成熟的规则和制度。这一规则和制度的合理性之所以极少受到怀疑,乃是因为其本身体现了法律规则设计上的精巧与法律制度所要体现的社会价值目标的完美结合。①

我国劳动法对以欺诈、胁迫等手段订立的劳动合同的效力认定存在不合理之处。采取欺诈、胁迫等手段订立的劳动合同实际上并不只有一种,实际上可以分

---

① 王利明. 无效抑或撤销——对因欺诈而订立的合同的再思考. 法学研究, 1997 (2): 69.

第七章 不当劳动合同——合同欺诈

为两种：一是损害了国家利益、社会公共利益或者他人合法权益的欺诈或胁迫合同，这一类劳动合同因其损害了国家、社会和他人利益而归于当然无效、全部无效、自始无效，属于绝对无效的劳动合同。二是采取欺诈、威胁等手段订立的劳动合同，并不对国家、社会和他人的利益直接构成损害。对于此类劳动合同效力的认定是不能用"是"或"否"简单回答，其效力具有多层性。我国《劳动法》和《劳动合同法》都没有对欺诈或胁迫劳动合同进行上述之"二分"，没有区分采取欺诈、威胁等手段订立劳动合同的后果，一概认定此类劳动合同无效。它的弊端在于，这种强行性的法律规定没有给劳动合同的双方当事人以意思自治的方式来挽救瑕疵劳动合同的机会和可能，从而使这种强行性法律规定呈现出刚性有余而弹性不足的境地。① 各国法律通常只将欠缺合法性要件，严重损害国家、社会利益或者第三人利益的合同认定为无效合同；而对虽然欠缺有效条件，但并不直接损害国家和社会公共利益的合同，则一般按可撤销合同或者效力未定合同处理。以此观之，《劳动合同法》规定的"以欺诈、胁迫的手段或者乘人之危，使对方在违背真实意思的情况下订立或者变更劳动合同的"劳动合同无效之妥当性值得商榷。②

我国《劳动法》第18条规定了劳动合同无效的两种情况：违反法律、行政法规的劳动合同和采取欺诈、威胁等手段订立的劳动合同。《劳动合同法》第26条规定，"下列劳动合同无效或者部分无效：（1）以欺诈、胁迫的手段或者乘人之危，使对方在违背真实意思的情况下订立或者变更劳动合同的；（2）用人单位免除自己的法定责任、排除劳动者权利的；（3）违反法律、行政法规强制性规定的"。应该说，《劳动法》规定得比较原则，且无效只有两种情形；《劳动合同法》进一步明确了劳动合同无效或部分无效的三种情形，更具可操作性。

《劳动合同法》除了重申和延用原有无效劳动合同的规定外，在若干方面做出了一些突破和创新，取得了一定的立法成绩。首先，该法完善了劳动合同无效

---

① 张红. 中国劳动合同效力评价机制：反思与重构.《劳动法》实施十周年理论研讨会暨中国劳动法学研究会年会论文集，246.
② 许建宇. 我国无效劳动合同立法的成绩、缺失与重构. 中国劳动，2011（11）：15.

认定情形的规定：一是增加规定了"用人单位免除自己的法定责任、排除劳动者权利"的劳动合同无效；二是把无效劳动合同的"违法"含义仅限定于违反法律、行政法规"强制性规定"的情形。其次，该法不再规定无效劳动合同"自始无效"。最后，增加了对于无效劳动合同已经履行部分的处理方式。《劳动法》第97条原先只是规定了因订立无效劳动合同而导致的损害赔偿责任，而没有规定对于已经履行的部分该如何处理。而根据《劳动合同法》第28条的规定，对于已经履行部分的无效劳动合同，劳动者仍然享有获得劳动报酬的权利。①

按照合同效力状态的不同，合同一般可以分为有效合同、无效合同、可撤销合同、效力未定合同等多种类型，呈现出效力形式"多元化"的格局。我国《劳动法》原只规定了有效劳动合同、无效劳动合同这两种效力类型，并没有对可撤销劳动合同、效力未定劳动合同等处于"中间地带"的合同效力形式做出规定。可以看出，《劳动合同法》试图通过增加无效劳动合同制度在适用时的弹性，来改善原先《劳动法》那种刚性过强的劳动合同效力制度。对于这一改革趋向应予以充分肯定。但遗憾的是，这种改革是在立法机关对于无效劳动合同制度的宏观定位模糊不清的前提下进行的。从法理上说，该法关于无效劳动合同认定情形以及过错方当事人应当承担损害赔偿责任的规定，总体上是符合无效合同的一般特征的；但该法关于无效劳动合同可以被解除的规定，又使之兼具可撤销合同与有效合同的某些特征。因此，《劳动合同法》所规定的无效劳动合同并非严格意义上的无效合同，实为有效合同、无效合同、可撤销合同这三种效力类型的混合体。②

《劳动合同法》没有对重大误解和显失公平的劳动合同效力做出规定，没有规定劳动合同可予以撤销、可予以变更的情形，对欺诈、胁迫或者乘人之危，使对方在违背真实意思的情况下订立或者变更劳动合同的，直接认定劳动合同无效或者部分无效，仍沿袭了劳动法只区分劳动合同有效和无效的二元格局，对劳动

---

① 许建宇. 我国无效劳动合同立法的成绩、缺失与重构. 中国劳动，2011 (11): 14.
② 许建宇. 我国无效劳动合同立法的成绩、缺失与重构. 中国劳动，2011 (11): 15.

合同效力的判断仍显弹性不够。①

2. 将劳动合同效力与合同解除混为一谈

我国《劳动合同法》第38条第1款第5项规定：用人单位因本法第26条第1款规定的情形致使劳动合同无效的，劳动者可以解除劳动合同；根据本法第39条第5项的规定，劳动者因本法第26条第1款第1项规定的情形致使劳动合同无效的，用人单位也可以解除劳动合同。《劳动合同法》的突破在于，未规定无效劳动合同自始没有法律约束力，而对劳动合同无效的后果以无效劳动合同的确认为界分阶段做出不同规定，并赋予无过错当事人对无效劳动合同以解除权。②有必要保障对劳动合同无效无过错的一方在双方当事人合格的条件下，对劳动关系是否存续享有选择权。《劳动合同法》对劳动合同被确认无效后是否存续的问题做出规定的意图就在于此，这与《合同法》设立可撤销合同制度的意图相似。但是，《劳动合同法》未采用《合同法》的可撤销合同制度，而是代之以允许无过错的一方选择劳动合同解除或存续的制度。解除——因用人单位过错导致劳动合同无效的，劳动者可以辞职，并获得经济补偿；因劳动者过错导致用人单位意思表示不真实而使劳动合同无效的，用人单位可辞退劳动者。存续——因用人单位过错导致劳动合同无效，劳动者不辞职的；因劳动者过错导致用人单位意思表示不真实而使劳动合同无效，用人单位不辞退的，事实劳动关系将可存续。③

《劳动合同法》的规定允许无过错的一方选择劳动合同解除或存续的制度，实则赋予了当事人决定无效劳动合同命运的权利。由于上述规定的适用效果与可撤销劳动合同的适用效果颇为类似，④因而有学者认为，本法采用授予劳动合同无效时无过错的当事人在特定条件下以解除权的方式来替代可撤销制度。⑤"但该法关于无效劳动合同可以被解除的规定，又使之兼具可撤销合同与有效合同的某

---

① 李培志. 我国劳动合同效力制度的审视与重构——以《劳动合同法》为中心. 河北法学，2008 (2)：196.

② 王全兴，黄昆. 劳动合同效力制度的突破和疑点解析. 法学论坛，2008 (2)：28.

③ 王全兴，黄昆. 劳动合同效力制度的突破和疑点解析. 法学论坛，2008 (2)：29.

④ 许建宇. 我国无效劳动合同立法的成绩、缺失与重构. 中国劳动，2011 (11)：15.

⑤ 王全兴. 劳动合同法条文精解. 北京：中国法制出版社，2007：91.

些特征。因此,《劳动合同法》所规定的无效劳动合同并非严格意义上的无效合同,实为有效合同、无效合同、可撤销合同这三种效力类型的混合体。"① 劳动法将有效合同、无效合同、可撤销合同这三种效力类型混合,反映除了合同效力的多层次性,并不违背法理,但问题是可撤销合同与合同解除是不同的,这二者是有明确边界的,是不能混淆的。

按照一般的法理,合同的解除与可撤销是不同的,不能混为一谈。所谓可撤销合同,是指合同已经成立,但因订立时意思表示有瑕疵,合同当事人可以行使撤销权而使之自始归于无效的合同。《合同法》第54条规定,因重大误解、显失公平、欺诈、胁迫或乘人之危而订立的合同,当事人有权请求人民法院或仲裁机构变更或撤销。此规定的合同即为可撤销合同。而合同解除是指在合同有效成立之后,尚未履行或履行完毕前,当约定的或法定的解除条件具备时,因享有解除权一方之意思表示,或双方协议终止合同效力或者溯及地消灭合同效力的行为。② 一些学者认为,合同解除的对象应是合法有效的合同,无效合同、可撤销合同、效力待定合同均不得作为合同解除之对象。但是也有人认为,可撤销合同并非一概不能被解除,因合同撤销权与合同解除权有并存之可能,在多数情况下,可撤销合同是可以作为合同解除之对象的。③ 笔者认为,此观点有将可撤销合同与合同解除混同的嫌疑,况且撤销权与解除权也是有区别的,从一般意义上看,可撤销合同与合同解除是明显不同的,不能混同。

可撤销合同属于可撤销民事法律行为。可撤销合同区别于有效合同,在于法律赋予当事人一方以撤销权,该当事人有权请求人民法院或者仲裁机关变更合同的内容或者撤销合同。该合同一旦撤销将归于完全无效。可撤销合同也区别于无效合同,在于存在变为有效合同的可能。如果有撤销权一方不要求撤销而仅要求变更合同内容,即因变更决定而成为完全有效,有撤销权一方放弃撤销权,可撤销合同即因此成为完全有效的合同。④

---

① 许建宇. 我国无效劳动合同立法的成绩、缺失与重构. 中国劳动, 2011 (11): 15.
②③ 高雁. 试析可撤销合同能否作为合同解除之对象. 人民司法, 2005 (9): 73.
④ 梁慧星. 论可撤销合同——兼答曹瑞林同志. 法律学习与研究, 1988 (4): 55.

第七章 不当劳动合同——合同欺诈

可撤销合同之撤销与合同的解除不同。我国法律中对撤销和解除两个概念是严格加以区分的。依法律规定之精神，解除，其本质在于使具有完全法律效力的民事法律行为归于消灭。合同的解除，在于使完全生效的合同归于消灭。因此解除乃对完全有效的合同适用，而对于无效合同或效力未定合同均不发生解除问题。与解除不同，撤销乃针对未有完全法律效力的民事行为而言。当然对于已确定无效或尚未发生效力的行为，也不能适用撤销。我国法律对于无效合同有予以确认的制度，不发生撤销、解除等问题。而对于尚未发生法律效力的行为则有所谓撤回，法理上言之，撤销之本质在于使效力未定之民事行为归于无效。①

3. 在劳动合同无效的处理上欠缺平等对待，用人单位偏重和劳动者偏轻

劳动合同的无效并不仅仅是用人单位的原因，劳动者和第三人都可能是实施主体，特别是欺诈劳动合同如前文的分类，实施者为三种：用人单位或雇主、劳动者或雇员和第三人，因此，劳动合同无效的处理也应当分为以上三种不同的模式，但是，《劳动合同法》却忽略了两方，具有明显的遗漏。

董保华教授认为："在无效处理上，采取用人单位的高成本，劳动者的低成本。"② 以欺诈为例，可以看到两方面的具有明显的成本差异。

用人单位一旦被认定为欺诈，用人单位就需要付出较高的成本。主要包括三项：其一，劳动报酬。用人单位被认定为欺诈的，需要向劳动者支付劳动报酬，劳动报酬的标准参照本单位相同或者相近岗位劳动者的劳动报酬确定。其二，经济补偿金。劳动合同法规定如用人单位以欺诈、胁迫的手段或者乘人之危，使劳动者在违背其真实意思的情况下订立或者变更劳动合同的，劳动者可以随时通知用人单位解除劳动合同，此时用人单位还需要向劳动者支付经济补偿金。其三，损失赔偿。如果用人单位由于欺诈给劳动者造成损失的，作为有过错的一方应当承担赔偿责任，赔偿劳动者因欺诈遭受的损失。

劳动者以欺诈的手段与用人单位签订劳动合同，用人单位所能做的就是可以与劳动者立即解除劳动合同，不必提前通知，也不必支付经济补偿金。此时用人

---

① 梁慧星. 论可撤销合同——兼答曹瑞林同志. 法律学习与研究，1988（4）：56.
② 董保华. 十大热点事件透视劳动合同法. 北京：法律出版社，2007：130.

单位仍应支付劳动报酬,劳动报酬的标准参照本单位相同或者相近岗位劳动者的劳动报酬确定。①

在我国《劳动合同法》制定的过程中曾经就"采取欺诈、威胁等手段订立的劳动合同"的主体仅仅是用人单位?还是包括劳动者?抑或都包括?这一问题进行过立法"博弈"和争论。

董保华教授称之为"真假合同的思辨"。《劳动合同法》在公开讨论的草案中(一审稿)将《劳动法》第18条对无效劳动合同的认定标准"采取欺诈、威胁等手段订立的劳动合同"改为"用人单位以欺诈、胁迫的手段订立劳动合同的"。在"欺诈、胁迫的手段"前加了主体限定词"用人单位"。只有用人单位采取欺诈、威胁手段才认定为无效。二审稿中仍然坚持了这一逻辑,只有"用人单位以欺诈、胁迫的手段订立劳动合同的"才被认定为无效劳动合同。换言之,劳动者以欺诈、胁迫的手段订立劳动合同的不被认定为无效。假合同可以变成真合同。②

主张这条意见的专家是这样解释的:"劳动合同订立过程中双方信息不对称,即劳动者的信息条件一般劣于用人单位,并且,用人单位在招工过程中有权对劳动者进行考试和考核,而劳动者对用人单位没有与此对等的权利。故法律对用人单位欺诈的规制严于对劳动者欺诈的规制,即用人单位欺诈必然导致劳动合同无效,而劳动者欺诈则不一定导致劳动合同无效。"③王全兴教授虽然对草案关于只有"用人单位以欺诈、胁迫的手段订立劳动合同的"才被认定为无效劳动合同的立法依据的进行了解读,也表明了他对这样立法的肯定,但是,他在肯定立法的同时,还认为,欺诈合同是否有效关键在内容:"实际上,劳动者欺诈是否会导致劳动合同无效,关键在于欺诈的内容。如果欺诈的内容导致违反劳动法的强行性规范,例如,未达到最低就业年龄者做出已达到最低就业年龄的欺诈,所签订的劳动合同,就属于《草案》第18条第1款第(5)项所规定的'法律、行政法规规定的劳动合同规定的其他情形',可以确认为无效。所以,仅根据《草案》

---

① 董保华.十大热点事件透视劳动合同法.北京:法律出版社,2007:130~131.
② 董保华.十大热点事件透视劳动合同法.北京:法律出版社,2007:133.
③ 王全兴.劳动合同立法争论中需要澄清的几个基本问题.法学,2006(9):27.

第18条第1款第（1）项就得出'员工有欺诈行为的，合同有效'的结论，是不符合《草案》第18条第1款规定的。"① 可见，王全兴教授的观点并不是像董保华教授所说的"劳动者以欺诈、胁迫的手段订立劳动合同的不被认定为无效""假合同可以变成真合同"，但是，将劳动者实施的欺诈的劳动合同的无效归因于"法律、行政法规规定的劳动合同规定的其他情形"还是过于"勉强"，因此，在后来的讨论和审议中被质疑。厉无畏委员说："法律应该要鼓励诚信，草案中有许多条款规定，如果企业带有欺诈、胁迫，合同就无效。反过来说，如果员工不诚信、欺诈等，那么是不是所签订的合同也无效？对此法律也应有一定规定。"② 程贻举委员建议在规定用人单位告知义务时应当规定劳动者的告知义务，"应该在第10条中规定劳动者的告知义务，比如你的身体有传染病，就不适宜到食品行业中去工作。建议第39条增加劳动者隐瞒其不适宜从事用人单位工作的疾病的情况，用人单位也可以解除合同。"③ 在人大代表的建议下，三审稿中终于重新改回了类似《劳动法》的提法："以欺诈、胁迫的手段或者乘人之危，使对方在违背其真实意思的情况下订立劳动合同"为无效劳动合同。法律专家提倡以"滥用权利""欺诈"作为促使企业守法的手段，这一观点从国务院送审稿到一审稿、二审稿，期间不断受到质疑，最终，这一规定在三审稿中得到修改。④ "采取欺诈、威胁等手段订立的劳动合同"的主体之"博弈"最终是欺诈或胁迫等行为的主体既包括用人单位，还包括劳动者，这充分体现了法之平等精神和诚实信用原则的普遍性。

（二）重塑劳动合同效力制度的建议

1. 借鉴民法的先进价值取向及成功经验

---

① 王全兴. 劳动合同立法争论中需要澄清的几个基本问题. 法学，2006（9）：27.
② 苏大城. 劳动行政部门的监督检查及本法的法律责任——审议劳动合同法草案发言摘登（八）. http://www.npc.gov.cn/zgrdw/common/zwcwhnew.jsp? label=WXZLK&id=356063.2007-06-20. //董保华. 十大热点事件透视劳动合同法. 北京：法律出版社，2007：134.
③ http://www.npc.gov.cn/zgrdw/common/zw.jsp? label=WXZLK&id=356068&pdmc=1503. //董保华. 十大热点事件透视劳动合同法. 北京：法律出版社，2007：134.
④ 董保华. 十大热点事件透视劳动合同法. 北京：法律出版社，2007：134.

劳动合同也是合同,虽然与一般民事合同有很大的区别,但是民事合同法的一些基本原理和制度已经经过长期的历史积淀,具有一定的历史成熟性,仍然是劳动合同制度塑造中不可或缺的理论基石,否则,劳动合同制度就成为"无本之木"和"空中楼阁"。民法合同法也不是一成不变的,而是随着历史的发展而不断发展的,我国民事欺诈的合同效力也经历了《民法通则》的简单规定,在相当长的历史时期,我国合同法对于合同效力采取二分法:要么有效,要么无效,到了《合同法》效力制度才得到了多样性的发展,"自1949年至今,我国的合同效力制度发生了明显的变化,总的趋势是,意思自治原则越来越发挥出实际效能,公序良俗原则越来越定位合理,鼓励交易原则越来越落到实处,无效的范围逐渐缩小,效力形式越来越多样化,富有弹性,有效、无效、可撤销、效力待定、未生效并存的模式渐趋完善"。①

劳动合同效力制度的构建,应当遵循尽量维持劳动合同的有效的基本价值取向。"从鼓励交易,避免浪费,鼓励就业,维护劳动关系稳定的角度出发,设立劳动合同无效制度时,应采取这样一种价值取向:尽可能维持劳动合同的效力,除非认定合同有效将违反法律强行性规定、违反社会公共利益"。② 从世界各国看,很少有国家正面提出"无效劳动合同"的概念,他们对全部无效劳动合同的认定持谨慎态度。③ 我国台湾学者史尚宽认为:"原则上排除对于过去部分为无效之主张,不得不认事实已成立之劳动关系视同有效。"④ 学者王泽鉴认为:"倘若劳动关系业已进行,尤其是在劳务给付之后,始发现劳动契约具有瑕疵时,亦不能径适用无效撤销规定,令既已发生之关系,自始归于消灭,非特使问题难予处理,在甚多情形对于劳工之保护,亦嫌不周。"⑤ 在确认和处理劳动合同效力问题上,需要我们认真进行利益考量,尽可能维护劳动合同的效力,尽可能维护劳动

---

① 崔建远. 我国合同效力制度的演变. 河南省政法管理干部学院学报, 2007 (2): 27.
② 喻术红. 我国无效劳动合同制度的缺陷及其完善. 法学评论, 2005 (3): 128.
③ 李培志. 我国劳动合同效力制度的审视与重构——以《劳动合同法》为中心. 河北法学, 2008 (2): 195.
④ 史尚宽. 债法各论. 北京: 中国政法大学出版社, 2000: 296.
⑤ 王泽鉴. 民法学说与判例研究(1). 北京: 中国政法大学出版社, 1998: 120.

第七章 不当劳动合同——合同欺诈

关系的稳定。除非认定合同有效，不利于保护劳动者的合法权益，有损于国家利益、社会公共利益或者他人利益。①

民事欺诈合同的效力问题也承继和体现了整个民法的历史发展趋势，也是民法的"现代化"的重要表象之一。《民法通则》第 58 条规定的"一方以欺诈、胁迫的手段或者乘人之危，使对方在违背真实意思的情况下所为的民事行为无效"存在着如下不足：一是按照意思自治原则的要求，法律宜尽可能地承认法律行为有效。据此精神，在受欺诈人、受胁迫人愿意遵守并履行因欺诈、胁迫而实施的民事行为的情况下，法律应当尊重他们的这种意愿。可是，依据《民法通则》的规定，因欺诈、胁迫而实施的民事行为必须归于无效，受欺诈人、受胁迫人的意愿化为泡影。二是在欺诈人、胁迫人认识、判断错误的情况下，如欺诈人误认宝石为顽石，诱骗相对人与之签订顽石买卖合同，因欺诈、胁迫而实施的民事行为并不利己，反倒有利于受欺诈人、受胁迫人。于此场合，法律若将此类行为作为可撤销的标的，受欺诈人、受胁迫人可以选择不行使撤销权的路径，使此类行为继续有效，适当履行，自己保有给付结果，使欺诈人、胁迫人遭受损失。②《合同法》将合同效力制度设置得更为合理，它承继了《民法通则》奉行的有效、无效、可撤销、效力待定并存的模式，但在其内部予以适当调整，使之进一步完善。其具体表现之一是将《民法通则》第 58 条规定的因欺诈、胁迫或者乘人之危而实施的民事行为无效，区分为两种类型：第一种是一方以欺诈、胁迫的手段订立的，且损害国家利益的合同；第二种是一方以欺诈、胁迫的手段订立的，没有损害国家利益的合同。对于第一种，《合同法》承继了《民法通则》关于无效的规定；对于第二种，《合同法》则没有固守《民法通则》关于无效的规定，而是改为可以变更或者撤销。③民事欺诈合同效力制度的发展，应当也是我国劳动合同欺诈之效力认定的一般基础，也应当体现民法"现代化"发展的精神，而不

---

① 李培志. 我国劳动合同效力制度的审视与重构——以《劳动合同法》为中心. 河北法学，2008 (2)：195.
② 崔建远. 我国合同效力制度的演变. 河南省政法管理干部学院学报，2007 (2)：32～33.
③ 崔建远. 我国合同效力制度的演变. 河南省政法管理干部学院学报，2007 (2)：33.

仅仅将劳动合同欺诈的效力简单定格为无效或部分无效，特别要尽快设置可变更或可撤销劳动合同、效力待定劳动合同，劳动合同欺诈更应当吸收《合同法》的先进立法理念，将劳动合同欺诈的效力以是否损害国家利益、公共利益和他人利益为标准，分为多种类型。

2. 新建可撤销劳动合同制度，赋予当事人劳动合同变更权或撤销权

民事合同法理论中总是将合同的无效与可撤销并列，阐释理论并打造制度。笔者认为，雇用合意的无效与劳动合同的可撤销都应当在制度中有所体现。遗憾的是，《劳动法》在"劳动合同与集体合同"章中欠缺可撤销劳动合同制度之设计，《劳动合同法》同样形成了制度遗漏，即形成了违法行为与行为瑕疵"一刀切"之局面。"但是，在这个方面，中国立法者的观念发生了转变。类似德国法律，后于《劳动法》颁布的《合同法》，在更大程度上认可合同当事人对有缺陷的合同的命运的影响。至于这种转变是否在劳动合同法中体现出来，我们拭目以待"。① 这种期待并没有转化成现实，与中国学者的失望一样，无效劳动合同的生硬并没有得到《劳动合同法》的修正。②

王利民教授在研究民事行为的违法性时指出：欺诈行为尽管是违法的，但对于因欺诈而产生的合同，要按照私法自治的精神，充分尊重受欺诈人的意愿。这就是说，要赋予受欺诈人撤销合同的权利，使其能够审时度势，在充分考虑到自己的利害得失后，做出是否撤销合同的决定。从实际情况来看，由于受欺诈人所作出的意思表示是意思表示不真实的行为，而其意思表示是否真实，局外人常常无从判断，即使局外人知道其意思表示不真实且因此受到损害，但受欺诈人从自身利益考虑不愿意提出撤销，按照意思自治和合同自由原则，法律也应当允许而不必加以干预。③ 可见，王利明教授是赞同对欺诈行为实行可撤销制度的。劳动法在对劳动合同欺诈规制时，完全可以参照民法的这一精神，构建欺诈劳动合同

---

① Immanuel Gebhardt, Rotert Dubbers. 中国和德国劳动合同的无效. 中德劳动与社会保障法：比较法文集. 北京：中信出版社，2003：111. //郑尚元. 劳动合同法的制度与理念. 北京：中国政法大学出版社，2008：380.

② 郑尚元. 劳动合同法的制度与理念. 北京：中国政法大学出版社，2008：380.

③ 王利民. 法律行为制度的若干问题探讨. 中国法学，2003（5）：76.

第七章 不当劳动合同——合同欺诈

的可撤销制度。

我国《劳动合同法》在起草过程中曾经就劳动合同可撤销制度进行过立法"博弈",但是最终《劳动合同法》还是否定了劳动合同可撤销制度。《劳动合同法(草案)》中,对劳动合同无效的问题增加了较为丰富的制度性规定。认定劳动合同无效的情形分为五大类,从内容上看,充分的参考了现行《合同法》的相关规定,即主体不适格(草案中规定:用人单位和劳动者中的一方或者双方不具备缔约的法定资格)、意思表示不真实(草案中规定:用人单位以欺诈、胁迫的手段缔约或者免除自己的责任、排除劳动者的权利)、内容违法(草案中规定:合同违反法律、行政法规的规定,以及缔约人恶意串通损害国家利益、社会公共利益或者他人合法权益)。同时《劳动合同法(草案)》借鉴《合同法》的相关规定引入可撤销劳动合同。将因重大误解订立的、显失公平的、乘人之危三类劳动合同,归入可撤销范围。[①] 有学者还探究了"博弈"失败的原因是立法者对无效劳动合同的特点及其价值取向等方面的认识存在问题,认为可撤销合同是建立在合同当事人法律地位平等的基础之上的,劳动合同中劳动者处于弱势地位,这种弱势地位使法律规定对劳动者可能不具有实际意义。劳动合同无效制度价值取向不同于民事合同,《劳动法》对有效合同的规定非常严格,强调劳动合同的严肃性,增强劳动合同第三人双方的劳动法律观念等,如果允许劳动合同被撤销,则劳动关系可能处于不稳定状态,反而不利于劳动者的保护。[②]

在劳动法学界,关于构建可撤销劳动合同制度的呼声几乎是一致的,没有多大的争议。许多劳动法大家都认同在劳动法中构建可撤销劳动合同。郑尚元教授认为,将效力瑕疵之劳动合同分为无效劳动合同和可撤销劳动合同,尤其是可撤销劳动合同制度如果得以确立,既充分尊重了当事人之合意存在,又赋予受害人以撤销权;既可使不公正得以矫正,又可以维护众多劳动合同关系之平稳存在,免除被确认无效之虞。因此,可撤销劳动合同之制度设计乃是《劳动合同法》制

---

① 张冬梅. 无效劳动合同制度对合同法理论的突破——兼谈无效劳动合同与无效民事合同的区别. 中国劳动关系学院学报,2006 (5):11~12.

② 冯涛. 劳动合同法研究. 北京:中国检察出版社,2008:139~140.

度修补的重要内容。① 姜颖教授早就认为,在无效制度与可撤销制度配置上,应该严格限制无效的范围,劳动合同应当考虑以撤销为主,以无效为辅,赋予劳动者更多的选择,以平衡双方之间不平等的单位和关系。② 鉴于当前就业压力大,就业形势异常严峻的情况,劳动合同法上的无效制度应当体现维护和谐、维护稳定的价值取向。对于只要不违反国家强制性规定、不损害国家利益和社会公共利益的劳动合同,给予当事人特别是劳动者更多的选择,自主选择继续维持劳动关系还是解除劳动关系,以达到鼓励就业、维系劳动关系稳定之目的。③ 喻术红教授也是赞同设置可撤销劳动合同制度的,并建议了比较可行的方案:吸纳《合同法》第54条的规定,明确区分无效劳动合同和可撤销的劳动合同,授予当事人变更权或撤销权。可如此规定:下列劳动合同,当事人一方有权请求人民法院或者仲裁机构变更或者撤销:(1)因重大误解订立的;(2)在订立合同时显失公平的;(3)一方以欺诈、胁迫手段或者乘人之危,使对方在违背真实意思的情况下订立的合同,受损害方有权请求人民法院或者仲裁机构变更或者撤销。④

在订立合同时,受到欺诈、威胁一方当事人的利益可能遭受了侵害,但在合同履行过程中,受害人一方可能转换成了受益人。比如,某技工隐瞒自己的学历,和深圳某公司签订了劳动合同,但在合同开始履行后不久,该公司技工的需求量大增,而社会上技工人才又严重短缺。在这种情况下,认定他们之间签订的劳动合同无效,并不符合用人单位一方的利益。由上,由受欺诈人或者被胁迫人根据自身利益全盘考虑是否撤销劳动合同,是否对病态的劳动契约进行修正,是否维护劳动合同的效力,才能最有效地使受欺诈人或受胁迫人的利益得到尊重和保护。⑤ 上述李培志教授对劳动合同欺诈的合同效力认定的观点,说明在劳动合同欺诈中更应当构建可撤销劳动合同制度。

---

① 郑尚元.劳动合同法的制度与理念.北京:中国政法大学出版社,2008:380.
② 姜颖.劳动合同法论.北京:法律出版社,2006:180.
③ 喻术红.劳动合同法专论.武汉大学出版社,2009:78.
④ 喻术红.我国无效劳动合同制度的缺陷及其完善.法学评论,2005(3):128.
⑤ 李培志.我国劳动合同效力制度的审视与重构——以《劳动合同法》为中心.河北法学,2008(2):197.

第七章 不当劳动合同——合同欺诈

王全兴教授在对劳动合同无效及可撤销的情形进行立法设计时指出，劳动合同的无效情形包括：(1) 一方以欺诈、胁迫的手段订立劳动合同，损害国家利益的；(2) 恶意串通，损害国家、集体或者第三人利益的；(3) 以合法形式掩盖非法目的的；(4) 损害社会公共利益的；(5) 违反法律、法规、规章及集体合同的强行性规定的。当事人有权请求撤销劳动合同的情形包括：(1) 因重大误解订立的；(2) 在订立劳动合同时显失公平的；(3) 一方以欺诈、胁迫的手段或乘人之危，使对方在违背真实意思的情况下订立的劳动合同，但未损害国家利益的。①

王全兴教授和黄昆将劳动法之解除制度与可撤销制度进行了对比分析，他们认为《劳动合同法》规定的可解除制度较之《合同法》规定的可撤销制度，其优越性在于《合同法》第55条规定了具有撤销权的当事人自知道或者应当知道撤销事由之日起1年内没有行使撤销权，或者知道撤销事由后明确表示或者以自己的行为放弃撤销权的，撤销权消灭。而根据《劳动合同法》的规定，无过错当事人行使无效劳动合同解除权不受此种限制。《劳动合同法》仅作可解除的规定而对无效劳动合同如何存续未作规定，这就给已不是确定劳动权利义务之依据的无效劳动合同如何生效的问题，留下疑问。他们认为，对于因内容违法而无效的劳动合同，应当通过依法变更劳动合同，以纠正原劳动合同中的无效条款；或重新依法订立劳动合同，以替代原劳动合同；或者用劳动基准、集体合同、劳动规章制度中的相应规定替代原劳动合同中的无效条款。如果是因意思表示不真实而导致劳动合同无效的，无过错一方继续履行劳动合同，并未行使解除权的，可视为是对该劳动合同之效力的追认，该劳动合同依法生效。②他们的观点虽然没有直接表明如何构建可撤销劳动合同制度，但其对我国现行劳动合同效力制度的缺陷和改进办法提出了有益的建议，其对劳动合同的变更和合同效力的追认，其实质上还是属于可撤销劳动合同的后果处理的具体方式，只不过其主要针对的是劳动合同的解除权问题。

李培志教授还对我国合同效力制度构建的法律条款进行了初步设计，特别是

---

① 王全兴. 劳动法学. 北京：人民法院出版社，2005：206.
② 王全兴，黄昆. 劳动合同效力制度的突破和疑点解析. 法学论坛，2008 (2)：29.

专门设计了有关可撤销劳动合同制度的具体条文。第1个条款：对存在重大误解的劳动合同或者显失公平的劳动合同，用人单位和劳动者均有权请求劳动争议仲裁机构、人民法院予以变更或撤销；一方以欺诈、胁迫等手段，使对方当事人在违背真实意思的情况下订立的劳动合同，受损害方有权请求劳动争议仲裁机构或者人民法院予以变更或撤销；用人单位乘人之危，使劳动者在违背真实意思的情况下订立劳动合同，劳动者有权请求劳动争议仲裁机构或者人民法院予以变更或撤销。第2个条款：具有撤销请求权的用人单位或者劳动者自知道或者应当知道劳动合同撤销事由之日起1年内没有行使撤销请求权的，该撤销请求权消灭。用人单位或者劳动者因不可抗力或者其他障碍不能行使撤销请求权的，撤销请求权时效中止。自中止时效的原因消除之日起，撤销请求权时效期间继续计算。[①] 后一条款是他具体设计的可撤销劳动合同的诉讼时效问题。

学者们的比较趋同的有关设置可撤销劳动合同的建议和方案，应当引起立法的积极响应和动作，不能再不闻不问。

三、新建第三人欺诈禁止制度

劳动合同欺诈的实施主体有三类：用人单位或雇主、劳动者或雇员和第三人，相比较而言，我国劳动法对用人单位或雇主的劳动合同欺诈的规定是最多的，其次是对劳动者或雇员实施的劳动合同欺诈，这两类主体的规定是"前重后轻"，即主要规制的对象是用人单位实施的劳动合同欺诈，而对由用人单位与劳动者之外的第三人实施的欺诈还没有任何规定，凸显出极不合理的立法缺失。因此，为了立法的周延和有效规制欺诈行为，我国劳动法有必要新建第三人劳动合同欺诈制度。

我国现行民法也还没有关于第三人欺诈的规定，与世界上比较发达的民法都规定了此类欺诈的一般趋势相比，我国民法还有很大差距，因此，未来有关第三人欺诈的立法就有两种不确定性，一种是由民法率先立法，可以在未来的《民法

[①] 李培志. 我国劳动合同效力制度的审视与重构——以《劳动合同法》为中心. 河北法学, 2008 (2): 197.

第七章 不当劳动合同——合同欺诈

典》中予以规定；第二种是由劳动合同法来实现，因《劳动合同法修正案》已经通过并于2013年7月1日实施，目前由劳动合同法规制第三人劳动合同欺诈就已经不可行了。以上两种立法方案都还不具备可行性，立法还比较遥远而无期。

在规制第三人欺诈或劳动合同欺诈的立法还不可能的情况下，学界的主要任务是加大其理论研究，克服其当前理论研究的薄弱问题，为将来的立法提供支撑。理论研究可以比照前文对第三人欺诈合同的论述，全面展开对其研究。因前文有关第三人欺诈问题论述的比较多，于此不在赘言。

四、重点规范劳务派遣之欺诈

因我国目前劳务派遣与业务外包的失范，其合同欺诈尤为普遍，因此，反劳动合同欺诈应当重点规制劳务派遣之欺诈，基于劳务派遣与业务外包之"天然"关系，规制业务外包之合同欺诈也是规范劳务派遣之合同欺诈的主要内容，只有将二者结合起来一并整治，才能有效治理劳务派遣之合同欺诈。

我国自2008年《劳动合同法》实施以来，劳务派遣与业务外包发展日益盛行，可以说是"异常繁荣"。劳务派遣与业务外包已经成为用人单位与法律进行博弈的主要手段，既可以规避《劳动合同法》的规定，又可以大量减低劳动用工成本，成为市场的"宠儿"。"劳务派遣比较泛滥"，这是姜颖对中国当前劳务派遣现状的评价，她认为劳务派遣泛滥的具体表现有两方面，一方面是派遣公司大量增加；一方面是一些国有大中型企业、国家机关、事业单位都在大量使用派遣工，劳务派遣人员的人数大量增加。① 劳务派遣与业务外包的畸形发展，是值得我们认真思量的新问题，而其中之同工不同酬的普遍现象更是迫切要求我们能够寻找出破解之法。

我国劳务派遣的发展存在被扭曲的倾向，非正当劳务派遣用工已经成为用人单位降低成本和逃避法律规制的手段，劳务派遣工合法权益的被侵犯成为非常普遍的现象。"现在劳务派遣用工在中国过度滥用，早已经偏离了这种用工方式的

---

① 郝帅.劳务派遣泛滥让劳动者很受伤.中国青年报，2012-07-17 (3).

初衷。"① 中华全国总工会对 2010 年和 2011 年全国劳务派遣用工的调研表明,全国企业劳务派遣用工呈增长态势,根据全国总工会研究室 2011 年企业职工劳动经济权益实现状况及思想动态调查测算,全国企业劳务派遣工占企业职工总数 13.1%,约 3700 万人。②

  在全国人大常委的两次专题调研中,都将劳务派遣作为了执法检查的重点,检查组在调查中发现的主要问题是:第一,劳务派遣存在被滥用的现象,很多用工单位在主营业务岗位上长期使用劳务派遣人员;第二,劳动派遣人员同工不同酬、损害派遣工合法权益等问题比较突出。全国人大财经委副主任乌日图认为目前我国劳务派遣用工存在的突出问题有:一是劳务派遣单位过多过滥,经营不规范;二是许多用工单位长期大量使用被派遣劳动者,有的用工单位甚至把劳务派遣作为用工主渠道;三是被派遣劳动者的合法权益得不到有效保护,同工不同酬、不同保障待遇的问题比较突出。③ 在现实劳动关系中,劳务派遣争议很多就是由于同工不同酬引起的,正如一位律师所言:"我接触到的派遣工维权案件大多是由同工不同酬,福利待遇低于正式员工引起的"。④ 劳务派遣之同工不同酬问题已经是产生劳动争议劳动并导致劳动关系不和谐的重要原因,也是产生合同欺诈的主要诱因。

  由于劳务派遣的发展速度过快且比重越来越大,而且用工期限呈现长期化趋势,这就违反了《劳动合同法》关于劳务派遣一般应当用于临时性、辅助性、替代性岗位的规定。一些大型企业使用的劳务派遣工占企业用工人数的 50% 以上,而且长年使用,明显不符合"三性"的要求,成为构建和谐劳动关系的潜在障碍。⑤ 即便是于 2013 年 7 月实施的《劳动合同法修正案》增加了有关劳务派遣的立法,特别是明确界定了"三性"的法定内涵,即临时性工作岗位是指存续时间

---

① 王羚. 劳务派遣用工泛滥,亟待法律规范. 第一财经日报,2012-04-19.
② 全总劳务派遣问题课题组. 当前我国劳务派遣用工现状调查. 中国劳动,2012 (5):23.
③ 黄应来. 劳动合同法首次修订,拟严格限制劳务派遣. 南方日报,2012-06-29 (19).
④ 郝帅. 劳务派遣泛滥让劳动者很受伤. 中国青年报,2012-07-17 (3).
⑤ 周长征. 劳务派遣的超常发展与法律再规制. 中国劳动,2012 (5):27.

第七章　不当劳动合同——合同欺诈

不超过六个月的岗位；辅助性工作岗位是指为主营业务岗位提供服务的非主营业务岗位；替代性工作岗位是指用工单位的劳动者因脱产学习、休假等原因无法工作的一定期间内，可以由其他劳动者替代工作的岗位。同时该修正案还明确规定："用工单位应当严格控制劳务派遣用工数量，不得超过其用工总量的一定比例，具体比例由国务院劳动行政部门规定。"这些立法对遏止劳务派遣的过滥将起到一定的作用，但是，其真正的效果还有待实践的检验，长期的不当劳务派遣的"惯性"，可能是难以一下根除的。

笔者将劳务派遣合同欺诈作为不当劳动行为的一种，是从广义上对不当劳动行为的研究，与世界上一般都是从狭义上界定不当劳动行为的做法是不同的，这也是本书研究不当劳动行为的重要创新之一。笔者这样界分的原因之一就是因为我国目前不当劳务派遣和不当业务外包的"异常繁荣"以及有关法律的相对空白，加上我国工会法不发达，工会在调控劳动关系中还没有发挥出多大的作用，我国工会还没有像国外工会具有的强势地位和在三方机制中的发挥引领作用，如果仅从狭义上研究和规制不当劳动行为，必然是不符合中国之国情，也必然是"水土不服"，与规制不当劳动行为的一般精神也将是"西法东渐"后的"渐行渐远"。因此，将不当劳务派遣与不当业务外包一道纳入我国不当劳动行为的研究视角，为今后的相关立法提供一些理论支撑，是比较可行的路径。同时，在此基础上，将劳务派遣欺诈与业务外包欺诈纳入劳动合同欺诈的范畴，也就具备了理论前提基础，对规制劳务派遣欺诈和业务外包欺诈也将发挥相当有益的作用。

劳务派遣之合同欺诈的典型形式是："利用空白合同让你变成派遣工""随意变更用人单位使劳动者'被派遣'"。① 北京一中院在近期审理劳动纠纷案件时，已经发现了不少类似的案例。② 下面笔者将重点分析劳务派遣之合同欺诈的另外两种典型形式：一是混业经营欺诈；二是同工同酬欺诈。

---

① 张红兵，许庆涛. 小心空白合同让你变成派遣工. 法制日报，2013－05－6（6）.
② 因前文有详细的劳务派遣合同欺诈的案例及分析，此处仅作略叙，以避免重复。笔者此处将重点研究劳务派遣之合同欺诈的另外两种典型形式：一是混业经营欺诈；二是同工同酬欺诈。

(一) 混业经营欺诈

在劳务派遣合同欺诈中最典型一种是混业经营欺诈。

混业经营是经济学上的概念，还没有法律的界定。混业经营是指一个合法的单位，依法经营多种业务。混业经营单位必须是依法登记的，具有合法经营资质的法人或非法人单位；其经营的各种业务也都必须是合法的业务，且是法律明确规定的业务，否则就是非法的或不正当的违法经营或欺诈经营。

1. 金融业之混业经营的价值判断和启示

混业经营是金融界被广泛运用且"褒贬不一"的经营模式，具有相当的历史沿革，是一个历史的范畴。有人对金融业之分业经营下的定义是：分业经营体制是指通过法律规定，将金融业的四大领域（即银行业、证券业、信托业和保险业）分开经营，核心业务各不相同，互不交叉；机构分开设立；互不隶属；相互独立的经营体制。混业经营体制是指银行业务、证券业务及其他金融业务在不同程度上和不同范围内相互融合的经营体制。①

西方国家近百年的金融沿革史，实际上就是由混业经营转向分业经营，然后又回归到混业经营的这样一个分合过程。其中，可以将美国 1933 年制定的《格拉斯－斯蒂格尔法案》（也称《1933 年银行法》）看作是进入典型的分业经营时期的标志，又可将美国于 1999 年 11 月通过的《金融服务现代化法》作为其回归混业经营的里程碑，期间长达 66 年。目前，世界上已有越来越多的国家纷纷采用了混业经营的模式。② "当前，发达国家的金融业开始向综合经营发展，当然也还有不少国家实行分业经营，但总的趋势是向综合经营发展"。③ 此所指的"综合经营"即为混业经营，笔者揣度，其之所以用"综合经营"一词，而不用"混业经营"，可能是为了规避我国金融法对混业经营的否定，因为我国目前的金融法

---

① 刘映春. 论我国金融业分业经营法律制度的改革及模式选择. 北京行政学院学报，2005（5）：57.
② 宣文俊. 我国金融业混业经营的法律框架思考. 法学，2005（1）：79.
③ 戴相龙. 加强金融理论研究 促进中国金融发展——在中国金融学会第六次代表大会上的讲话. 金融研究，2000（10）：6.

第七章 不当劳动合同——合同欺诈

是不容许金融单位进行混业经营的,即我国实施的还是分业经营,而不是混业经营,用"综合经营"一词就是为了避免法律上的"尴尬",但是,在我国金融界实行分业经营或"综合经营",都有违法经营或不正当经营的嫌疑。

在金融界有关分业经营和混业经营,一直是有争议的。金融的分业和混业在国外讨论了近一个世纪,在国内讨论了30多年。我们用历史的方法或者逻辑的方法进行分析,不难看出:其一,无论是混业经营制度还是分业经营制度,作为一种金融制度本身都应当适应经济金融发展的内在要求,并依赖于一国特有的制度变迁路径安排。美国经过60多年的分业经营后才走上混业经营的道路,说明他们对混业经营的态度是谨慎的,是在不断吸取历史教训,积累金融经验,顺应时代潮流的前提下逐步有序地发展的。其二,混业经营是长期的发展趋势,就宏观方面而言来源于金融行业竞争力提升的要求,微观方面而言来源于金融机构对范围经济和规模经济的追求。其三,金融分业经营制度是外在、人为的干预,是对一些利益冲突业务的必要约束。如何综合混业和分业两个优势,规避各自的缺点和不足,实际上可以通过两个手段解决,一是现在国内外普遍实行的"集团混业、法人分业"模式;二是通过精细的金融监管制度对利益冲突进行规避。总之,混业经营是大势所趋,分业是金融制度设计中必须考虑的重要课题。[①]

"扩大金融企业中间业务,会与金融业分业监管有矛盾,解决这个矛盾的办法,是监管部门建立定期磋商会议制度,交流监管信息。但从长远来讲,如何建立既符合中国国情,又适应金融现代化的金融业监管体制,还要从理论和实践的结合上深入研究。"[②]

我国金融机构业务经营模式的规定,现行金融法有明确的规定,金融法总体上确认的是分业经营。我国《商业银行法》第43条规定:"商业银行在中华人民共和国境内不得从事信托投资和证券经营业务,不得向非自用不动产投资或者向

[①] 庄乾志. 金融发展的历史进程、内在逻辑与中国金融展望——从美国金融改革进程看中国金融发展. 中央财经大学学报,2011(7):37.

[②] 戴相龙. 加强金融理论研究 促进中国金融发展——在中国金融学会第六次代表大会上的讲话. 金融研究,2000(10):6.

非银行金融机构和企业投资,但国家另有规定的除外"。该法确立了我国商业银行经营的法定类别是分业经营,而不是混业经营。《商业银行法》第 74 条对商业银行违反第 43 条关于投资限制性规定的行为规定了相应的法律责任,其第 7 项规定了"违反国家规定从事信托投资和证券经营业务、向非自用不动产投资或者向非银行金融机构和企业投资的"的法律责任:由国务院银行业监督管理机构责令改正,有违法所得的,没收违法所得,违法所得五十万元以上的,并处违法所得一倍以上五倍以下罚款;没有违法所得或者违法所得不足五十万元的,处五十万元以上二百万元以下罚款;情节特别严重或者逾期不改正的,可以责令停业整顿或者吊销其经营许可证;构成犯罪的,依法追究刑事责任。我国《证券法》第 6 条规定:"证券业、银行业、信托业、保险业分业经营、分业监管。证券公司与银行、信托、保险业务机构分别设立"。《保险法》第 6 条也规定:"经营商业保险业务必须是依照本法设立的保险公司。其他单位和个人不得经营商业保险业务"。由此可见,我国从法律上明确确立了我国金融业的分业经营模式。我国《银行业监督管理法》第 16 条规定:国务院银行业监督管理机构依照法律、行政法规规定的条件和程序,审查批准银行业金融机构的设立、变更、终止以及业务范围。第 44 条规定了法律责任:擅自设立银行业金融机构或者非法从事银行业金融机构的业务活动的,由国务院银行业监督管理机构予以取缔;构成犯罪的,依法追究刑事责任;尚不构成犯罪的,由国务院银行业监督管理机构没收违法所得,违法所得五十万元以上的,并处违法所得一倍以上五倍以下罚款;没有违法所得或者违法所得不足五十万元的,处五十万元以上二百万元以下罚款。

  我国金融业的分业经营与监管是我国各行业中最为严格和成功的,劳动法完全可以借鉴其做法,加大对劳务派遣的监管力度。正如郑尚元教授所说:"目前,我国行政监管领域金融监管力度最大,也最为必须,而劳动领域同样需要大力监管。"①

---

  ① 郑尚元. 劳动法与社会保障法前沿问题. 北京:清华大学出版社,2011:43.

第七章 不当劳动合同——合同欺诈

笔者以上对金融业的分业经营及其国家监管的经验进行论述的主要目的之一是，我国的劳务派遣与业务外包有必要像金融业学习，充分发挥分业经营和国家监管所取得的成功经验，并使我国今后的对劳务派遣与业务外包的立法特别是有关的劳务派遣与业务外包之行政许可制度①提供有益的参考作用。

市场经济中不管是金融业界，还是其他行业，也不管是分业经营，还是混业经营，不管采取哪种模式，都必须具有合法性这一根本前提，这早已经是法制社会的应当普遍遵循的一般规律，在我国也应当是这样。金融业法律监管是实施分业经营或混业经营的关键，这也是发达国家的重要成功经验，我国不但在金融业中要牢记这一趋势和启示，而且在劳务派遣和业务外包中，应更加注意借鉴和吸收金融业中分业经营与混业经营中法律之监管的重大作用，更好而有效地防止劳务派遣欺诈，维护好市场经济秩序。

2. 劳务派遣之混业经营

我国关于劳务派遣的立法，施行的到底是分业经营，还是混业经营？

我国《公司法》第7条规定，依法设立的公司，由公司登记机关发给公司营业执照。公司营业执照签发日期为公司成立日期。公司营业执照应当载明公司的名称、住所、注册资本、实收资本、经营范围、法定代表人姓名等事项。《公司法》第12条特别规定了公司的经营范围问题："公司的经营范围由公司章程规定，并依法登记。公司可以修改公司章程，改变经营范围，但是应当办理变更登记。公司的经营范围中属于法律、行政法规规定须经批准的项目，应当依法经过批准"。我国《公司法》所规定的公司经营范围，所采取的是审核登记主义，即公司的业务必须是经过国家审核机构审核通过的，如果公司的经营范围中属于法律、行政法规规定须经批准的项目，应当依法经过批准。我国劳动法并没有对用人单位的经营范围进行明确的界定，因为经营范围属于用人单位的经营自主权的范畴，公权力不宜过多干预，但是，用人单位的业务范围是必须机构行政主管部门审批，否则用人单位是没有合法的劳动用工权的。

---

① 于2013年7月1日起实施的《劳动合同法修正案》已经正式确立了我国劳务派遣之行政许可制度，但是该修正案并无关于劳务派遣有关分业经营或混业经营的明确规定，更没有有关业务外包的立法。

我国《劳动合同法》并未直接规定劳务派遣单位的设立条件，但是其第57条规定："劳务派遣单位应当依照公司法的有关规定设立，注册资本不得少于五十万元。"因此，我们依次可以推断劳务派遣的业务范围必须符合公司法的规定，而我国《公司法》对公司的业务范围是有明确的审核登记的，超出登记的范围就是无效的。

2012年12月28日，十一届全国人大常委会表决通过的《劳动合同法修正案》专门对经营劳务派遣业务应当具备的条件（注册资本、经营场所、设施），被派遣劳动者享有同工同酬权利，派遣用工数量与用工总量比例等做出了详尽规定。其第1条明确规定："经营劳务派遣业务，应当向劳动行政部门依法申请行政许可；经许可的，依法办理相应的公司登记。未经许可，任何单位和个人不得经营劳务派遣业务。"《劳动合同法修正案》确立了劳务派遣机构的设立将实行严格的审核登记的行政许可制度，体现了立法的先进性，但是，仍然没有关于劳务派遣单位是否能够进行混业经营的规定，关于原劳务派遣立法的缺陷并没有完全克服，只有期盼今后出台的《劳务派遣行政许可管理办法》能够明确劳务派遣的业务经营范围和对混业经营的禁止了。

游走在法律边缘一贯是部分用工单位应对法律法规的常用手段。据实地调研，在《劳动合同法修正案》出台以前，由于相关机构和地方政府开始密集调研劳务派遣用工问题，一些单位已经开始着手规避劳务派遣用工违法将要遭受的制裁问题。比如，一些单位通过业务外包（外协工）形式，将原有的劳务派遣工和工作岗位、工作业务全盘转移给所谓的具有相关资质的业务外包公司，而这些公司实则为自己成立的皮包公司；还有一些劳务派遣单位开始超出工商注册经营范围、打着混业经营的旗号非法从事业务外包工作；另有部分用工单位通过定期转换劳务派遣单位和劳务派遣工工作岗位的形式规避长期使用同一批劳务派遣工等。①

关于劳务派遣机构混业经营的立法仅仅在地方立法中有所体现，我国目前有

---

① 汪雁，王压非.《劳动合同法》修订实施可能对劳务派遣用工的影响. 中国工运，2013（2）：27～28.

一些地方规章是有明确规定劳务派遣机构可以混业经营的,其"混业"是职业中介与劳务派遣的混业。有的地方性规范文件将具备职业介绍机构资质作为劳务派遣单位的必备要件,例如,《苏州市劳务派遣管理暂行办法》第五条规定,劳务派遣企业应当符合下列条件:(1) 具备职业介绍机构的资质;(2) 有明确的劳务派遣活动管理制度;(3) 有与所开展业务相适应的固定办公场所;(4) 设立专门的劳务派遣人员工资预留账户。董保华教授还指出"目前我国的很多职业介绍机构也同时兼劳务派遣业务",例如《北京市职业介绍管理规定》(2004)规定:"职业介绍是指满足求职者就业和用人单位招用人员提供的中介服务以及相关服务的活动,包括介绍家庭服务员、介绍医疗陪护、劳务派遣以及提供相关的信息服务业务。"2005年8月8日甘肃省劳动保障厅、省财政厅、省人事厅、省民政厅、省工商局、省地税局联合颁布的《关于开展劳务派遣工作的意见》(甘政办发〔2005〕114号)称,劳务派遣是一种特殊的高级职业介绍。上述类似的规定,其实都使人容易混淆职业介绍和劳务派遣的概念,因此,有必要予以区分。[①] 以上地方规章说明:职业中介与劳务派遣机构是可以互为混业经营的,即职业中介可以经营劳务派遣业务;劳务派遣机构也可以经营职业中介业务。这也是我国目前有关劳务派遣之混业经营的法律依据(且仅为地方规章),我国的中央立法是没有相关的劳务派遣之混业经营规定的,因此,关于劳务派遣机构的混业经营问题,是没有直接而明确的法律规定的。

也有少数地方规章是允许劳务派遣分业经营的,是将职业中介的业务与劳务派遣机构的业务分开,并采取行政许可。《湖南省劳动力市场条例》(2006年8月1日施行)第2条规定:"凡在本省行政区域内的劳动力市场进行求职择业、招用人员、职业介绍和劳务派遣活动,适用本条例。"第3条规定:"在劳动力市场进行求职择业、招用人员、职业介绍和劳务派遣应当遵循双向选择、平等竞争、公开公正、诚实信用的原则。"第28条第2款规定:"职业介绍机构或者劳务派遣机构超越行政许可范围从事职业介绍或者劳务派遣活动的,由劳动保障行

---

① 董保华. 十大热点事件透视劳动合同法. 北京:法律出版社,2007:444~445.

政部门没收违法所得,并处五千元以上两万元以下的罚款。"由上可见湖南省的规定是将劳务派遣和职业介绍进行分别的行政许可的,其对劳务派遣的立法是采取分业经营模式的。

有学者根据派遣单位经营范围的不同,把劳动派遣分为专营派遣和兼营派遣。专营派遣中,派遣公司专门进行劳动派遣及辅助性业务;而在兼营派遣中,派遣公司不是专门经营劳务派遣业务,会超越其业务范围,劳务派遣是其多元化经营范围的一部分。他还认为,在我国目前的实践中,并无对兼营派遣的限制。但是不少兼营派遣转化为隐名派遣,并假借其他制度的外衣,使得劳动派遣的认定更加困难。倘若在劳动派遣业推行行政许可制度,则必然会区分专营派遣与兼营派遣,而兼营派遣的立法限制则会更加复杂,因为要在兼营派遣企业中区分其不同的业务,并理清其不同业务之间的关系。例如,兼营职业介绍与劳动派遣的情况下,两种业务是否会混同以致抹杀了职业介绍和劳动派遣的界限,而让劳动者的权益变得模糊不清。① 有学者认为"我国目前的劳务派遣公司多属于兼营性派遣公司"。②

2013年4月19日由人力资源和社会保障部发布的《劳务派遣行政许可管理办法》(征求意见稿)第6条规定:经营劳务派遣业务,应当向所在地有管辖权的人力资源社会保障行政部门(以下称许可机关)依法申请行政许可。未经许可,任何单位和个人不得经营劳务派遣业务。第28条规定:任何单位和个人未经许可,擅自违法经营劳务派遣业务的,由人力资源社会保障行政部门按照《中华人民共和国劳动合同法》第92条第1款的规定,责令其停止违法行为,没收违法所得,并处违法所得一倍以上五倍以下的罚款;没有违法所得的,可以处五万元以下罚款。《劳务派遣行政许可管理办法》(征求意见稿)根据新修订的劳动合同法,规定了申请经营劳务派遣行政许可的条件;并对对申请经营劳务派遣业务应当提交的材料进行了细化,包括劳务派遣经营许可申请书、营业执照或者《企业名称预先核准通知书》、公司章程、验资报告或者财务审计报告、经营场所

---

① 李海明. 劳务派遣法原论. 北京:清华大学出版社,2011:35~36.
② 李海明. 劳务派遣法原论. 北京:清华大学出版社,2011:292.

第七章 不当劳动合同——合同欺诈

使用证明、办公设施设备、法定代表人的身份证明、工作人员的相关职业资格证书等，以及劳务派遣管理制度等。《劳务派遣行政许可管理办法》(征求意见稿)也不是完全没有关于劳务派遣单位实施欺诈的规定，其第23条专门规定了劳务派遣单位之欺瞒行为的处理办法："申请人隐瞒真实情况或者提交虚假材料申请行政许可或者申请延续许可的，许可机关不予受理、不予行政许可或者不予延续许可。劳务派遣单位以欺骗、贿赂等不正当手段和隐瞒真实情况或者提交虚假材料取得行政许可的，许可机关应当予以撤销；被撤销行政许可的劳务派遣单位及其法定代表人在一年内不得再次申请劳务派遣行政许可"。第33条还具体规定了五种与劳务派遣单位之欺诈行为有关的法律责任："有下列情形之一的，依照法律、法规的规定予以处罚。法律、法规没有规定的，由许可机关责令限期改正，给予警告，并处以一万元以下的罚款；情节严重的，处以一万元以上三万元以下的罚款：(1)未经许可，擅自改变许可事项的；(2)伪造、涂改、倒卖、出租、出借《劳务派遣经营许可证》，或者以其他形式非法转让《劳务派遣经营许可证》的；(3)隐瞒真实情况或者提交提供虚假材料申请或者取得劳务派遣行政许可的；(4)以欺骗、贿赂等不正当手段取得劳务派遣行政许可的；(5)逾期不提交劳务派遣年度经营情况报告或者提交虚假劳务派遣年度经营情况报告，经责令限期改正，拒不改正的"。以上五种有关劳务派遣单位的欺诈行为的处理，还是比较具体的，对劳务派遣单位之欺诈行为的规制还是有一定意义的。但是，此规定主要针对的是劳务派遣单位以骗取从业资格为目的的欺诈，其欺诈的对象是行政许可机关，并不是针对劳动者或应聘者的，其劳务派遣单位实施的欺诈后果也仅仅是承担行政责任，更没有对劳动者实施欺诈的民事责任。

由上可知，我国关于劳务派遣的立法，对劳务派遣单位许可的是分业经营，还是混业经营是没有明确规定的，也就是说劳务派遣单位进行混业经营并没有为法律所禁止。根据法不明文禁止即可为的一般法理，劳务派遣单位混业经营并不违法，但是，法理同样告诉我们，不违法的行为不一定就是正当的行为，尤其是在欺诈行为的法律界定上和效力认定上，笔者在前文已经进行了大量的法理和实证研究，得出的一般结论是：欺诈合同的效力不能只是"当然、绝对、自始无效"一种类型，还存在"部分有效"或可变更或可撤销等多种效力模式，对欺诈合同的处理也是不能"一刀切"式的都认定为无效。换言之，有的欺诈合同还是部分有效的，有的欺诈合同属于可变更或可撤销的合同。因此，关于劳务派遣之混业经营的效力认定，完全可以借鉴欺诈合同之效力界定的办法，第一，劳务派遣混业经营是不正当的劳动行为；第二，劳务派遣混业经营可以看作是一种欺诈行为；第三，劳务派遣混业经营产生的后果处理，可以借鉴欺诈行为的处理办法，实行多样性的处理模式。

我国劳务派遣的不规范发展，其用工不规范是重要"推手"，劳务派遣行业经营的混乱，使劳务派遣机构混业经营非常严重，正如中华全国总工会的调研报告所指出的："混业经营现象严重。许多劳务派遣单位同时从事劳务中介、劳务服务等业务，有的以劳务承包或劳务中介为主业，兼营劳务派遣。混业经营现象致使劳务派遣单位经营管理松散、专业化程度偏低、行业运营不规范。"① 从中华全国总工会的调研报告可以看出，我国目前的劳务派遣单位的混业经营是非常普遍的，其主要原因还是要归因于法律的"不作为"。

笔者认为，中华全国总工会的调研报告具有非常高的权威性，但是其调研的主体是单纯的劳务派遣，对我国劳动用工中的另一新问题即业务外包并没有涉足，只调研了劳务派遣单位同时从事劳务中介、劳务服务等混业经营，而遗漏了业务外包单位混合经营劳务派遣业务，这不能不令人遗憾，因为，我国目前与劳务派遣几乎同样"繁荣"的业务外包中的劳务派遣问题也是非常普遍的，业务外包中的劳务派遣或劳务派遣中的业务外包还是理论研究和实务中的空白。因此，基于劳务派遣与业务外包二者的特殊关系，我国的立法和执法监督是不能遗漏任何一方的。而实际情况却是完全相反，不管是理论研究，还是执法检查或监督；也不管是保障劳动者权益的立法还是劳动争议或其他争议的仲裁或司法实践，几乎都是将劳务派遣与业务外包分离开来的，割裂了二者的联系，不周延也不全面，对保护劳务派遣和业务外包之劳动者的权益非常不利的。

---

① 全总劳务派遣问题课题组. 当前我国劳务派遣用工现状调查. 中国劳动，2012（5）：25.

第七章 不当劳动合同——合同欺诈

我国关于劳务派遣之混业经营的立法还是空白，而与之"相伴而生"的业务外包就更不用说了，业务外包还没有真正纳入法律的范畴，对业务外包的规制也只能适用民法。

（二）同工同酬欺诈——同工不同酬

在劳务派遣合同欺诈中最为典型的是有关同工同酬之欺诈，即劳动者是同工但不同酬，其欺诈是指劳务派遣单位或第三人实施的欺诈，其形式分为两种，一是劳务派遣单位以虚假的同工同酬待遇诱导劳动者与之签订劳务派遣协议；二是第三人实施的欺诈，最常见是劳务中介以虚假的同工同酬待遇诱导被派遣者与派遣单位签订劳务派遣协议，这类第三人欺诈又可分为二类：派遣单位不知情的欺诈和派遣单位知情的欺诈，派遣单位不知情的欺诈的受诱导者为派遣单位和被派遣者双方，派遣单位知情的欺诈的受诱导者仅仅为被派遣者一方，这种欺诈实际上就是第三人和劳务派遣单位串通一气，共同实施的欺诈行为。在上述两类劳务派遣合同欺诈中，实际的用工单位因不直接对劳动者发放工资，因而一般不会直接参与欺诈。

自2013年7月1日起施行的《劳动合同法修正案》对同工同酬问题的规定比《劳动法》和《劳动合同法》都要先进，这对规制劳务派遣欺诈也有很多的积极意义。《劳动合同法修正案》第2条规定："被派遣劳动者享有与用工单位的劳动者同工同酬的权利。用工单位应当按照同工同酬原则，对被派遣劳动者与本单位同类岗位的劳动者实行相同的劳动报酬分配办法。用工单位无同类岗位劳动者的，参照用工单位所在地相同或者相近岗位劳动者的劳动报酬确定。劳务派遣单位与被派遣劳动者订立的劳动合同和与用工单位订立的劳务派遣协议，载明或者约定的向被派遣劳动者支付的劳动报酬应当符合前款规定。"但是，此修正案仍然没有关于劳务派遣欺诈的立法规定，这就导致在认定劳务派遣欺诈的合同效力和处理时，只能参考《劳动法》和《劳动合同法》的相关规定，认定其为无效或部分无效，第三人实施的劳务派遣欺诈也同样如此，其最大的缺陷是如前文所述的那样：效力制度太过简单，没有构建可变更或可撤销合同制度，对反劳务派遣欺诈极为不利。

劳务派遣与业务外包之同工同酬具有很高的立法价值，立法意义深远。同工同酬一直是我国劳动立法关注的重点，但是已有的立法更多的像是一种原则性的宣示。同工同酬权并没有得到很好贯彻执行。

（三）业务外包欺诈

业务外包可以分为三大类：第一类是民法语境下的业务外包，属于一种民事法律关系，应当由民法来调整和规范，其劳务合同关系也应当属于民事合同的范畴，其应当遵循民事合同的基本原理。第二类是劳动法语境下的业务外包，因我国目前的业务外包中有大量的劳务派遣用工状况，业务外包中不仅仅涉及劳务关系，还涉及许多劳动关系含劳务派遣关系，因此，业务外包中对此涉及劳务派遣的应当由劳动法（包括劳动合同法、劳务派遣法和集体合同法）进行调整和规范，对于业务外包之合同欺诈问题还要进行规制。第三类是国际法语境下的业务外包，因一些业务外包即涉及国际劳务关系，又有劳动关系，这类业务外包主要是离岸业务外包，因时下的离岸业务外包中存在大量的欺诈现象，严重侵犯了劳动者的权益，特别是侵犯了劳动者的同工同酬权，因此，国际法语境下的业务外包也是一种非常值得研究的课题。

业务外包之欺诈现象，存在于上述的三种业务外包类型中，又可细分为以下三种：一是，属劳务关系的民事合同欺诈；二是，属劳动关系的劳动合同欺诈，主要包括的欺诈有"假外包真派遣"或叫"真派遣假雇佣""伪装外包""假承揽真雇佣"。三是，因实施业务外包的主体为第三人的欺诈。

因实施业务外包欺诈行为的主体为第三人，因而将其欺诈分类为第三人业务外包欺诈。此类欺诈主要指业务外包之外的第三人，特别是劳务中介包括国际劳务中介，他们在进行职业介绍服务中以虚假的招工信息或不真实的工资福利待遇，诱使应聘者做出错误的意识表示，并与业务外包单位（有的为虚假的不存在的单位）签订劳务合同或劳动合同含劳务派遣合同。

第三人欺诈的合同效力的认定不能简单地分为有效或是无效，而要根据实际

第七章 不当劳动合同——合同欺诈

情况具体区分为多种效力类型。第一，对欺诈直接损害国家和社会公共利益、违背国家法律法规之强制性规定的，应直接认定为无效，且为当然无效、决定无效、自始无效、全部无效。第二，对非上述情况的欺诈，应当适用部分无效或效力待定，其合同当属于可变更或可撤销合同的范畴，属于相当无效、部分无效、可变更或可撤销。第三，对第三人与用工单位或劳务派遣单位恶意串通进行欺诈的行为，还应追究二者的连带责任，由用工单位或劳务派遣单位赔偿因欺诈给劳动者带来的全部损失，二者还应按照劳动合同法的惩罚性赔偿原则，支付劳动者的经济补偿非或双倍工资。对于劳务中介与用工单位或劳务派遣单位非恶意串通，即用工单位或劳务派遣单位并不知情，此时的欺诈合同的实施者仅为劳务中介，其赔偿责任应当完全由有过错方即劳务中介承担，但是，为了更好地保护好劳动者的合法权益，使受欺诈者能够获得更充分的救济，用工单位或劳务派遣单位应当承担补充责任，即承担当劳务中介没有或不能完全承担责任情况下的补充责任，劳动者还应当享有向谁主张权利的选择权，劳务中介和用工单位或劳务派遣单位不得推诿，由于此时非因用工单位或劳务派遣单位的过错，其向劳动者承担赔偿责任后，还享有向劳务中介的追偿权，但此追偿权对外即劳动者没有抗辩权。在第三人欺诈中，如果劳务中介所称的用工单位是虚构的不存在的，而劳务派遣单位是知情的即存在一定的过错，而用工单位又是不存在的，这时应当由劳务中介和劳务派遣单位共同承担连带责任，且受欺诈者也享有选择权，以便是受欺诈者能够获得法律的充分救济。

因本书"不当劳务派遣"和"不当业务外包"两章已经将劳务派遣和业务外包之欺诈行为的种类作为不当劳动进行了阐述，本章对此不再赘言。

第八章 不当劳动用工

第一节 概念界定及立法评述

一、劳动用工的一般界定

（一）劳动用工

劳动用工是一个比较宽泛的概念，几乎所有用工单位（雇主）使用或控制劳动力劳动的行为都可以归纳进去，从广义上讲劳动用工并不仅仅是指劳动法领域内的产生劳动关系的用工，它还包括民事法律关系中的产生雇佣关系或劳务关系的民事劳动用工。

"用工"与"劳动用工"的含义是完全相同的，"用工"是"劳动用工"的简称。

我国劳动法上最常见提法的用人单位，其实就是用工单位，即用人单位与用工单位是一致的，但是《劳动法》使用的是"用人单位"，而不是"用工单位"。后来《劳动合同法》出台，将用工单位的含义作为了劳务派遣立法中的专有名词，用工单位是指与劳务派遣单位并行为广义上的"用人单位"，即"用人单位"在劳务派遣中为两个：派遣单位与用工单位或称要派单位，其目的是区分劳务派遣的"三角"关系，这样将"用工单位"从广义的"用人单位"中剥离出来是有价值和实际意义的，使得我国的劳务派遣的首次立法就将劳务派遣的主体界定在一个比较合理而清晰的范畴之内，立法之明确性值得称道。

劳动用工的范围不能仅仅限制在劳动法之内，民法之"劳务或雇佣"也应当被包括在内，即劳动用工不仅产生于劳动法的劳动关系，还发生于民法

第八章 不当劳动用工

之劳务或雇佣关系中。

"用工"一词在实践中一直被广泛使用,但被纳入我国劳动立法并作为一个重要的法律概念来使用,在《劳动合同法》尚属首例。① 由于"用工"是否发生是判断当事人之间是否建立劳动关系的唯一前提,而本法目前并未对之做出明确的界定,立法起草机关也只是把它极为笼统地解释为"劳动者实际提供劳动"②。我国劳动法学界对用工进行专门研究的非常罕见,有学者认为,"用工是指用人单位招用劳动者为其成员,劳动者在用人单位的管理下,提供由用人单位支付报酬的劳动行为。"③

《劳动合同法》中并没有对"用工"进行明确的定义,正如郑尚元教授所说:"我国《劳动合同法》把劳动关系的界定转移为用工的界定,而用工本身也是一个需要界定的概念,劳动关系的界定在《劳动合同法实施条例》之后仍然是一个不具有可操作性的概念。"④ 其相关的理论研究也是非常匮乏,在我国现有的文献中难觅其"踪影"。在学理上对用工有两种分类:一是使用说,一是控制说。

劳动关系就其实质内容而言,是劳动力使用关系,即劳动者的劳动力由用人单位使用的关系,或者说劳动者将其劳动力使用权转让给用人单位的关系。因而,对劳动关系中的用工,有"使用说"和"控制说"两种理解。⑤ "使用说"认为,用工即劳动者的劳动力被用人单位实际使用,其注重的是劳动力被实际使用的事实。"控制说"则认为,用工即劳动者已将其劳动力使用权转让给用人单位,或者说,用人单位对劳动者的劳动力已取得使用权,其注重的是劳动力处于被用人单位控制的状态,既包括劳动力已被用人单位实际使用,此即在使用中的控制;也包括劳动力虽然还未被用人单位实际使用但用人单位有权实际使用的状态即备用中的控制。用工的含义应当采用"控制说"。⑥ 主张采用此意见的还认为

---

① 许建宇."用工"法律问题初探.北方法学,2009(3):104.
② 杨景宇,信春鹰主编.中华人民共和国劳动合同法解读.北京:中国法制出版社,2007:22.
③ 许建宇."用工"法律问题初探.北方法学,2009(3):105.
④ 郑尚元.劳动法与社会保障法前沿问题.北京:清华大学出版社,2011:21.
⑤ 王全兴.劳动合同法条文精解.北京:中国法制出版社,2007:46.
⑥ 王全兴,黄昆.劳动合同效力制度的突破和疑点解析.法学论坛,2008(2):23.

"在我国以坚持控制说为宜。在实践中,用人单位与劳动者在订立劳动合同之后,并不一定立即使劳动力与生产资料相结合,而是先让其熟悉工作或对劳动者进行必要的上岗前培训,经培训合格后方才正式安排劳动者参加用人单位的劳动,因此,在培训和熟悉工作期间仍应认为发生了劳动用工,如此规定才更有利于保护劳动者的合法权益。"[1] 用工之"控制说"因其既包括了用人单位的正式使用劳动力,还包括了非正式使用的情况,如劳动力的备用或储备、培训、试用等,从而使得"控制说"更具有说服力。

有人认为我国《劳动合同法》中"用工"的含义采用"实际使用说",更为妥帖。即用工意味着用人单位对劳动者的实际使用,在外观上表现为劳动者已上岗(班)实施了劳动行为。属于劳动合同的履行行为。这种界定有利于"用工"在理论上与劳动合同生效的契合,也有利于"用工"在劳动合同法规则体系中的作用发挥。[2] 此观点将用工之"使用说"视为劳动合同的履行义务,实则是将劳动用工的概念转化成了劳动者的履行,淡化了劳动用工的主体是用人单位(雇主)。因此,"使用说"之劳动合同履行义务说具有很大的局限性,并不可取。

笔者认为,上述的有关劳动用工的概念界定之所以存有一定的分歧,虽然因对用工或劳动用工研究的非常罕见而并不像其他概念出现了非常多样的分歧,但是,主要原因是我国劳动法还没有明确界定用工或劳动用工的概念。笔者认为,"使用说"或"控制说"其实质上是一样的,并无多大区别。"控制说"实际上包含了"使用说",按照一般法理,只有享有一定的控制权如物权之所有权,才能有使用的合法权利如物权之使用权;没有所有权的使用是有法律的严格限制的,如所有权人的授权或让渡。虽然"劳动不是商品""劳动力不许买卖"已经是人类的共识,但是,没有劳动者本身的意愿而为用人单位所控制和使用其劳动力,也是不正当的,因此,劳动力的使用也是以用人单位或雇主享有对劳动力的实际控制权为前提的,没有控制权就没有使用权,没有控制权的使用可能就是非法的

---

[1] 洪芳. 劳动合同、劳动用工之于劳动关系建立的意义. 社科纵横,2011(7):41.
[2] 何伦坤.《劳动合同法》中"用工"内涵及效力探析——兼谈《劳动合同法》相关条文的修改. 理论月刊,2010(4):97.

第八章 不当劳动用工

或不正当的。

在界定劳动用工的含义和特征时,有人认为:第一,用工在客观上应表现为一种已经付诸实施的行为。由于用工和签约二者在《劳动合同法》中已被相对分离,因此若仅有当事人意思表示的合致(如签约),而无当事人具体实施的客观行为(如劳动者开始上班),尚不得认定用工已经发生。第二,用工应是双方当事人的行为。用工通常表现为劳动者一方付出劳动的行为,但实质上还需要有用人单位一方接受劳动给付的行为以及对劳动者进行管理的行为等。若仅有劳动者或者用人单位单方实施的行为,亦不能认定用工成立。第三,用工的含义应与劳动关系的基本特征相一致。由于用工的法律后果是导致劳动关系的建立,因此用工的构成要件应与劳动关系应具备的构成要素在主要方面保持同质性。第四,用工的界定还应与劳动合同的定义做到合理衔接。① 笔者认为,该学者对劳动用工的概念的解读还是比较有意义的,但是,值得进一步商榷的是"用工应是双方当事人的行为"这一界定,笔者认为用工或劳动用工都是一种单方的行为,是用人单位或雇主使用劳动者的给予即劳动力的行为,用工行为与给付劳动力的行为是不同的,用工是在用人单位或雇主享有实际控制权的前提下,指挥和监督劳动者劳动的行为,而劳动者通过的劳动给付行为,是劳动者主动给予用人单位的有偿付出,用人单位是要支付相应的对价的。虽然劳动关系的合法构建即签订劳动合同必须是双方达成一致的意向即合意,劳动合同当然属于双务合同,但这并代表着用人单位的用工就是双方的行为,用工是单向的行为。用工单位在用工的过程中,必须考虑劳动者的主体身份:特别是劳动者应当达到法定的就业年龄,我国规定为年满16周岁;还要考虑是否具有劳动能力,如不能使用精神病人或智障人员;用工单位还必须考虑劳动者的劳动意向,如果劳动者没有劳动的意向,就不能胁迫或强迫劳动,否则,用工单位还有可能被追究刑事责任如强迫劳动罪。我国现行的《劳动合同法》也是采用"用工"与"签约"分离模式的立法例,这表明用工与签订劳动合同实际上是两个不同的概念,"用工"与"签约"的时间

---

① 许建宇."用工"法律问题初探.北方法学,2009(3):104.

并不完全是一致的，有的先用工后签约，有的是用工与签约同步，有的是先签约后用工，这样的规制体现了用工与签订合同是两个不同的行为，签订合同的双方性并不代表用工行为也是双方的，换句话说，签订劳动合同的主体是用工单位和劳动者双方，而劳动用工仅仅是用工单位的单方行为。

在劳动用工的界定中还有一个重要问题需要厘清，即劳动用工的法律后果是什么，以什么为标志？《劳动合同法》第7条规定："用人单位自用工之日起即与劳动者建立劳动关系"。这从立法上明确表明了劳动用工的法律后果。劳动用工的法律后果是产生劳动关系的已经成立，劳动用工是劳动关系成立的标志，也是劳动合同成立的标志。既然以转让劳动力使用权为内涵的用工，不仅是劳动关系的实质性内容，而且是订立口头劳动合同和履行书面或口头劳动合同的标志，就应当成为建立劳动关系的标志。① 王全兴教授等将用工认定为劳动关系正式成立的标志，并不像法条中仅仅规定的是书面的劳动合同，还应当包括非书面的如口头的劳动用工。

劳动用工的法律后果是产生劳动关系成立的标志，这也成为《劳动合同法》颁布实施后，再次引起有关劳动合同之"口头或书面"的热烈讨论，使"事实劳动关系"这一"陈旧"话题再次成为热点问题，也是劳动用工中必须明确的问题。

究其原因，主要是《劳动合同法》将用工与签订劳动合同作为两个不同的行为，即将用工与合同进行了分离，这就使无书面合同或口头合同的用工，也成为产生合法有效的劳动关系的条件之一，必将导致口头劳动合同即事实劳动关系的再次争论。《劳动法》和《劳动合同法》都要求建立劳动关系应当订立书面劳动合同，但《劳动合同法》同时将开始用工作为建立劳动关系的标志，并规定已建立劳动关系而未同时订立书面劳动合同的，应当限期补订书面劳动合同；而在用工前订立书面劳动合同的，劳动关系自用工之日起建立。这意味着存在于用工行为中的口头（推定）劳动合同具有建立劳动关系的效力，于是，在先订立书面劳

---

① 王全兴，黄昆. 劳动合同效力制度的突破和疑点解析. 法学论坛，2008（2）：23.

第八章 不当劳动用工

动合同后用工和先用工后订立书面劳动合同的情形下，书面劳动合同生效与口头（推定）劳动合同生效就发生相对分离。① 长期以来的《劳动法》明确规定建立劳动关系应当订立书面劳动合同的规定一直遭到广泛诟病，但是，一直以来包括《劳动合同法》都还没有被立法所采纳，这样，不仅使口头劳动关系即事实劳动关系问题的长期悬而未决，还将带来事实劳动关系之劳动用工的合法性或正当性问题的不断纷争。

还有人认为"劳动关系建立的依据为劳动合同包括口头劳动合同、书面劳动合同和默示的劳动合同，而非劳动用工"。"鉴于我国劳动立法将劳动用工作为劳动关系确立的起算点，不如将劳动合同定性为实践合同，即劳动用工是劳动合同生效的条件，不发生劳动用工劳动合同则不生效。"② 笔者认为，此学者对我国"劳动用工"的专题研究是值得肯定的，为法学界极少研究"劳动用工"的缺漏，填补了一个空白，但是其上述观点还值得商榷，我国劳动关系建立的依据为劳动合同包括口头劳动合同、书面劳动合同和默示的劳动合同，而非劳动用工，这是对《劳动合同法》立法的肯定，并将默示的劳动合同也作为劳动关系构建的第三种依据，也是比较合理的，是对《劳动合同法》的突破，但是"劳动用工是劳动合同生效的条件，不发生劳动用工劳动合同则不生效"不合法理，毕竟合同的成立和生效是两个不同的概念，合同的成立不等于合同的生效，合同的成立只是当事人合意达成的标志，不一定就具有效力，因此，从合同的一般原理看，是绝对不能将二者混淆的，即使是劳动合同也要遵循合同的一般原理，"劳动用工"与"劳动合同生效"是不能等同的。我们应当认为"劳动用工"与"劳动合同"是两个不同的概念，二者不一定就是同步的，有的是只有用工，而没有签订劳动合同；有的是用工与签订合同同步；有的是先签订劳动合同后用工，这三种情况其实已经为《劳动合同法》所规定，并对其相应的法律后果进行了明确的立法，如对只用工而不及时签订劳动合同的用人单位进行了惩罚性的处罚规定（如工资的双倍支付），这都体现了《劳动合同法》先进的一面。

---

① 王全兴，黄昆. 劳动合同效力制度的突破和疑点解析. 法学论坛，2008（2）：22.
② 洪芳. 劳动合同、劳动用工之于劳动关系建立的意义. 社科纵横，2011（7）：43.

(二）隐蔽用工

"隐蔽用工"是劳动用工中的不当用工，"隐蔽用工"不仅仅存在于劳动关系中主要是劳务派遣中；"隐蔽用工"还存在于民事雇佣关系中，属于"隐蔽雇佣关系"的范畴，在业务外包中"隐蔽用工"也比较普遍。笔者将不管是劳动法语境下的，还是民法语境下的"隐蔽用工"统称为不当劳动用工，是劳动法和民法共同需要研究的问题。"'与隐蔽的雇佣关系做斗争'是国际劳工大会第 198 号《关于雇佣关系的建议书》的一个提法。"①

董保华教授是我国学界中对"隐蔽用工"及其产生的"隐蔽雇佣关系"研究比较深入的专家，其研究可谓是填补了我国劳动法之空白，具有重要的意义。董保华教授对有关"隐蔽用工"的典型案例进行了研究，将国内外两个家乐福案件联系起来的是一个被称为"隐蔽用工"的概念：如《怀孕女工惨遭辞退家乐福劳务派遣"隐蔽用工"揭秘》《家乐福被指在华隐蔽用工员工待遇中外有别》《家乐福"隐蔽用工"调查：唬人的劳务派遣》等。"隐蔽用工"是这些报道中最重要的概念。"所谓的隐蔽雇佣关系，国际劳工组织曾有所界定，其目的在于限制或削弱法律所提供保护，逃避劳动法的管辖，逃避提供社会保障以及逃税"。一个普通的劳动争议案和国际劳工组织联系起来。"与隐蔽的雇佣关系做斗争"是国际劳工大会第 198 号《关于雇佣关系的建议书》的一个提法。董保华教授通过对上述媒体非常关注的有关"隐蔽用工"的典型案例的研究分析，呼吁应当对"隐蔽用工"展开理论研究。"'隐蔽雇佣关系'的研究在我国被长期忽视，一些媒体以某种方式呼唤我们关注这一话题是具有现实意义的。"②

"隐蔽雇佣关系"是"国际劳工组织近几年经常使用的一个概念，涉及两种社会关系，一种是真实的雇佣关系，一种是表象的社会关系。""在出于逃避税收或社会保障目的而以表象关系掩盖真实雇佣关系时，就出现了'隐蔽雇佣关

---

① 董保华. 一则普通的劳动争议案件是如何炼成名案的. 法学，2011（6）：19.
② 董保华. 一则普通的劳动争议案件是如何炼成名案的. 法学，2011（6）：18～19.

第八章 不当劳动用工

系'。"① "隐蔽雇佣关系"是一种表里不一的关系,往往是以国家干预较少的社会关系来掩盖国家干预较多的社会关系,以对劳动者保护较少的关系掩盖对劳动者保护要求较高的关系。② 借用董保华教授的上述观点,笔者将之妄加揣度为:"隐蔽用工"导致的"隐蔽雇佣关系"就是一种民事欺诈或劳动合同欺诈行为,属于广义不当劳动用工的范畴,应当由民法和劳动法共同对之进行规制。

二、不当劳动用工的界定

不当劳动用工是一个比较宽泛的概念,几乎所有用工单位(雇主)违反法律规定之强制性义务的行为都可以归纳进去,从广义上研究不当劳动用工的范围太宽太复杂,涉及民事行为,又主要是劳动关系,还涉及刑法。

笔者对不当劳动用工的研究主要从狭义上展开,主要针对劳动法语境下的不当劳动用工,笔者认为,劳动法语境下的不当劳动用工的界定应当注重以下几点:

第一,不当劳动用工的法律关系的主体即用工单位(雇主)应当限定在用人单位上,包括有瑕疵资质的用人单位或非法的用工单位如"黑煤窑",为了研究的周延性,有必要突破劳动法之用人单位的严格界定,将部分自然人如包工头、加害人如"黑工头"等作为不当劳动用工的特殊主体。

第二,不当劳动用工应当限制在直接的用工行为上,而不包括用工过程中产生的其他附属行为。由于劳动用工是一个涵盖范围非常广的概念,劳动用工可能发生不当行为的时间和空间维度就相当之大,在劳动法语境下可能包括劳动合同订立前、订立过程中、合同履行中以及合同履行完后这一劳动关系产生、进行和完成后的整个过程,笔者将不当劳动用工从狭义上将其内容限制在用工的直接行为上,而不包括由于不当用工而产生的结果上,如不当劳动用工产生的劳动合同解除之不当、劳动报酬之不当、劳动条件之不当、劳动休息之不当、社会保障之

---

① 董保华."隐蔽雇佣关系"研究.法商研究,2011(5):110.
② 董保华."隐蔽雇佣关系"研究.法商研究,2011(5):112.

不当、争议处理之不当等。

第三，不当劳动用工法律渊源的多样性。不当劳动用工行为不仅仅有可能发生在劳动法领域即劳动关系中，还有的发生在民事法律关系中即雇佣关系和劳务关系，因此，对不当劳动用工的法律规制，不能仅仅从劳动法的角度，还要从行政法和民法的视野进行全面的归责认定，有的不当劳动用工还有可能触犯刑法，刑法也就成为不当劳动用工的法律渊源。对涉外之不当劳动用工，还要使用国际惯例和公约的相关规定，国际法也是不当劳动用工的渊源。

第四，不当劳动用工归责的多样性。不当劳动用工的性质界定不能直接界定其就是违法行为，笔者认为不当劳动用工不仅仅有违法行为，还存在法律之"边缘性"行为，或是一种钻法律之空子但并不一定违法的行为。笔者认为，"不当"的界分包括法律之不当即违法行为，还包括非法律之不当如不道德行为。与此相对应，不当劳动用工之责任，也可分为一般的行政责任和民事责任，还包括刑事责任，如强迫劳动之不当劳动用工中，用工单位或个人有可能要承担行政责任和民事责任，对情节严重、社会影响恶劣的，如其符合罪之构成，还要追究其刑事责任。对某些法律之"边缘性"不当劳动用工行为，可能难以适应法律的强制性规定，只能是道德上予以谴责。

第五，不当劳动用工与不当劳动的关系。不当劳动用工是由用人单位或个人之雇主单方而为的不正当的行为，而不当劳动行为是不当劳动用工的上位概念，即从广义上看它包括不当劳动用工，二者是包含与被包含的关系。二者的主要区别是：狭义的不当劳动行为仅仅是指与工会之活动有关的行为，其行为主体不仅包括用人单位或雇主，还包括劳动者或雇员之代言人之工会，即狭义上的不当劳动行为的主体是双方的，不是一方；而不当劳动用工是单方的，仅仅是指用人单位或个人之雇主。另外，二者的法律归属不同，不当劳动行为仅仅归属于劳动法（含集体合同法）；而不当劳动用工不仅归属于劳动法，还部分归属于民法，还有归属于刑法的，如《刑法修正案（八）》规定的强迫劳动罪。

第六，不当劳动用工与劳动合同欺诈的关系。他们同属于广义上的不当劳动行为，但是劳动合同欺诈的外延比不当劳动用工要广，其包括的实施主体有三种：一是由用人单位实施的欺诈；二是由劳动者实施的欺诈，三是由第三人实施的欺诈；不当劳动用工仅为一种实施主体即用人单位或个人之雇主。

三、劳动用工之立法述评

我国《劳动合同法》第 7 条规定：劳动关系自用工之日起建立。第 10 条规定："建立劳动关系，应当订立书面劳动合同。已建立劳动关系，未同时订立书面劳动合同的，应当自用工之日起一个月内订立书面劳动合同。用人单位与劳动者在用工前订立劳动合同的，劳动关系自用工之日起建立。"第 11 条规定："用人单位未在用工的同时订立书面劳动合同，与劳动者约定的劳动报酬不明确的，新招用的劳动者的劳动报酬按照集体合同规定的标准执行；没有集体合同或者集体合同未规定的，实行同工同酬。"第 14 条最后一款还特别规定，用人单位自用工之日起满一年不与劳动者订立书面劳动合同的，视为用人单位与劳动者已订立无固定期限劳动合同。《劳动合同法》第五章第二节在对劳务派遣的专门立法中，对用工单位的规定更是非常详尽，几乎每个有关劳务派遣的条文中都有关于"用工单位"的规定。第 62 条特别明确规定了用工单位的义务：执行国家劳动标准，提供相应的劳动条件和劳动保护；告知被派遣劳动者的工作要求和劳动报酬；支付加班费、绩效奖金，提供与工作岗位相关的福利待遇；对在岗被派遣劳动者进行工作岗位所必需的培训；连续用工的，实行正常的工资调整机制。用工单位不得将被派遣劳动者再派遣到其他用人单位。《劳动合同法实施条例》第 29 条规定：用工单位应当履行劳动合同法第 62 条规定的义务，维护被派遣劳动者的合法权益。

上述立法是对《劳动法》的重大突破，将"用工"即劳动用工直接纳入了法律的调整范畴，为依法规制劳动用工行为、打击非法或不正当劳动用工行为都具有很高的立法价值和意义。在《劳动合同法》的立法背景中，有一个事件促成了《劳动合同法》的立法进程，并使其在全国人大的表决通过中全票通过。其事件是山西"黑砖窑事件"，这一事件的偶然性实则蕴藏着必然性，其必然性是规制"非法劳动用工"或"不当劳动用工"的立法必然性，这也从侧面表明了"非法劳动用工"或"不当劳动用工"立法之迫切性。

"两年前黑砖窑案加速了一部重要的法律颁布,那就是《劳动合同法》,人们曾寄希望通过这部法来杜绝类似事件的发生。"① "当《劳动法》所保护的对象被人当奴隶一样买卖,而且早已不是'个案'而成为一种'现象'时,我们就应该考虑《劳动法》的保护力度是否太弱,对执行《劳动法》的部门责任是否规定得太少太轻?当一部法律在现实中的落实被大打折扣,甚至形同废纸,那么这部法律本身就必然值得反思。"② 全国人大常委会组成人员2007年6月24日下午在分组审议《劳动合同法(草案)》时,李连宁委员说的话被当时媒体广泛宣传:"'山西黑砖窑'事件出来以后,我又用这个草案对了一下。黑砖窑的一些违法用工情况,《劳动合同法》很多问题都可以管住。"③ 人大常委会的诸多委员们甚至认为《劳动合同法》似乎是为"黑砖窑"事件量身定做的一样,具有很强的针对性。"这说明,我们的立法前瞻性比较好,考虑到了可能出现的各种情况"。这些委员当时对通过《劳动合同法》来制止"黑砖窑"事件,不仅是充满信心,甚至有些迫不及待:"让这个法尽快实施,发挥应有的作用。"那部在此前分歧很大,久拖难决的法律,一下子似乎找到了统一思想的方法,《劳动合同法》在四天之后得以通过。通过时,之前备受争议的法案获得146名出席者,145票赞成,1人未按表决器的高票。④ 当然,《劳动合同法》实施几年后,非法用工现象甚至"黑砖窑事件"还没有杜绝,这已经折射出了现行劳动法的缺憾,而刑法[《刑法修正案(八)》]之"强迫劳动罪"对之还算填补了一些空白。此外,借鉴民法之法律行为与事实行为的理论,使劳动用工是法律行为抑或是事实行为没有厘清,使得非法劳动用工或不当劳动用工的立法仍然缺失。

按照民法一般法理,法律行为与事实行为是有明显区别的,是两种性质不同的概论。

---

①④ 董保华. "黑砖窑事件"引发的法律思考. 甘肃社会科学, 2009 (6): 156.
② 舒圣祥. 童奴事件能否推动笨重的法治车轮. 北京青年报, 2007-06-16.
③ 刘逸明. 奴工的存在是社会的莫大耻辱. //董保华. "黑砖窑事件"引发的法律思考. 甘肃社会科学, 2009 (6): 156.

第八章 不当劳动用工

法律行为是一个比较有争议的问题,王利民教授将其归为三类:一是意思表示要素说;二是合法行为说;三是私法效果说。①

佟柔教授指出:"民事法律行为,又称法律行为,系法律事实的一种,指民事主体以设立、变更或终止民事权利义务为目的,以意思表示为要素,旨在产生民事法律效果的行为。"② 马俊驹、余延满教授也持此观点。马原认为,民事法律行为是指公民或者法人设立、变更、终止民事权利和民事义务的合法行为。③ 梁慧星教授指出,民事法律行为指以发生私法上效果的意思表示为要素之一种法律事实。④

王利民教授将合法性作为法律行为的主要性质之一,其合法性的判断应当是限制在一个严格的范围内。法律行为与事实行为的根本区别,在于是否做出了意思表示且这种意思表示是否能够产生拘束力。在一些事实行为中,当事人也可能对其行为后果有一定的意思,而且也表达于外,但由于其不符合法律行为的本质要求而不能发生相应的法律拘束力,只是产生了法律直接规定的法律后果,因此不认为是意思表示。换言之,在事实行为中,意思表示并不被考虑。⑤

有学者总结了事实行为的特征:(1)事实行为完全不以意思表示为其必备要素。(2)事实行为发生法律后果的依据是法律规定。只要行为人的客观活动构成某一事实行为,依法即在当事人之间形成某种权利义务关系,不存在当事人预期的意思效力问题。而法律行为则是依行为人的意思表示而发生法律效力,而非使行为人的客观行为发生法律后果。(3)事实行为是一种法律事实,与法律行为一样能引起法律关系的产生、变更或消灭。⑥

从上述民法之法律行为与事实行为的界定和区分中,笔者认为"劳动用工"不属于真正意义上的法律行为,而是"事实行为"。"劳动用工"虽然是用人单位

---

① 王利民. 法律行为制度的若干问题探讨. 中国法学, 2003 (5): 75.
② 佟柔. 中国民法. 北京: 法律出版社, 1990: 161.
③ 马原. 中国民法教程. 北京: 中国政法大学出版社, 1996: 97.
④ 梁慧星. 民法总论. 北京: 法律出版社, 1996: 152.
⑤ 王利民. 法律行为制度的若干问题探讨. 中国法学, 2003 (5): 76.
⑥ 杨立宪. 论行政事实行为的界定. 行政法学研究, 2001 (1): 22.

为主导的意思表示,也有劳动者的意思表示,但是这只是有可能产生法律直接规定的法律后果,在"劳动用工"中不一定都是合法的,如非法的劳动用工、强迫劳动,就不是劳动者真正的意思表示,因此,可以借用民法之"事实行为"的理论,认定"劳动用工"为"事实行为",即不直接发生法律效力,不是"法律行为"。因此劳动合同的签订与劳动用工也不同,劳动合同的签订行为是法律行为,而不是事实行为。

姑且将立法缺失暂置一边,先谈有关劳动用工之立法成功的一面。《劳动合同法》实施几年的实践也已经证明了其立法的现实意义,是《劳动合同法》立法的成功表现。

第一,将劳动用工法定化。我国《劳动合同法》的成功之一是改变了我国立法一直没有将"用工"或"劳动用工"直接纳入劳动法视野的缺漏。

第二,将劳动关系明确化。将劳动用工作为劳动关系建立的起点,使劳动用工成为劳动关系建立的标志性"事件",从此,劳动关系的建立的逻辑起点非常明确了,符合法之确定性的价值追求。

第三,将惩罚性赔偿运用到劳动法。惩罚性的赔偿,指判定的损害赔偿金不仅是对原告人的补偿,而且也是对故意加害人的惩罚。美国《惩罚性赔偿示范法案》将惩罚性赔偿定义为"给予请求者的仅仅用于惩罚和威慑的金钱"①

"我国《劳动合同法》的制度创新之一是,将惩罚性赔偿制度设置于劳动合同中,加大了用人单位的违法成本,更有利于保护劳动者的合法权益"。② 我国《劳动合同法》初置"惩罚性赔偿制度"——双倍工资发放、双倍于经济补偿金之赔偿金、逾期付薪之额外赔偿金。这对于用人单位所应支付之金额部分,皆属于工资外和经济补偿金之外的惩罚性赔偿部分。尤其是,双倍工资发放与经济补偿金之双倍赔偿金的制度构建是我国劳动法领域的第一次,对大陆法系国家而

---

① Michael L. Rustad. How the Conmmen Good Is Serbed By the Remedy of Punitive Damages. Tennessee Law Review, 1997. // 王利明. 美国惩罚性赔偿制度研究. 比较法研究, 2003 (5): 1.

② 问清泓. 劳动关系和谐论. 武汉: 湖北人民出版社, 2012: 218.

言,可能也不多见。① "《劳动合同法》之惩罚性赔偿制度主要表现在:双倍工资的惩罚和双倍经济补偿金的惩罚上"。②

王利明教授认为:惩罚性赔偿制度的产生,体现了国家对损害赔偿这种纯粹的私法关系的干预,它最终追求的是一种实质正义。从我国实际情况来看,在侵权法领域中借鉴美国惩罚性赔偿的制度的经验,在例外情况下规定惩罚性赔偿仍然是必要的。但任何制度的适用都有其特定的范围,惩罚性赔偿制度也不例外。王利明教授还认为,它仅仅适用于一般的损害赔偿难以适用,或适用一般的损害赔偿会导致不公正的情形,否则会走向事物的反面。③ 在劳动关系中,实施惩罚性赔偿制度充分体现了国家对劳动合同的干预,用人单位的侵权行为,往往对劳动者造成的损失是难于计算的,适用一般的赔偿办法对劳动者也是不公正的,因此,在《劳动合同法》实施惩罚性赔偿制度是非常必要的,是符合一般法理的,也符合王利明教授上述所说的限制范围"仅仅适用于一般的损害赔偿难以适用或适用一般的损害赔偿会导致不公正的情形",我国《劳动合同法》首次实施惩罚性赔偿制度是有相当大的意义的。

《劳动合同法》第82条第1款规定:"用人单位自用工之日起超过1个月不满1年未与劳动者订立书面劳动合同的,应当向劳动者每月支付2倍的工资"。此双倍工资的判罚是基于用人单位违法不与劳动者签订书面劳动合同而产生的惩罚性处罚。《劳动合同法》修正了《劳动法》自建立劳动关系时订立书面劳动合同之规定,用人单位与劳动者自建立劳动关系之日起,拥有1个月与劳动者订立书面劳动合同的宽限期,类似与民事合同成立与生效环节。但是,在法律制度宽容的背后,乃是将书面劳动合同签订责任之刚性化,即用人单位倘若在建立劳动关系1个月之后不满1年内未与劳动者订立书面劳动合同的,应当向劳动者每月支付2倍的工资。在《劳动合同法》颁布之前的十几年里,类似建立劳动关系后不与劳动者订立书面劳动合同的,将形成事实劳动关系,用人单位所承担的法律

---

① 郑尚元. 劳动合同法的制度与理念. 北京:中国政法大学出版社,2008:455~456.
② 问清泓. 劳动关系和谐论. 武汉:湖北人民出版社,2012:218.
③ 王利明. 美国惩罚性赔偿制度研究. 比较法研究,2003(5):15.

后果几乎等同于订立书面劳动合同之情形,某种程度上,事实劳动关系法律梳理的后果在销蚀书面劳动合同的制度价值。《劳动合同法》第82条第1款的规定无疑加大了书面劳动合同签订的强制性。

四、胁迫、强迫劳动之内涵

(一) 民法的内涵界定

意识自治、契约自由是民法历史积淀的精髓,也是自由之法律最高价值追求的体现,任何人都有意思决定自由和身体活动自由,法治社会不容许任何形式的限制公民的人身自由,这也是法的一般共性。孟德斯鸠曾经说过:"自由是做法律所许可的一切事情的权利。"[1] 劳动法虽然具有人身和财产即经济地位的依附性和从属性,劳动者在劳动的过程中始终要接受用人单位或雇主的指挥、管理和监督,对获得的劳动报酬也还没有多少话语权,特别是在劳动关系中,劳动者的自由受到很大限制。同时,劳动法的社会法属性对用工单位也进行了比较严格的限制,用工单位或雇主的用工权已经由原来的限制极少,发展到全方位的约束和管制,这也是人类不断进步的标志和法治社会的要求。用人单位或雇主的不当劳动用工就是一种应当为法制社会所摒弃的不当行为,在不当用工中的胁迫、强迫劳动用工情形是用工单位或个人的极其恶劣的行为,其性质比一般的不当劳动行为都要严重,对其必须进行严格的法律约束和强制管制。

胁迫首先是一个民法上的概念,依据民法的一般原理,民事法律行为的核心是意思表示,而意思表示应当是自由、真实,不受他人控制和支配的。民事行为是平等主体之间基于自愿的私权行为,是建立、变更或者消灭民事法律关系的基础。因此,民事行为主体的真实意思表示是民事法律关系的前提,在不涉及国家、社会公共利益和他人利益的情况下,首先必须遵从意思自治和契约自由的原则。

---

① [法]孟德斯鸠.论法的精神.北京:商务印书馆,1961:154.

胁迫的法定界定是，指一方当事人直接以物质性强制或精神性强制迫使对方与已订立合同的行为，通常是以给公民及其亲友的生命健康、荣誉、名誉、财产等造成损害，或者以给法人的荣誉、名誉、财产等造成损害为要挟，迫使对方做出违背真实意思表示的行为。[1]

胁迫是指向被胁迫人预示某种不利情况，而在被胁迫人看来，胁迫人有能力使这种不利情况发生，而且，如果被胁迫人不发出对方所希望发出的意思表示，胁迫人也一定会使这种不利情况发生。通过这种不利情况的预示，胁迫人想使被胁迫人陷入一种心理上的困境，使他产生"两害相争取其轻"的想法。胁迫不包括对表意人施加身体上的暴力的情形；在此种情况下，表意人发出的根本不是意思表示。在胁迫情形，由于胁迫人实施了胁迫行为，导致表意人产生了心理上的恐慌，而表意人正是出于这种恐慌发出了意思表示。[2]

胁迫是以威胁强迫的不法手段，使他人发生恐惧而做出的意思表示。胁迫可能是肉体上的强制，也可能是精神上的强制。其构成要件有二：实施胁迫人须有胁迫的故意和不法的行为；表意人须因被胁迫陷于恐惧而做出非自愿的意思表示。欺诈和胁迫下的意思表示，均为意思表示不自由，并非出自表意人的自由意志，而是出于他人不正当干涉的结果，严重地违背了民法上的平等互利、诚实信用的基本原则，妨碍正常的民事活动。因此，是各国公认的确认民事行为无效的理由。[3] 欺诈和胁迫因其都是意思表示不自由，违背了法律的自由精神，因而是一种无效的民事法律行为。

在民法中"胁迫"与"欺诈"行为的界定、构成要件、法律效力及其责任等，一般都是将二者放在一起规制的，"胁迫"与"欺诈"行为是一对"孪生兄弟"。但是，实际上二者还是有着非常明显的区别的。

胁迫比之于欺诈，都具有行为上的故意性。所不同之处在于：欺诈，行为人都尽量掩盖其故意，具有隐蔽性；而胁迫，则是以某种现实性的危害直接威胁相

---

[1] 最高人民法院《关于贯彻执行〈中华人民共和国民法通则〉若干问题的意见（试行）》.
[2] 邵建东.《德国民法典》对可撤销之法律行为的调整.南京大学法律评论,1994.
[3] 易晓钟.试述民事法律关系中的欺诈、胁迫、重大误解.当代法学,1988（1）：18.

对人为意思表示，其故意较易证明。此外，如果胁迫行为来自法律行为以外的第三人所为时，不问相对人知之与否，只需表意人之意思表示系受胁迫而为者，即得撤销，相对人如已受有损害时，自得依侵权行为之规定请求该第三人赔偿。①胁迫在此种情况下的法律效果之所以不同于欺诈，原因仍然在于胁迫行为的故意一般比较明显。此时相对人处于不自由的状态下为意思表示，实有优先保护的必要性。② 胁迫与欺诈都具有主观上的直接故意，只是胁迫比欺诈更加明显，二者都是意识不真实和不自由地表示，二者的法律后果也都有可能导致行为或合同的无效，或是绝对无效或是相对无效，也都存在可变更或可撤销的后果。

我国台湾学者黄立对胁迫的界定是："胁迫是告示未来之危害，于被胁迫人不为胁迫人所希冀之意思表示时，此危害将对被胁迫人产生不利。其所威胁之危害不以重大为必要，而以达于影响被胁迫人之决定自由为已足。此处之胁迫系指心理上胁迫而言，其影响须和意思决定有关。在物理上胁迫，如被胁迫者被执其手而签字，依情节并无意思表示形成之余地，则根本未有意思表示存在，无须撤销。"③

我国台湾学者黄立还结合台湾地区"民法典"的规定，认为"诈欺与胁迫"行为和错误行为是不同的。错误乃意思与表示因表意人自身的原因而不一致。在诈欺与胁迫之情形中，表意人是相对人或第三人不当行为的被害人。就错误行为法律尚容其在一定条件下撤销，对诈欺与胁迫之被害人，自应赋予进一步的权利。因此，表意人因错误而撤销时，须付出信赖损害的代价；对于诈欺与胁迫则无理由令其负此责任。法律对胁迫之情形尤不容许，甚至于在第三人胁迫的情形，相对人纵然对胁迫毫不知悉时，表意人仍得撤销其表示（我国台湾地区"民法典"第92条）。当然此种因诈欺或胁迫而成立的行为，本是有效行为，而由于其意识决定的不自由，法律容许被害人于发现诈欺或胁迫终止后，自行决定，继

---

① 王泽鉴. 民法总则. 北京：中国政法大学出版社，2001：400～401.
② 王利民. 民法学. 上海：复旦大学出版社，2004：92～93.
③ 黄立. 第三人胁迫行为依据台湾民法之效力. 清华法学，2003（2）：343.

第八章　不当劳动用工

续维持此行为效力或将之撤销。[①] 我国台湾有关胁迫的立法，已经对胁迫行为的效力实施了多元化的处理，让受胁迫者享有更多的选择权，可撤销也可进行维持，更好地体现了民法之意识自治的私法特性。体现了立法的先进性，值得我国今后的《民法典》借鉴。

我国民法界关于胁迫的界定，都认为胁迫是一种被强制情况下的不真实的意思表示，是他人强制下的民事行为，是一种无效的行为，其订立的合同也是无效的。受到我国《民法通则》的影响，胁迫与欺诈一样都是产生合同无效的重要原因之一，这时，对胁迫或欺诈订立的合同只有效力的简单认定即为无效，是当然的、绝对的、自始的无效，但是在以后的《合同法》出台后，其效力模式呈现出多元化的发展趋势，其绝对的无效变成了相对的、部分无效，并可变更或可撤销。但是，关于胁迫之民事行为，不管是早期还是现在，都是将胁迫与欺诈视为等同的行为，在立法上都是将二者放在一块立法的，让人觉得胁迫与欺诈并无太大的区分或区分是无意义的，或二者的法律后果几乎是一样的，为节约立法资源而放在一起。其实，笔者认为，胁迫与欺诈的效力认定和处理，虽然具有相同性，但是如上所述，胁迫与欺诈是有明显不同的，如胁迫是恶意的带有强制性的，包括精神上的和身体上的；而欺诈是不带有强制性的，只是带有误导性或引诱性的行为。因此，笔者建议，将胁迫与欺诈分开立法，对规制这两种不同的行为及产生的后果，对两种行为引起的责任划归都是有好处的，而且，学界也一直是将欺诈与胁迫分开界定其概念、构成要件等，因此，笔者认为，在我国今后的劳动法立法中可以尝试分开立法模式，将劳动合同欺诈与胁迫、欺诈用工与胁迫用工分离开来，这将对规制现实中的胁迫劳动用工是大有益处的。

劳动法对胁迫用工的法律规制，除了简单的对其产生的劳动合同的效力认定上，再也没有其他的规定，这样必然使得（已经使得）胁迫劳动用工方面仍然游离于法律的边缘，胁迫用工甚至强迫劳动的现象仍然屡禁不止。需要指出的是，我国刑法在规制胁迫或强迫劳动用工与日俱进，在《刑法修正案（八）》中已经

[①] 黄立. 民法总则. 北京：中国政法大学出版社，2002：313.

将其入法。

（二）劳动法的内涵界定

在现代人类文明社会，劳动仍然还是人们谋生的一种基本手段，只有到了共产主义社会，劳动才会改变劳动的基本功能。劳动还应当是一种自觉自愿的行为，是基本人权之自由的体现，不应当被胁迫或者强迫劳动。但在我国的现实生活中，一些企业或个人雇主采取非法手段胁迫或强迫劳动者劳动，这与人权的基本思想相违背，我国应当在劳动法中明确规定禁止胁迫或强迫劳动。

在劳动法语境下，笔者认为，在现行劳动法的框架下，胁迫劳动用工与强迫劳动用工的含义是相同的，并没有细分。但是，今后的劳动立法有必要细分强迫与胁迫，采取二者相分离的立法模式。

我国没有关于禁止强迫劳动的真正立法，《劳动法》和《劳动合同法》仅有部分条文规定：用人单位以暴力、威胁或者非法限制人身自由的手段强迫劳动的，劳动者可以随时通知用人单位解除劳动合同，并应依法接受行政处罚；给劳动者造成损害的，应当承担赔偿责任。

"对于强迫劳动问题，我国法律中较少直接涉及。但是在有关的刑事政策中，有两项制度一直被诟病。这两项制度一是劳改制度，二是劳教制度。二者都在一定程度上涉及强迫劳动问题。"[①] 有人指出：由于我国法律对于反对强迫劳动的规制不力，导致现实生活中大量出现的强迫劳动现象很难调整。20世纪90年代以来，随着非公有制经济的发展，强迫劳动现象不断涌现，特别是东南沿海经济相对发达地区，问题更为突出。一些雇主为了攫取超额利润，往往采用非法高压手段，强迫工人在非常恶劣的环境中超时超量地工作，有的私企老板甚至雇用打手监视工人劳动并防止工人逃跑。这种类似旧中国"包身工"的强迫劳动现象，在很多地方都有发现。而2007年被国内外媒体集中揭露的山西黑砖窑奴工案件，更是暴露了社会现实中存在着的一些令人触目惊心的强迫劳动现象究竟达到了何

---

① 周长征. 我国劳动立法与基本国际劳工标准的比较. 中国劳动，2004（5）：27.

种程度。①

我国劳动法没有关于胁迫劳动或强迫劳动的法律界定，劳动法学界也难寻其踪。

有人认为"强迫劳动"有两层含义："强迫"意味着违背公民的意愿，公民之所以劳动是因为暴力、强力或利用不对称地位相威胁；同时，"强迫"是一种侵害或限制人身自由的行为，包括意志与行动的自由。②有人对强迫劳动的界定是：指任何人在任何受惩罚威胁下被榨取的非志愿性工作或服务，或者未偿还债务而要求的工作或服务。③还要人认为，强迫劳动是指非出于劳动者本人自愿而从事有损于劳动者身体健康、人格完整和劳动者生产及生活技能的一切劳动形式和劳动制度。在现代社会，劳动是一国国民的一项基本权利，强迫劳动是对劳动者的人身权利的限制和侵害，直接关涉基本人权，所以禁止强迫劳动被作为核心劳工标准予以强调，同时也是迄今为止唯一写进世贸组织规则的社会条款。④

强迫劳动的法律属性可以认定为侵权行为，这已经是一种比较普遍和并无争议的共识。实际上，强迫劳动是一种侵权行为，不仅损害了劳动者的物质性权益，更重要的是还损害了他们的非物质性或精神性权益，使其遭受了"被奴役"般的精神痛苦。在学术与实践上均有必要区分强迫劳动行为所产生的公法上的法律责任和私法上的法律责任，使责任的安排更加严格、合理，使公法与私法均能合理地覆盖和调整本领域问题。根据法律的衡平精神和合理救济原则，应当给予被害者以充分的利益补偿；既给予公法上的保护，也给予私法上的充分救济。⑤将强迫劳动的法律属性定性为侵权行为，使不构成犯罪的强迫劳动之加害人受到侵权法的制裁，这些已经是毫无疑义的，但问题是，我国的《侵权责任法》却并

---

① 王天林. 我国现行劳动法制的反思与完善——基于国际劳工标准的比较与评析. 山东大学法律评论，2009（6）：145.
② 刘健，赖建云. 论我国劳动教养制度与国际人权公约的冲突及其调整——对免于强迫劳动权的剖析. 法学评论，2001（5）：29.
③ 周祖城. 企业伦理学. 北京：清华大学出版社，2005：67.
④ 王天林. 我国现行劳动法制的反思与完善——基于国际劳工标准的比较与评析. 山东大学法律评论，2009（6）：143.
⑤ 陈步雷. 关于废除强迫劳动的法律思考. 工会理论与实践（中国工运学院学报），2004（2）：7.

无相关的直接规定。

强迫劳动已经成为国际劳动法的主要范畴，国际劳工组织对其的立法主要有《公民权利与政治权利国际公约》《强迫劳动公约》（第29号公约）和《废除强迫劳动公约》（第105号公约）。

《公民权利与政治权利国际公约》第8条第3款规定："任何公民都不得被强迫劳动或服劳役。"

1930年第14届国际劳工组织大会通过了《强迫劳动公约》（第298号公约）该公约第2条第1款规定："就本公约而言，'强迫或强制劳动'一词系指以任何惩罚相威胁，强迫任何人从事的非本人自愿的一切劳动或服务。"第29号公约第一次对强迫劳动做出了明确的定义，直至现在仍为国际社会及各国所引用。该定义指出强迫劳动具有两个特征，即"使用强迫的手段"以及"劳动者的非自愿性"，强迫者客观方面的"以任何惩罚相威胁的强迫"，与被强迫者主观方面的"非自愿"相结合，构成了强迫劳动的完整概念。① 1957年国际劳工组织大会通过了《废止强迫劳动公约》（第105号公约），该公约第1条规定：缔约国应制止并不利用任何强迫劳动，对免于强迫劳动权加以更详尽的规定。②

根据《公民和政治权利国际公约》免于强迫劳动并非绝对而无限的。在某些情况下强迫劳动是法律上允许即适用除外或豁免。强迫劳动的适用除外或豁免主要有两种：一是国家和社会公共利益的豁免；二是法院判决的豁免。《公民权利与政治权利国际公约》第8条规定："遇有紧急灾难情况或灾害危及社会生命安宁时征召服役""任何军事性质的服役""劳役是正常公民义务之一部分"等几种情形下，强迫劳动不受此限制。比如国家发生洪涝灾害时政府征召公民抢险救灾，或者在战争状态下国家依法征召公民服役参加各种劳动，此种劳动不是法律上的"强迫劳动"。"经法院依法命令拘禁之人"的免于强迫劳动权利也是受限

---

① 肖竹. 废除强迫劳动国际劳工标准与我国相关立法及实践的比较研究. 中国劳动关系学院学报，2010（1）：80～81.

② 刘健，赖建云. 论我国劳动教养制度与国际人权公约的冲突及其调整——对免于强迫劳动权的剖析. 法学评论，2001（5）：29.

第八章 不当劳动用工

的,也就是说,经过作为中立裁判者的法院的判决,被监禁者人身自由包括免于强迫劳动权是被合法限制的,但前提是"经法院依法命令"。上述两种例外与免于强迫劳动权的内涵构成完整的免于强迫劳动权的内容。《公民权利与政治权利国际公约》对免于强迫劳动权的限制给权利划了一条边界,超过合理边界则意味着对免于强迫劳动权的侵犯。[①]《公民权利与政治权利国际公约》对强迫劳动之适用除外或豁免制度的规定,使得政府公权力之强迫罪犯的强迫劳动具有了国际法的依据,如我国的劳动改造制度就是如此,是合法的强迫劳动,西方有些国家的指责是不成立的。

《废除强迫劳动公约》第 1 条规定:"凡批准本公约的国际劳工组织会员国,承诺禁止强迫或强制劳动,并不以下列任何形式使用强迫或强制劳动:(a)作为一种政治强制或政治教育的手段,或者作为对持有或发表某些政治观点或表现出同既定的政治、社会或经济制度对立的思想意识的人的一种惩罚;(b)作为动员和利用劳动力以发展经济的一种方法;(c)作为一种劳动纪律的措施;(d)作为对参加罢工的一种惩罚;(e)作为实行种族、社会、民族或宗教歧视的一种手段。"该公约不但对 29 号公约作了补充,而且,特别强调禁止把强迫劳动作为对不同政见者的一种惩罚、发展经济和劳动纪律的一种措施、对罢工的一种处罚以及对民族、种族和宗教的一种歧视。该公约是唯一在 WTO 条款中述及的禁止监狱产品贸易的一个劳工公约,已获得 146 个国家的批准。[②] 该公约概括性地规定了禁止强迫或强制劳动的主要范围,对国际劳动法具有纲领性的指导意义,已经成为世界主要国家劳动立法的重要价值目标,对规制各国的劳动用工,特别是禁止强迫劳动具有很强的现实指导作用。

由此可以看出,从 29 号公约到 105 号公约,公约趋向更加严格和详细。根据国际劳工组织的解释和国际社会反强迫劳动的实践,强迫劳动的范围非常广

---

① 刘健,赖建云. 论我国劳动教养制度与国际人权公约的冲突及其调整——对免于强迫劳动权的剖析. 法学评论,2001 (5):30.
② 赵顺章. 国际劳工组织的核心劳工标准与我国有关劳动立法的比较研究. 工会理论研究(上海工会管理干部学院学报),2004 (4):23.

泛，至少包括监狱劳动、契约劳动、抵债劳动、奴役劳动以及其他以惩罚为恐吓手段的被强迫的或非自愿的劳动。①《公民权利和政治权利国际公约》第 8 条规定："不应当要求任何人从事强制劳动或义务劳动。"

国际劳工组织是联合国的一个专门机构，是唯一一个由各成员国的政府、雇主和工人代表三方共同参加的、各方有独立表决权的国际性组织。从 1919 年成立之日起，国际劳工组织就把在全球范围内改善工人的劳动和生活条件作为该组织的宗旨，制定以公约和建议书为形式的国际劳工标准，督促各成员国予以批准并监督批准国的实施。国际劳工组织已制定并通过了 184 个劳工公约和 192 个建议书，其中 8 个公约涉及结社自由和集体谈判、反对强迫劳动、废除童工、就业平等 4 项工人的基本权利，被称为基本劳工公约或叫核心劳工标准。② 禁止强迫劳动已经成为国际劳工组织的核心劳工标准之一，足见禁止强迫劳动在国际社会和国际法中的重要地位。

截至 2004 年，中国已经批准了 24 个公约，其中，已经签署和批准了国际劳工组织八个核心公约中的四个③，但是对于两个有关禁止强迫劳动的公约却还没有加入。有人分析其原因是："但中国政府认为两个反对强迫劳动的公约和两个结社和集体谈判的公约与中国的实际情况尚有距离，因此目前未进入'批准'的议事日程。"④ 中国虽然还没有批准有些公约，但是，这不能说明我国在国内实践中没有启动相关规制措施和程序。

中国目前仍然实行的劳动教养制度，使得中国在履行禁止国家角色的强迫或强制劳动的方法受到一定质疑，但中国在履行禁止非国家角色的强迫或强制劳动方面，做出了明显的努力。经济、社会和文化权利委员会于 2005 年 4 月 25 日～

---

① 周国银，张少标. SA8000：2001 社会责任国际标准实施指南. 深圳：海天出版社，2002：78.
② 赵顺章. 中国劳动立法的进步和完善——国际劳工组织的核心劳工标准与我国有关劳动立法的比较. 社会，2004（10）：4.
③ 至 2008 年止，中国加入的四个国际劳工组织公约是第 100 号《同工同酬公约》（1951 年）、第 111 号《（就业和职业）歧视公约》（1958 年）、第 138 号《最低就业年龄公约》（1973 年）和第 182 号《最恶劣形式童工劳动公约》（1999 年）.
④ 黄金荣.《经济、社会、文化权利国际公约》国内实施读本. 北京：北京大学出版社，2011：51.

第八章 不当劳动用工

2005年5月13日对中国提交的首次履约报告进行了审议,并提出了针对中国报告的"结论性意见"。该意见对中国工作权的执行情况提出了一些问题,其中之三就是:"委员会深表关切的是,根据劳动教养,在未经起诉、审判或者审查的情况下,将强制劳动作为一种改造措施。"① 我国的公权力之强迫劳动制度即劳动教养制度确实有许多制度形的缺陷,对此,我国学界、立法界和司法实践都已经认识到并已经启动了相关的"废"或"改"的程序。

有学者认为"如何认识废除强迫劳动等国际公约的重要性、加强我国的有关立法,具有很重要的意义。它涉及如何解决我国的有关社会问题,以及如何使我国的劳动法与社会保障法体系建设更加符合民主法治和人权事业的需要。"② 我国截至目前,还没有签订此公约。"现实社会中大量存在的强迫劳动现象和劳改劳教制度的存在,使我国徘徊在国际劳工组织两个公约之外"。③ 陈步雷认为我国虽然没有批准上述公约,但是基于国际关系和国家利益的考虑,已经通过有关法律的制定和实施的方式在国内立法中试图解决有关问题,"自觉"履行有关的(部分)义务。陈步雷认为仍然存在若干缺陷,大体上包括④:没有正面地、全面地界定强迫劳动的定义和范围;公法上的责任与私法上的责任确定得不够合理;责任主体不全面;公法上的法律责任规定得偏轻;缺少必要的程序规范等。

有专家建议对待上述国际公约,我国可以实事求是、逐步接轨。根据国际劳工标准的一些特点,再加上我国发展水平低,所以中国应该做到利用国际劳工公约的特点,量力而行,逐步接轨。对于暂时达不到的标准我国完全可以量力而行,可以先行吸收一部分,其余的部分待条件成熟后再采纳。⑤ 这些建议笔者认为是可行的,是否加入这些国家公约,只是形式上的问题,并不影响我国法律对强迫劳动的立法,首要的任务是从实质上搞好有关强迫劳动的国内法。

总之,对已经加入WTO的中国来说,在禁止胁迫或强迫劳动的立法中,应

---

① 黄金荣.《经济、社会、文化权利国际公约》国内实施读本. 北京:北京大学出版社,2011:51.
②④ 陈步雷. 关于废除强迫劳动的法律思考. 工会理论与实践(中国工运学院学报),2004(2):6.
③ 王天林. 我国现行劳动法制的反思与完善——基于国际劳工标准的比较与评析. 山东大学法律评论,2009(6):145.
⑤ 佘云霞. 中国入世与国际劳工标准. 工会理论与实践(中国工运学院学报),2002(6):15.

当与相关的国际公约特别是《强迫劳动公约》和《废除强迫劳动公约》相呼应，将之作为我国劳动立法的重要价值目标追求之一，逐渐打造出既符合中国国情，又与国际公约接轨的禁止胁迫或强迫劳动用工制度。同时，为了中国法制的现代化目标，实行法律"本土化"与国际化的制度改造，加入公约并适时启动相关的禁止胁迫或强迫劳动的立法程序，也是法治社会的必然选择。

第二节　儿童之胁迫、强迫劳动——童工

一、胁迫、强迫儿童用工的现状

胁迫强迫儿童或未成年人用工是一种非法的不当劳动用工，是违背法律法规和损害儿童身心健康的极不道德的非法行为，它既是迫使儿童或未成年人产生心里恐惧，从而被迫从事与其年龄和心里不相符的不当劳动行为，又是一个有关儿童成长与发展的社会问题，胁迫强迫儿童或未成年人用工是这个世界上屡禁不止、极其丑陋的现象。

国际劳工组织北京局局长霍百安说"强迫劳动、人口贩卖是全球化的阴暗一面"，而儿童即未成年人同时是这两大罪过的主要受害人，据国际劳工组织估计，2012年全球有近2100万人受到强迫劳动危害，其中550万是儿童。全球超过半数的被迫劳动者出现在亚太地区。44%的被迫劳动者或性剥削者出现在人口流动的过程中，中国也不例外。[①]

到了2013年世界上使用童工的现象仍然是有增无减，触目惊心。6月12日是"世界无童工日"，就在这一天，联合国国际劳工组织（ILO）发布的一份报告显示，全球共有2.15亿童工。其中一部分儿童以"私家佣工"的身份被藏匿在高墙大院之中，鲜为外界所知。这些儿童被雇主当作佣人甚至奴隶对待，所处环境与"血泪工厂"不相上下。不仅如此，他们还要承受和劳动强度完全不匹配

[①] 王春霞．逾240万妇女儿童受益于项目．中华女性网，http://www.china-woman.com/rp/main?fid=open&fun=show_news&from=view&nid=94832．2013-05-29．

的薪酬待遇，并遭受雇主家庭的欺凌。① 2013年的"世界无童工日"重点关注家政工作中的童工问题。国际劳工组织就此发布题为《在家政工作中停止使用童工》的报告，报告提供的数据显示，全球约有1 550万名儿童（即不满18岁）在第三方或雇主家中从事有偿或无偿的家政工作，其中有1 050万名儿童因未达到法定最低工作年龄或在危险甚至类似奴役的条件下工作而成为童工。在这些童工中，约650万名儿童的年龄在5岁到14岁之间，其中71%以上是女童。国际劳工组织在报告中强调，家政工作中的童工问题经常被忽视，由于与雇主之间的关系不明确，很多国家并不认为家政工作中的童工是一种童工劳动形式。该报告认为，这损害了儿童的权益，掩盖了其以工作时间长、没有人身自由甚至在危险条件下工作等为特点的"剥削本质"。②

《中华人民共和国关于〈儿童权利公约〉执行情况的第三、四次合并报告》序言的第8条指出：2002年至2009年，中国批准了以下涉及儿童权利的国际条约：《禁止和立即行动消除最恶劣形式的童工劳动公约》（第182号）（2002年8月8日）、《跨国收养方面保护儿童及合作公约》（2005年4月27日）、《儿童权利公约关于儿童卷入武装冲突问题的任择议定书》（2007年12月29日），以及《残疾人权利公约》（2008年6月26日）。

截至2008年底，中国18岁以下儿童共30 896万人，占全国总人口的23.3%。根据《未成年人保护法》，"未成年人"为"未满十八周岁的公民"，中国法律上"未成年人"的概念与公约对儿童的定义完全一致。中国的未成年人定义不存在男女差别。③ 可见，在我国，儿童与未成年人的法律界定是相同的，也是符合国际公约的。

我国政府为了有效打击非法使用儿童用工，制定了一系列法律法规。为加强

---

① 刘皓然. 全球2亿多童工境遇凄惨，现象本质源于贫穷. 环球网，http://world.huanqiu.com/exclusive/2013-06/4024560.html.2013-06-14.

② 刘美辰，吴陈. 国际劳工组织呼吁家政工作中停止使用童工. 新华网，http://news.xinhuanet.com/world/2013-06/12/c_116118099.htm.2013-06-12.

③ 《中华人民共和国关于〈儿童权利公约〉执行情况的第三、四次合并报告》第26条. 中国青少年研究网，http://www.cycs.org/Article.asp?ID=18353.2012-06-13.

落实国际劳工组织第 138 号和第 182 号公约，2004 年中国制定了《劳动保障监察条例》，为查处包括非法使用童工在内的劳动保障违法行为提供法律依据；2007 年颁布的《劳动合同法》《就业促进法》及《就业服务与就业管理规定》，规范了用人单位的招用工行为，禁止职业中介机构介绍未成年人就业。此外，2006 年修订的《未成年人保护法》第 38 条规定，任何组织或者个人不得招用未满十六周岁的未成年人，国家另有规定的除外。任何组织或者个人按照国家有关规定招用已满十六周岁未满十八周岁的未成年人的，应当执行国家在工种、劳动时间、劳动强度和保护措施等方面的规定，不得安排其从事过重、有毒、有害等危害未成年人身心健康的劳动或者危险作业。此条的规定与原来的第 28 条规定完全一致，表明了我国对规制未成年人劳动同工的一贯的立场。《未成年人保护法》第 68 条特别规定了非法儿童用工的法律责任：招用未满十六周岁的未成年人非法招用未满十六周岁的未成年人，或者招用已满十六周岁的未成年人从事过重、有毒、有害等危害未成年人身心健康的劳动或者危险作业的，由劳动保障部门责令改正，处以罚款；情节严重的，由工商行政管理部门吊销营业执照。

2002 年 12 月，全国人大常委会通过新的《刑法修正案（四）》新增加了非法雇佣童工罪。在刑法第 244 条增加一条，作为第 244 条之一："违反劳动管理法规，雇用未满 16 周岁的未成年人从事超强度体力劳动的，或者从事高空、井下作业的，或者在爆炸性、易燃性、放射性、毒害性等危险环境下从事劳动，情节严重的，对直接责任人员，处三年以下有期徒刑或者拘役，并处罚金；情节特别严重的，处三年以上七年以下有期徒刑，并处罚金。""有前款行为，造成事故，又构成其他犯罪的，依照数罪并罚的规定处罚。"

《刑法修正案（八）》将原来的"强迫职工劳动罪"改为了"强迫劳动罪"。刑法第 244 条修改为："以暴力、威胁或者限制人身自由的方法强迫他人劳动的，处三年以下有期徒刑或者拘役，并处罚金；情节严重的，处三年以上十年以下有期徒刑，并处罚金。""明知他人实施前款行为，为其招募、运送人员或者有其他协助强迫他人劳动行为的，依照前款的规定处罚。""单位犯前两款罪的，对单位判处罚金，并对其直接负责的主管人员和其他直接责任人员，依照第一款的规定

第八章 不当劳动用工

处罚。"

我国政府为了打击非法使用童工行为，采取了许多措施。为打击非法使用童工行为，2003年，劳动和社会保障部等部门下发通知就做好监督检查工作提出具体要求，各地、各部门均制定相应规定并开展落实活动。劳动保障部门加强对用人单位用工行为的动态监管，建立和完善劳动用工备案制度、身份核查制度、举报童工行为奖励制度等长效管理机制。教育部门采取措施保障义务教育阶段适龄少年儿童就学，防止学生流失和辍学，从源头上遏止童工产生。我国还规定，用人单位在招用时，必须核查被招用人员的身份证，并进行录用登记。录用登记的主要内容包括被录用人的姓名、性别、籍贯、出生年月、公民身份证号码等基本情况。用人单位应妥善保管录用人员的录用登记、核查等有关资料，接受政府职能部门的监督检查。2007年，劳动和社会保障部、公安部等九部门制定了《关于开展整治非法用工打击违法犯罪专项行动方案》，确定2007年7月至8月集中整治非法用工，打击强迫儿童劳动等违法犯罪行为。2007年6月山西在打击"黑砖窑"专项行动中解救童工21人，有的被公安机关护送返乡或由亲属领回，有的由当地政府暂时安置。[①] 我国禁止童工的工作一直以来是得到政府和许多部门大力支持的，并得到了国家社会的肯定。

国际劳工组织专家委员会在2008年的观察报告中指出，中国"目前关于禁止使用童工的法律法规体系是健全和完善的，但是非法使用童工的现象依然存在……虽然中国从国家层面立法禁止使用童工，及其最恶劣的形式，但是在立法与实施和监管之间依然存在着严重的差距"。[②] 这一评论是对中国打击童工现状的准确描述。中国政府2009年发表了《国家人权行动计划2009—2010)》。该文件第三部分，特别强调了儿童的权利保护，规定"禁止雇用童工。依法惩治雇佣童工的单位和个人"。这项国家级行动计划的出台也说明，童工在中国社会依然是一

[①] 《中华人民共和国关于〈儿童权利公约〉执行情况的第三、四次合并报告》第216条、第217条. 中国青少年研究网，http://www.cycs.org/Article.asp？ID=18353.2012-06-13.

[②] 卢德平，刘媛. 论中国的童工问题. 中国青年研究，2010 (9)：51.

件相当棘手的问题,童工现象的根除仍面临诸多挑战。①

中国为根除童工现象所做的努力,还体现在建立了一个童工监控网络。这个监测网络在国家、省、市(地区)及县(区)等层面上发挥了作用。正如中国在向联合国儿童权利委员会提交的报告中所描述的,"劳动和社会安全监测机构负责监控雇主的行为,严格核查雇佣人员花名册和劳动合同。通过大规模不定期抽查、例行查访、事后举报,以及对劳动监护人的年度检查等手段,迅速、有效地防止或揭露了不法雇佣童工的行为。一旦发现有违法行为,将依法纠正,情节严重者将依法严惩。"② 我国对禁止童工的社会监察力度还是非常大的,保护儿童的权益也一直是我国政府和法制的重要内容之一,并且已经取得了一定的成效。

二、胁迫、强迫儿童用工的原因

国际劳工组织发布的报告显示,全球共有2.15亿童工。这么庞大的非法用工,说明整个世界上对规制童工之胁迫强迫劳动的法律法规还是存在着一些问题,而且执法的力度也是显得相当地不够。

笔者将童工分为两大类,其中的一部分人可能是出于贫穷而自己主动自愿地打工,另一部分可能就是被胁迫强迫的、被动的出卖劳动力。但是,不管是主动的,还是被动的,其劳动力的使用者即单位或雇主,都是不正当的劳动用工;也不管是哪种情况下使用童工,也都应当承担相应的法律责任。不同的只是,前者承担的责任比后者轻罢了。对后者的非法使用童工即胁迫强迫的使用童工,应当是各国法律规制和严厉打击的重点,这也是本文研究的重点。

---

① 卢德平,刘滢. 论中国的童工问题. 中国青年研究,2010(9):52.
② UN Committee on the Rights of the Child (2005). Consideration of Reports Submitted by States Parties under Article 44 of the Convention [Concluding observations: China (including Hong Kong and Macau Special Administrative Regions)]. CRC/C/CHN/CO/2, 24 November. // 卢德平,刘滢. 论中国的童工问题. 中国青年研究,2010(9):52.

第八章 不当劳动用工

(一) 贫穷

有研究指出"贫困通常被解释为诱发童工的最重要因素",① 世界上61%的童工集中在亚洲地区,其中以南亚为甚。在印度,数量巨大的童工分布在各种行业,一类是在富人家做佣人,成为"童仆";另一类主要在血汗工厂做工。童工们所从事的工作,多是薪酬低、劳动强度大的工作,生存条件非常艰难。造成印度童工现象的原因是复杂的,首先就是印度的种姓制度所导致的贫富不均。很多低种姓的家庭都处在贫困状态,迫使他们的孩子在很小就去工作。因为没受过教育,这些孩子只能从事又累又脏的工作。其次是日益严重的贫富分化,导致广大农村地区的孩子纷纷外出打工。② 上述的印度产生大量童工的两个主要原因,其实可以归纳为一个,那就是贫穷。

印尼的童工现象同样很严重。在该国7 800万未成年人,就有约320万10~17岁的未成年人外出工作。而造成童工比比皆是的原因,同样是普遍存在的贫困现象。印尼政府2012年的统计显示,印尼共有2 859万人生活在贫困线下,家庭日收入低于1美元。当父母收入无法维持生计时,孩子就会被迫进入劳动市场。印尼许多贫困家庭子女的务工收入往往是全家主要的经济来源,因此他们很难放弃这个糊口的机会。③

在中国,贫困作为童工的诱因有几层含义。它可以指童工家庭的绝对贫困,即处于最低生活水平之下;或指由于经济发展的差距引起的区域性贫困,以及相对于城市生活水平而言的农村地区的贫困。第一种贫困的类型可以解释为什么经济困难的家庭会把孩子送出去工作;第二种贫困的类型可以说明为什么大部分的童工来自中国偏远的西部地区;第三种贫困则可以说明为什么童工主要是从农村地区向城市流动。这三种类型的贫困都反映了经济诱因的关系。有必要指出,在过去数十年,中国政府持续开展的扶贫努力对消除部分地区的童工现象具有重大

---

① 卢德平,刘漫. 论中国的童工问题. 中国青年研究,2010 (9):50.
②③ 王定. 多国"世界无童工日"关注童工. 工人日报,2013-06-14 (8).

意义。许多传统的农村地区的城镇化进程也将有助于减少童工。随着经济收入的地区差异的缩小，童工从西部欠发达地区向东部沿海地区的跨地区流动，有可能演变为区域内流动。① 中国的童工原因，因中国的国情而与印度等国家有所区别，但是根本性的原因也是贫穷。

（二）隐蔽

产生大量非法使用童工的主要原因之二是：使用童工者往往具有极高的隐蔽性。使用童工的单位或个人，一般都是私营的中小企业和私人家政服务单位，童工主要分布在一些家庭企业和家庭中，外界很难发现和介入，以致其不当用工大行其道。

国际劳工组织的最新调研报告可以有力证明这一点。2013年6月12日，国际劳工组织发布的一份报告显示，全球共有2.15亿童工。其中一部分儿童以"私家佣工"的身份被藏匿在高墙大院之中，鲜为外界所知。② 国际劳工组织的《在家政工作中停止使用童工》报告提供的数据显示，全球约有1550万名儿童在第三方或雇主家中从事有偿或无偿的家政工作，其中有1050万名儿童因未达到法定最低工作年龄或在危险甚至类似奴役的条件下工作而成为童工。③ 童工现象一直十分严重的印度，童工的数量没有准确的数字。除了操作上的不准确之外，很大原因在于童工范围的界定不同。除了在有形的工厂里做工的儿童外，还有大量的儿童和少年分散在家庭、家庭式作坊、街道、服务行业、商业店铺里，其数量之大，形式之多样，使统计数字很难达到一致。④ 使用童工的极高的隐蔽性，政府公共部门很难知晓，更谈不上进行打击和制裁，隐蔽的使用童工使得政府部门的"难作为"。

---

① 卢德平，刘滢. 论中国的童工问题. 中国青年研究，2010（9）：50.
② 刘皓然. 全球2亿多童工境遇凄惨，现象本质源于贫穷. 环球网，http://world.huanqiu.com/exclusive/2013-06/4024560.html.2013-06-14.
③ 刘美辰，吴陈. 国际劳工组织呼吁家政工作中停止使用童工. 新华网，http://news.xinhuanet.com/world/2013-06/12/c_116118099.htm.2013-06-12.
④ 王晓丹. 童工、童婚与义务教育——印度青少年问题. 南亚研究，1994（3）：69.

第八章 不当劳动用工

我国的童工问题也具有一定的隐蔽性,特别是在当今农村社会更为突出,胁迫强迫儿童的不当劳动用工,已经成为我国农村留守儿童的"致命伤"。童工在中国不仅仅具有隐蔽性,而且呈现出分散的特点。目前年龄介于6周岁到15周岁的农村留守儿童保守估计超过3 000万,这一儿童群体很容易卷入劳动力大军。如此大规模的留守儿童群体中,有不少处于童工状态的儿童,则分散在县乡一级的私营商店、餐馆、工厂,难以识别或进行统计普查。①

(三)界定缺陷

各国有关童工的界定标准存在一定的缺陷,导致童工与非童工的边界模糊,使得非法或不当用工者有机可乘。

主流观点认为,童工问题是个国际问题,为了确保一致的国际实践,需要有一个统一的世界标准。如果没有一个统一的规制标准,将不可避免地出现一些国家为了经济利益而牺牲童工的利益。②

鉴于早期童工受到严重剥削,国际劳工组织自1919年成立以来,先后制定了11个关于许可就业的最低年龄公约,这些公约规定的许可就业最低年龄一般是14岁,20世纪30年代中期以后,这个标准提高到了15岁。并且对可能有害于儿童健康、安全或道德发展的职业规定了更高的许可就业最低年龄。1973年国际劳工大会通过了《最低年龄公约》和建议书,1999年通过了《最恶劣型童工公约》(第182号公约),前者第2条、第3条规定就业者的最低年龄为15岁;可能危害到健康、安全或道德者,应不低于18岁。③ 国际法的规定虽然比较具体,但是,各国在执行中仍然是"我行我素",并没有真正遵守国际公约。

根据我国《未成年人保护法》,"未成年人"为"未满18周岁的公民",我国

---

① 卢德平,刘湲.论中国的童工问题.中国青年研究,2010(9):48.
② 陈晓云.童工国际保护初论.昆明理工大学学报(社科法学版),2008(9).
③ 贾锋.我国青少年劳动保护之法制构建——基于德国、日本、英国、美国的法制比较.中国青年政治学院学报,2013(2):22.

法律上"未成年人"的概念与国际公约对儿童的定义完全一致，中国的未成年人定义不存在男女差别。① 可见，在我国，儿童与未成年人的法律界定是相同的，也是符合国际公约的。我国规定的"未成年工"与"童工"的概念是不同的："未成年工"是指年满16周岁，未满18周岁的劳动者；而"童工"是指不满16周岁的未成年人。同时，"未成年人"与"未成年工"也是不同的："未成年人"为"未满十八周岁的公民"；"未成年工"是指年满16周岁，未满18周岁的劳动者。"未成年人"与"儿童"的界定是相同的，都是指满十八周岁的公民；"未成年人"与"未成年工"的范围是不同的：前者大于后者；"儿童"与"童工"不同：前者的范围包括所有未满18周岁的公民，后者仅仅指不满16周岁的公民。

印度政府早在1986年就通过法案，禁止诸多行业雇用年龄低于14岁的未成年人，但由于执行不力，法案形同虚设。② 这也是印度童工异常"繁荣"的重要原因之一。

印度是与我国一样是人口众多的发展中国家，但是其童工问题比我国要严重得多，"印度的童工现象十分严重""印度的童工年龄，一般界定为14岁以下。"③ 笔者认为，印度童工问题严重的一个重要原因就是其有关童工的法律界定比我国要宽泛，即其童工界定的年龄上限比我国的要低2岁，导致印度的童工界定没有我国严厉，我国是以16周岁为上限。

德国1976年4月12日，对《青少年劳动保护法》的两项核心内容"劳动时间"和"适用范围"做出了重大修改，适用范围为未满18岁者。儿童是未满15岁者，而15岁以上未满18岁者为少年。最低工作年龄为15岁，18岁方能从事繁重与危险劳动。对未满15岁者，原则上禁止工作。④

日本《劳动基准法》将未成年劳动者区分为两个阶段加以保护：未满15岁

---

① 《中华人民共和国关于〈儿童权利公约〉执行情况的第三、四次合并报告》第26条. 中国青少年研究网, http://www.cycs.org/Article.asp? ID=18353.2012-06-13.
② 王定. 多国"世界无童工日"关注童工. 工人日报, 2013-06-14（8）.
③ 王晓丹. 童工、童婚与义务教育——印度青少年问题. 南亚研究, 1994（3）：69.
④ 贾锋. 我国青少年劳动保护之法制构建——基于德国、日本、英国、美国的法制比较. 中国青年政治学院学报, 2013（2）：23.

的儿童及15岁以上未满18岁者。不满15岁的儿童原则上禁止工作。例外情况，对于不妨碍儿童健康的轻易工作，经过行政官厅的许可，可使用满12岁以上的儿童从事修学时间以外的工作。对已满15岁未满18岁者，对其从事的业务、工作时间、夜间工作等方面予以限制。①

在美国，年满16岁方能从事大部分非农业性质的工作，年满18岁才能从事危险性工作。

英国对儿童的定义是未满15岁，已满15岁未满18岁者为青少年。1998年的《儿童工作保护办法》允许14岁以上的儿童偶尔从事父母或监护人同意的轻松的农业工作，或历史文化方面的工作。②

我国法律对童工的界定还是比较合理的，且一直在按照国际公约的要求在不断努力地消除童工问题。2002年12月1日起施行的《禁止使用童工规定》第2条明确规定：国家机关、社会团体、企业事业单位、民办非企业单位或者个体工商户（以下统称用人单位）均不得招用不满16周岁的未成年人（招用不满16周岁的未成年人，以下统称使用童工）。禁止任何单位或者个人为不满16周岁的未成年人介绍就业。禁止不满16周岁的未成年人开业从事个体经营活动。第4条还规定：用人单位招用人员时，必须核查被招用人员的身份证；对不满16周岁的未成年人，一律不得录用。这样严格的立法，使得我国有关童工的界定比较严谨，是有效禁止童工的制度性保障。

三、禁止童工劳动的法律对策

使用童工的主体主要是私营业主即用人单位和家庭雇主，要有效禁止使用童工，必须从这两个主体进行。规制用人单位和家庭雇主之劳动用工的法律是不同的，规制用人单位的法律主要是劳动法和劳动合同法，其调整的是劳动关系；而

---

① 贾锋.我国青少年劳动保护之法制构建——基于德国、日本、英国、美国的法制比较.中国青年政治学院学报，2013（2）：23.

② 贾锋.我国青少年劳动保护之法制构建——基于德国、日本、英国、美国的法制比较.中国青年政治学院学报，2013（2）：24.

家庭雇主主要适用民法，其调整的是雇佣关系或劳务关系；涉及行政监管和处罚，还涉及行政法，其调整的是行政机关与行政相对人之间的行政管理关系；追究刑事责任还必须有刑法的介入，是打击胁迫强迫儿童劳动之犯罪行为的法律。因此，这就造成了禁止童工的法律部门障碍，如何协调各个部门法并防止互相推诿，是禁止使用童工的首要问题，只有首先完善了法律的规定，才能使得执法有法可依和增加法律的执行力。

我国目前的童工保护法律渊源主要包括三类：（1）宪法渊源。现行宪法第46条规定：中华人民共和国公民有受教育的权利和义务。国家培养青年、少年、儿童在品德、智力、体质等方面全面发展。（2）法律渊源。《未成年人保护法》第38条规定：任何组织和个人不得招用未满十六周岁的未成年人，国家另有规定的除外。任何组织和个人依照国家有关规定招收已满十六周岁未满十八周岁的未成年人的，应当执行国家在工种、劳动时间、劳动强度和保护措施等方面规定，不得安排其从事过重、有毒、有害的劳动或者危险作业。《劳动法》第15条规定：禁止用人单位招用未满十六周岁的未成年人。（3）法规渊源。2002年12月1日国务院颁布实施了新的《禁止使用童工规定》，对童工使用主体范围、处理措施等都进行了全面而具体的规定。（4）国际公约。为了童工保护，国际劳工组织制定了一系列公约和建议书。我国已经批准的主要有《准予就业最低年龄公约》（第138号公约）、《关于禁止和立即行动消除最有害的童工形式公约》（第182号公约）等。

从上述禁止童工和保护儿童权益的法律渊源来看，还存在着明显的缺陷需要克服。

第一，民法的缺陷。我国民法还缺乏对家庭雇佣童工即规制儿童雇佣关系或劳务关系的法律规定，这样就使本身极具有隐蔽性的家庭雇佣童工之普遍问题，游离于民法之雇佣关系或劳务关系之外，也动摇了民法之"母法"地位。

可以将家庭雇佣童工纳入国际公约之《家庭工人体面劳动公约》的范畴，因为家庭雇佣童工实则就是该公约所说的"家庭工人"之一种。有学者认为：家庭工人的生活和工作条件在很多情况下取决于他们所服务的家庭是否善待他们，其中很多人在提供服务的同时却遭受了许多不公平对待，甚至是虐待和近乎奴役的强迫劳动。国际劳工组织根据在117个国家所做的调查估计，全球至少有5 300万家庭工人，但专家认为，家庭工人的总数接近1亿。在一些发展中国家，家庭工人占就业人数的4%~12%。83%的家庭工人都是妇女和女孩，还有许多人是移民工人。① 因此，笔者认为，将家庭雇佣童工纳入民法的调整范畴是符合国际公约要求的，我国民法应当做出积极回响，毕竟民法是一个国家法制建设中的基本法律，不能缺少对家庭雇佣工人特别是童工的法律规定。即便是目前，我国的民法暂时不便将其纳入自己的调整范畴，也应当在有关儿童保护的相关法律的修订和制订中发挥民法的基本作用，特别是将来制定《禁止使用童工法》一定要有民法的"声音"。

第二，劳动法的缺陷。我国劳动法对禁止童工的规定更多的是一种原则性宣示性规定，加之劳动法本身还缺乏对不当劳动用工（含非法劳动用工）的直接界定，使得禁止童工根本不具有可操作性。我国劳动法和劳动合同法是调整狭义劳动关系的法律，并不调整所有的即广义的劳动关系，如不调整雇佣关系或劳务关系，加上我国劳动法对是否调整非法劳动或不当劳动存有争议，这些就造成了劳动法在对待童工问题上的困难，并往往将之推给民法，使得童工问题即不被劳动法认同，也不被民法认可，造成劳动法和民法的相互推诿、都不管和都难管的怪象。

如何克服这一问题，是我国劳动法与民法之共同的新课题，笔者认为，劳动法与民法应当摒弃"部门之争"，进行合理分工与合作，二者共同构建童工之民事法律责任制度。

劳动法重点解决用人单位之使用童工的问题，如可以将童工作为非法劳动用工或不当劳动用工；可以规定童工劳动合同（含口头合同）无效的同时，规定在处理其无效合同时，童工享有与非童工平等的工资（含最低工资）、福利、劳动待遇、社会保障等待遇；并可规定即使是有关童工的劳动合同，也应当遵循劳动

---

① 林燕玲.国际劳工标准：女工和童工保护.中国劳动，2012（3）：33.

合同法的规定，如合同的解除和终止都同样要给予儿童相应的经济补偿，以便从经济成本上有效提高用人单位的"机会成本"和"违法成本"，这样，就可能从使用童工的源头上有效防范童工的使用。

民法可以重点规制家庭雇佣童工的问题，将其纳入雇佣关系或劳务关系的范畴，当然，民法不能完全强调契约自由和意识自治，应当将童工作为例外进行立法规制，如可以将不使用童工纳入诚实信用之基本原则中，私人或家庭雇佣童工就是对这一基本原则的违背，并构成债之关系，应当承担相应的违约责任；民法还可以将雇佣童工作为一种特殊的侵权行为，追究责任人的侵权责任。总之，在调整童工问题上，民法与劳动法一样也应是有所作为的。

第三，《禁止使用童工规定》的缺陷。《禁止使用童工规定》虽然是我国针对禁止使用童工专门制定的一部法规，但是其立法缺陷明显。（1）内容简单不全面，整个法规仅有十几个条文，显得太少太原则，可操作性不强；（2）《禁止使用童工规定》的法律属性还只能是行政规章，还不能算是真正的法律，法律阶位很低，还不能设置许多限制违法者人身自由的处罚；（3）《禁止使用童工规定》最大的遗漏是没有关于禁止家庭使用童工即雇主的规定，主要是规定用人单位的，其第2条规定的用人单位包括"国家机关、社会团体、企业事业单位、民办非企业单位或者个体工商户"，并无家庭雇佣童工和农业中使用童工的规定，"在中国，童工针对的是用人单位与个人的招用行为，以及自己从事个体经营活动。《禁止使用童工规定》仅将禁止使用童工的主体限定为用人单位，招用的含义则指用人单位与未成年人确立劳动关系的行为，排除了不满16周岁的未成年人从事家庭劳动、农业劳动等情况。"[①] 这就使得现实中大量非法使用童工的家庭雇佣童工的现象更加普遍，并造成家庭雇佣童工之合法与否的争议，使法律规制存在很大困难；（4）禁止最恶劣形式童工种类不全，国际公约《最恶劣形式的童工劳动公约》主要规定了4种最恶劣形式的童工，而《禁止使用童工规定》基本上集中于强迫或强制劳动，以及从事具有较高危险性的工作，如高空、井下、放射

---

① 宋玥. 我国禁止童工的立法及其完善——从国际劳工标准的角度. 中国青年政治学院学报，2013 (1)：20.

性、剧毒、易燃易爆、超过四级体力劳动强度等的工作,对于其他最恶劣形式的童工,如"使用、招收或提供儿童卖淫,生产色情制品","使用、招收或提供儿童从事非法活动",以及"其性质或是工作环境可能损害儿童健康、安全或道德的工作",则没有明确的立法。[①] 我国《禁止使用童工规定》应当与国家公约规定的最恶劣形式童工进行接轨,使禁止最恶劣形式童工的立法种类国家全面,以便有效遏制最恶劣形式童工;(5)《禁止使用童工规定》的第四大缺陷是法律责任规定得太轻,《禁止使用童工规定》第6条规定:用人单位使用童工的,由劳动保障行政部门按照每使用一名童工每月处5 000元罚款的标准给予处罚;在使用有毒物品的作业场所使用童工的,按照《使用有毒物品作业场所劳动保护条例》规定的罚款幅度,或者按照每使用一名童工每月处5 000元罚款的标准,从重处罚。用人单位经劳动保障行政部门依照前款规定责令限期改正,逾期仍不将童工送交其父母或者其他监护人的,从责令限期改正之日起,由劳动保障行政部门按照每使用一名童工每月处1万元罚款的标准处罚,并由工商行政管理部门吊销其营业执照或者由民政部门撤销民办非企业单位登记。第8条规定:"用人单位未按照本规定第4条的规定保存录用登记材料,或者伪造录用登记材料的,由劳动保障行政部门处1万元的罚款。"由上可以得出这样的结论:《禁止使用童工规定》最高的行政处罚是一万元,这样处罚的标准直接导致用人单位使用童工的用人成本太低,即违法成本太低,再加上童工的工资待遇本身的低廉,必然诱导用人单位大量使用童工。

第四,法律缺乏对儿童自愿劳动的规定。我国现行法律法规一般只规定了童工被用人单位强迫或胁迫即被迫劳动,或是规定儿童被拐卖的法律问题,并没有直接规定儿童自愿参加劳动的情形。儿童自愿劳动分为两种:一是儿童无偿的自愿,其目的是为了进行劳动价值观和人生观的培育和锻炼,主要指儿童在家庭或社会公共场所进行适当的符合儿童身心和身体的公益性的劳动,这种儿童劳动当然是应当提倡的,此种自愿劳动不属于不当劳动的范畴。二是儿童有偿的劳动,

---

[①] 宋玥. 我国禁止童工的立法及其完善——从国际劳工标准的角度. 中国青年政治学院学报,2013(1):21.

主要是指儿童为了"挣钱"或养家糊口之目的，主动放弃学业，而从事与儿童身心和身体不相适宜的有偿劳动，这种有偿劳动具有一定的危害性，这也是导致用人单位或雇主（主要是家庭雇主）大量非法使用童工的重要理由，雇主可以"堂而皇之"地说使用童工不是他们的原因，而是儿童的自愿，他们还可以引用民法之意识自治的自由精神和基于为儿童"做好事"的人道主义出发点，作为他们雇佣童工的正当理由，加上法律本身对此规制的缺失，使得童工现象屡禁不止。对于规制这种儿童自愿劳动的行为，笔者认为，首先，应当从性质上将这种儿童自愿劳动列为法律所明确禁止的范畴，将其视为不当劳动，将其与强迫胁迫儿童劳动一样对待，或是直接将其作为强迫胁迫儿童劳动之一种。其次，从强迫胁迫儿童劳动的构成要件上，明确此行为的主观要件是不论过失和故意，也不管客观上是自愿还是强迫胁迫，都构成强迫胁迫儿童劳动之非法行为，都应当受到法律制裁。再次，在刑法上，确定强迫胁迫儿童劳动之犯罪应当属于"行为犯"，而不是"结果犯"，即不论是基于儿童的自愿行为还是雇主的强迫胁迫行为，只要有雇佣或使用童工的行为，都构成犯罪，雇佣者或使用者都应当承担刑事责任，这种刑事责任的规定可能过于严厉，但是治理童工之乱象需要"重典"，保护儿童就是保护人类的未来，保护儿童的法律就是法律的未来，因此，将儿童自愿有偿劳动列入法律明文禁止的范畴是可行的，也是符合法理和保护儿童的价值目标的。

第五，法律缺乏对儿童监护人强迫儿童劳动的规定。我国现行法律法规没有规定儿童父母或者其他监护人强迫儿童劳动的情形，这样就造成了儿童被父母或者其他监护人强迫劳动这种情形之法律规制的"真空"地带，使有关童工的法律缺乏应有的周延性，不利于禁止童工现象。

第六，刑法的缺陷。我国刑法缺乏有关雇佣童工犯罪的专门规定，使得强迫童工劳动的犯罪没有直接的刑法制裁。

1997年实施的新《刑法》第244条规定："用人单位违反劳动管理法规，以限制人身自由方法强迫职工劳动，情节严重的，对直接责任人员，处三年以下有期徒刑或者拘役，并处或者单处罚金。"这是第一次将强迫劳动入刑，其问题是立法主体仅界定为"用人单位"和"职工",没有其他任何主体,其他被胁迫或被强迫劳动者都不是刑法救济的对象。2002年12月28日,九届全国人大常委会第二十一次会议通过了《中华人民共和国刑法修正案(四)》,并对《刑法》第244条做了首次的修改,将原《刑法》第244条增加一款为:"违反劳动管理法规,雇佣未满十六周岁的未成年人从事超强体力劳动的,或者从事高空、井下作业的,或者在爆炸性、易燃性、放射性、毒害性等危险环境下从事劳动,情节严重的,对直接责任人员,处三年以下有期徒刑或者拘役,并处罚金;情节特别严重的,处三年以上七年以下有期徒刑,并处罚金。有前款行为,又构成其他犯罪的,依照数罪并罚的规定处罚"。这次修改并未对"强迫职工劳动罪"做出任何的改动,而只是在强迫职工劳动罪的基础之上增加了一个罪名即司法解释为"雇佣童工从事危重劳动罪",这对司法实践中有关强迫儿童劳动罪的认定有一定的好处,但是,其规定仅仅是雇佣童工从事危重劳动的情形,并无一般的强迫胁迫儿童劳动罪名。

2011年的《刑法修正案(八)》第38条将《刑法》第244条修改为:"以暴力、威胁或者限制人身自由的方法强迫他人劳动的,处三年以下有期徒刑或者拘役,并处罚金;情节严重的,处三年以上十年以下有期徒刑,并处罚金。明知他人实施前款行为,为其招募、运送人员或者有其他协助强迫他人劳动行为的,依照前款的规定处罚。单位犯前两款罪的,对单位判处罚金,并对其直接负责的主管人员和其他直接责任人员,依照第一款的规定处罚。"至此,我国"强迫劳动罪"代替了原来的"强迫职工劳动罪"。修订后的强迫职工劳动罪的规定,不仅罪名由于犯罪主体的变化而变更,而且在处罚上也进行了重大调整。将该罪的主体由原来的"用人单位"这一特殊主体改变为一般主体,适用范围扩大了许多,特别是将非法的用人单位纳入了用人单位的范畴,同时还将一般的自然人也纳入了进来,克服了原来仅仅为单位的缺陷。新修正案还有一个亮点,即将"协同"强迫劳动犯罪纳入了强迫劳动犯罪的范畴,这是过去所没有的,意义重大。但是,该修正案的主要缺陷是没有特别针对童工问题而设置专门的罪名如"雇佣童工劳动罪",为了有效打击童工犯罪,更有力地保护儿童的权益,笔者认为,刑法应当专门设置"雇佣童工劳动罪",并将家庭雇佣并强迫儿童劳动、儿童自愿劳动和儿童父母或其他监护人之强迫儿童劳动三种情形都纳入此罪的范畴,才能真正发挥刑法的威慑作用,有效减少童工犯罪问题。

第三节 未决羁押之强迫劳动

一、缘起

伽达默尔认为:"一个人需学会超出近在咫尺的东西去视看——不是为了离开它去视看,而是为了在一个更大的整体中按照更真实的比例更清楚地看它。"① 我们发现问讯办案场所不但直接涉及限制公民人身自由的法律主体问题,更与犯罪嫌疑人(被告人)"究竟控制在谁的手里"这一敏感话题密切相关。因为强制措施适用场所直接关涉各种诉权的主张和实现问题,几乎审前程序所有可能发生的侵犯人权行为,都与场所设置不当有千丝万缕的关联(在硬件或软件方面,或兼而有之)。② 我国对未决羁押者的强制适用场所主要是看守所,看守所是直接涉及限制公民人身自由的法律主体,它代表着国家的公权力,既然是公权力,就会有权力"膨胀"或滥用的危险的存在,如何防止权力"膨胀"或滥用早已经不是一个"新鲜"的课题,但真正将其落在实处,却一直以来是一个有待完成的长远目标和追求,因此,防止看守所权力"膨胀"或滥用,是一个不容回避和非常紧迫的任务,这些事件和广泛的舆情,已经说明了这点。当前,学界要做的事情就是加大对看守所制度的研究,特别是诉讼法学界要重点研究未决羁押制度的缺陷,寻求破解之法;宪法与行政法学界要重点展开未决羁押制度之权利保障问题的研究;劳动法学界要启动对未决羁押制度之劳动权益保障问题的研究,应当将未决羁押之胁迫或强迫劳动纳入不当劳动的研究范畴,并寻求破解未决羁押之胁迫或强迫劳动的有效路径。

---

① 王立荣. 行刑法律机能研究. 北京:法律出版社,2001:368.
② 王彦学. 隐性羁押的含义、诱因与整饬探讨. 刑事司法论坛,2011(4):120.

二、内涵界定

未决羁押是刑事诉讼法学上的概念,劳动法上并无此说。但是基于我国目前羁押制度的缺陷,特别是未决羁押中侵犯未决羁押者劳动权现象的出现,造成了极为恶劣的不良影响,严重损害了国家司法制度的权威性和公正性,也损害了公权力机关的社会公信力,因此,笔者认为将未决羁押纳入劳动法的范畴是非常必要的,尤其是解决对未决羁押者劳动权益受到侵犯的问题,需要劳动法的支撑。从不当劳动用工之强迫劳动的视角,研究未决羁押者被强迫劳动的问题,可谓是一个全新的角度。

未决羁押又称先行羁押、待审羁押、预防性羁押,羁押的形式主要包括拘留和逮捕。中国政法大学诉讼法学研究院的顾永忠教授认为:"未决羁押是指在刑事诉讼中,对于因涉嫌犯罪或被指控犯罪的人,在其被生效判决确定有罪之前,对其人身自由予以剥夺的强制措施。此项制度在世界各国普遍存在,只是文字上的表述或法律上的概念有所不同。"[1] 在英美法系国家更常用"审前羁押",它仅指审判开始以前的羁押,而对于已经交付审判的案件,法官往往会通过集中审理和迅速审判来尽可能地缩短对犯罪嫌疑人、被告人羁押的期限。[2]

未决羁押人员是指做出最终处理(法院判决有罪、法院判决无罪、检察院决定不起诉、侦查机关决定撤销案件)之前被羁押的犯罪嫌疑人、刑事被告人。根据无罪推定原则,其与普通公民的唯一界限就是因国家追究犯罪的需要而被暂时限制了人身自由,未经法院生效判决证明其有罪。[3] "未决羁押者是相对于已决羁押者(即囚犯)而言的。在我国,未决羁押者是指在法院做出生效裁判前,人身自由因拘留或者逮捕而处于被剥夺状态的犯罪嫌疑人、被告人。"[4] 还有人认为未

---

[1] 顾永忠. 关于未决羁押的几个理论与实践问题——兼谈我国逮捕制度的改革思路. 河南社会科学, 2009 (6): 35.

[2] 陈卫东. 羁押制度与人权保障. 北京: 中国检察出版社, 2006: 12.

[3] 周健宇. 未决羁押人员人身安全保障若干问题探析. 中国软科学, 2013 (1): 156.

[4] 周长军, 赵飞. 未决羁押者的劳动权保护: 一个宪政维度的分析. 法律科学(西北政法大学学报), 2013 (1): 64.

决羁押"并不是一种法定的强制措施,而是由刑事拘留和逮捕的适用所带来的持续限制嫌疑人、被告人人身自由的当然状态和必然结果。"[1] 未决羁押人员并不是真正的罪犯,他们最多也只是犯罪嫌疑人,有的连犯罪嫌疑人都算不上而只能称之为被告人,其被限制人身自由也仅仅是暂时的,并没有被剥夺一般公民应当享有的权利,因此,未决羁押者和罪犯是有根本区别的,不能混为一谈。

三、强迫劳动之不当

"在被告人被交付执行刑罚之前,羁押可以说是最严厉的限制公民人身自由的手段,而且根据无罪推定的原则,羁押的对象是在法律上被视为无罪的公民,所以当今世界各法治国家都对未决羁押的适用做了极为严格的规定,包括羁押的理由、羁押的期限及其延长、羁押的场所、对未决羁押的司法救济、违反羁押规定所带来的程序性制裁等。"[2] 未决羁押者既然在法律上可以视为无罪的公民,他就当然享有作为一个公民的权利,违背未决羁押者的意思而强迫或胁迫其劳动,是不正当的,是非法的劳动用工,是侵犯公民宪法权利的违法行为,也是侵犯公民劳动权益的行为,还应当受到劳动法的制裁,严重者如果构成犯罪,还应当追究其刑事责任。如果羁押是错误羁押或超期羁押,不但要追究相关人的法律责任,还要进行必要的国家赔偿;如果在错误羁押或超期羁押中,对未决羁押者实施了不当的强迫劳动,还应当按照《劳动法》和《劳动合同法》的有关规定予以补发劳动报酬,其报酬还不得低于当地当时的最低工资标准,同时,按照我国《劳动合同法》之惩罚性赔偿制度的要求,非法者即羁押单位如看守所,还应当支付劳动者即未决羁押者双倍的工资。

北京大学法学院的陈永生教授认为:"看守所属于公安机关的一个职能部门,对羁押缺乏应有的监督和制约。从法治发达国家的立法与实践来看,看守所通常隶属于司法行政机关,根本职责是保护被羁押人的合法权益,而非追诉犯罪。但

---

[1] 陈瑞华. 未决羁押制度的理论反思. 法学研究, 2002 (5): 61.
[2] 蒋石平. 论我国刑事程序的"行政化"倾向——以未决羁押制度为视角. 法学评论, 2008 (4): 52.

第八章 不当劳动用工

在我国，由于看守所属公安机关管辖，因而看守所在司法实践中往往也被认为与侦查机关一样，负有查究和打击犯罪的职责，许多地方侦查机关甚至明确规定，看守人员应当与侦查人员相互配合，协助收集犯罪证据和深挖余罪。而羁押往往是有利于瓦解犯罪嫌疑人、被告人的心理防线，从而获取口供，因而司法实践中出现超期羁押时，看守人员往往睁只眼、闭只眼，采取放任态度。"① 我国看守所职能的异化，再加上被强迫劳动的未决羁押者没有或不能够真正维护自己的合法权益，"让渡"了自己的权利，这种双方的"默契"，成为看守所侵犯未决羁押者人身权利的"助推器"，这种主动与被动的"纵容"使得未决羁押者之强迫劳动游离于法制的边缘，对其规制也将是困难重重。未决羁押者之劳动权的被侵犯，从劳动法学的角度是严重的侵权行为，从强迫劳动用工和保障公民的劳动权益上看，我国的未决羁押制度需要进行改革，以便有效防止强迫劳动的发生，维护正当有序的法制环境。

　　李建明教授认为在未决羁押制度的改革中应当"尽量兼顾犯罪控制与人权保障的统一"。他说："未决羁押制度尽管有与无罪推定原则产生的正义观念相冲突的一面，却又有正义性的一面。面对这种悖论，当我们无法在完全避免对被追诉人人权造成侵犯的情况下实现犯罪控制的目标时，我们所能做的是，尽量兼顾犯罪控制与人权保障的统一，尽量避免采用羁押性强制措施，在不得不采用这种措施时尽量减轻对于被追诉人人权的侵害，'以最少的不正义的方式来限制这些不正义'。② 从这个意义上讲，未决羁押制度是法治国家在追求正义过程中的无奈选择。"③ 在我国的未决羁押制度中，进行防止强迫劳动的改革，就是减轻对于未决羁押者人权侵害的重要手段之一，是符合人权保障和社会正义的。未决羁押制度的改革是一个渐进和相当复杂的过程，而排除对未决羁押者的强迫劳动并不是一个多么复杂的问题，将这个问题作为未决羁押制度改革的一个首先要解决的具

---

① 陈永生. 我国未决羁押的问题及其成因与对策. 中国刑事法杂志, 2003 (4): 68.
② [美] E·博登海默. 法理学——法律哲学与法律方法. 邓正来译. 北京: 中国政法大学出版社, 1999: 252.
③ 李建明. 羁押制度改革对犯罪控制与人权保障的兼顾. 南京大学法律评论, 2012 (1): 208.

体问题是可行的和有直接效益的，也是构建我国劳动法治所需要的。

对未决羁押者强迫劳动的不当性，不仅宏观表现在其侵犯了公民的人权上，还微观表现在它与我国《看守所条例》的冲突上。

"从劳动权的内容来看，劳动权应当包括免于强迫和强制劳动的自由，而且强迫劳动也是严重侵犯人权的行为。从劳动权的限制上来看，强迫劳动也是实现劳动权所禁止的方式。因此，看守所强迫未决羁押人员劳动应当是侵犯其劳动权的行为。"① 公权力机关强迫犯罪分子进行劳动改造是合法而正当的劳动，属于强迫劳动豁免的范畴，但是，公权力机关强迫未决羁押人员劳动却是是一种侵犯劳动权的不当行为，不属于强迫劳动豁免的对象，因此，我国看守所之强迫劳动具有违法和不正当性。

1990年实施的《看守所条例》第3条规定，看守所的任务是依据国家法律对被羁押的人犯实行武装警戒看守，保障安全；对人犯进行教育；管理人犯的生活和卫生；保障侦查、起诉、审判工作的顺利进行。看守所的法定职能中并没有关于可以对未决羁押人员实现强迫劳动的条规定。《看守所条例》第4条规定：看守所监管人犯，必须坚持严密警戒看管与教育相结合的方针，坚持依法管理、严格管理、科学管理和文明管理，保障人犯的合法权益；严禁打骂、体罚、虐待人犯。由此条规定可以看出，强迫劳动应当就属于本条规定所禁止的"体罚"行为。

《看守所条例》第34条规定："在保证安全和不影响刑事诉讼活动的前提下，看守所可以组织人犯进行适当的劳动；人犯的劳动收入和支出，要建立账目，严格手续。"这已经成为看守所实施强迫劳动的主要法律依据，但是，其规定是"可以组织人犯进行适当的劳动"，其用词是"适当"的劳动，虽然因该条例没有明确界定"适当的劳动"的内涵和外延，不具有可操作性，但是，强迫劳动很难与"适当"有什么联系，由此，可以推定强迫劳动与本条例也是相违背的。

2005年公安部颁布了《看守所组织在押人员劳动管理办法》，进一步细化了

---

① 孙珑. 未决羁押人员的劳动权保障探析. 湖北警官学院学报，2012（6）：56.

未决羁押者免于胁迫或强迫劳动的规定。第 4 条规定："看守所组织在押人员劳动，必须符合国家有关法律、法规和政策规定。"而胁迫或强迫劳动是不符合国家有关法律、法规和政策规定的。第 5 条规定："具有劳动能力的留所服刑罪犯应当参加看守所组织的劳动；犯罪嫌疑人、被告人在自愿基础上，可以参加劳动。"从这条规定，我们可以看出这里的"犯罪嫌疑人、被告人"就是指未决羁押者，他们可以参加劳动，但是，必须是"在自愿基础上"，而胁迫或强迫劳动根本谈不上是"在自愿基础上"的劳动。

因此，看守所强迫未决羁押人员劳动的行为，于法无据，侵犯了未决羁押人员的劳动权。[①] 对未决羁押者的强迫劳动，从劳动法的角度认定其法律性质是严重侵犯公民劳动权的不当行为和非法行为是无疑议的，我们应当从其严重侵犯劳动权益的违法性上，进行劳动法之制度改造，并与其他相关法律一道，共建有效打击这种非法强迫劳动的立体"法网"，使强迫劳动难逃"恢恢法网"的制裁。

作为介于普通劳动者与罪犯之间的特殊群体，未决羁押者的劳动具有一定的特殊性：普通劳动者劳动是为了谋生或自我发展，更强调自愿原则；罪犯在监狱内的劳动是一种帮助其改造的强制手段，表现为一种强制性义务；未决羁押者在看守所这个特殊场所内，其劳动的自由因为人身自由受到限制而有所限制。[②]

现代法治国家通常将未决羁押的正当理由确定为保全犯罪嫌疑人或被告人，保障刑事诉讼的顺利进行，因而对未决犯的羁押不具有实体的惩罚性和先予惩罚性，只有有罪判决生效时，羁押才具有保障刑罚执行和惩罚犯罪人的功能。[③] 换言之，对于已决犯，劳动往往是一种义务，即犯人的劳动具有强迫性质；但对于未决犯，劳动则是自愿进行的。[④] 我国公安部颁布的《看守所组织在押人员劳动管理办法》第 5 条也规定，具有劳动能力的留所服刑罪犯应当参加看守所组织的劳动；犯罪嫌疑人、被告人在自愿基础上，可以参加劳动。综上所述，罪犯参加

---

① 孙珑. 未决羁押人员的劳动权保障探析. 湖北警官学院学报, 2012 (6): 56.
② 李文娜. 未决羁押者劳动的权利属性探析. 内蒙古农业大学学报（社会科学版）, 2012 (4): 13.
③ 陈卫东, 隋光华. 现代羁押制度的特征：目的、功能及实施要件. 中国司法, 2004 (9): 59~62.
④ 吴宗宪. 当代西方监狱学. 北京：法律出版社, 2005: 756~763.

劳动是"必须"履行的一种义务,除身体有病不适于参加劳动等特殊情况外,他们没有选择的自由;而未决羁押者则在自愿基础上"可以"参加劳动,也可以选择不进行劳动,更强调劳动的权利性。[①] 2012年2月23日国务院颁布的《中华人民共和国拘留所条例》第21条规定,"拘留所不得强迫被拘留人从事生产劳动",虽然其适用对象是受到行政拘留处罚的人员,但从其立法旨意可推知,国家对诸如拘留所、看守所等羁押场所的强迫劳动现象持否定态度。[②] 这也再次说明,未决羁押者之胁迫或强迫劳动是不正当的,是违背宪法和法律法规的违法行为,看守所实施对未决羁押者的胁迫或强迫劳动是侵犯公民劳动权益的侵权行为,如果这种胁迫或强迫劳动符合犯罪的构成要件,还要承担强迫劳动罪的刑事责任。

第四节　胁迫、强迫劳动之刑法管制——强迫劳动罪

一、典型案例导读

(一) 2007年山西"黑砖窑事件"

2007年5月,山西洪洞警方破获一起黑砖窑虐工案,解救出31名民工,其中有部分童工。之后,数百失踪儿童的父母在网上联名发帖寻子。黑砖窑事件终于从黑暗的地下浮出了地平线,电视、网络到中央各地方报纸纷纷跟进、追踪报道。媒体的巨大舆论进一步激起全国性的关注,引发了巨大的反响。血泪、凶残、罪恶,顷刻间尽在国人的眼前,被虐少年的血泪、触目惊心的罪恶、难以想象的残忍撼动了无数国人的心。山西洪洞县等地众多黑心砖窑主,雇用帮凶打手,从郑州、山西芮城、西安等火车站拐骗大批民工及未成年人,其中包括一些智障人员,用暴力强迫他们到砖窑当苦工。这些民工及童工每天工作时间长达

[①②] 周长军,赵飞.未决羁押者的劳动权保护:一个宪政维度的分析.法律科学(西北政法大学学报),2013(1):67.

第八章 不当劳动用工

14~16小时，不给工资报酬，晚上被锁进大工棚，上厕所时有专人跟随，回到大棚继续锁上门。如发现民工中有人干活不卖力或企图逃跑，则用暴力殴打。

党中央、国务院对这一恶性案件十分重视，派出工作组到山西展开调查。中华全国总工会书记处书记张鸣来到山西，对黑砖窑一案的查处进行督促、调查。山西省委书记张宝顺批示：要认真贯彻中央领导同志的重要批示。对此事要高度重视，坚决打击违反劳动法的黑窑主，解救被拐骗的民工和童工。在山西全面开展"打击黑窑主，解救拐骗民工"专项行动。山西、河南两地已经成功解救468名"黑窑工"。

截至2007年7月31日，山西省司法机关已对"黑砖窑"事件中涉及犯罪的27案69人予以起诉，其中25案60人已依法进行了公开宣判。①

"山西黑砖窑事件"这一具有标志性意义的事件引起了法学界人士的广泛关注和思考，推动了不同法学部门的学术研究和国家立法的巨大进步。

山西黑砖窑案有着一张清晰的犯罪网络。在利益的驱动下，拐骗劳工（包括童工和智障者）——黑包工头——黑窑主——纵容包庇者，形成了一张利益相关、分工明晰的巨大犯罪网络。没有这张网络，不可能形成目前这样一种大范围长期存在的恶性犯罪。一开始，这张网络就具有明显的营利性。山西黑砖窑案的实质是劳动领域的系列刑事犯罪，是涉嫌拐卖儿童（或拐卖人口）罪、非法拘禁罪、人身伤害罪和强迫劳动罪的复合型犯罪，已经远远超出了非法使用劳工的范畴。这种犯罪行为是在劳动过程中以营利为目的的系列犯罪，是我国社会进入市场经济之后出现的一种新型犯罪形式和犯罪现象，它的重要特点就是资本与权力结合在劳动过程中通过控制和奴役劳工追求利润的最大化。②

中国人民大学法学院教授杨建顺在接受记者采访时说，黑砖窑事件存在着"严重非法用工、拐骗农民工、强制劳动、雇佣未成年人、故意伤害甚至致人死亡等严重违法犯罪问题"，事件中的种种行为涉嫌违反劳动法、未成年人保护法、行政许可法、刑法等。黑砖窑事件"也暴露出我国有关法律制度尚存缺陷，其中

---

① 郭建珍. 山西黑砖窑事件查处已基本结束. 法制日报，2007-08-14 (7).
② 常凯. 山西黑砖窑案：需要击碎一个违法犯罪利益链. 第一财经日报，2007-06-19 (7).

最重要的是相关地方和部门未履行其法定职责，对非法劳动用工和流动人口的监管不到位，对违法犯罪行为未能及时发现和查出，工作中存在漏洞。"①

办理过大量刑事案件的北京市京银律师事务所律师邓云林告诉记者，黑砖窑主或者打手涉嫌故意伤害罪、非法拘禁罪、强迫职工劳动罪、雇佣童工从事危重劳动罪等。邓云林说，具体对黑砖窑主定罪量刑还要结合相关证据。在司法实践中，对类似案件审判机关一般都以"强迫职工劳动罪"定罪量刑。但本案却有别于以往的其他案件，因为黑砖窑不属于法律上规定的"单位"范畴。对此，北京律师刘晓原建议，在以后修改刑法时，可以将"强迫职工劳动罪"的犯罪主体改为一般主体，即将条文中的"用人单位"改为"用人者"。这样不论是单位实施了强迫职工劳动行为，还是个人实施了强迫他人劳动行为，都可以依法追究刑事责任。②类似这些意见，特别是原《刑法》"强迫职工劳动罪"的犯罪主体规定的缺陷，在2011年的《刑法修正案（八）》中得到了立法响应，将"强迫职工劳动罪"改为"强迫劳动罪"，实施强迫劳动的犯罪主体变成一般主体，体现了立法的先进性。"山西黑砖窑事件"不仅有力促成了当年《劳动合同法》的快速通过，还为后来的《刑法》之有关"强迫职工劳动罪"向"强迫劳动罪"的转换起到了巨大的推动作用。

（二）2009年安徽"黑砖窑事件"

历史总是惊人的相似，继"山西黑砖窑事件"发生两年之后，在安徽界首又现黑砖窑事件。

来自安徽、山东、河南、湖南、湖北等地的32名智障人员，被带到界首市两个砖窑场做苦力，基本无工资。据界首市警方介绍，公安机关接到群众举报称，界首市砖集镇的一个砖窑的10多名外地工人被关在院子内，每天劳动10多个小时，还经常遭到监工殴打。警方暗访调查发现举报属实，并获悉界首市光武镇也有一个砖窑存在类似情况。警方迅速调集80余名公安人员，分头开展解救

---

①② 陈丽平，朱磊. 山西黑砖窑事件法律追问. 法制日报，2007-06-29（8）.

第八章 不当劳动用工

行动,从两个砖窑成功解救智障人员 32 人,抓捕砖窑主、监工等 10 名犯罪嫌疑人。[①]

这起黑砖窑非法使用智障劳工事件是由嫌犯在山东省诱骗、购买了 30 余名智障者,并向窑厂出租智障劳工牟利。办案人员分析,出租车司机出售——包工头购买——窑主雇佣等环环相扣,凸显非法用工背后的利益链条,这也是非法用工屡屡遭受打击却仍不断出现的根本原因。[②]

令人无法理解的是,犯罪嫌疑人张学乾在山东荣成市使用劳工 3 年之久,却没有被劳动监察、公安等部门查处过。尤其是 2007 年山西"黑砖窑劳工"曝光后,劳动保障部派出 9 个督察组分赴有关省份就整治非法用工、打击违法犯罪专项行动开展情况进行督促检查。尽管如此,张学乾依然能在荣成市安然无恙地躲过严打期。最后,他离开山东荣成市到安徽界首市的原因,也是因为砖窑取土困难,而非相关监管部门加强监管才迫使他离开的。从张学乾供述可以分析出以下三点:第一,他看到别人使用智障劳工获利开始使用智障者,这说明荣成市黑砖窑并非仅张学乾一家;第二,多名荣成市出租车司机多次与张学乾联系,以每人 200 元左右的价格把智障人员贩卖给张学乾,这说明贩卖智障者不是偶然的个体的顺手牵羊行为,可能是个别人贩卖智障者获利并形成了一种示范效应;第三,张学乾在荣成市使用智障劳工 3 年多却没有被查处,而且初步侦查基本可以得出这样的犯罪利益链条:出租车司机收集贩卖智障者——"张学乾们"购买——不法窑主接收使用,这样的利益链条在荣成存在多年且未被查处,是否意味着荣成存在滋生"黑砖窑智障劳工"的特殊环境?[③]

在山西黑砖窑事件发生后,各地都对非法拘禁廉价雇用窑奴的行为进行了广泛的自查自纠,安徽蒙城、庐江等地的黑砖窑也都受到过严厉打击,然而,仅仅两年不到,安徽又出现黑砖窑,这种"顶风作案",着实令人震惊,借用作家魏

[①] 程士华. 安徽界首警方救出 30 余名在黑砖窑做苦力的智障人员. 新华网, http://news.xinhuanet.com/legal/2009-05/21/content_11414567.htm.2009-05-21.

[②③] 程士华. 黑砖窑劳工事件再现:工人竟是买来的智障者. 人民网, http://energy.people.com.cn/GB/9695483.html.2009-07-22.

巍对山西黑砖窑事件的诘问：这种只有在资本主义原始积累时期才有的最黑暗、最残酷、最野蛮的奴隶劳动，为什么会出现在中华人民共和国的土地上？也许，与其他安全质量事故相比，这次发生于安徽界首的黑砖窑事件，时间短，规模小，并没有造成人员死伤，但是，这起事件给当事者带来的身心伤害同样是巨大的，那种暗无天日的生活，超常体力的劳作，毫不对称的待遇，都令人不堪回首。在这一事件中，那些直接责任人将会受到追究处罚自不待言，除此之外，定然还要有人为此事负责，这一点也不容含糊。守土有责，对这些黑砖窑，当地有关部门有没有查一查到底是谁人所开，背后到底有谁在撑腰，他们的资质是否齐备，用工是否规范……如果因为懈怠失职，监管不力而酿成悲剧，当地相关部门和责任人员也就同样脱不了干系。可以断言，在每一个黑砖窑的每一根烟囱下面，都有"窑奴"在苦苦挣扎，而面对那些苦难的群体仍然无动于衷的人，那些看到了违法犯罪现象却不会愤然而起的人，那些对自己的懈怠和失职毫无歉疚的人，他们是否还有资格坐在地方官员的"太师椅"上？①

二、劳动刑法辩争

"自 2007 年震惊全国的山西'黑砖窑'事件以来，强迫智障工人进行高强度劳动，甚至虐待杀害智障劳工的事件频频曝光。非法使用'智障劳工'，俨然成为一个极其庞大、复杂的灰色产业链"。"综合近年来曝出的数十起非法使用'智障劳工'事件不难发现，第一见证者往往是各级各地媒体，而当地政府主管部门往往扮演着'后知后觉'的角色。这凸显出'社会保障体系不健全'等一系列制度缺陷。"② 我国"黑砖窑"事件的频发以及一些地方非法使用"智障劳工"的现象，已经表明非法用工不再是个案，不当劳动用工之胁迫或强迫"智障劳工"不但凸显了劳动用工制度和打击强迫劳动用工法律的缺陷，还印证了许多部门执法、监管的严重缺位，因此，打击胁迫或强迫之非法劳动用工是立法和执法都要

---

① 叶传龙. 安徽黑砖窑事件也是一起'安全事故'. 中国法院网，http://www.chinacourt.org/article/detail/2009/05/id/358952.shtml,2009-05-22.

② 孔垂炼."智障劳工"事件背后凸显制度保障缺陷. 云南法制报，2012-03-30（1）.

反思并行动的问题。打击非法劳动用工的立法任务还有很多困难需要克服，正如董保华教授所言，"山西'黑砖窑事件'催生了《劳动合同法》，安徽'黑砖窑事件'说明我们用《劳动合同法》制止黑砖窑事件发生的愿望已经落空。"① 有效规制不当劳动用工，不仅劳动法要有新的作为，刑法也要紧紧跟上，多个部门法学的整合和联合行动是非常必要的。

从山西"黑砖窑事件"到安徽"黑砖窑事件"，在劳动法学界再次激发了一个非常有争议的话题，值得我们仔细思量，笔者暂且称之为"劳动法刑事化"之争。

（一）正方观点：支持劳动刑法

主张或支持劳动刑法的代表人为关怀、常凯、陈兴良、黄京平、陈步雷、郑爱青、姜涛等。其中有劳动法学界、刑法界的专家。

"将新型责任当作旧有责任的代表当推关怀的'过劳死'刑事制裁理论。"②

中国人民大学法学院教授关怀称，他准备写一份立法建议书，修改劳动法。具体而言，他认为"过劳死是企业剥夺员工的休息权，造成劳动者超负荷工作并导致其死亡，企业主应受刑事制裁。"③

"将旧有责任当作新型责任的典型当称常凯的'劳动刑法理论'。"⑤常凯教授认为："山西黑砖窑案的实质是劳动领域的系列刑事犯罪，是涉嫌拐卖儿童（或拐卖人口）罪、非法拘禁罪、人身伤害罪和强迫劳动罪的复合型犯罪，已经远远超出了非法使用劳工的范畴。这种犯罪行为是在劳动过程中以营利为目的的系列犯罪，是我国社会进入市场经济之后出现的一种新型犯罪形式和犯罪现象，它的重要特点就是资本与权力结合在劳动过程中通过控制和奴役劳工追求利润的最大化。"常凯教授还认为："山西黑砖窑事件，是一种在劳动领域的系列刑事犯罪。是市场经济中所面临的一个新的问题。对此，我们应该通过劳动刑法来解决劳动

---

① 董保华. "黑砖窑事件"引发的法律思考. 甘肃社会科学，2009（6）：156.
②⑤ 董保华. "黑砖窑事件"引发的法律思考. 甘肃社会科学，2009（6）：158.
③ 王宁. 压力加大，中青年频发过劳死. 中国改革报，2006-08-03（4）.

领域的刑事犯罪问题。在这方面，我们的研究和立法都很薄弱的，对于这个新问题，亟须从法律上给予解决。"① 常凯教授早在 2005 年《工人日报》主持的有关劳动刑法的专题讨论中就指出：劳动刑法不仅涉及司法实践，而且涉及制度设置，是一个非常复杂的问题。对此，大陆法系的市场经济国家，已经有了一个比较成熟的交叉法律学科——劳动刑法学。他认为这一学科主要是研究刑法在劳动关系法律调整中的运用问题。目前，我们在法治实践中已经遇到了这样的问题。因此，劳动法学界和刑法学界如何联手研究这一问题，建立中国的劳动刑法学，并为制度设置和司法实践提供理论依据，已经是一个非常急迫的任务。②

回顾历史，其实，在我国有关劳动刑法的争论，早在 2007 年的山西"黑砖窑事件"之前的 2005 年就展开过专门讨论。许多劳动法专家和刑法专家都是比较赞同劳动刑法的。2005 年 7 月 18 日出版的《工人日报》以较大篇幅发表了陈兴良、常凯、黄京平、陈步雷、郑爱青等五位法律专家对劳动刑法的一些观点，首次在中国刑法学界展开了有关劳动刑法问题的论争。

刑法专家陈兴良教授认为："劳动刑法是对劳动关系的刑法保护""劳动关系的法律保护的核心是对劳动自由的保护""劳动者参与到劳动关系中，其以劳动自由为核心的劳动权利的保护，才是劳动关系法律保护的客体。"③ 由上可见，陈兴良教授非常重视法律对劳动自由的保护，将其作为法律的核心保护范畴，而强迫劳动是最为严重的侵犯劳动者自由的行为，因此，我国的劳动刑法应当更加注重对劳动者自由的保护。

陈兴良教授认为：我国是单轨制，所有的犯罪和刑罚必须规定在统一的刑法中。当产生某些专业问题时，刑法中没有相关罪名并且又不能及时修正，因此带来很多问题。另外即使是保护劳动权益，也要考虑到刑法立法与适用的兼抑性。第二个重要的问题就是劳动争议的刑事免责问题。④陈兴良教授认为，没有单独

---

① 常凯. 山西黑砖窑案：需要击碎一个违法犯罪利益链. 第一财经日报，2007-06-19（7）.
② 常凯. 劳动争议法治化亟须建立劳动刑法学. 工人日报，2005-07-18.
③④ 陈兴良. 对劳动权利的刑法保护造就了劳动刑法. 工人日报，2005-07-18（7）.

第八章　不当劳动用工

的劳动刑法会带来一些问题，同时，在劳动刑法中要注意"刑法立法与适用的谦抑性"和"劳动争议的刑事免责"问题，他还特别说明：日本等国家在群体性劳动争议方面，刑法是不轻易介入的。因此，我国在构建劳动刑法时，要注意我国的犯罪论构成体系与日本等国的不同。

劳动法专家陈步雷教授也主张劳动刑法是"劳动刑法具有相对独立的地位"的。他认为：劳动刑法在市场经济与民主政治比较成熟的国家，是刑法与劳动法的交叉领域，是重要的法律分支和学科。它主要包括两个方面：（1）如何运用刑法保护劳动权利或者劳动者的正当利益，使刑法发挥"王牌法"的功能；（2）刑法对产业行动进行调整的限度与方法等问题。① 他还认为："劳动刑法同时作为刑法和劳动法的分支，其存在的依据就是劳动权利的保护、劳动者的集体行动所关联的社会关系和社会问题，与刑法相关，具有较为显著的特殊性或独立性，它们构成了独立的社会关系和问题类群。""劳动刑法在实践与学术两个方面，均有相对独立的品质。"

劳动法专家郑爱青教授认为："刑罚在法国劳动法中的分量很重，在涉及对雇员基本劳动权利的各个方面都有相应的具体刑事制裁。""在保护雇员劳动中的生命权和健康权方面，法国的劳动刑法比我国安全事故方面的刑法更为严厉。""与法国学界近年来出现的一种'去刑法化'的思想相反，在基本劳动权利的刑法保护方面没有减弱，在某些方面反而有所加强。"②

刑法专家黄京平教授认为："劳动刑法作为一个分支学科的必要性和可行性，是完全能够确定的"，"劳动刑法作为一个分支学科，它的成长更多的是有赖于劳动法学者的努力"。"关于立法模式，我国的刑事立法更强调通过立法机关制定法律修正案的方式，以维持统一刑法典体系。现在的问题是在劳动权利保护方面的罪名体系尚未完整，这就需要劳动法专家们的努力，以促进刑法的修订"。③ 由上，黄京平教授对劳动法学界提出了有关劳动刑法的研究要求，说明在劳动法学

---

① 陈步雷.劳动刑法具有相对独立的地位.工人日报，2005－07－18（7）.
② 郑爱青.法国劳动刑法对劳动权利的保护.工人日报，2005－07－18（7）.
③ 黄京平.劳动刑法的成熟需要学界的努力.工人日报，2005－07－18（7）.

界研究劳动刑法具有重要意义，劳动法学界应当将劳动刑法作为研究课题，为促进刑法的相关修订提供理论支持。

据笔者所知，我国目前对劳动刑法问题研究最多的是江苏大学刑事法治研究中心主任姜涛副教授。他是发表劳动刑法论文最多的学者。

姜涛极力推崇构建劳动刑法，他认为："在法治意义上，任何一种旨在增强劳动法益保护的定罪与处罚模式都是值得赞赏的，但在不久的将来，我们会发现在这些方法中，最适宜的一种方式还是在刑法学与劳动法学沟通与对话的基础上，通过建立劳动刑法来完成劳动法益保护的刑法学分化模式。"① 他主张劳动刑法构建的最好方法是离不开劳动法学的，也就是说，劳动刑法与劳动法学关系密切，并不是两个完全独立的新学科或新分支。他还认为："在社会转型时期，对于由双层利益主体共同构成的现代社会劳动关系而言，基于向劳动法益'一边倒'的倾斜保护的犯罪治理模式，正在日益发展成为获得劳动保护的主导方式。这种保护的目标是保护劳动者的合法权益，即'刑法关注劳动保护，并着重、充分保护劳动法益的刑法适用模式'。因此，与传统刑法对'劳动者与用人单位对等保护'形成鲜明对照的是，劳动刑法视'劳动法益'为基石，奉行'公开、公平、公正'原则，是一种对劳动者倾斜保护的理性刑法。"② 此为劳动刑法对劳动者权益保护之"倾斜式"保护模式和理论基础，他认为：劳动刑法的理论基石是劳动法益的有效保护。劳动刑法将劳动法益作为其法益，有两个基本特征：一是以劳动基本权为权利外形；二是劳动利益的核心是实现劳动中的"公平"。③ 他还提出了劳动刑法的基本原则："倾斜保护"应成为劳动刑法的基本原则，"倾斜保护"作为劳动刑法的基本原则由"倾斜立法"和"保护弱者"两方面构成④。姜涛对劳动刑法的研究可谓是非常细致，对构建我国劳动刑法制度的设计进行了具体研究。

---

①② 姜涛.论劳动刑法的建构及其法理.中国刑事法杂志，2007（5）：48.
③④ 姜涛.论劳动刑法的建构及其法理.中国刑事法杂志，2007（5）：50.

第八章 不当劳动用工

（二）反方观点：反对劳动刑法

反对劳动刑法的代表人为董保华教授。董保华教授不认同关怀教授上述观点："从总体上来说，过劳死问题在现代文明国家里的趋势是着重从工伤赔偿的角度，对'过劳死'进行法律保护，并将其纳入社会保险。工伤实行的是无过错责任，也可以说基本上是一种以客观归责为原则的赔偿制度，也是较为现代的一种制度安排；但如果将这种客观归责直接导入刑法制裁，那就是古代法的制度安排。毕竟，在现代刑法中不可能不强调犯意。在'过劳死'案件中，雇主虽然可能违反了劳动法中工时规定，但并没有伤害或杀人的故意或过失，因此从主观方面看，不可能承担刑事责任。从笔者所了解的情况看，也没有国家将出现'过劳死'情形的雇主直接列为犯罪。"① 董保华教授反对搞劳动刑法的观点首先是表现在其对"过劳死"问题的研究中，他反对对"过劳死"实施刑事制裁。

董保华教授认为：学者很容易将劳动关系调整过程中出现的问题混同于犯罪问题、现行立法中工会关、报酬关、赔偿关、罚款关这样四关的设计确实在惩罚性上已经相当严格，当这些惩罚均未阻挡住"过劳死"的步伐时，再要强化制裁似乎只有动用刑事责任。这种思维近来也出现在劳动报酬等诸多立法上。有些专家甚至主张专搞一个劳动刑法。刑法专家强调以最小的支出有效地预防和控制犯罪。在构建和谐社会的过程中，我们看到了一个意味深长的现象，马克昌和关怀都是研究会的名誉会长，一个是刑法，一个是社会法。刑法专家从保障人权的角度提出"不到不得已不动用刑罚"；以保障人权作为自己研究对象的社会法专家倒是杀气腾腾，依笔者看来，后者不利于我国和谐社会的建设。② 可以看出，董保华主张不能将劳动关系调整过程中出现的问题混同于犯罪问题，搞劳动刑法不利于我国和谐社会的构建。

董保华教授认为常凯的上述观点并不恰当："这里并不存在'市场经济中所面临的一个新的问题。'暴力侵害是我国走上法制道路后的老毛病，黑砖窑事件

---

① 董保华. "黑砖窑事件"引发的法律思考. 甘肃社会科学，2009（6）：158.
② 董保华. "过劳死"的法律探索. 法治研究，2012（2）：65.

没有及时得到处理，只是一个执法不严的问题。事实上，刑法没有修改一条，两年前很多黑砖窑主被抓获，今天依然是'张某某等10人已因涉嫌强迫职工劳动罪被刑拘'。我国刑法根本不必做出修改，更不需要搞什么劳动刑法。"① 董保华教授针对"黑砖窑"事件进行过研究，他认为黑砖窑事件没有处理好，只是执法不严的问题，与立法并无关联，搞劳动刑法来防范"黑砖窑"事件也是不可取的。

三、刑法管制沿革

（一）国际立法

反对和禁止强迫劳动已经是国际社会人权保障的基本范畴，也是国际劳工组织确认的8项核心标准之一。国际劳工组织于1930年和1957年先后通过的《关于强迫劳动的公约》和《废止强迫劳动公约》均要求各成员国采取措施打击强迫劳动的行为。《废止强迫劳动公约》第1条重申："凡批准本公约的国际劳工组织成员承担制止和不利用任何方式的强迫或强制劳动。"1966年联合国《公民权利与政治权利国际公约》是更高层面的国际公约，也专门明确规定了禁止强迫劳动的内容。该公约第8条规定："不应当要求任何人从事强制劳动和义务劳动。"特别值得一提的是《强迫劳动公约》第25条的规定："非法征用强迫或强制劳动应作为刑事犯罪予以惩处，任何批准本公约的会员国应有义务保证法律所规定的刑罚真正得当并得到严格执行。"该规定已经明确规定应当强迫或强制劳动应作为刑事犯罪进行处罚，这已经成为国际劳工组织各成员国有关禁止强迫劳动的刑事立法渊源，为许多国家或地区所接收并实施。

据统计，截至2009年5月12日，国际劳工组织的178个成员国中，已经有173个成员国批准了《强迫劳动公约》，有169个成员国批准了《废止强迫劳动

---

① 董保华. "黑砖窑事件"引发的法律思考. 甘肃社会科学, 2009 (6)：158.

第八章 不当劳动用工

公约》。① "很多国家都通过刑法或者附属刑法来追究强迫劳动的刑事责任。"②

有人将域外的有关强迫劳动的刑事处罚概括成为三种模式③：一是刑法中没有规定，但在非刑事法律中设立强迫劳动的刑法规范，如日本和我国台湾地区在《劳动基准法》中明确规定了强迫劳动罪的，美国、英国和法国则是在《反贩运法》中对偿债劳役、蓄奴和非自愿劳役或强迫劳动而进行的贩运等违法行为给予定罪处罚。二是在刑法中有规定，但用其他罪名对强迫劳动的行为予以惩处。如德国刑法第234条规定的奴役罪可以将诸如强迫劳动的非法行为涵盖进来。三是在刑法中直接规定强迫劳动罪，如卢森堡、巴西。

《联合国打击跨国有组织犯罪公约关于预防、禁止和惩治贩运人口特别是妇女和儿童行为的补充议定书》第3条之"术语的使用"中对"人口贩运"的规定是："'人口贩运'系指为剥削目的而通过暴力威胁或使用暴力手段或通过其他形式的胁迫或通过诱拐、欺诈、欺骗、滥用权力或滥用不利境况或通过授受酬金或利益取得对另一人有控制权的某人的同意等手段招募、运送、转移、窝藏或接收人员。剥削应至少包括利用他人卖淫进行剥削或其他形式的性剥削、强迫劳动或服务、奴役或类似奴役的做法、劳役或切除器官。"④

上述《补充议定书》对"人口贩运"的概念作了广义的界定，特别是将强迫劳动的列为"人口贩运"的内容之一。该《补充议定书》在第5条"刑事定罪"第一款明确指出了各缔约国应当承担的义务，"各缔约国均应采取必要的立法和其他措施，将本议定书第3条所列故意行为规定为刑事犯罪。"《补充议定书》第5条第二款还规定了三种具体情形应当定为刑事犯罪：在符合本国法律制度基本概念的情况下，把实施根据本条第一款所确立的犯罪未遂定为刑事犯罪；把作为共犯参与根据本条第一款所确立的犯罪定为刑事犯罪；以及把组织或指挥他人实

---

① 王天林. 我国现行劳动法制的反思与完善——基于国际劳动标准的比较与评析. 山东大学法律评论，2009（6）：144.
② 王胜华. 对强迫劳动罪之"强迫劳动"的规范诠释. 贵州警官职业学院学报，2012（4）：54～55.
③ 王胜华. 对强迫劳动罪之"强迫劳动"的规范诠释. 贵州警官职业学院学报，2012（4）：55.
④ 联合国打击跨国有组织犯罪公约关于预防、禁止和惩治贩运人口特别是妇女和儿童行为的补充议定书. 中华人民共和国全国人民代表大会常务委员会公报，2010（1）：49.

施根据本条第一款所确立的犯罪定为刑事犯罪。①

该议定书的制定旨在针对全球范围的人口贩运问题加强国际司法合作,有效控制犯罪活动,遏制贩卖人口犯罪。② 据此,各缔约国应当采取必要的立法和其他措施,将为强迫劳动、奴役等剥削目的而通过暴力、威胁或者其他形式的胁迫,招募、运送、转移、窝藏或接收人员的行为规定为刑事犯罪。2009 年,经全国人大常委会讨论决定,我国正式加入该议定书。这一加入行为不仅代表着我国对该议定书相关内容的支持和认可,更意味着我国和其他缔约国一样,应当满足议定书对缔约国所提出的打击贩卖人口犯罪的要求。而贩卖人口这一犯罪行就包含了强迫劳动犯罪的内容。为将该议定书要求的打击强迫劳动犯罪的内容落到实处,在刑法中将强迫他人劳动的行为规定为犯罪便成为我国遵守国际公约、履行国际义务的重要举措。③ 在我国强迫劳动的"黑砖窑事件"中,一些被迫劳动者就是贩卖人口犯罪分子的犯罪对象,特别是智障儿童的强迫劳动。因此,无论打击贩卖人口的犯罪,还是防止强迫劳动的犯罪,都应当注意领会《补充议定书》的精神,这也是各成员国应当履行的国际义务,既然我国已经加入该公约,就应当在立法和实践中将打击贩卖人口的犯罪与强迫劳动的犯罪结合起来,一并立法并有效制裁这两种恶行。

作为国际劳工组织的创始国之一和《公民权利与政治权利国际公约》的签署国之一,并且已经加入了《联合国打击跨国有组织犯罪公约关于预防、禁止和惩治贩运人口特别是妇女和儿童行为的补充议定书》的公约,我国有必要遵守国际公约的相关规定,也有义务落实公约对我国提出的打击强迫劳动犯罪和贩卖人口犯罪的要求。虽然由于多种原因,我国目前尚未批准反对强迫劳动的《强迫劳动的公约》和《废止强迫劳动公约》这两项公约,从一般国际法理论上讲,我国并

---

① 联合国打击跨国有组织犯罪公约关于预防、禁止和惩治贩运人口特别是妇女和儿童行为的补充议定书. 中华人民共和国全国人民代表大会常务委员会公报,2010(1):49~50.
② 赵秉志,杨诚.《联合国打击跨国有组织犯罪公约》与中国的贯彻研究.北京:北京师范大学出版社,2009:92. //王志祥,韩雪.论《刑法修正案(八)》中的强迫劳动罪.法治研究,2011(8):23.
③ 王志祥,韩雪.论《刑法修正案(八)》中的强迫劳动罪.法治研究,2011(8):23.

不受以上两个公约的约束，但实际上我国的立法和司法实践对禁止强迫劳动做得还是非常不错的，我国《刑法》就有相关强迫劳动的规定，如"强迫职工劳动罪"，后改为"强迫劳动罪"。

（二）国内立法

我国 1995 年实施的《劳动法》就规定了对强迫劳动的刑事处罚措施，其第 96 条规定，用人单位"以暴力、威胁或者非法限制人身自由的手段强迫劳动的"，由公安机关对责任人员处以 15 日以下拘留、罚款或者警告；构成犯罪的，对责任人员依法追究刑事责任。这是我国对强迫职工劳动行为最早的行政责任和刑事责任的规定。有人认为：这是公法上的法律责任，而且只是"责任人员"的法律责任，不是用人单位的责任。该法没有规定如何对受害的劳动者承担民事责任。① 其实，用人单位从广义上应当也是"责任人员"之一，只不过依此规定只能追究用人单位之责任人的责任，而不能追究单位的责任，因为此时的规定还没有涉及单位犯罪的问题，即所谓的"单罚制"。

我国 2008 年实施的《劳动合同法》第 88 条规定，用人单位"以暴力、威胁或者非法限制人身自由的手段强迫劳动的"，依法给予行政处罚；构成犯罪的，依法追究刑事责任；给劳动者造成损害的，应当承担赔偿责任。《劳动合同法》的规定与《劳动法》一样，将强迫劳动的行为主体界定为"用人单位"，即排除了大量非"用人单位"的违法或犯罪行为。另外，《劳动法》与《劳动合同法》的规定都是"构成犯罪的，依法追究刑事责任"，是一种较抽象的规定，可操作性较弱。1979 年《刑法》一直没有关于强迫劳动的规定，有人的解释是：1979 年《刑法》制定时，我国仍实行计划经济，强迫职工劳动的现象在我国实属罕见。因此，我国 1979 年刑法中并没有将强迫职工劳动的行为规定为犯罪。1997 年系统修订刑法时，我国经济体制已由计划经济转变为市场经济，强迫职工劳动的行为已为人们所认识并凸显出极大的社会危害性。为顺应当时我国经济社会发

---

① 陈步雷. 关于废除强迫劳动的法律思考. 工会理论与实践（中国工运学院学报），2004（2）：6.

展的步伐，打击劳资关系中出现的强迫劳动行为，强迫职工劳动罪被作为新增加的犯罪纳入我国1997年刑法。①

1997年实施的新《刑法》第244条规定："用人单位违反劳动管理法规，以限制人身自由方法强迫职工劳动，情节严重的，对直接责任人员，处三年以下有期徒刑或者拘役，并处或者单处罚金。"这是第一次将强迫劳动入刑，正如劳动法学者所言：首先，是对我国改革开放以来特别是劳动合同制改革以来，强迫劳动违法行为日益增多的现实所采取的一种刑事立法对策，是刑法适应社会现实而不断发展的表现。这说明，中国劳动者的劳动权利需要法律给予切实而有力的保障，刑法必须担负起惩罚和预防侵犯劳动权犯罪的重任。其次，实现了《劳动法》与《刑法》在立法内容上的衔接，促进了立法内容的协调。再次，是加强人权保障的需要。劳动权利是人权的重要组成部分，而且是几乎涉及人权体系中各种性质和类型权利的权利群。② 其最大的立法缺陷有以下几个：一是主体仅界定为"用人单位"和"职工"，实施犯罪的主体和受害者与劳动法的规定完全一样即都是"用人单位"之对"职工"即"强迫职工劳动罪"，没有其他任何主体，实施者除了用人单位，再无其他，即为特殊主体；受害者也仅仅只能是该用人单位的"职工"，其他被胁迫或强迫劳动者都不是刑法救济的对象，救济的对象太过狭窄。二是"单罚制"不合理。上述规定的强迫劳动之单位犯罪采取的是"单罚制"，这与我国单位犯罪普遍采用"双罚制"不相符合。单位犯罪有两种制度类型：一种是"双罚制"，即对单位和单位直接责任人员均予以刑罚处罚；另一种是"单罚制"，即只对单位予以刑罚处罚或只对直接责任人员予以刑罚处罚。我国《刑法》第244条规定的强迫职工劳动罪的刑罚规定采用了"单罚制"中的第二种方式。③ 这样，强迫职工劳动罪的处罚对象仅仅是直接的责任人员，强迫职工劳动罪的刑罚规定应当采用"双罚制"更为合理。三是没有明确规定用人单位是否包括非法单位，不利于"定份止争"。在学界，关于强迫职工劳动罪的用

---

① 王志祥，韩雪. 论《刑法修正案（八）》中的强迫劳动罪. 法治研究，2011（8）：23.
② 冯彦君. 强迫职工劳动罪若干问题探讨. 法制与社会发展，2001（2）：60.
③ 冯彦君. 强迫职工劳动罪若干问题探讨. 法制与社会发展，2001（2）：62.

人单位是否包括非法单位问题,一直有争议而无定论。主要有肯定说与否定说两种观点:(1)肯定说,认为用人单位既包括具有合法地位的单位,也包括不具有合法地位的单位,如地下黑工厂。①(2)否定说,认为不具有独立资格、没有独立核算能力的分支机构以及非法的组织,一般不能视为刑法意义上的"单位"。②作为单位犯罪主体的"单位"仅限于合法单位;如果是非法设立的单位,如非法设立的地下钱庄,或者为进行违法犯罪活动而设立的单位如为进行黑社会活动而设立的公司,或者单位设立之后主要从事的是违法犯罪活动的如设立外贸公司之后主要从事走私活动,单位实施的行为不能视为单位行为,即使存在相关单位犯罪的规定,也不能被认为是单位犯罪。③孟庆华教授赞同肯定说的观点,认为"用人单位"应包括非法单位。④笔者也认为,肯定说的观点比较恰当,强迫职工劳动罪之用人单位应当包括非法用工单位。

2002年12月28日,第九届全国人大常委会第二十一次会议通过了《中华人民共和国刑法修正案(四)》,并对《刑法》第244条做了首次的修改,将原《刑法》第244条增加一款为:"违反劳动管理法规,雇佣未满十六周岁的未成年人从事超强体力劳动的,或者从事高空、井下作业的,或者在爆炸性、易燃性、放射性、毒害性等危险环境下从事劳动,情节严重的,对直接责任人员,处三年以下有期徒刑或者拘役,并处罚金;情节特别严重的,处三年以上七年以下有期徒刑,并处罚金。有前款行为,又构成其他犯罪的,依照数罪并罚的规定处罚。"这次修改并未对"强迫职工劳动罪"做出任何改动,而只是在强迫职工劳动罪的基础之上增加了一个罪名即司法解释为"雇佣童工从事危重劳动罪",这对司法实践中有关强迫职工劳动罪的认定并没有产生任何新的影响,只是对有力打击使

---

① 张明楷.刑法学(下).北京:法律出版社,1997:724。//孟庆华.强迫职工劳动罪的主体及其立法完善问题探讨.学习论坛,2010(4):73.
② 赵秉志.侵犯公民人身权利犯罪疑难问题司法对策.长春:吉林人民出版社,2001:342.//孟庆华.强迫职工劳动罪的主体及其立法完善问题探讨.学习论坛,2010(4):73.
③ 肖中华.侵犯公民人身权利罪疑难解析.上海:上海人民出版社,2007:250.//孟庆华.强迫职工劳动罪的主体及其立法完善问题探讨.学习论坛,2010(4):74.
④ 孟庆华.强迫职工劳动罪的主体及其立法完善问题探讨.学习论坛,2010(4):73~74.

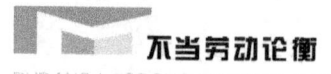

用童工的犯罪有所裨益。

2011年2月25日，第十一届全国代表大会常务委员会第十九次会议通过了《刑法修正案（八）》。本次刑法的修改是有史以来修改最大的一次。此次的新刑法修正案第38条将《刑法》第244条修改为："以暴力、威胁或者限制人身自由的方法强迫他人劳动的，处三年以下有期徒刑或者拘役，并处罚金；情节严重的，处三年以上十年以下有期徒刑，并处罚金。明知他人实施前款行为，为其招募、运送人员或者有其他协助强迫他人劳动行为的，依照前款的规定处罚。单位犯前两款罪的，对单位判处罚金，并对其直接负责的主管人员和其他直接责任人员，依照第一款的规定处罚"。至此，我国"强迫劳动罪"代替"强迫职工劳动罪"，具有划时代的意义。

修订后的强迫职工劳动罪的规定，不仅罪名由于犯罪主体的变化而变更，而且在处罚上也进行了重大调整。

将"强迫职工劳动罪"的罪名修改为"强迫劳动罪"的同时，删除了"用人单位违反劳动管理法规"这一限制性规定，将该罪的主体由原来的"用人单位"这一特殊主体改变为一般主体，适用范围扩大了许多，特别是将非法的用人单位纳入了用人单位的范畴，克服了原来的争议，起到了法律之"定纷止争"的作用，同时还可以将一般的自然人如"包工头"、家庭雇主等也纳入进来，克服了原来仅仅为单位的缺陷。新规定还将"单罚制"改为了"双罚制"，即修改了对单位犯罪仅仅处罚"直接责任人员"的规定，对单位也同样可以追究刑事责任，可以是受害人得到更加充分的法律救济。

新修正案还有一个亮点，即将"协同"强迫劳动犯罪纳入了强迫劳动犯罪的范畴，这是过去所没有的，意义重大。

在实践中，除了具体实施强迫劳动行为的单位或者个人以外，还有一部分人是协同强迫劳动的自然人或单位（包括合法与非法的单位）。新修正案增加了"明知他人实施前款行为，为其招募、运送人员或者有其他协助强迫他人劳动行为的，依照前款的规定处罚"的规定。所谓"招募"，是指以合法就业、待遇优厚等诱骗手段，通过各种非法途径，面向特定或不特定的群体招雇、征招、招聘、募集人员的行为。"运送"是指用各种交通工具向强迫劳动场所运输人员。其他协助行为，笔者认为是指除招募、运送人员外，为强迫劳动的单位和个人转移、窝藏或接收人员，也可以是指提供资金资助、提供衣食住行、通风报信等行为。从协助行为的特性看，主要是为实施第一款强迫劳动的人或单位提供人力、物力等保障或服务，不直接发生在强迫劳动场所，与强迫劳动这一行为本身并无太大的紧密度。如果系在强迫劳动者对他人实施暴力、威胁、限制人身自由行为时直接起帮助作用的，如看门把院、站岗放哨、跟踪监视等，应认定为该条第一款强迫劳动罪的共犯，而不适用第二款。① "刑法第244条还将协助他人强迫劳动的帮助行为以强迫劳动罪的共同犯罪论处，且规定与强迫劳动的实行行为人承担相同的刑事责任，适用相同的法定刑。这种规定不同于刑法分则对类似个罪的处理，彰显了我国狠狠打击强迫劳动的决心以及尊重和保障人权的态度。"② 将以上三种协同犯罪的情形增加为入罪条件，从而加大了对劳动者劳动权利保护的范围，并将打击强迫劳动犯罪的时间提前到了"招募"和"运送"阶段，使原来强迫劳动罪之"结果犯"变成了"行为犯"，体现了关于强迫劳动刑事处罚制度的先进性，更有利于保护劳动者的合法权益。

新修正案还加大了对强迫劳动罪的惩罚力度和量刑幅度。除基本刑"三年以下有期徒刑或者拘役"之外，还将"情节严重"作为法定刑升格的条件，配置了新的量刑幅度"三年以上十年以下有期徒刑"，由此将该罪的最高刑期由三年有期徒刑提高为十年有期徒刑，显著增加了该罪的处罚。另外，新修正案还修改了罚金刑的相关规定，将"并处或者单处罚金"修改为"并处罚金"，对强迫劳动罪普遍实施罚金刑，不再是"或者单处罚金"的选择，而是直接的"又打又罚"，可以有效斩断和遏止犯罪分子的追求利润最大化的诱因，最大限度地减少犯罪，因为实践中很多强迫劳动的动机是追求利润最大化。新修正案之"并处罚金"的规定还可以与民事赔偿责任一道，共同构筑和提高用人单位和雇主强迫劳动之低廉用工成本而导致的"机会成本"和"违法成本"，以便从经济效益上遏制强迫

---

① 邵海凤. 强迫劳动罪的司法认定. 检察日报，2011-08-12 (3).
② 王胜华. 对强迫劳动罪之"强迫劳动"的规范诠释. 贵州警官职业学院学报，2012 (4)：56.

劳动。但是，新修正案也还存在一些不足，如对强迫劳动之罚金的数量幅度没有规定，这虽然是立法体例和数量不易确定有关，但应当在具体实施的司法解释中进行幅度的明确规定，并应当实行"重罚"原则，以便加大强迫劳动犯罪之可预见性，从迫使其"望而却步"，达到刑法之威慑和预防犯罪之功能。

第五节 不当公权力之劳动用工制度
——劳动教养制度

一、劳动教养制度的改革缘起——"唐慧案"解读与启示

一个长期存在的制度，从主流媒体到地方媒体的报道，到众多人大代表联盟上书和呼吁，到学界长期研究与诟病，再到司法机构被动回应，再到总理明确过问和表态，到国外特别是美国也对之经常谈论的制度。这在我国法制建设中，还没有一项制度能够"享受"这么高的"待遇"，唯我国的劳动教养制度即劳教制度有此"权限"，这着实值得反思！

(一)"上访妈妈"唐慧案①

2006年10月，湖南省永州市发生了一起"11岁女孩被逼卖淫"案件，受害者乐乐（化名）遭多人强奸，并被逼卖淫。3个月后，惨遭蹂躏的乐乐被解救。受害人母亲唐慧（上访妈妈）多年持续上访。她认为，在该案立案和审理期间，当地有公安民警存在渎职行为，她强烈要求法院对主要犯罪嫌疑人判处死刑，对渎职民警严肃处理，并要求相应赔偿。2012年6月5日，湖南省高级人民法院对此案做出终审裁定：判处两名被告死刑、四名被告无期徒刑、一名被告有期徒刑15年。同年8月2日，永州市劳教委认为：唐慧扰乱社会秩序多次，被行政处罚后仍不悔改，继续无理取闹、闹访、缠访，严重扰乱了单位秩序和社会秩序，据

---

① 案件来源：人民政协报，2013-04-22（4）.

此，决定对其劳动教养1年零6个月。唐慧不服劳动教养决定，于8月7日向湖南省劳动教养管理委员会提出书面复议申请。8月10日，湖南省劳动教养管理委员会调查认为，鉴于唐慧女儿尚未成年，且身心受到严重伤害，需要特殊监护等情况，对唐慧依法进行训诫、教育更适宜，可不予劳动教养，决定撤销永州市劳动教养管理委员会对唐慧的劳教决定。

2013年1月23日，唐慧向永州市中级人民法院提起行政赔偿诉讼，要求永州市劳教委赔礼道歉并给予行政赔偿；2013年4月12日上午，该案在永州市中院开庭审理。法院一审判决：驳回唐慧要求永州市劳教委赔偿的请求。

（二）"唐慧案"与劳教制度解读

截至2013年6月14日下午17：29，笔者在百度用"唐慧案"搜索到227000条信息，足见网络对"唐慧案"之关注程度。各家报纸的报道也是不胜枚举，现主要就2013年的一小部分有代表性意见进行解读。

2013年4月12日，《深圳特区报》刊发了其评论员邓辉林的文章《由唐慧案高度关切劳教制度改革》。作者与其他媒体一样对当日开庭的"唐慧案"予以高度的关切，文中指出："免于恐惧的自由，是人类普遍追求的无价财富。"作者也同多年以来对劳教制度的批判一样，认为现行劳教制度，却像一把不知何时坠落的利剑，使人无法完整地享有此种自由。在劳教制度的实际执行中，不经中立的司法裁判程序，有关部门即可长期限制公民人身自由，而且由政府部门调查、决定甚至执行的封闭式操作，几乎得不到外部制约。根据现行劳教制度规定，劳教时间起点为一年，最长可达四年，而有些劳教人员的行为入罪后却可能只判几个月。[①] 该文对我国劳教制度之不经审判机关审判，就被强制剥夺比犯罪分子更长的人身自由的规定进行了重点批判。

2013年4月15日，《深圳特区报》再次发表了有关"唐慧案"的文章，是由湘潭大学法学院倪洪涛教授写的《唐慧案的结果将具有标本意义》。倪洪涛教授

---

① 邓辉林. 由唐慧案高度关切劳教制度改革. 深圳特区报，2013-04-12（2）.

认为:"以个案推动法治演进和制度反思,挖掘并理性地运用、拓展现有制度性权利空间,是社会创新的强大助推器。反之,放弃现有的法律制度空间与可能,放弃法治突破的契机,是对法治精神的严重伤害。"① 倪洪涛教授认为"唐慧案"可以产生积极的立法意义,即可以以个案推动法治演进和制度反思,这也是学界和立法界应当从"唐慧案"得到的启示。

2013年4月15日,《东方早报》发表了海南大学法学院副教授王琳的《借唐慧案重建司法与信访关系》。舆论期待"上访妈妈"的眼泪成为压倒劳教制度的最后一击。从中央有关部门的表态来看,这样的期待并不是奢望。劳教变局已如箭在弦,不得不发。②

2013年4月22日,《人民政协报》刊发了中国检察学会常务理事、华东政法大学政学理论研究所所长蒋德海教授的《公民的基本权利必须得到保障》一文。③ 蒋德海教授认为"行政机关依据劳教法规对公民实施行政强制措施属于违法行为",《立法法》既规定了行政机关不能对限制公民人身自由的强制措施和处罚立法,那么,国务院1955年制定的以限制公民人身自由为特点的教养制度当然归于无效。在这条件下,永州市劳教委依据1955年劳教法规对唐慧所做的劳动教养决定属于当然违法。蒋德海教授还认为"判决唐慧败诉损害的是宪法的尊严",唐慧案涉及的公民的人身权、申诉权和控告权属于公民最重要的宪法权利。保障公民的基本权利不受侵犯是一个民主和法治政府的首要义务。唐慧案显示,我国公民基本权利的保障还有很大的阻力。我们有些地方的公权力有一种"我违法,你们能对我怎么办"的蛮横。这种置宪法和法律于不顾,公然藐视公民基本权利的行为,损害的何止是"唐慧们"的基本权利,更是对我国宪法尊严和权威的破坏,必须严加追究,决不能姑息。

2013年4月29日的《湖北日报》刊发了武汉大学法学院、博导秦前红教授

---

① 倪洪涛. 唐慧案的结果将具有标本意义. 深圳特区报, 2013-04-15 (2).
② 王琳. 借唐慧案重建司法与信访关系. 东方早报, 2013-04-15 (23).
③ 蒋德海. 公民的基本权利必须得到保障. 人民政协报, 2013-04-22 (4).

的文章《从"唐慧案"看劳教制度改革》。①秦前红教授说:"唐慧案之所以被高度聚焦,乃是因为本案有太多触动社会敏感神经的元素,牵扯到人类悲己悯人的同情心、对劳教制度本身的理性检视,以及基于人文关怀的制度改良期待等。"秦前红教授认为,我国劳教制度的主要问题是:"劳教制度本身的标准模糊性、程序的不确定性、惩罚的过度严厉性以及结果的不正义性。"他还认为,在我国,个案的不正义往往易被放大为法治体系的不正义,个案权利被遮蔽易被张扬为群体性权利歧视。劳教制度若不迅速废除,随着接二连三的劳教冤案被揭露,那必然是政府公信力和司法权威的严重损耗。秦前红教授从法理的高度对"唐慧案"的评述蕴含有相当的理论深度。

2013年1月8日,《济南日报》刊发了王石川的《劳教制度改革传递的法治信号》②。王石川认为,我国的劳教制度已经被滥用,我国的劳教制度规定了公安机关不经法院审判便可限制公民的人身自由,对公民实行最高期限达四年的劳动教养,其可怕之处在于,在有些地方,劳教成了筐,啥都往里装,公民在网上发个帖,对警察发几句牢骚等,都有可能被劳教。在一些地方,劳教甚至成了个别权势者打击报复公民的工具。王石川认为,劳教制度早已不合潮流,也与我国宪法相悖——宪法规定:"任何公民,非经人民检察院批准或者决定或者人民法院决定,并由公安机关执行,不受逮捕,禁止非法拘禁和以其他方法非法剥夺或者限制公民的人身自由,禁止非法搜查公民的身体。"总之,王石川认为改革劳教制度是大势所趋。

2012年10月15日,《经济观察报》发表了对司法部研究室主任王公义、最高检法律政策研究室副主任宋英辉、中国政法大学副校长马怀德三位学界和司法实践中大家关于劳教制度的访谈。③ 王公义认为,劳教制度"最大的问题是违法处罚的法律体系问题"。他说目前对待劳教制度有两种观点:一是完善它,一是废除它。完善者认为劳教目前的主要问题有两个:二是没有上升到法律,同时,

---

① 秦前红. 从"唐慧案"看劳教制度改革. 湖北日报, 2013-04-29 (3).
② 王石川. 劳教制度改革传递的法治信号. 济南日报, 2013-01-8 (3).
③ 陈勇, 王井怀. 完善它, 还是废除它. 经济观察报, 2012-10-15 (11).

限制人身自由,也应该由法律设定。二是时间太长,限制人身自由,要跟刑法相衔接,不能比刑法还重。废除者认为它是一部恶法,应该废除。要废除,其实也可以,把其中属于轻微犯罪的归入刑法处理,判刑即可;把严重违法的交给治安管理处罚法处理,罚款即可。目前实际也部分这么做了。宋英辉说:"虽然劳教制度在社会稳定方面发挥了作用,但从目前暴露出的问题来看,它突破了国家条例规定,变成滥用一种行政手段。"在劳教的程序上,也出现种种不透明性和违法行为,这都需要我们深刻地认识。马怀德教授认为:现行劳动教养工作的基本法律依据是全国人大常委会批准、国务院公布的《关于劳动教养问题的决定》(1957年,以下简称《决定》)、《关于劳动教养问题的补充规定》(1979年,以下简称《补充规定》)和国务院批准、公安部发布的《劳动教养试行办法》(1982年,以下简称《试行办法》)。其中《决定》和《补充规定》虽经全国人大常委会批准,但由于它们都是由国务院颁布的,因而其本质上应属行政法规。《试行办法》不属于法律则是毫无疑义的,它只是一个行政法规(其实只能算是一个部门规章),而事实上《试行办法》就成为劳动教养工作的主要法律依据。所以,劳动教养现在已经在事实上处于缺乏法律依据的状态。马怀德教授认为,"劳教制度对于维护社会秩序有一定的作用,目前存在还是必要的,但必须法制化"。

2012年9月6日,《中国青年报》发表了王亦君、董小红的《劳教制度改革难在哪》[①]。已经存在55年的劳动教养制度屡屡被推向舆论的风口浪尖。经过近10年的公开讨论,改革劳教制度已是社会共识。包括重庆大学法学院院长陈忠林、黑龙江律师迟凤生在内的多名全国人大代表,连续多年提出议案,建议改革这一制度。"合法性先天不足这一硬伤,导致劳教制度在实际运行中问题重重。""多年来,针对劳教制度,学术界基本分为两派观点,一派力主废除,一派建言改革。"中国政法大学教授陈光中认为,司法体制改革中的一项重要内容就是调整公检法司几个部门的权力配置,针对劳教的立法要进行权力再分配。

---

① 王亦君,董小红. 劳教制度改革难在哪. 中国青年报,2012—09—6(11).

第八章 不当劳动用工

在上述有关"唐慧案"的评述中，主要针对的是我国劳动教养制度的巨大缺陷，比较一致的观点是相关机构的决定和判决是错误的，对当事人唐慧案是相当不公平的，最后都一致认为，必须废除或改革现行的劳教制度。但是，笔者认为，在对"唐慧案"的众多关注中，很少关注其正确的做法，一致而巨大的讨伐声几乎完全掩盖了好的一面，如对本案中主要受害人因为是未成年人，所以，在是否适用劳教时，还是体现了对未成年人的特别保护，也是符合《未成年人保护法》《国务院关于劳动教养问题的决定》等有关规定的，是比较可取的；同时也符合我国加入的国际公约之《儿童权利公约》的精神。

我国有关报告指出：劳动教养只适用于实施违法犯罪行为时年满16周岁的违法犯罪行为人，违法犯罪行为人在实施违法犯罪时未满16周岁的，即使在呈报劳动教养时其年龄已满16周岁，也不得对其决定劳动教养。2002年公安部制定的《公安机关办理劳动教养案件规定》规定，对未成年人决定劳动教养，应当从严控制。对违法犯罪未成年人中的初犯、在校学生，其父母或者监护人有实际管教能力的，不得决定劳动教养；对确需劳动教养的，期限一般为一年或者一年三个月，最长不得超过一年六个月。① 从这些新的规定中，可以看出，我国劳教制度并不仅仅是缺陷，其有关保护儿童的规定也还是有可取之处的，不能"一刀切"式的彻底否定劳教制度，而应当进行一分为二的公正评价。

"唐慧案"还有一个值得反思的问题是：劳动教养是否适用于未成年人？是否违反了有关国际公约？前者的回答是肯定的，但是对未成年人适应劳动教养制度，必须符合有关的特别规定；对后者的回答是否定的，即在中国对未成年人实施劳动教养并不违反相关的对未成年人保护的公约。正如我国官方在对国际劳工组织的报告中所言："根据中国相关法律法规和有关规定，劳动教养只适用于年满16周岁且具有法定违法犯罪行为的人。因此，对年满16周岁的未成年人实施

---

① 《中华人民共和国关于〈儿童权利公约〉执行情况的第三、四次合并报告》第203条，载《中国青少年研究网》http://www.cycs.org/Article.asp?ID=18353.发布时间：2012年6月13日，访问时间：2013年6月15日。

劳动教养不违反138和182号劳工公约。"① 可见，我国劳教制度的适用对象还是有一定合理性的，中国对未成年人适应劳动教养并不违反相关的对未成年人保护的国际公约。

2013年召开的全国政法工作电视电话会议提出，2013年四项工作重点包括推进劳教制度改革、户籍制度改革、涉法涉诉信访工作改革，以及司法权力运行机制改革。政法部门明确给出劳教制度改革时限，正可看作以实际行动诠释习近平总书记着力强调的"实干兴邦"。发端于新中国成立初期特定历史条件下的劳教制度历经长期社会变革与转型，在维护社会治安秩序、预防和减少犯罪等方面发挥过作用，但其与生俱来的违背法治理念、缺乏法理基础、虚置复议程序等非正义性的缺陷，日益招来各界诟病。其中仅2004年一年，即有420名全国人大代表提出议案要求改革或者废除劳教制度。② 任何制度都不是一劳永逸的，都必须在实践中不断改革和完善，我国的劳教制度也是这样，改革应当是"刻不容缓"的了。

国务院新闻办公室发表了《中国的司法改革》白皮书，中央司法体制改革领导小组有关官员在回答记者提问时称"劳教制度的一些规定和认定程序也存在问题，相关部门正在研究具体的改革方案"，劳教制度存废问题引发广泛关注。

一部劳教史见证了中国法治与人权保障行进的坎坷与艰难。从对敌专政到社会管控再到治安维稳，劳教制度的意涵不断被修正或被注入新的目标，但仍有权力与公民权利的持续紧张的问题。劳教制度本身的标准模糊性、程序的不确定性、惩罚的过度严厉性以及结果的不正义性，近年来不断遭受舆论的诟病与质疑。诸多基于政治考量或权力滥用造成的劳教被异化使用的个案，则使劳教更加千夫所指。③ 因此，对我国的劳动教养制度之缺陷必须进行改革，以便使之符合

---

① 《中华人民共和国关于〈儿童权利公约〉执行情况的第三、四次合并报告》第219条，载《中国青少年研究网》http://www.cycs.org/Article.asp？ID=18353.发布时间：2012年6月13日，访问时间：2013年6月15日。

② 《中国经济周刊》评论员.劳教制度改革诠释"实干兴邦".中国经济周刊，2013（2）：2.

③ 秦前红.从"唐慧案"看劳教制度改革.湖北日报，2013-04-29（3）.

新时期法治社会的时代要求。

二、劳动教养制度之"改革派"

我国劳动教养制度简称劳教制度,是根据1957年8月1日全国人大常委会第78次会议批准颁布的《关于劳动教养问题的决定》建立起来的,国务院于1979年12月5日正式公布了《关于劳动教养的补充规定》。依照法律法规的有关规定,劳动教养不是刑事处罚,而是为了预防和减少犯罪,对轻微违法犯罪人员实行的一种强迫劳动的教育改造的行政处罚措施,从劳动用工的角度来审视它,劳教制度就是一种政府公权力实施的强迫劳动。

《关于劳动教养问题的决定》规定:"劳动教养,是对于被劳动教养的人实行强制性教育改造的一种措施,也是对他们安置就业的一种办法。"1982年国务院转发的公安部《劳动教养试行办法》第2条规定:"劳动教养,是对被劳动教养的人实行强制性教育改造的行政措施,是处理人民内部矛盾的一种方法。"

"劳动教养是我国特定的行政机关对有轻微违法犯罪行为、尚不够刑事处罚的人所采取的一种以限制人身自由为内容的具体行政行为,是行政行为中最为严厉的一种。"[①]

从目前我国劳动教养制度的现实状况来看,尽管在劳动教养的性质上存在各种不同观点:一是行政强制措施说;二是行政处罚说。"但劳动教养归属于行政权的范畴,这是共识。"[②] "劳动教养剥夺公民自由的期限为3—4年,在某种意义上来说,比轻刑还要重。在这种情况下,劳动教养作为对非犯罪行为的行政性处置措施,其对公民权利的剥夺重于刑罚作为对犯罪行为的司法性处置措施,其轻重失当是极为明显的。"[③] 劳教制度制裁措施的不当性缺陷是明显的,也是有违法理的。

---

① 沈福俊. 关于废除劳动教养制度的思考. 法学,1999(7):18.
② 陈兴良. 劳动教养制度与中国法制建设问题研讨(一)——劳动教养之权力归属分析. 法学,2001(5):20.
③ 陈兴良. 劳动教养制度与中国法制建设问题研讨(一)——劳动教养之权力归属分析. 法学,2001(5):21.

关于劳教制度的争鸣主要有两种不同观点：一是"改革派"；二是"废除派"。

"改革派"——倾向于改造劳教制度而不是一举废除它，认为对劳教制度进行改革，从法制的角度重新改造它，"改革的核心问题即赋予这一制度合法性基础。"① 北京大学法学教授姜明安认为，劳教制度是介于治安处罚和刑罚中间的一种处罚制度，对于一些违法不断，危害严重，却不够入罪的行为，需要一个治理的措施，"要考虑到保障社会治安，维护社会的稳定。"在具体如何改造上也还存在较大的分歧。中国政法大学教授何兵认为可以不必制定《违法行为矫治法》，而是将劳教的各种处罚措施"分散"到刑法和治安处罚法中，然后相应地调整两部法律，降低刑法的"门槛"，以轻罪的方式吸纳以往不够刑事处分的盗窃、诈骗等违法行为。重庆大学法学院院长陈忠林不同意这个做法，他认为治安处罚法和刑法之间已经实现了"无缝连接"，违法行为矫治法调整的对象不是单纯的违法犯罪者，而是对社会秩序有潜在危险性的人。② 可见，关于劳教制度如何改革，学界是有一定分歧的，也很难在短期内达成共识。

中国社科院法学所刘仁文提出了一种借鉴国外经验的改革方案，"建议将保安处分作为劳动教养制度的改革方向。"③ 他指出：现代国家的刑法一般都实行刑罚和保安处分的二元制。保安处分，是指国家基于保卫社会之需要，对于具有特殊人身危险性的人，以矫治、感化、医疗和禁戒等手段，替代或补充刑罚适用的各种保安措施的总称。刑罚和保安处分的共同点是：行为人都实施了危害社会的行为；都要经过法院的司法裁决。它们的不同点在于：刑罚主要立足于对已然犯罪的惩罚，保安处分主要立足于对未然犯罪的预防；刑罚的适用对象主要是有刑事责任能力的正常人，保安处分的适用对象则主要是一些需要对其人格或身体进行矫正治疗的"病人"，如吸毒成瘾者、精神病人等。刘仁文通过对照研究德国和我国台湾地区的保安处分制度，认为我国刑法实行一元制，即只有刑罚而没有

---

① 李晓燕. 论劳动教养制度的废存及违法行为教育矫治法的制定. 法学杂志, 2013 (3)：109.
② 黄秀丽. 违法行为矫治法将有望取代劳动教养. 南方周末, 2010-03-11 (15).
③ 刘仁文. 保安处分：劳动教养制度的改革方向. 中国党政干部论坛, 2013 (1)：56~57.

第八章 不当劳动用工

保安处分,值得反思。他还认为从社会治理的角度来看,刑罚和保安处分只有互相配合,才能实现最佳效益。他认为,从长远看,应当实现刑法与治安处罚法的衔接,而把现行的劳动教养制度改造成为保安处分制度。刘仁文对劳教制度的改革建议具有一定的可行性,但是,这还存在着一个如何结合中国国情而进行"移植"的难题需要进一步研究,这需要一个比较长的过程才能实现。

陈兴良教授主张对劳教制度进行"司法化"改造,他也认为可以借鉴"保安处分"制度。他在十几年前就认为:我国的劳动教养制度具有非常明显的不合理性,并与司法制度相违背。他说:在我国,劳动教养作为一种剥夺公民人身自由达3年(必要时可以延长1年),不经过司法程序,而是由行政机关直接决定,其不合理性是显而易见的。陈兴良教授认为:"劳动教养之所以应当归属于司法,是因为在任何一个法治国家,都只有司法机关经过司法程序才能剥夺公民自由。"① 陈兴良教授认为:"只有将劳动教养归属于司法权,由司法机关经过司法程序决定,并与刑罚相协调,才能使劳动教养获得正当性。"陈兴良教授早就赞同对我国的劳动改造制度进行"司法化"改造,即从行政权到司法权的转变,并认为"这是劳动教养制度正当化的必由之路"。他认为,以下三点对于劳动教养制度的完善具有重要意义:一是保安处分化。保安处分是一种不同于刑罚的司法性处置措施,为世界各国所通行。保安处分除司法性保安处分以外,还有行政性保安处分。保安处分之设置,主要是通过司法性预防措施,保全社会。因此,在性质上将劳动教养明确为保安处分,使劳动教养名正言顺,也便于国际范围内的比较、交流与借鉴。二是立法化。劳动教养从行政权向司法权转变,要由法律加以确认。三是科学化。实体上的科学化;程序上的科学化。程序正义是刑事法治题中的应有之义,也是劳动教养制度改造的指导思想。② 陈兴良教授的"保安处分化""立法化"和"科学化"三种路径的司法改造方式,在"改革派"中具有

---

① 陈兴良. 劳动教养制度与中国法制建设问题研讨(一)——劳动教养之权力归属分析. 法学,2001(5):21.
② 陈兴良. 劳动教养制度与中国法制建设问题研讨(一)——劳动教养之权力归属分析. 法学,2001(5):21~22.

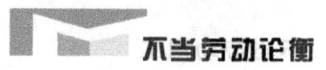

一定的代表性。

在"改革派"中杨建顺教授的"半司法程序"说具有新的价值,他主张用"半司法程序"改革代替废除劳动教养制度。他的主张是在实行分类管理的基础上,将那些应该予以劳教的对象依然划归公安机关管辖,由其在全面、客观、公正调查的基础上,经严格的听证程序后做出是否劳教的决定,并告知被决定劳教的人的有关救济途径。若被劳教的人没有异议,则劳教决定即可生效,并应付诸执行;若被劳教的人提出异议,申请复议或者提起诉讼,劳教决定应停止执行,待争议确定之后再决定是否予以执行。这样,既有利于实现劳教制度的立法宗旨,又有利于在目前司法权和行政权的配置上取得最佳效益,更有利于公民的人身自由权的保障。① 杨建顺教授的"半司法程序"改革说,对"废除派"及其《违法行为教育矫治法》的立法建议都是反对的,可见,法学大家们的不同观点和立场,使劳动教养制度的废与改的争论还将继续下去,这也不是坏事,相反是件好事,理论只有经过不断的学术争鸣后,才能是"愈辩愈明",对今后的立法选择,才能起到应有的帮助和提供有益的理论支撑。

就在劳动教养制度存废之争当前还难分伯仲之时,还有人提出了"以刑法修正案形式规范劳动教养"的改革方案。四川大学法学院魏东教授认为:劳动教养在本质上是一种保安处分性质的人身强制性预防措施,"保安处分制度就可以对应于我国的劳动教养制度",② 需要纳入刑事政策考量并遵行法治化原则(立法化与司法化原则)。③ 笔者认为,将劳教制度划归刑法并不可行,一是,劳动教养制度本身主要是针对不构成犯罪的情形的以教育为目的的制度,它与针对犯罪或犯罪分子的劳动改造制度有着本质的不同;二是,在我国已经有劳动改造制度的情况下,再在刑法中增加劳动教养制度实际上是一种重复,也是对立法资源的浪费。

---

① 杨建顺. 劳教制度废止当慎重——关于劳动教养制度的四个问题. 人民论坛,2013 (3):73.
② 储槐植,陈兴良,张绍彦主编. 理性与秩序——中国劳动教养制度研究. 北京:法律出版社,2002:3.
③ 魏东. 论以刑法修正案形式规范劳动教养——侧重于劳动教养制度的实体法完善研究. 北方法学,2013 (1):62.

魏东教授认为：如果说劳动教养的性质可以定位于保安处分措施，那么，劳动教养的运行形式则可以借鉴国外（主要是德国和日本）保安处分理论与实践的基本经验。[①] 当下中国劳动教养改革完善方案需要选择劳动教养独善其身的改革方案还是保安处分体系化完善方案？如果选择改革方案，那么进而是选择小修方案还是大修方案？针对这些问题，相当部分学者认为：从长远看，应当采取保安处分体系化完善方案、劳动教养的大修方案。他认为，从近期劳动教养法治化改革的极端重要性、紧迫性与现实可能性上看，应当抓紧实施劳动教养小修方案，即"以刑法修正案形式在现行刑法框架之内对劳动教养制度主要内容予以规定的修改方案"。他认为"小修方案"有两大优点：一是有利于立即解决劳动教养的合宪性与法治化问题；二是争议少，难度小，有望实现立竿见影的法治效果。[②] 魏东教授的"小修方案"确实有一定的可行性，尤其对解决劳动教养的现实性问题具有立法快、反应迅速的特征，还可以大量节约立法成本，其可操作性时其他改革或非常方案所无法比拟的，但是，依笔者拙见，"小修方案"最大的缺陷是不具有长期功效，临时性的作用太过明显，另外，移植国外的"保安处分"制度，还可能造成一定的"水土不服"和适法的困难。

三、劳动教养制度之"废除派"

"废除派"——应当将劳教制度完全废除它。在废除劳教制度的观点中，许多人认为用《违法行为教育矫治法》取而代之是比较可行的"替代"方案。

中国行政法学的专家杨建顺教授 2001 年就撰文反对废除劳动教养制度。他说："从立法的层面来看，如果撇开其权利保障和程序设定等的欠缺问题，以法律依据不充分作为主张废止劳动教养的论据，显然是不能成立的。"他还认为，目前的劳动教养制度是有充分法律依据的，尽管还存在一个"名正言顺"的问

---

① 魏东. 论以刑法修正案形式规范劳动教养——侧重于劳动教养制度的实体法完善研究. 北方法学，2013（1）：62.
② 魏东. 论以刑法修正案形式规范劳动教养——侧重于劳动教养制度的实体法完善研究. 北方法学，2013（1）：63～64.

题,但该制度毕竟是基于全国人大常委会批准建立起来的。这是一个无可辩驳的客观事实。① 到了2013年杨建顺教授对劳动教养制度还是继续持一贯的反对废除的观点和立场,"不应该以有关完善该制度的主张难以取得一致为由而主张废止,也不应该简单地用所谓'违法行为矫治'来取而代之。"② 杨建顺教授认为,废止劳动教养制度应当谨慎,这是他坚持的一贯态度,同时他对用《违法行为矫治法》来代替现行的劳动教养制度,也是持反对意见的,他认为,制定《违法行为矫治法》虽然能够解决形式法治的问题,但是,如果不能建立在对上述几个问题深入研究和广泛讨论而达成共识的基础上,那么,其对违法行为的矫治将难免陷入实质法治主义层面的尴尬境地。③ 他对如何改革现行的劳动教养制度提出了新的观点,用"半司法程序"改革代替废除劳动教养制度。他的主张是在实行分类管理的基础上,将那些应该予以劳教的对象依然划归公安机关管辖,由其在全面、客观、公正调查的基础上,经严格的听证程序后做出是否劳教的决定,并告知被决定劳教的人的有关救济途径。若被劳教的人没有异议,则劳教决定即可生效,并应付诸执行;若被劳教的人提出异议,申请复议或者提起诉讼,劳教决定应停止执行,待争议确定之后再决定是否予以执行。这样,既有利于实现劳教制度的立法宗旨,又有利于在目前司法权和行政权的配置上取得最佳效益,更有利于公民的人身自由权的保障。④ 杨建顺教授的"半司法程序"改革理论,将对"废除派"及其在主张的《违法行为教育矫治法》立法是一个"挑战",立法者的决策也将遇到很多困难和障碍,这也是符合立法之一般规律的。

"《违法行为教育矫治法》是脱胎于劳动教养制度,也是取代劳动教养制度的立法趋势的反映。"⑤ 2004年人代会上在要求改革或者废除劳动教养制度的议案上签名的全国人大代表即达420名之多。这次签名提案行动,直接促使了2005年2月,第十届全国人大常委会宣布,用以取代劳教制度的《违法行为矫治法》

---

① 杨建顺. 劳动教养制度与中国法制建设问题研讨(二)劳动教养法律规范的缺陷与辨析. 法学,2001(6):18.
②③④ 杨建顺. 劳教制度废止当慎重——关于劳动教养制度的四个问题. 人民论坛,2013(3):73.
⑤ 李晓燕. 论劳动教养制度的废存及违法行为教育矫治法的制定. 法学杂志,2013(3):110.

已经列入当年的立法计划。① 2005 年全国人大就将替代劳教制度的《违法行为矫治法》纳入了立法议程，2007 年年初，全国人大当年计划准备在 10 月进行初审，后因故取消，《违法行为矫治法》被搁置了起来。

2010 年，吴邦国在人大报告中称将"研究制定违法行为教育矫治法"列入今后一年的工作任务，这一信息令长期关注此问题的法律人士受到鼓舞。2010 年 3 月 9 日，部分法律界的全国人大代表和政协委员、法学专家，对劳教制度的废除与改造问题做了新的探讨，部分法律学者认为，以违法行为矫治替代劳动教养已是迫不及待的事情。② 全国人大常委会公布的 2010 年立法工作计划显示，在 4 月举行的常委会第 14 次会议上，委员长会议将提请审议违法行为教育矫治法。但由于种种原因《违法行为教育矫治法》又一次失约③，被再次搁置。

全国人大常委会法制工作委员会副主任李飞介绍，《违法行为教育矫治法》的起草工作已经开展了几年，上一届和本届立法规划都将其纳入其中，而且也列入了今年的立法工作计划。李飞说，制定《违法行为教育矫治法》，是对原来我国实行的劳动教养制度进行的改革和规范。这是在总结实践经验后，按照我国加入的有关国际公约，结合我国的实际情况制定的一部法律，目前还在起草和修改的过程中。违法行为教育矫治法的立法进度会加快，这也已列入了我国司法改革的日程中。④

十一届、十二届两届全国人大常委会都将违法行为教育矫治法列入年度立法计划，该法也一度被推崇为劳教制度"终结者"。但这部法律一直没有"露面"。曾参与相关立法讨论的全国人大代表陈忠林透露说违法行为教育矫治法的立法进程已经停滞，"曾参与相关立法讨论的陈忠林告诉记者，据他观察，违法行为教育矫治法的立法进程目前基本处于停滞状态"。⑤ 但他认为劳教制度都必须改变。

---

① 李晓燕. 论劳动教养制度的废存及违法行为教育矫治法的制定. 法学杂志，2013 (3)：110.
② 黄秀丽. 违法行为矫治法将有望取代劳动教养. 南方周末，2010－03－11 (15).
③⑤ 宋识径. 取代劳教制度立法进程受阻. 新京报，2012－08－16 (10).
④ 陈丽平. 违法行为教育矫治法列入今年立法计划. 法制日报，2010－03－11 (2).

而违法行为教育矫治法正是改变的方向。① 由上可见,《违法行为矫治法》的立法过程历经坎坷,许多问题的论证还比较困难,理论研究的不够成熟必然导致立法的决策态度仍然是"难产"。也难怪有一些学者建议终止《违法行为教育矫治法》的草拟。

西南政法大学王利荣教授建议终止《违法行为教育矫治法》的立法。她认为:一些人身强制措施尚须清理,立法不宜仓促。目前,人身强制制度建设的具体层面仍纷争不断,至少说明在这一敏感领域,立法决策理应谨慎。况且历史一再证明除弊不等于兴利。现有立法思路中,"教育矫治"未必比"教养"定位更准确,假设这部法案是针对"教育矫治"有再犯罪危险的出狱人,那么在缺乏周密论证情况下,类似劳动教养的弊端即处置力度过剩将继续困扰新制,况且这一立法从一开始就不只是对现制修修补补,是否保留收容教育、工读教育应否纳入调整范围、如何微调犯罪圈等,都是绕不过的问题。对此,笔者的意见是转换制度运思,中断该项法案的草拟。② 笔者不敢苟同上述观点和建议,任何一部法律的出台都要经过一个反反复复的艰难过程,有的甚至是长时间的论证与讨论,但这恰恰说明了立法的一般过程和应当坚持严谨的态度,不能因立法论证的诸多困惑而放弃,周密细致的理论研究是非常必要的,法律如果对现实迫切需要解决问

---

① 宋识径. 取代劳教制度立法进程受阻. 新京报,2012—08—16(10).
② 王利荣.《违法行为教育矫治法》法案理应搁置. 法学论坛,2009(4):94.

第八章 不当劳动用工

题如劳教置之不理,对现实中反映极其强烈的事件如"唐慧案"① 置若罔闻,那就更显得太滞后,因此,《违法行为教育矫治法》的立法进程必须加快,以体现法律对经济基础之社会关系的有效反映。

笔者认为,对劳动教养制度之"改革派"和"废除派"的争论是一个非常正常的事情,也是法律之立法的一般现象,争论之后才能不断辨明是非曲直,也只有在争论中才能逐步去伪存真,并为立法提供有力和强大的理论支撑,缺乏成熟或比较成熟的理论支撑的立法是盲目的和不科学的立法,因此,在劳动教养制度的"废""改"或"立"的问题上,我们不能盲从,更不能冲动,也不能仅是妄论和空谈,应当进行实事求是地进行研究,不当寻求破解问题的"良方"。劳动教养制度之"改革派"和"废除派"的观点各有所长,也各有所短,我们应当对两种观点都要进行研究和分析,吸收各自的优点,使我国的劳动教养制度的理论研究和立法更加具有先进性。

因此,笔者的观点是一种比较"折中"观点,即"改革派"和"废除派"都有其合理性,因为本身"存在的就是合理的",两种观点具有一定的同一性,都表明了我国的劳动教养制度确实存在着巨大的缺陷,都表明了学界和实务界正在

---

① 有关我国劳教制度引发的案例比较多见,"唐慧案"并非个案,仅为其中典型一例。中国政法大学的李燕博士在《我国劳动教养制度的法律困境》[发表于《国家行政学院学报》2012(3期)]一文中对有关劳动教养制度的三个典型案例进行了解读,是"唐慧案"发生前比较典型的案例。其一:邹某系某村村民,前往某市经商,暂居某市。2010年8月5日晚,邹某和朋友在某歌厅唱歌,因口角,邹某及朋友殴打高某。经鉴定,高某构成轻微伤。某市公安局某分局对邹某予以刑事拘留,由于邹某的行为尚不构成犯罪,8月27日某市公安局某分局报请某市劳动教养委员会,要求对邹某劳动教养。9月3日,某市劳动教养委员会对邹某做出劳动教养一年的决定。邹某不服,提起行政诉讼。在本案审理中,一审法院认为某市劳动教养委员会对原告做出劳动教养一年的决定,既扩大了劳动教养对象的适用范围,又违反了过罚相适应的原则,遂判决撤销劳动教养决定。某市劳动教养委员会不服,提起上诉,二审法院以相同的理由维持了一审判决。其二:蔡某为控制青岛市生猪收购市场,在2009年2月先后两次伙同他人逼迫收猪商贩马某退出生猪收购,并将马某的运猪车辆玻璃砸损。马某报案后,蔡某被抓获。6月28日,某市劳动教养管理委员会做出劳动教养决定,决定对蔡某劳动教养1年。蔡某向某市人民政府提出行政复议,复议机关做出维持决定,蔡某提起行政诉讼。其三:2010年2月21日,蒋某某在阿迪达斯门店内,盗窃板鞋一只(价值288元),后被抓获。2月26日,某市劳动教养管理委员会依照《试行办法》决定对犯有盗窃行为的蒋某某收容劳动教养一年三个月。蒋某某不服,提起行政诉讼。在本案二审审理过程中,二审法院认为:某市劳动教养管理委员会"依照现行有效的《试行办法》第十条第(三)项、第十三条的规定,决定对上诉人收容劳动教养,适用法律并无不当。"

思量劳动教养制度,也都是为了使之更加理性和适用。"改"和"废"是辩证的统一,大改与小改,全废与小废,也都就是革除其不合理的一面,发扬光大其合理的具有"正能量"的一面。

即使是《违法行为矫治法》的出台,也应当是劳动教养制度的"扬弃"和"重生",两个制度实则具有同根性,不能因为有了形式上的新法,而完全抛弃旧有的制度。虽然劳教制度本身就是一种强迫劳动,是未经审判、不经司法程序而实施的制度,虽然有的劳动教养行为属于国家公权力滥用的强迫劳动之一种,虽然劳教与其他不正当劳动行为一样,都是违背劳动者意志的强迫行为,但是,我们仍然不能简单地持反对态度,而是要甄别和厘清其中不正当的因素,发扬其合理的方面,使国家公权力之强迫劳动制度更加完善,以彰显法律的公平和正义,以真正体现法律面前人人平等的价值追求,因此,劳教制度之"废""改"和"立"都是必要的,这是法治社会的必然要求,也是治本之策。

在 2013 年 1 月召开的全国政法工作电视电话会议上,劳教制度作为"四项改革"之一被列为 2013 年政法工作的重点。中央政法委书记孟建柱强调,政法机关要统一思想认识,积极稳妥地改革劳教制度。

中共中央总书记习近平在 2013 年 1 月 7 日的全国政法工作电视电话会议上,就做好新形势下政法工作做出了重要指示。习近平要求,全国政法机关要顺应人民群众对公共安全、司法公正、权益保障的新期待,全力推进平安中国、法治中国、过硬队伍建设,深化司法体制机制改革,坚持从严治警,坚决反对执法不公、司法腐败,进一步提高执法能力,进一步增强人民群众安全感和满意度,进一步提高政法工作亲和力和公信力,努力让人民群众在每一个司法案件中都能感受到公平正义,保证中国特色社会主义事业在和谐稳定的社会环境中顺利推进。"进一步增强人民群众安全感和满意度""努力让人民群众在每一个司法案件中都能感受到公平正义",这是习近平总书记对政法工作做出的重要指示。

2013 年 2 月 23 日,习近平在北京再次强调指出,要努力让人民群众在每一个司法案件中都感受到公平正义,所有司法机关都要紧紧围绕这个目标来改进工作,重点解决影响司法公正和制约司法能力的深层次问题。习近平主持学习时指出，执法者必须忠实于法律。各级领导机关和领导干部要提高运用法治思维和法治方式的能力，努力以法治凝聚改革共识、规范发展行为、促进矛盾化解、保障社会和谐。要加强对执法活动的监督，坚决排除对执法活动的非法干预，坚决防止和克服地方保护主义和部门保护主义，坚决惩治腐败现象，做到有权必有责、用权受监督、违法必追究。①

2013年3月17日，十二届全国人大一次会议举行闭幕会。大会闭幕后，国务院总理李克强在人民大会堂金色大厅与中外记者见面并回答记者提问。在回答《中国日报》记者的提问时说，有关中国劳教制度的改革方案，有关部门正在抓紧研究制定，年内有望出台。[《中国日报》记者问]：总理，您好。刚才您谈到了很多改革的目标和举措，我们也一直十分关注中国劳教制度的改革。我们也想知道，中国劳教制度改革有没有一个时间表？谢谢您。[李克强]：请允许我简要地回答你。有关中国劳教制度的改革方案，有关部门正在抓紧研究制定，年内有望出台。②

习近平总书记和李克强总理的重要指示，使我们真正看到了新一届中国政府对劳动教养制度改革的高度重视，这也必将有力推动中国的法治进程，并将使禁止强迫劳动的立法和司法实践更进一步。

第六节 不当劳动用工适用除外制度
——劳动改造制度

一、不当劳动用工除外之概述

不当劳动用工的适用除外制度属于法律责任豁免的一种，即适用除外与责任

---

① 习近平．努力让人民群众在每一个司法案件中都感受到公平正义．新华网，http://news.xinhuanet.com/politics/2013-02/24/c_114782198.htm.2013-02-24.
② 李克强．中国劳教制度改革方案有望年内出台．新华网，http://news.xinhuanet.com/2013lh/2013-03/17/c_115054123.htm.2013-03-17.

豁免具有一致性，可以将二者等同视之。

不当劳动用工的适用除外制度的法理基础是有的不当劳动用工虽然是不当的，但不一定是违法的行为，也不一定是要受到法律处罚的行为。强迫劳动都是不正当劳动用工行为，但是，不一定就都是违法的行为，如劳动改造制度所确立的强迫劳动，就是一种违背人的意志的强制性劳动行为，当然属于不当的劳动用工行为，即为强迫劳动的一种；但它是针对罪犯的行刑行为，又是为法律明确认可的合法行为，此即为强迫劳动除外或豁免，不能适用一般的强迫劳动的有关规定。因此，劳动改造制度就是强迫劳动用工的使用除外或责任豁免制度。换言之，按照适用除外或责任豁免制度的一般原理，适用除外或责任豁免的行为就是一种合法行为，与非法行为有着本质不同。

二、劳动改造制度的国内沿革

劳动改造制度简称劳改制度，又可叫罪犯劳改制度。中国的劳动改造制度最早是从苏联引进的制度，它与劳动教养制度并称为"二劳"（即劳教和劳改）。但是二者有本质的不同，从法理上看，劳改属于不当劳动行为之一种，劳动改造是一种违背公民意志的被动的强迫劳动，它与其他劳动的根本区别是无偿性的被迫劳动，即罪犯劳动改造一般是没有劳动报酬的。① 它与其他不当劳动的主要区别是其实施强迫行为的主体不是一般的用人单位或雇主，而是代表国家权力的强制机关的行为，因此，劳改制度具有合法性和正当性。同时，劳改制度所针对的对象不是一般主体，而是特殊主体，是针对那些少数违法犯罪分子的强迫劳动，因此，劳改制度又具有社会正义性，为广大公民所拥护。

我国劳动改造制度可能在一些方面存在问题，但这并不影响'劳动改造'在整体上的合理性和正当性。② "从法律上看，罪犯参加劳动是法定义务，是强制性

---

① 法律规定罪犯在劳动改造过程中一般是没有劳动报酬的，但是出于人道主义的考量，在劳动改造中实现有偿劳动正在逐步成为一种发展趋势。我国虽然没有明文规定对参加劳动的罪犯给予报酬，但是事实上我国罪犯是享受劳动报酬待遇的。1995年实施的《中华人民共和国监狱法》明确规定了对参加劳动的罪犯应当按照有关规定给予劳动报酬。

② 王云海. "法治式劳动改造"论. 中国刑事法杂志，2002（5）：41.

第八章 不当劳动用工

劳动，不存在自愿与不自愿问题。"[①] 我国《刑法》第 46 条规定，被判处有期徒刑、无期徒刑的犯罪分子，在监狱或其他执行场所执行；凡有劳动能力的，都应当参加劳动，接受教育和改造。我国《监狱法》第 3 条规定，监狱对罪犯实行惩罚和改造相结合，教育和劳动相结合的原则，将罪犯改造成为守法公民。第 4 条还规定，监狱对罪犯应当依法监管，根据改造罪犯的需要，组织罪犯从事生产劳动，对罪犯进行思想教育、文化教育、技术教育。在我国的刑事法律中，参加劳动对于罪犯是必须的，是其不能选择、不能放弃的。而且为了有效改造罪犯，必须坚持在执行刑罚中认真贯彻教育和劳动相结合的原则，使二者在实践中达到最好效果。[②]

（一）历史沿革

罪犯劳动改造制度是伴随着人类社会的发展而发展起来的，经历了不同的历史发展时期，从奴隶社会一路走来，我国罪犯劳动改造制度起源于奴隶制时期。"强制罪犯劳动"作为惩治犯罪或敌对分子的严厉手段，在原始社会末期、奴隶社会早期就已经出现，并且集中体现在氏族部落首领对待部落战争的俘虏上。正如马克思在《摩尔根人〈古代社会〉一书摘要》中所言："关于俘虏的处理经过了和野蛮期的三个阶段相适应的三个连贯阶段：野蛮的第一时期，俘虏被处以火刑；第二时期作为贡献神灵的牺牲；第三时期转变为奴隶。"[③] 但是，奴隶劳动与氏族成员的劳动具有根本不同的性质，奴隶劳动是被迫的，又是十分繁重的，于是出现了剥夺、限制奴隶的自由以防止逃亡，并强迫劳动的特定形式，这就是监狱的胚芽。[④] 在我国夏朝，"圜土"就是这种"胚芽"的具体体现。如《竹书纪年》言"夏后芬三十六年作圜土"中的"圜土"，就是夏朝将犯罪人羁押，限制

[①] 吉春华. 罪犯劳动改造理论研究. 中国监狱学刊, 2010 (2): 28.
[②] 黄勇峰, 彭春芳, 谢毅. 新体制下罪犯劳动改造制度问题研究——基于完善监狱法规的维度. 中国司法, 2011 (6): 55.
[③④] 中国监狱史编写组. 中国监狱史. 北京: 群众出版社, 1986: 4.

其人身自由并罚以苦役的刑罚方法。① 公元前 4000 年前后在古代埃及也出现了"限制罪犯劳动"的"劳役刑"。②

在其后漫长的历史过程中，随着人类社会的不断发展，经历了奴隶社会、封建社会及资本主义早期社会的演化，在生命刑、肉刑被逐渐抑制，且行刑方式不断文明的过程中，"劳役刑"作为一种主要刑罚手段一直得以保留下来，成为统治阶级惩处罪犯的一种通行做法。③

秦汉时期，罪犯劳动是惩罚、是劳役、是苦役的思想仍主导着人们的刑罚观念。直至清末，以感化主义为宗旨的教诲教育刑罚制度的建立，才使人们的刑罚观念得以转变，开始提倡对犯人应以劳动之法善导而感化之。④

新中国的大规模罪犯改造工作起始于 1951 年。在当年 5 月召开的全国第三次全国安全会议上通过了《关于组织全国犯人劳动改造问题的决议》，明确了以劳动为改造犯人核心手段的指导思想。1954 年 8 月，《中华人民共和国劳动改造条例》经政务院审理公布，对罪犯进行劳动改造的方针、政策、劳动机关的组织形式和职权范围及对犯人的管理原则都以法规的形式作了规定，从而奠定了新中国劳动改造制度的基础。在这一阶段，我国劳动改造制度还处于不成熟期，出现了一些行政化的倾向。

此后，我国的劳动改造制度几经波折与发展，到 1994 年 12 月 29 日全国人民代表大会常务委员会正式通过《监狱法》，基本形成了具有中国特色的罪犯改造制度。⑤ 我国《监狱法》第 4 条明确规定："监狱对罪犯应当依法监管，根据改造罪犯的需要，组织罪犯从事生产劳动，对罪犯进行思想教育、文化教育、技术教育。"这说明了我国的劳动改造制度开始逐步迈向法制的轨道。"中国法制的变革是在市场经济体制改革的冲击下引发的；同时，市场经济的改革又为法治社会

---

① 王明迪. 中国狱政法律问题研究. 北京：中国政法大学出版社，1995：2.
② 王志亮. 外国刑罚执行制度研究. 桂林：广西师范大学出版社，2009：2~4.
③ 张国敏. 监狱"强制罪犯劳动"的本质解析. 贵州警官职业学院学报，2013（2）：97.
④ 郑敏. 我国罪犯劳动改造制度的立法缺失及建议——以《监狱法》为视角. 巢湖学院学报，2012（5）：55.
⑤ 刘柳. 论我国监狱制度中的劳动改造手段. 江苏社会科学，2011（3）：149.

提供了生长点。法制的改革就是要把法制的根基,以及在此根基上生长的法律制度和法观念,从计划经济的土壤上移植到市场经济的土壤上,实现由'人治'向'法治'的转变,实现中国法制现代化。"① 我国劳动改造制度的发展沿革,也是我国法制建设由"人治"或"德治"向"法制"或"法治"、由计划经济到市场经济逐步转变和发展的缩影,我国的劳动改造制度也在改革开放中获得了新的发展壮大。

(二)理论依据及价值判断

马克思主义认为,人包括罪犯,是可以被改造的,因为社会存在决定人的意识。人的思想,包括犯罪思想,都是后天形成的,没有"天生犯罪人"。马克思、恩格斯早就精辟地指出:"人们的意识,随着人们的生活条件、人们的社会关系、人们的社会存在的改变而改变。"② 马克思在《哥达纲领批判》中阐明了"生产劳动是罪犯改过自新的唯一手段"。③ 马克思主义哲学认为,劳动能够改造世界、改造人类,劳动是"防止一切社会病毒的伟大的消毒剂"。④ 马克思主义理论是我国社会主义建设和发展的重要指导思想。马克思认为,人在生产劳动中不但改造着客观世界,同时也改造着主观世界。劳动改造作为监狱改造罪犯的三大手段之一,是监狱管理工作的一部分,"监狱管理指监狱针对罪犯进行的改造工作,包括狱政管理、劳动改造和教育改造三个方面。目前,监管方式以劳动改造为主,辅之以教育改造。"⑤ 劳动改造是教育与改造相结合的产物,劳动改造把劳动生产作为改造罪犯的手段,其主要目标是使罪犯在劳动生产中认识和体验劳动的价值和意义,在劳动中获得对自我的重新认识,从而改造其人生观和世界观。

伟大领袖毛泽东同志将罪犯看成是一种特殊性质的劳动力。他认为,罪犯劳动力具有一定的经济利益和政治利益,为了改造犯罪分子,不让他们空吃闲饭,

---

① 蔡定剑. 法制的进化与中国法制的变革——走向法治之路. 中国法学,1996(5):7.
② 马克思恩格斯选集(第1卷). 北京:人民出版社,1972:270.
③④ 马克思恩格斯全集(第31卷). 北京:人民出版社,1972:538.
⑤ 孙桂元. 监狱管理要为罪犯再社会化提供对接. 检察日报,2013-01-27(3).

就必须让罪犯进行劳动改造。罪犯通过劳动改造，使他们认识到自身的错误和存在的社会价值，从而在劳动中自我改造，加快改造速度，造福社会。毛泽东关于罪犯是特殊劳动力的理论在社会主义建设的新时期仍具有现实意义。毛泽东在《实践论》中论述改造客观世界和主观世界的问题时指出："所谓被改造的客观世界，其中包括了一切反对改造的人们，他们的被改造，须要通过强迫的阶段，然后才能进入自觉的阶段"。① 这些都是我国劳教制度的理论基础，也是指导实践中劳动改造罪犯的方针路线。

毛泽东明确主张通过强迫劳动来改造罪犯。毛泽东的劳动改造罪犯思想主要包括以下几方面内容：改造罪犯是无产阶级改造社会、改造人类的伟大事业的重要组成部分；在无产阶级专政条件下，罪犯一般是可以改造的，或者说大多数是可以改造的；强迫劳动是改造罪犯的基本途径和手段；改造罪犯要坚持正确的方针、政策和策略方法。其主要内容是：坚持阶级斗争与人道主义相结合；生产是手段，改造是目的，要坚持改造第一、生产第二的方针；要坚持群众路线；要讲究工作策略和方法，要说服，不要压服。②

从我国的劳改实践来看，已经取得了巨大成功。我们改造了一大批日本战犯和国民党战犯，改造了大批反革命罪犯和其他刑事罪犯。我国的劳改工作得到了世界各国的羡慕和赞扬。我国劳改工作的方针，是一个不断充实、发展的过程，从新中国成立初期的"三个为了"的方针即"为了改造他们，为了解决监狱的困难，为了不让判处徒刑的反革命分子坐吃闲饭"；到 1954 年的"两结合"方针即"惩罚管制与思想改造相结合、劳动生产与政治教育相结合"；直到 1964 年的"改造与生产相结合，改造第一，生产第二"的方针。总之，在劳改方针的指引下，我国的劳改工作始终围绕着改造罪犯成为新人这样一个根本目标向前发展，主流一直是好的，改造罪犯的工作是成功的，积累的经验也是非常丰富的。这些经验是我国劳改工作非常宝贵的财富，也是我们制定劳改法的实践根据。③ 理论

---

① 毛泽东选集（第 1 卷）.北京：人民出版社，1991：283.
② 邵名正，赵宝成.毛泽东劳动改造罪犯思想探源.政法论坛，1993（5）：7.
③ 力康泰，韩玉胜.我国劳动改造立法的依据及其内容初探.中国人民大学学报，1987（2）：115.

第八章 不当劳动用工

与实践相结合，理论指导实践，实践是检验真理的唯一标准，在建设法治社会的今天，我们重温马克思主义、毛泽东思想和邓小平理论的精辟论断，还是非常有意义的。

常凯教授曾经提出过，"我们应当重新提起马克思"，他说这不仅因为马克思主义仍然是我们国家的指导理论，而且还因为马克思最深刻地揭示了市场经济的基本矛盾——劳资矛盾。在劳资关系问题上，如果一部分人轻视工人和工人的力量，这是正常的。但如果整个社会长期漠视工人的权利，忽视他们的主观能动性，将来必定要付出沉重的代价。① 一位美国学者阿尔伯特·萨吉斯曾经在"马克思主义 2001 年国际学术研讨会"闭幕词上说过：在美国，直到 20 世纪 90 年代中期，马克思主义才在大学里慢慢地传播起来。当美国的劳工得到了新的领导的时候；当大学生开始动员起来反对外国和本土的血汗工厂和校工的低工资的时候；当学生、环境主义者和工人开始组织国际化的示威来反对全球资本主义和它的机构（如世界银行、世界贸易组织、国际货币基金组织）的时候，马克思主义也就兴起了。在这样的时期中，学生们和其他的活动家寻找马克思主义的课程和教师，来作为解决其所遇到的问题的向导，并且学习策略和战术来应付他们所面对的社会变革的实践。这增强了马克思主义的可见性，与此相对应，这也激起了学生们和活动家们对马克思主义教员的支持。② 美国的这位马克思主义研究专家还预言："如果以现在的趋势发展下去，我可以预言，在未来 5～10 年内，在美国的高等教育中马克思主义研究将上升。"③ 美国学界面对其当今的诸多社会问题特别是劳资关系时，重提马克思主义是他们的一种新的选择。

美国尚且"重提马克思"，我们中国更应当"重提马克思"。不仅仅要在研究劳动关系、解决劳资冲突等问题的劳动合同法之立法反思上，还要在我国的劳动改造制度的打造中"重提马克思"，将马克思主义理论发扬光大。

---

① 常凯. 劳权保障与劳资双赢——《劳动合同法》论. 北京：中国劳动社会保障出版社，2009：297.
② ［美］阿尔伯特·萨吉斯. 让我们继续马克思主义的国际合作——马克思主义 2001 年国际学术研讨会闭幕词. 姜锡润译. 马克思主义哲学研究，2002：3.
③ ［美］阿尔伯特·萨吉斯. 让我们继续马克思主义的国际合作——马克思主义 2001 年国际学术研讨会闭幕词. 姜锡润译. 马克思主义哲学研究，2002：4.

三、劳动改造制度的国际视野

（一）苏联和俄罗斯的劳动改造制度

虽然我国历史上早有劳动改造的历史渊源，但新中国的劳动改造制度并不是自己的首创，最早是从苏联引进的制度。

苏联的第一个劳动改造法是1924年的苏俄《劳动改造法典》。该法典所调整的是执行剥夺自由刑罚和对判处这种刑罚的人适用劳动改造措施的程序和条件，以及强制劳动（即现在的劳动改造）刑罚的执行问题。1933年的苏俄《劳动改造法典》，扩大了调整对象，除了剥夺自由和劳动改造工作外，法典还调整结合劳动改造工作的流放的执行问题。随着1959—1961年各加盟共和国刑法典的通过，表现出劳动改造法对象进一步扩大的趋向。①

苏联的劳动改造制度是一个不断改进和完善的历史过程，我国在建立这项制度时也同样因本国的国情不同而不断改进。苏联的劳动改造对象有四种："现行劳动改造法的对象是在执行剥夺自由、流放、放逐和不剥夺自由的劳动改造刑罚过程中产生的各种社会关系。"② 1977年2月8日通过了苏联最高苏维埃主席团《关于补充修改苏联和各加盟共和国劳动改造立法纲要》的法令，对劳动改造法作了重大的补充，纲要增补了新的一章即第三章《剥夺自由、宣告缓刑并强制被判刑人劳动和从剥夺自由场所假释而强制被判刑人劳动的执行程序和条件》。"在纲要和各个劳动改造法典里，除规定了执行所有刑罚的原则和一般规定外，还直接规定了执行上述四种刑罚和实施与这四种刑罚结合在一起的劳动改造措施的程序和条件。"③

在苏联有关劳动改造的立法中，已经将劳动改造作为刑事执行法的一种，如

---

①② ［苏］H. A. 斯特鲁奇科夫著. 劳动改造法还是刑事执行法. 凡一译. 环球法律评论，1979(6)：45.

③ ［苏］H. A. 斯特鲁奇科夫著. 劳动改造法还是刑事执行法. 凡一译. 环球法律评论，1979(6)：46.

第八章 不当劳动用工

苏联教授 H. A. 斯特鲁奇科夫所总结的:"刑事执行法将包括三组规范:第一组是劳动改造法规范,即关于执行剥夺自由、流放、放逐、不剥夺自由的劳动改造,以及实施剥夺自由、宣告缓刑和从剥夺自由场所假释而强制被判刑人劳动的规范"。① 可见劳动改造是第一组,这也就说明了劳动改造制度就是刑事执行制度之一种,劳动改造制度早就具有了现代许多国家所谓的"行刑"目的和功能。

苏联解体后,其有着深厚的历史积淀的法律并没有死亡,俄罗斯的法律传承并改善了苏联的法律制度,使之获得了新生。仅从其劳动改造制度及《俄罗斯联邦劳动法典》的颁布实施就可以看出。

《俄罗斯联邦劳动法典》② 第 2 条明确了"劳动自由""禁止强迫劳动和劳动歧视"的原则。特别值得一提的是《俄罗斯劳联邦动法典》③ 第 4 条,专门有"禁止强迫劳动"的规定:该条首先界定了强迫劳动的定义是:"强迫劳动是指在受到使用某种处罚(使用暴力)的威胁下进行工作",并采取列举式的立法明确了 5 种法律禁止的强迫劳动,包括:(1) 为维护劳动纪律;(2) 作为追究参加罢工责任的措施;(3) 为了经济发展的需要作为动员和利用劳动力的手段;(4) 作为对持有和发表与规定的政治、社会或经济制度相对立的政治观点或思想信仰的处罚措施;(5) 作为对所属种族的、社会的、民族的或者宗教的特征进行歧视的措施。这些禁止强迫劳动的规定与《废除强迫劳动公约》的规定是完全一致的,这充分反映了俄罗斯劳动法在禁止强迫劳动上是与国际法保持了高度的一致,具有立法的前瞻性和国际视野,正如江平教授对俄罗斯法律的总体评价:"俄罗斯的法律既有它继承神圣罗马帝国的历史传统一面,又有它接受国际共同生活准则的现代化一面。"④ 俄罗斯劳动法明确规定了强迫劳动的法定内涵,也是非常有价值和意义的,也是值得我国借鉴的。

---

① [苏] H. A. 斯特鲁奇科夫著. 劳动改造法还是刑事执行法. 凡一译. 环球法律评论,1979 (6):46.
② 蒋璐宇. 俄罗斯联邦劳动法典. 北京:北京大学出版社,2009:3.
③ 蒋璐宇. 俄罗斯联邦劳动法典. 北京:北京大学出版社,2009:5.
④ 蒋璐宇. 俄罗斯联邦劳动法典. 北京:北京大学出版社,2009:总序.

《俄罗斯联邦劳动法典》[①] 还构建了强迫劳动之除外或豁免制度。其规定了强迫劳动不包括的四种情形：(1) 兵役法和军事法或可选择代替兵役的公民义务法规定完成的工作；(2) 按照联邦宪法性法律规定的程序为实行紧急状态或军事状态规定完成的工作；(3) 在非常条件下，即在灾难或受灾难威胁的情况下（水灾、火灾、饥荒、地震、流行病或动物疫情）和在全体或部分居民的生命或正常生活条件受到威胁的其他情况下所执行的工作；(4) 在负责执行法院判决遵守立法的国家机关的监督下，为执行法院生效判决所执行的工作。俄罗斯的上述规定也与《公民权利与政治权利国际公约》保持了一致，其中第 4 种豁免即"在负责执行法院判决遵守立法的国家机关的监督下，为执行法院生效判决所执行的工作"，既是其历史传承下来的劳动改造制度之合法性的直接法律依据，这样的立法即符合国际公约的惯例和精神，且有关强迫劳动的豁免条件多于国际公约，又继承了具有悠久历史的劳动改造制度，实为我国强迫劳动制度含劳动改造制度的立法所应当借鉴和"移植"之处。

江平教授对苏联法律进行了高度评价，他说，"苏联解体了，但俄罗斯的法律并没有解体，它仍然强有力地支撑着俄罗斯的国家、社会、经济的运作。即使在苏联存在时，它的法律制度也始终受到重视，它没有受到'法律虚无主义'和'砸烂公检法'那样的冲击。"他还肯定了当今俄罗斯的法律："苏联解体了，苏联的法律死亡了，但作为其继承主体的俄罗斯的法律却重生了。死亡了的是过分僵化的意识形态上的东西，新生的是尊重人权及发扬民主的普世化的东西。"[②] 劳动改造制度具有很广泛的应用性，是一项具有广泛的国际价值和意义的制度。

（二）我国劳动改造制度的法治化

王云海对我国劳动改造制度从"行刑"理论的角度进行了专门研究，并予以较高的评价。他充分肯定了"劳动改造"的正当性："'劳动改造'以劳动作为行

---

① 蒋璐宇. 俄罗斯劳动联邦法典. 北京：北京大学出版社，2009：5.
② 蒋璐宇. 俄罗斯联邦劳动法典. 北京：北京大学出版社，2009：总序.

刑的基本内容，无论从法律主义、科学主义还是人间主义来讲都具有其合理性和正当性。"它不仅优越于那种实际上剥夺受刑人的劳动机会，将其完全置于无所作为状态的行刑，也优越于那种视纪律和秩序至上只是从培训纪律和维持秩序上的需要对待受刑人劳动的行刑"。① 他将劳动改造看成行刑的基本内容，认为其原因是：不仅因为一般社会的人们都是以劳动为其生活的基本内容，也因为只有劳动才最能够将有关行刑的法律主义、科学主义、人间主义有机结合为一体。从拘禁关系上讲，受刑人负有接受刑罚的义务；从处遇关系上讲，劳动对受刑人维持身心健康、养成良好的生活习惯十分有益；从秩序关系来讲，有意义的劳动是维持监狱秩序的最佳手段；从人际关系来讲，劳动是受刑人体会或体验人间交往的重要过程；从社会关系来讲，劳动是维持受刑人与一般人的同质性、保持监狱与社会的一体性的重要方法。② 他认为有上述几个主要因素表明劳动改造是行刑首要的基本内容。

他认为我国的"劳动改造"政策，西方世界无论过去还是现在都了解甚少，这种倾向在美国尤为突出：美国的政府文件、公共媒体、学术领域几乎都把"劳动改造"译为"强制劳动（Forced Labor）"；把"劳动改造"简单理解为"劳动的强制"。但是"劳动改造"绝不只是"劳动的强制"，它具有完整的理论体系；包含着许多能够把理论与实践、理想和现实结合为一体的要素，在很大程度上暗示着21世纪行刑的方向。③ 虽然他将劳动改造认为是21世纪行刑的方向，但是，劳动改造制度是必须经过改造后的"法治式"的劳动改造，传统意义上的"劳动改造"的重大缺陷是"以政治理论为基础，以政治结果为目标，把行刑作为了政治活动的一部分，从而使监狱活动和行刑关系在很大程度上变成了政治关系"。"由于改造的目标具有政治性，且把改造视为行刑的最高目标，从而排除了在判断改造成果和决定改造手段时运用法律原理的可能性，过分加大了监管人员的自由裁量能力，缺少了对强制手段和范围的限制，虽为了取得较好的改造成果主张调动受刑人的积极性，但受刑人与行刑的关系并非是法律性质的关系，受刑

---

①③　王云海. "法治式劳动改造"论. 中国刑事法杂志，2002（5）：114.
②　王云海. "法治式劳动改造"论. 中国刑事法杂志，2002（5）：113.

人对于监管人员的裁量无论赞成与否都很难诉诸法律手段。"① 王云海通过比较美国、日本的法律制度，探讨美国、日本的行刑经验和教训。基于理论研究和实践分析对我国的"劳动改造"制度予以了重新认识，从国际视野提出了"法治式劳动改造"是能够将理论与实践、理想与现实、国际与国内统一起来的21世纪的行刑理论或行刑模式。该学者的观点具有很宽的国际视野，也是我国今后改造劳动改造制度应当注意的问题。

笔者认为"法治式劳动改造"的行刑模式的提法还有一些不足，用"法制"代替"法治"，更加符合我国劳动改造制度的历史和现状。因为我国的劳动改造制度一直以来，基本上都是在法律的框架下构建的，是符合宪法和其他法律的，有关劳动改造的法律主要有《刑法》和《监狱法》，规定还是比较明确、具体和详细的，具有很强的可操作性，当然，任何一部法律都不可能是完美无缺的，随着时代的发展都有不断修改和完善的必要。我国劳动改造制度之充分的宪法和法律基础，充分表明了劳动改造制度是我国法制建设中的不可或缺的重要部分，也就是说，劳动改造制度的法制化运行模式还是非常值得肯定的。我国劳动改造制度从法制的角度看，虽然劳动改造是属于强迫劳动用工之一种，这已无任何争议，但是劳动改造之强迫劳动具有正当性和合法性，它是合法的不当劳动用工行为，属于法律适用除外制度或责任豁免制度，同时，劳动改造制度的法制化模式，也再次证明了笔者研究"不当劳动行为"之"不当劳动不一定就是非法的行为"的基本观点。

为了进一步说明我国劳动改造制度的"法制"化问题，有必要先重回"法制"与"法治"逻辑起点，进行比较和甄别。

法制、法治都与"人治"相对立。"法制"一般理解为法律和制度的简称。董必武同志早在1957年就解释过："现在世界上对于法制的定义，还没有统一的确切的解释。我们望文生义，国家的法律和制度，就是法制。"② 法制一词还有另

---

① 王云海. "法治式劳动改造"论. 中国刑事法杂志，2002 (5)：114.
② 董必武. 董必武法学文集. 北京：法律出版社，2001：381.

一种更广泛的含义："统治阶级把国家事务制度化、法律化，并严格依法办事的一种原则。由立法机关制定较完备的法律，做到有法可依，是法制的首要任务；严格遵守和执行法律，做到执法必严，违法必究，是法制的基本含义。"①

"法治"一词也是十分古老的。《管子·明法篇》《韩非子·有度篇》都用过"以法治国"。《礼记》上也有"先王之为乐也，以法治也"的语句。在西方，法治的概念也是产生得很早的。古希腊思想家亚里士多德在其《政治学》一书中就提出了"由最好的一人或由最好的法律统治，哪一方面较为有利"的问题。并论述了法治胜于人治的理由。②

在当今社会其含义应当有新的变化，我们没有必要再讨论其历史上的争论问题，应当探索"法制"与"法治"的新精神。正如程燎原教授所言，在当下思考和讨论全面推进依法治国、加快建设社会主义法治国家的问题时，其关键已经不再是回答"何为法治"这类知识性话题，以及"法治为什么重要"这类意义性问题，而在于着力探索用法治方式推进和巩固法制。为了真正实现我国劳动改造制度的法治化，针对目前我国劳动改造制度的不完善之处，进行适时修法，也是完全应当的，也是用"法治"方式推进和巩固"法制"的需要。

（三）我国劳动改造制度的国际法解读

我国劳动改造制度虽然是不当的劳动用工制度之强迫劳动的一种，但是它是合法的，可谓是"不当劳动"中的"正当强迫劳动"，它不仅具有合乎国内法，而且具有国际法的合法性。

我国劳动改造制度是符合国际法的，与许多国际公约的精神是一致的，有的甚至高于一般公约的建议要求；我国对有的公约虽然还没有批准，但是，在立法与司法实践中做得非常出色，并已经得到了国际社会的高度评价。

截至 2004 年，中国已经批准了国际劳工组织的 24 个公约，中国政府已经签

---

① 《法学词典》编委会. 法学词典. 上海：上海辞书出版社，1980：455.
② 于浩成. 论法制与法治概念之异同兼及以法治国的提法. 北京政法学院学报，1981（1）：10.

署和批准了国际劳工组织八个核心公约中的四个。① 虽然对于两个有关禁止强迫劳动的公约即《强迫劳动公约》和《废止强迫劳动公约》还没有加入，但是，在立法与司法实践中特别是对犯人的劳动改造方面，非常合乎这两个公约的精神实质，表明我国的劳动改造制度的安排具备国际法视野，实际上，已经具有了立法的前瞻性和可预见性。

《公民和政治权利国际公约》明确规定了免于强迫劳动即除外或豁免制度。其明确规定：在某些情况下强迫劳动是法律上允许的即豁免。强迫劳动的豁免主要有两种：一是国家和社会公共利益的豁免；二是法院判决的豁免。《公民权利与政治权利国际公约》第8条规定："遇有紧急灾难情况或灾害危及社会生命安宁时征召服役""任何军事性质的服役""劳役是正常公民义务之一部分"等几种情形下，强迫劳动不受此限制。比如国家发生洪涝灾害时政府征召公民抢险救灾，或者在战争状态下国家依法征召公民服役参加各种劳动，此种劳动不是法律上的"强迫劳动"；"经法院依法命令拘禁之人"的免于强迫劳动权利也是受限的，也就是说，经过作为中立裁判者的法院的判决，被监禁者人身自由包括免于强迫劳动权是被合法限制的，但前提是"经法院依法判决"。上述两种例外与免于强迫劳动权的内涵构成完整的强迫劳动适用除外制度或责任豁免制度。我国强迫罪犯劳动是符合"法院判决的豁免"的，因为我国的劳动改造是根据法律规定的程序，在判决有罪后，对罪犯实行的以改造和教育为目的的行刑过程，具有法律上正当性，所以，我国的劳动改造制度符合《公民和政治权利国际公约》的强迫劳动的豁免规定的，体现了这种强迫劳动的国际法之合法性。

《废除强迫劳动公约》规定了不以下列任何形式使用强迫或强制劳动：（1）作为一种政治强制或政治教育的手段，或者作为对持有或发表某些政治观点或表现出同既定的政治、社会或经济制度对立的思想意识的人的一种惩罚；（2）作为动员和利用劳动力以发展经济的一种方法；（3）作为一种劳动纪律的措施；（4）

---

① 至2008年止，中国加入的四个国际劳工组织公约是第100号《同工同酬公约》（1951年）、第111号《（就业和职业）歧视公约》（1958年）、第138号《最低就业年龄公约》（1973年）和第182号《最恶劣形式童工劳动公约》（1999年）。

作为对参加罢工的一种惩罚；(5) 作为实行种族、社会、民族或宗教歧视的一种手段。该公约特别强调禁止把强迫劳动作为对不同政见者的一种惩罚手段、发展经济和劳动纪律的一种措施、对罢工的一种处罚以及对民族、种族和宗教的一种歧视。该公约概括性地规定了禁止强迫或强制劳动的主要范围，对国际劳动法具有纲领性的指导意义，已经成为世界主要国家劳动立法的重要价值目标，对规制各国的劳动用工，特别是禁止强迫劳动具有很强的现实指导作用。我国虽然没有加入，但是这个公约特别强调的五种应当禁止的强迫劳动，在我国的立法和司法实践中都已被禁止，表明我国政府的反对强迫劳动的立场是清楚和坚定的，劳动改造制度是属于强迫劳动的除外，具有豁免权，符合国际公约，更没有违背基本人权。即使劳动改造制度中还有一些需要改进的地方，但这也是符合法律的一般规律的，任何法律都有一定的不足，不能因为极个别的个案和实行强迫劳动的除外或豁免，或没有全部加入国际公约，而否定中国劳动改造制度总体上的合法性、正义性和先进性。

四、劳动改造产品的国际立法

在当今全球化的国际社会，随着国际贸易的发展，国家之间的贸易交往日益频繁，某些发达国家往往因保护本国利益或政治原因，对其他国家"指手画脚""说三道四"，挑起各国之间的经济争端和贸易保护战。在国际贸易争端解决中，各国中常常引用GATT1994第20条一般例外条款来采取相关措施，以期保护本国的经济利益或社会公共利益，其中GATT1994第20条e款"有关监狱劳动产品的措施"已经成为国际社会解决劳改产品或监狱产品的基本准则。

由于劳改产品或监狱产品的特殊性，国际上又缺乏统一的劳改产品或监狱产品的标准和立法，加上我国在劳改产品或监狱产品的生产和销售方面可能会存在的一些问题，在国际上经常遭到以美国为首的发达国家的指责和限制，有一些这样的争端以抑制或打压我国劳改产品或监狱产品的出口为结局而告终。为了我国法律制度特别是劳动改造制度的国际化和现代化的发展需要，研究劳动改造制度的国际化问题和伴生的劳改产品或监狱产品问题，还是相当有价值的。

（一）概念辨析之一——"劳改产品"与"监狱产品"

一般将由罪犯生产的产品称为"监狱产品"，笔者认为"监狱产品"和"劳改产品"的含义基本上是一致的。二者相同点是：产品的生产者都是罪犯，而不是普通的劳动者；都是强迫劳动的产物，而不是自愿劳动的结果。所不同的是，前者即"监狱产品"以产地为界定标准，可谓"属地"原则，表明是在监狱生产的劳动产品；后者即"劳改产品"的界定标准是生产者即产品制造人，可谓"属人"原则。"劳改产品"是劳动改造者即罪犯因被强迫劳动而生产的产品，其生产场所即为劳动场所，不一定都是在监狱完成，而且，绝大多数的劳动改造场所并不在监狱，主要在非监狱，我国的劳动改造的劳动地点实际上分为两种：第一种是在监狱劳动，是全封闭的劳动，主要是针对"重犯"即被判处死刑缓期二年执行、无期徒刑、有期徒刑的罪犯；第二种是在监狱外劳动，是半封闭的劳动，主要是针对"轻犯"，主要劳动地点是国家专门设置的劳改工厂、劳改农场、劳改林场等。因此，可以说，"劳改产品"的范围比"监狱产品"要广泛许多，所以，笔者认为应当使用"劳改产品"一词，而不是"监狱产品"。

用"劳改产品"代替"监狱产品"的另一个原因是：从立法的考量上，为了与我国劳改产品或监狱产品的相关法规的称呼保持一致，笔者认为用"劳改产品"代替"监狱产品"的说法更好，因我国有关的立法用的一般都是"劳改产品"一词，如1991年国务院发布的《关于重申禁止劳改产品出口的规定》，其中使用的就是"劳改产品"，而不是"监狱产品"。因此，为了体现立法的一致性和科学性，用"劳改产品"是比较好的。

（二）概念辨析之二——"劳改法学"与"监狱法学"

"劳改法学"是"劳动改造法学"的简称，这与劳动改造一般习惯简称为"劳改"是一致的。

我国"监狱学"在1994年以前名为"劳动改造法学"。"劳动改造法学"最早见于1962年中国人民大学刑法教研室编写的《中华人民共和国劳动改造法学讲义》。1983年1月,公安部批准成立"劳改专业教材编辑部",并于同年7月召开了劳改专业教材建设会议。此次会议拟定编写12种教材(或专著)的计划,其中包括《劳改法学》。① 经十余年的研究,先后出版了《劳动改造学》《改造教育学》《劳动改造罪犯的理论与实践》《中国监狱史》等。据中国监狱学会1993年不完全统计,从1985年至1992年出版监狱、劳改学方面的专著、教材、工具书达186种,刊物38种。

1994年以后"劳动改造法学"更名为"监狱法学",对于国外立法资料的译介和研究亦有所增强。1994年12月《监狱法》颁布施行后,对监狱理论的研究大大加快,十年的时间,已出版了《监狱法学》《中国监狱法概论》《监狱学概论》《监狱学》等著作。② 虽然,"监狱法学"的历史和范围都比"劳动改造法学"要长、要广,但是劳动改造制度至少应当是劳动法学和"监狱法学"的共同研究对象之一,而且,"劳动改造法学"的许多内容与"监狱法学"还是有一定区分的,重提"劳动改造法学"还是有一定价值和必要的。重提"劳动改造法学"并不是否认"监狱法学",而是从一个具体的方向研究劳动改造制度,有利于劳动改造之制度建设,况且"劳动改造法学"毕竟也是一个历史的范畴,是一门比较小而具体的学科分支,也是其他学科难以取代的,因此,笔者认为,让"劳动改造法学"与"监狱法学"并存是比较可行的。

"劳动改造法学"与"监狱法学"都是关于研究劳动改造的学科,目前仅属于刑法的范畴,劳动法根本还没有将之纳入自己的范畴。笔者认为,我国的劳动法应当将劳动改造的有关问题纳入研究的视野。因为劳动改造也是劳动,即强迫劳动也是劳动,也应当有劳动法的规制,劳动改造之人也是劳动者(当然不是现行劳动法上的劳动者),其劳动权利和义务也应当符合相关的劳动法规定,退一步说,即使劳动改造是刑法之行刑的范畴,可谓之"劳动刑法",但是,这并不表明劳动法与之就没有任何关联,而且劳动法对劳动改造的研究重点可以从劳动权利和义务的角度展开,至少可以这样认为,对劳动改造的研究和规制是一个综

---

① 杨世光. 中国劳改学研究. 北京:社会科学文献出版社,1992:39.
② 马建文. 对服刑人员思想教育研究综述. 社会科学家,2012(10):98.

合与交叉的学科，仅靠一个部门法学是远远不够的，因此，笔者建议，我国应当尽快启动从劳动法的角度研究劳动改造制度、劳动教养制度、未决羁押制度等，还要将这些中不当的行为都纳入广义的"不当劳动"中进行劳动法的解读。这也是笔者写本书的缘由和构思之一。

（三）劳改产品的立法态度

世界上许多国家的立法都是禁止监狱产品进入市场的，更不允许进入国际市场，严格禁止出口或进口。

为防止监狱产品进入国际贸易领域造成不正当竞争，关贸总协定允许各国将监狱产品排除在体系之外，于是GATT1994第20条e款应运而生，不少国家以此阻止外国监狱产品的进入。各国对监狱生产采取多种经营方式、产品不直接进入市场、由合作经营者解决产品进入市场的流通事宜成为世界性趋势。① 可见，从国际法的角度，劳改产品也是被禁止上市贸易的，特别是许多国家也都是禁止外国的劳改产品的进入本国的。

20世纪前，劳改产品即监狱产品投放国内市场，曾引起社会商界和工人的抗议及反对，要求制定法律禁止监狱产品进入自由市场。鉴于此，西方国家纷纷制定了严禁监狱产品进入市场的法规，监狱产品不进入市场成为监狱组织犯人劳动生产经营的一项原则。意大利《监狱法》规定，监狱犯人的劳动产品按顺序满足监狱系统、其他国家行政机关、公共或私人组织的订货需要，在订货不足的情况下可自由销售，也可通过公共企业销售。西班牙《监狱组织法》规定："安排罪犯劳动，不得从经济上考虑，劳动应与改造罪犯的目的相符。"美国1930年《关税法》第307条规定："全部或部分由囚犯劳动、强迫劳动或以刑期合同约束的劳动力，开采、生产或制造的任何外国的货物、器皿、物件和商品，不得进入合众国的任何口岸，并不得进口，同时授权财政部长可在必要时为实施这一规定指导制定规章。"美国的《监狱与犯人》也规定，由联邦政府及州政府购买监狱

---

① 朱晓文. 国际经济贸易中"有关监狱劳动产品措施"解析. 商场现代化，2007（27）：7.

第八章 不当劳动用工

犯人的劳动产品，并实行专卖制度。① 西方国家许多有关劳改产品的立法都还是可行的，但是，好的立法并不能代表就有好的执法，他们在执行中却并不像法律规定的那样，而经常只是限制别国劳改产品的进入本国，而又想方设法将自己的劳改产品输入到其他国家特别是发展中国家，这是对国际法的严重践踏。

我国的立法也是符合国际法和一般的禁止原则的，我国1991年国务院发布了《关于重申禁止劳改产品出口的规定》，重申禁止劳改产品出口，并规定外贸公司不得收购劳改产品，也不得让其他贸易公司代为收购用于出口，监狱不得向外贸公司提供出口货源。第6条还规定：如发现任何部门或企业出口劳改产品，海关有权扣留，没收其所得，并视情节轻重，给予有关责任者相应的处罚。我国不仅在劳改产品的立法上与国际社会是一致的，而且我国在法律的执行中也是比较有力的，也是中国法律对世界的贡献，中国的劳动改造制度及对劳改产品的处理值得其他国家学习和借鉴。

---

① 朱晓文. 国际经济贸易中"有关监狱劳动产品措施"解析. 商场现代化，2007（27）：7.

第九章
不当产业行动

第一节 产业行动比较分析

一、产业行动的概念界定与比较

产业行动一词来源于国外，也叫劳资行动、产业行动权或集体行动权。产业行动制度是许多发达国家劳动法之集体劳动关系的重要组成部分，即产业行动是其集体劳动关系的重要制度。我国长期以来重视个体劳动关系，集体劳动关系（集体合同）制度有待发展。我国无论是立法实践，还是法学研究，产业行动是一个陌生的范畴，即使是某些地区个别企业已经发生罢工事件，但我国很少有从"产业行动"或"不当产业行动"的角度来解读这些涉及集体劳动关系的事件，现实中也是普遍的只知罢工、不知有产业行动。国外非常发达的产业行动理论和实践，在我国尚属起步阶段。

西方发达国家的产业行动制度，是其劳动法特别是集体合同法中的重要组成，完备的产业行动制度直接指导和引领着集体劳动关系中的产业行动，产业行动中的对话机制保障了其产业行动的有序性，避免或减少了产业行动对社会稳定与和谐所带来的负面影响。我国还没有建立起完备的产业行动制度，是我国劳动立法特别是集体劳动关系立法的缺憾。

产业行动并不是我国一般所指的企业自身发展计划的实施或调整，而是指集体劳动关系中的集体冲突或对抗行动，是处于利益对立关系格局中的劳资双方在难以通过正常谈判达成一致、解决争议的情况下，为了保护自身利益，而采取的保护性、权益性、临时性的行动。① 是劳资矛盾或冲突的集中

---

① 常凯. 劳动关系学. 北京：中国劳动社会保障出版社，2005：416.

第九章 不当产业行动

反映，是三方机制和集体协商谈判实际表象。

我国大陆地区郑尚元教授用的词是产业行为，他为之下的定义是："产业行为（Industrial Action）是市场经济国家劳资关系调整过程中的一个惯用语，一般是指劳资冲突剧烈的罢工和闭厂等行为。"① 我国台湾学者称为劳动斗争权。"争议权在学理上称为劳动斗争权，一般来说，就劳方而言是罢工权、怠工权，而资方为对抗之可以闭厂、封锁。"②

在德国不叫产业行动，而称为"劳工斗争"或"劳动斗争"。通常对劳工斗争的定义确定主要是针对斗争的当事人、目标和手段：劳动斗争是雇主一方或者雇员一方集体为实现特定的规范目标为劳动关系设置障碍。③ 黄越钦教授非常赞同德国劳动法中所使用的"斗争"一词。他认同：在劳动关系里，的确在历史的特定阶段中，劳资关系不以"斗争"即不足以形容其真相。④

英国是产业行动（Industrial action）一词的创造者，一般翻译为劳资行动，其有关产业行动立法模式是比较成熟的。英国法有关产业行动的规定有着独特的特征。第一，不是直接规定产业行动具有合法性，而是认为其构成侵权，通过责任豁免制度，为产业行动提供保护。在英国，"不存在罢工的积极权利，只是存在责任豁免制度，为工会和罢工组织者提供限制性的保护"。⑤ "工会不具有积极的权利而只有豁免"，⑥ "罢工权在英国不存在，但是当工会会员采取某些形式的行业行动时，工会依法会受到豁免保护，除了受到某些严格条件的约束之外"。⑦ 第二，产业行动的后果往往导致合同的解除，这与其他许多国家规定的合法产业行动期间仅仅是劳动合同的暂时中止不同。"在某些条件下，他们的行动可以被解雇作为结局。与此相反，在大多数大陆法体系的国家中，劳动合同在罢工期

---

① 郑尚元.劳动法与社会法理念探索.北京：中国政法大学出版社，2008；36.
② 黄越钦.劳动法新论.北京：中国政法大学出版社，2003；307.
③ [德] 杜茨.劳动法.张国文译.北京：法律出版社，2005；227.
④ 黄越钦.劳动法新论.北京：中国政法大学出版社，2003；306.
⑤ [英] 甘勇译.劳动法.武汉：武汉大学出版社，2003；171.
⑥ [英] 甘勇译.劳动法.武汉：武汉大学出版社，2003；169.
⑦ 凯瑟琳·巴纳德著.付欣译.欧盟劳动法（第2版）.北京：中国法制出版社，2005；615.

间仅仅是被暂时停止"。① "参加罢工或其他产业行动的工人可能会面临被减掉部分或全部工资或被解雇的危险,而工人仅享有在劳动法庭控告其合理性的有限的权利"。② 第三,对产业行动的次生行动或辅助行动(Secondary action)有明确规定。次生劳资行动在英国有悠久的传统,这种行为的发起人并不受雇于陷入纠纷的雇主("首要"雇主),他们是为了支持那些直接受到影响的雇员而发动的。例如,不受雇于"首要"雇主的雇员可能拒绝向"首要"雇主运送原材料或拒绝处理"首要"雇主生产的货物。这种行为的目的是给"首要"雇主施压,或者,当"首要"雇主得到政府支持时,次生劳资行动更全面地破坏经济生活,以迫使政府让步。③ 在英国,有关次生行动的立法一直处于博弈之中,"保守党政府一直对次生行动怀有敌意,但为配合其逐步限制劳工立法的策略,保守党政府并没有一开始就取消对这种行动的全部保护。相反,次生行动受制于一系列复杂的限制,并留下宽泛的漏洞供雇主所利用。在1990年,范围非常有限的合法次生行动被立法废除了,只有设置罢工纠察的狭窄例外。"④ 可见,英国对次生产业行动的立法规定深受执政党的影响,其合法性的地位也是经历了一个历史的过程,但是,不管怎样,这些有关次生产业行动的立法都是其他许多国家所不具备的,具有独特的一面,仍然具有很高的立法价值和意义。第四,英国有关产业行动的制度是通过判例法与成文法共同交融而成的,笔者称之为"判例法+成文法"模式,而区别于产业行动制度同样发达的德国的"成文法+判例法"模式,这两种有关产业行动的立法模式都充分吸收了成文法与判例法的各自之优势,代表了世界上成文法与判例法之两大法系的发展方向,是具有非常强的可操作性和前瞻性的立法模式。这也是我国今后有关产业行动立法,甚至是其他立法都应当特别注意借鉴的先进经验。

日本之产业行动制度(包括不当劳动行为制度)是亚洲最发达的,可谓独具特色,笔者认为,日本法之产业行动制度主要有两大特色,值得我们研究和

---

① 凯瑟琳·巴纳德. 欧盟劳动法(第2版). 付欣译. 北京:中国法制出版社,2005:615.
② [英]甘勇译. 劳动法. 武汉:武汉大学出版社,2003:171.
③④ [英]史蒂芬·哈迪. 英国劳动法与劳资关系. 陈融译. 北京:商务印书馆,2012:347.

第九章 不当产业行动

借鉴。

第一,产业行动有完备的法律体系,形成了"宪法—工会法—劳动关系调整法—司法解释"之"成文法+判例法"的立体规制产业行动模式。此模式与德国之"成文法+判例法"相似。日本法上的产业行动是一项受到宪法保障的权利,同时《宪法》之下的《工会法》和《劳动关系调整法》等还有具体规定,基本形成了比较完备的成文法规制产业行动的制度。日本《宪法》第28条保障了"劳动者……集体行动的权利"。为保障宪法权利,日本《工会法》针对"正当"的劳动争议行动规定了三项法律保护措施:免于刑事责任(《工会法》第1条第2段);免于民事责任或由于争议行动引起的民事责任(《工会法》第8条);禁止不利待遇,比如报复性解雇行为或纪律处分(《工会法》第7条)。[①] 在日本,"争议行动[②]不但包括罢工、怠工,而且包括给雇主施加压力的其他形式的行为"。"争议行动"的广义理解是根据《劳动关系调整法》第7条的定义而来:"本法规定的争议行动是指:劳动关系的当事人为达到他们的目的而采取的罢工、怠工、闭厂"。荒木尚志教授认为应当在上述定义中加上"或其他行为,或影响企业正常工作的对抗行为"。[③] 上述日本法关于产业行动的明确定义已经为大多数法官和学者所接受,但是,对产业行动(即争议行动)是否进行宽泛的界定是有一些争议的。

第二,日本的"春斗"制度,充分彰显产业行动和平义务之一般原则的精髓。这项制度在世界劳动法上有很大的开拓性和独创性。在日本产业行动的代名词就是"春斗",实则为全国性的集体谈判,它在日本集体劳动关系调整中发挥了很大的积极作用。"春斗"是日本调整集体劳动关系的主要途径之一,每年春季由劳资双方的全国性组织就该年度的劳动条件进行集体谈判。半个多世纪以来,每年春天就会由工会与资方进行工人工资福利等议题的集体谈判,一旦无法

---

①③ [日] 荒木尚志. 日本劳动法(增补版). 李坤刚,牛志奎译. 北京:北京大学出版社,2010:139.

② 日本法上的"争议行动"就是一般通称的"产业行动",二者完全一致没有区别。——笔者注。

达成集体协议，工人就会发起产业行动，由此形成全球闻名的"春斗"。① 日本集体劳动关系的调整有许多途径，最引人注目的是每年进行的全国性的"春斗"。日本一般在春季（2月、3月）进行以提高新年度（每年4月至次年3月为企业年度）的工资增长水平以及减少劳动时间等改善劳动者劳动条件为目的的劳动运动。日本的"春斗"经历了半个多世纪的发展和演变，其作用和效果是十分明显的，主要表现在：（1）提高了劳动者的工资；（2）缩小了工资差别；（3）协调了劳资关系；（4）促进了经济发展。② 日本"春斗"之产业行动最大限度地体现了产业行动之和平义务的特征，"非暴力的、非罢工的、平和的方式将成为'春斗'的基本形式"。③ 日本"春斗"之产业行动的和平性，为我们提供了非罢工的产业行动模式。

苏联直到1989年才针对以产煤区为中心的全国范围的罢工浪潮而制定了非常苛刻的《罢工法》，"这是苏联第一次将罢工行为合法化，但是也是这部法律，使得几乎不可能举行符合法律的罢工。其后的立法修订只是使情况稍有缓和，但实际的情形仍然是所有的停工行为都是自发的和违法的，其组织者和参与者是会受到法律和纪律制裁的"。④ 可见，在苏联，产业行动是不具有合法性的。

苏联解体后，俄罗斯法虽然没有直接界定产业行动，但是其对罢工权是明确承认并进行详细立法的。《俄罗斯联邦宪法》第37条明确规定了：员工的罢工权是解决集体劳动争议的一种方式。⑤

《俄罗斯联邦劳动法典》第398条规定了集体争议的定义。集体劳动争议是指员工（其代表）和雇主（其代表）之间就确定和变更劳动条件（包括工资）、

---

① 杨正喜，潘军. 新时期我国产业行动及其法律规制. 北京交通大学学报（社会科学版），2009（2）：86.

② 田思路. 日本劳资集体谈判中"春斗"的发展与启示. 温州大学学报（社会科学版），2011（6）：37.

③ 田思路. 日本劳资集体谈判中"春斗"的发展与启示. 温州大学学报（社会科学版），2011（6）：39.

④ ［英］Simon Clarke. 劳动关系的个别规制与集体规制. //叶静漪，周长征主编. 社会正义的十年探索：中国与国外劳动法制改革比较研究. 北京：北京大学出版社，2007：377.

⑤ 蒋璐宇. 俄罗斯联邦劳动法典. 北京：北京大学出版社，2009：220.

签订、变更和履行集体合同、协议,以及在通过内部规范性文件时因雇主拒绝听取员工选举代表机关意见而未能协商解决的分歧。该条还明确界定了"罢工是指为解决集体劳动争议,员工临时自行拒绝履行(全部或部分)劳动义务"。①

瑞典的劳动法对产业行动规定得比较具体。在为达成集体协议而举行的谈判中,如果双方不能达成一致,则通常可以自由采取产业行动。谈判中不情愿的一方是否会接受协议取决于双方力量的对比。因此,劳动力市场上非集体协议相对方的各方,一般可以采取罢工、封锁、联合抵制或者其他的争议手段来对抗另一方。与其他各国相比,瑞典工会的产业行动权显得非常广泛。产业行动权成为一项原则已经写入了瑞典宪法,并可为所有会签署集体协议的主体行使,比如同一行业的劳资双方以及单独的雇主②。

欧盟很多国家都规定了产业行动权或集体行动权,且雇主同样也享有此权利。《1989年欧共体社会宪章》第13条认可了"在发生利益冲突时采取集体协议行动的权利"。集体行动可以有多种形式,但是协调一致的行动可以采取禁止超时、怠工、取消合作、静坐示威和示威抗议等形式。劳动者也可以拒绝处理有争议的企业生产的产品以支持该企业的劳动者。集体行动并不一定是单方面的,管理者可以闭厂、逆向罢工、解雇劳动者或聘用其他人从事罢工者的工作。③

二、与狭义不当劳动的一般比较

(一) 相同点与不同点

狭义不当劳动行为禁止制度(简称不当劳动制度)首先发端于美国,其1935年的《全国劳动关系法》(《华格纳法案》)规定了雇主的不当劳动行为有:(1)阻挠或干涉工人组织工会的行为;(2)干涉工会内部事务;(3)对于工会会员、职员等歧视行为,如将工会领袖降职、调职、减少工资或不给予升迁机会

---

① 蒋璐宇. 俄罗斯联邦劳动法典. 北京:北京大学出版社,2009:214.
② 叶静漪,[瑞典] Ronnie Eklund 主编. 瑞典劳动法导读. 北京:北京大学出版社,2008:10.
③ 凯瑟琳·巴纳德. 欧盟劳动法(第2版). 付欣译. 北京:中国法制出版社,2005:614~625.

等；(4) 拒绝与有代表性工会作实质交涉等。① 第二次世界大战后的日本移植并改造了美国的不当劳动行为制度，形成了日本自己的不当劳动行为制度。笔者将美国和日本的不当劳动行为制度称为狭义上的不当劳动或不当劳动制度。

产业行动与狭义不当劳动行为有着紧密的关系，二者不可分离。

1. 产业行动与狭义不当劳动的相同点

(1) 范畴相同，产业行动与不当劳动行为都属于集体劳动关系中重要制度。

(2) 法律相同，产业行动与不当劳动行为都属于工会法这一劳动法的部门法。

(3) 主体相同，二者都涉及集体劳动关系中的工会、雇员和雇主，在合法产业行动中必须有工会的领导和组织，在不当劳动行为中，雇主不得侵犯工会和工会会员的合法权利。

(4) 二者都兼顾双方利益，并不仅仅只保护一方利益。产业行动既包括雇员的产业行动，又包括雇主的产业行动；在西方产业行动理论和实践中都非常注重产业行动之平等谈判权的保护，并不是仅仅保护工会引领的劳动者的合法权益，还对等保护雇主之产业行动对等权，如雇主享有工厂停工之平等谈判权。在德国，从联邦德国早期开始，有关工厂停工的法律经历了实质性的变革，最初由联邦劳动法院在其1955年的基础性判决中发展起来的方法非常形式化：工会和雇主（或其协会）双方应平等对待，因此，双方必须拥有同等实力的罢工手段。根据所谓"武器对等"观念，工厂停工在罢工的同等条件下被认为是合法的。② 在发展过程中，1980年德国联邦劳动法院放弃了1955年确立的罢工和工厂停工形式上平等待遇的做法，转而支持实质平等，关注所谓的谈判权平衡。③ 根据这个概念，罢工被认为是集体谈判中必不可少的，如果工会没有罢工权利，集体谈判

---

① 黄越钦.劳动法新论.北京：中国政法大学出版社，2003：311.
② [德] 曼弗雷德·魏斯，马琳·施米特.德国劳动法与劳资关系.倪裴译.北京：商务印书馆，2012：235.
③ [德] 曼弗雷德·魏斯，马琳·施米特.德国劳动法与劳资关系.倪裴译.北京：商务印书馆，2012：236.

第九章　不当产业行动

只会变成"集体乞讨"。但是，工厂停工的情况就不是如此，保持谈判权的平衡一般不需要停工。因此，工厂停工一般是不合法的。但是，有一个例外：如果集体协议覆盖的地区只有一小部分雇员进行罢工，雇主间的竞争就会受到影响，雇主间的团结可能就会受到威胁，因此，在这种情况下工厂停工就会被允许。① 可见，在德国，不管是从形式上，还是从实质上，对平等谈判权实现同等对待，并不只对雇员进行保护，对雇主的合法产业行动同样进行保护。

不当劳动行为制度与产业行动一样，也是实现平等保护原则。因为不当劳动行为既包括工会直接领导的产业行动，还包括工会自身的不当劳动行为，如美国全国劳资关系法禁止工会从事、劝诱、强迫或鼓励工人从事附带罢工，② 不当的罢工纠察也是非法的。

（5）产业行动与不当劳动的可相互转换性。

合法产业行动的主要形式是经济罢工，而非政治罢工。经济罢工也可能转化为不当劳动行为罢工。例如，雇主在雇工从事经济罢工行为之后实施不当劳动行为——拒绝与工会谈判，并且解雇罢工者时，经济罢工即转化为不当劳动行为罢工。③ 雇主不当劳动行为导致的产业行动如罢工，其目的在于反对雇主的不当劳动行为，如拒绝诚实谈判，这与一般的经济罢工是为了集体劳动争议的解决和达成集体协议是不同的。虽然经济罢工与不当劳动行为之罢工的目的不同，但是，只要不当劳动行为之罢工符合一般罢工的条件，就是合法的产业行动，因此，即使是从狭义上理解不当劳动行为，雇主的不当劳动行为同样有可能转化成合法的产业行动如罢工，这也就是狭义上的不当劳动行为与产业行动的相互关联之处。

2. 产业行动与狭义不当劳动的区别

（1）法律性质不同，产业行动一般有合法与非法之分，而不当劳动行为都是非法的，没有合法与非法之分。当然，不当产业行动与不当劳动行为都是非法

---

① [德] 曼弗雷德·魏斯，马琳·施米特. 德国劳动法与劳资关系. 倪裴译. 北京：商务印书馆，2012：236.
② 黄越钦. 劳动法新论. 北京：中国政法大学出版社，2003：315.
③ 苏苗罕，姚宏敏，郑磊. 法律对罢工权的确认及规范. 法学，2001（5）：14.

的，不当产业行动属于广义上不当劳动的一种。

（2）行为目的不同。合法产业行动的目的是解决集体劳动争议，并达成集体协议，正如英国华威大学劳动比较研究中心的 Simon Clarke 教授所说的"因为合法罢工必须是因集体劳动争议引起的，而集体劳动争议被界定为由于具体协议条款而引发的争议"。① 产业行动的目的必须是为了签订集体合同，这要求双方产业行动的目标必须能够通过集体合同规制。任何其他目的的产业行动，无论它是什么，从一开始都是非法的，如政治性罢工的目的是为了迫使国家及其权力机关采取代表国家权力的行为，因而是违法的；示威性罢工如果是为了抗议或者影响雇主的某些决策（比如投资）也视为非法。②

在日本，关于产业行动的目的，虽然学者的观点有一些分歧，但法院通常采纳的观点是：既然保障争议行动③的目的是想通过集体交涉强化产业自治，那么争议行动的目的一定是为支持集体谈判而定。④ 根据这一观点，日本最高法院认为，政治罢工和同情罢工或附属罢工（即次生罢工）是不具有正当的目的。

而不当劳动行为规制的主要目的是为了保护工会（雇员）或雇主的合法权利。虽然不当劳动行为制度可以说是集体谈判权的保障制度，但是其主要目的与产业行动还是有明显区别的，不当劳动行为制度是为了保障集体谈判的顺利进行，促成雇主进行诚实的谈判，其目的并不是直接为了解决集体劳动争议，或达成集体协议。在日本雇主拒绝谈判就是雇主对于工会直接的不当劳动行为。其主要表现是雇主只要对于集体谈判不作为，就可构成不当劳动行为。作为工会集体谈判的对手，雇主方面负有"回应谈判义务"和"诚实谈判义务"。拒绝谈判是日本《工会法》早在1949年就确定的雇主三种反工会行为之一（《工会法》第7

---

① ［英］Simon Clarke. 劳动关系的个别规制与集体规制. //叶静漪，周长征主编. 社会正义的十年探索：中国与国外劳动法制改革比较研究. 北京：北京大学出版社，2007：377.
② 涂伟. 对我国产业行动的立法思考——基于德国的经验. 中国工人，2013（3）：16.
③ 日本法上的"争议行动"就是一般通称的"产业行动"，二者完全一致没有区别。——笔者注.
④ ［日］荒木尚志. 日本劳动法（增补版）. 李坤刚，牛志奎译. 北京：北京大学出版社，2010：140.

第九章　不当产业行动

条)①，也是反不当劳动行为的主要内容之一，而将诚实谈判义务明确规定为雇主的一项法定义务，是集体谈判的基本要求。诚实谈判已经是日本法上的雇主的法定义务，其作为不当劳动行为救济制度的重要内容之一，保障了集体协商谈判的有序开展，使劳动者的集体谈判权又一条有效的救济路径。

(3) 法律责任不同。合法产业行动是不承担相应的法律责任的，即责任之豁免（英国法主要包括民事责任和刑事责任的豁免），而狭义的不当劳动行为是应当承担法律责任的，不管是雇主的不当劳动行为，还是工会的不当劳动行为，都应当承担相应的法律责任，不存在豁免的问题。

(4) 程序限制不同。由于产业行动具有重大的"破坏力"和社会影响，产业行动在程序上都有极其严格的限制，如果产业行动违背了程序上的要求，即为非法的产业行动。合法的产业行动发动前，多数国家之法律通常都要求应先经过民主投票程序，经多数人同意后，方可举行产业行动。而不当劳动行为几乎没有事前的程序性规定，只是在处理不当劳动行为时，在解决问题的司法活动中，像其他任何司法实践一样有相应的仲裁或诉讼程序。

"除在原则上接受罢工权之外，所有欧洲国家均或多或少拥有广泛的立法，规定了采取产业行动方面的可能性与限制。在大多数国家，罢工的具体规则和程序由判例法形成，只有少数几个国家对此有详细的法律规定。在某些国家，例如丹麦或瑞典，产业行动的程序规则是由工会和雇主组织的最高联合会之间所谓的基本集体协议确定的。"② "倘若一家工会希望发动罢工，它往往必须满足一系列的程序要求。首先，它必须预先给雇主警告③；其次，在罢工启动之前，在许多欧洲国家，工会必须组织一次罢工投票，以便寻求其成员对罢工的支持。最后，在某些情况下，工会必须首先接受一个联合争议解决程序，只有当这一程序受

---

① 日本1949年的《工会法》第7条规定的雇主三种反工会行为是：对工会成员的不利待遇、拒绝谈判和对工会的支配或干涉。

② [德] 托斯藤·舒尔腾. 欧洲的争议解决机制. // [德] 鲁道夫·特劳普—梅茨. 劳动关系比较研究：中国、韩国、德国/欧洲. 北京：中国社会科学出版社，2010：90.

③ 此"警告"是指提前将产业行动向雇主通报，与"警告性罢工"是不同的。——笔者注

挫，才被允许号召组织一次罢工。"① 这些是德国汉斯—伯克勒基金会欧洲劳动与集体谈判政策处处长托斯藤·舒尔腾博士，对欧洲产业行动的法律规制与限制的一般总结，具有广泛性和典型性，是产业行动一般规律的总结。

（5）争议处理不同。产业行动发端于集体劳动争议，集体劳动争议（纠纷）一般再细分为两种不同的类型：一类是利益争议，具体是指集体谈判过程中涉及劳动者经济利益的劳动争议，也就是规制未来雇佣条件的规则，而不涉及既定规则的解释和应用；一类是权利争议，它是涉及规制雇佣条件的集体谈判或者法律规则的解释和应用，而不是针对未来的规则。② 在欧盟，除了英国和爱尔兰之外，大多数成员国都区分权利冲突的纠纷和利益冲突的纠纷，不同的争议是通过不同的路径来解决的，"原则上，罢工被允许解决劳动者与管理者之间的利益冲突，但是，法院，尤其是劳动法庭，通常裁决涉及权利冲突的纠纷"。③ 一般而言，产业行动是涉及利益争议的集体劳动争议，而涉及权利争议的集体劳动争议，则由法院解决。不当劳动行为则不同，一般都有专门的处理机构。在美国，不当劳动行为发生的争议，则由具有准司法权的全国劳工关系局加以审理，采取分局与总局二审级制，其做成之决定书公布后，不当劳动行为应即停止。④ 在日本，不当劳动行为的处理机构为中央和地方两级劳动委员会，劳动委员会是由三方组成的机构。日本劳动委员会像美国一样，其独立性与权威都非常高。劳动委员会由劳、资、公益方（中立方）三方代表组成，中央劳动委员会由三方各出13人，共39人，经内阁总理大臣任命后组成。⑤ 劳动委员会的主要工作，是对不当劳动行为案件的裁判功能只能由代表公益的中立成员来行使，但是，劳资双方任命的成员在促进问题的解决方面起着重要的作用。在劳动委员会中，负责裁定申诉和起草对不当劳动行为案件的改善命令的中立成员，均是兼职人员，不需要具有律

---

① [德]托斯藤·舒尔腾. 欧洲的争议解决机制. // [德]鲁道夫·特劳普—梅茨. 劳动关系比较研究：中国、韩国、德国/欧洲. 北京：中国社会科学出版社，2010：91.
② 涂伟. 对我国产业行动的立法思考——基于德国的经验. 中国工人，2013（3）：15.
③ 凯瑟琳·巴纳德著. 欧盟劳动法（第2版）. 付欣译. 北京：中国法制出版社，2005：619.
④ 黄越钦. 劳动法新论. 北京：中国政法大学出版社，2003：312.
⑤ 华迎放. 日本的劳动关系调整. 中国劳动，2002（3）：58.

师资格。劳动法教授以及劳动经济学、劳动关系或其他领域的专家,常被任命为代表公益的中立成员。与美国国家劳动委员会不同,日本劳动委员会没有起诉机关。对于不当劳动行为案件,可以向普通法院起诉,要求进行赔偿或撤销法律行为。① 日本不当劳动行为的救济程序在其《工会法》中都有非常具体的程序性规定,具有很强的可操作性,概括起来分为三部分:一是地方劳动委员会的初步审查;二是中央劳动委员会的行政复审;三是法院的司法审查(地方法院、高级法院和最高法院都有司法审查权)。"一般来说,日本不当劳动行为的行政救济属于第一次权利救济也是最主要的救济,而司法救济属于补充第一次救济之不足的第二次救济。美国的不当劳动行为救济也分为行政救济和司法救济,与日本不同,美国以司法救济为主。"②

三、与狭义不当劳动的特殊比较——黄犬契约与野猫罢工

(一)"黄犬契约"

特别是在不当劳动行为中,美国和日本的立法都严格禁止"黄犬契约"(Yellow-dog Contract),"黄犬契约"是指雇主迫使员工签订答应不加入工会或不参加集体行动的契约,作为录用之条件,又称畜性契约。③ 日本《工会法》规定,雇主不得以劳动者不加入工会,或退出工会作为雇佣条件,此谓黄犬契约之禁止。此规定还包括以劳动者不从事一切工会活动等为雇佣条件。④ 日本禁止的黄犬契约增加了"退出工会"的雇佣条件,比美国,能够更全面地保障工会和工会会员的权益。

(二)"野猫罢工"

工会是代表工人利益的独立团体,在许多国家都规定了工会引领的产业行动

---

① [日]荒木尚志. 日本劳动法(增补版). 李坤刚,牛志奎译. 北京:北京大学出版社,2010:146.
② 常凯. 论不当劳动行为立法. 中国社会科学,2000(5):81.
③ 黄越钦. 劳动法新论. 北京:中国政法大学出版社,2003:313.
④ 黄越钦. 劳动法新论. 北京:中国政法大学出版社,2003:316.

才是合法和正当的,才能享有法律责任的豁免权。而"野猫罢工"(有的称之为自发性罢工)是在没有工会领导和组织的产业行动,一般都认为"野猫罢工"不具有正当性和合法性,从法律性质上一般都将"野猫罢工"视为对产业行动之工会引领原则的违反,应当承担相应的不利后果即法律责任。

在工会的历史发展演变中,工会的地位由非常弱势且不具有合法地位,逐渐发展到工会的地位不断加强,工会的法律地位得到了许多国家的法律承认,工会活动的合法性才逐渐为广大劳动者和政府认可,这是历史发展的渐变过程,也是工会制度发展的一般规律。但是,在资本主义国家,工会的地位和作用并不是以开始就被承认的,其经历了一个漫长的演变过程,"野猫罢工"就是如此,早期的"野猫罢工"还是发挥了一定作用的,只是到了后来,随着工会地位的合法化和强势化,"野猫罢工"才不再为人们和法律所接受。

不当劳动行为之"黄犬契约"与不当产业行动之"野猫罢工"具有很多相似的地方。一是二者都冠以极度贬义的犬类和猫类称呼,一看便知二者的非正当性;二是二者都与工会的活动有关,"黄犬契约"是反工会正当活动的,"野猫罢工"是缺失工会引领而属于不当的罢工;三是二者都属于广义不当的劳动行为,从狭义上"黄犬契约"属于不当劳动行为,"野猫罢工"属于不当产业行动之不当罢工;三是二者都说明工会在调整劳动争议中不可或缺的作用;四是二者的法律后果一样,即都不属于法律责任豁免的范畴,都应当承担相应的法律责任。

第二节 产业行动基本原则

域外合法而正当的产业行动一般遵循以下四个基本原则:工会引领原则、和平义务原则、集体协商原则和严格程序原则。

一、工会引领原则

产业行动来源于西方,其产业行动必须有工会的领导和组织,同时这些国家的工会法一般都规定了工会的重要职责之一是参与三方对话机制,对集体劳动争

第九章　不当产业行动

议引起的产业行动，工会都有领导和组织的义务。没有工会引领的产业行动一般都是非法的，不具有正当性。如没有工会领导和组织的罢工，国外称为"野猫罢工"或自发罢工，是非法的产业行动。

工会作为代表工人利益的独立团体，受到法律保护的罢工是法国等大陆法系国家规定的一个基本权利，任何受到利益触动的改革必将要先在谈判桌上达成一致，否则就要走向街头。一个工会代表一个群体，任何一个改革都不能触犯某个群体的利益，否则，工会就要出来说话。[1]

在20世纪六七十年代西方的所有阶级斗争中，从美国、英国和法国的"野猫罢工"运动，历经1968年的法国五月风暴和意大利的"热秋"工潮，直至葡萄牙和西班牙工人在70年代推翻他们各自国家的独裁政权，在每一场重大事件中都未见工人将加强和扩大工会作为斗争的主要内容或重要要求。[2] 在美国，"野猫罢工"一度也是比较高涨。如美国学者所言：1970年全国货车司机的"野猫罢工"、1972年俄亥俄州罗兹城的"野猫罢工"以及1973年夏季黑人罢工积极分子切断电力供应，迫使底特律道奇汽车公司的总厂停工停产。这次野猫罢工浪潮一直到1977—1978年还显示出它的生命力，当时罢工的联合煤矿工会基层会员拒不服从卡特总统援用《塔夫脱—哈特莱法》要求他们停止罢工的行政命令。[3]

"野猫罢工"的盛行，反映了劳动者对工会作用和地位的信心不足，这应当是工会自身建设中应当反思和检讨的。美国学者洛伦·戈尔德纳认为，自从20世纪70年代初发生世界资本主义危机以来，西方国家工会或许在有些情况下能改善某些工人的处境，但这段历史总的情况表明，工人阶级作为一个整体在当前这个时代不可能通过工会取得真正的地位改善，这是因为世界资产阶级一直是从大局出发行动的，而工会对70年代初以来的世界大变局一直无所认识并一直被

---

[1] 郑秉文. 英法大罢工的制度根源与启示——不同社会保障模式分析. //邓大松，李珍. 社会保障问题研究（2005年）. 北京：中国劳动社会保障出版社，2006：379～380.
[2] [美]洛伦·戈尔德纳. 当代资本主义国家工会的危机. 郭懋安译. 国外理论动态，2012（3）：54.
[3] [美]洛伦·戈尔德纳. 当代资本主义国家工会的危机. 郭懋安译. 国外理论动态，2012（3）：57～58.

动应对。①美国学者洛伦·戈尔德纳认为工会在为工人谋取利益的作用是有限的，在资本主义社会中强资本的现象是一个普遍问题，工会的作用也当然是有限的，但是，作用有限并不代表没有作用，因此，加强工会的作用仍然是非常必要的，尤其在产业行动中，工会是不可或缺的组织者。我们不能由此而否定工会引领产业行动的积极作用，更不能就因为工会作用的有限而实施无序且又可能效果更差的"野猫罢工"。"野猫罢工"从反面一再说明，工会应当加强和改善在引领产业行动中不利因素，真正而有力地替广大劳动者说话，将广大劳动者团结在工会的周围，合法、有序、有效和有力的引领产业行动。"工人斗争要取得实质性进展必须组建广泛的阶级组织。"这样的组织要想方设法在工会内站稳脚跟，然后就要按照布宜诺斯艾利斯地铁工人斗争的模式②扩大斗争范围，尽可能将失业工人包括进来。有了这些斗争积极分子参加工会，一旦形势需要时，工会就一定会转变成为超越自己的广泛的阶级组织。③这是美国研究工人运动学者的建议，这不仅应当是美国工会应当改革的目标，还应当成为世界上所有工会组织的改革方向，工会只有不断改革和完善自己的职能，才能正确引领产业行动，才能真正发挥工会在调整集体劳动争议中的巨大作用，才能使工会成为广大劳动者与强资本的雇主和政府进行集体谈判的有力武器。

日本产业行动制度是亚洲最发达的，日本的司法解释规定：争议行动的当事人必须符合集体交涉当事人的资格，因此，野猫罢工或未经工会合法批准由工会内部派别领导的罢工，其正当性是不被认可的。④

在全球化的今天，由于非典型劳动如劳务派遣和业务外包的出现，使得传统劳动关系发生了重大改变，非典型劳动者即一般意义上的非正式工已经成为劳动阶层重要组成部分，由于这些大量非正式劳动者游离于工会组织之外，他们为了

---

① [美]洛伦·戈尔德纳. 当代资本主义国家工会的危机. 郭懋安译. 国外理论动态, 2012 (3): 53.
② 2003年布宜诺斯艾利斯地铁工人罢工，他们罢工反对资方解雇2000名工人，要求实行全体工人每班6小时工作制并再增加2000人，以保证在缩短工时的同时使地铁正常运行，最终罢工获得了胜利。
③ [美]洛伦·戈尔德纳. 当代资本主义国家工会的危机. 郭懋安译. 国外理论动态, 2012 (3): 96.
④ [日]荒木尚志. 日本劳动法（增补版）. 李坤刚, 牛志奎译. 北京: 北京大学出版社, 2010: 140.

第九章 不当产业行动

维护自己权益的产业行动如罢工,已经成为新时期产业行动的新动向,具有新的特征,特别是由于他们的产业行动没有工会的引领,基本上成为传统意义的"野猫罢工",其合法性的界定也就成为新的课题,同时也成为"野猫罢工"的新形式,以及发展中国家的集体劳动关系的新特征。在这种劳动关系的新形势下,如何规制产业行动,特别是如何判断"野猫罢工",是我们不得不面对的新问题。下面以韩国为例,简述一下非典型劳动关系所引起的产业行动。

韩国是在向政治民主化过渡时期实现经济全球化的。民主化使工人有权组织起来,全球化则削弱了已组织起来的工人的力量,并将工人阶级分解为规范就业的正式工和非规范就业的非正式工两大群体。[①] 目前韩国非正式工人数占雇员总数三分之一以上,是经合组织各国中比率最高的。对非正式工比率的估计一般为36%~57%,民办的劳动研究所所长金岳松认为2001年这一比例将近57%,2007年估计为52.1%(800万人以上)。韩国劳动研究所的安洙姚等一批研究人员认为2005年为36.6%。三方委员会则认为非规范就业工人的比率在2008年为35.9%(500多万人)。[②]

同处亚洲的韩国,历史的"野猫罢工"也曾一度非常普遍,这些"野猫罢工"都被认定为是非法的罢工。韩国历史上单月罢工次数最多的是1987年8月,多达2469起;其中8月17日至23日一周之内就达到880起。这些罢工全都是非法罢工,其中45%以上发生在没有成立工会的企业中,显示出没组织起来的工人罢工的强烈自发性。[③] 后来,韩国劳动者认识到"野猫罢工"具有很大的局限性,以及工会的作用,"在1987年酷暑的罢工之后,参加野猫罢工的工人自行组织起工会,这是组织上的革命性进步"。[④] 近来非正式工举行了几起旷日持久的罢工,显示出他们已开始采取集体行动。非正式工罢工的兴起表明韩国劳工运动

---

① [韩]辛匡容. 全球化与劳动的非正式化——韩国工会运动与社会运动. 郭懋安译. 国外理论动态,2011 (5):31.

② [韩]辛匡容. 全球化与劳动的非正式化——韩国工会运动与社会运动. 郭懋安译. 国外理论动态,2011 (5):36~37.

③④ [韩]辛匡容. 全球化与劳动的非正式化——韩国工会运动与社会运动. 郭懋安译. 国外理论动态,2011 (5):32.

的新发展。它有三个特点：第一，运动的主体已不是大企业的正式工，而是中小企业的非正式工。第二，罢工持续时间长。企业主不承认非正式工的要求为合法的要求，因此需要较长时间才能达成妥协。如伊兰德服装商店的罢工持续了500多天，直到另一家公司买下伊兰德并同意满足罢工工人的要求才结束。电脑零配件特色商柯斯康姆公司的罢工持续了475天，直到同意将罢工者的身份从非正式工改为正式工才结束。基尔容电子公司的非正式女工的罢工持续了四年多。第三，非正式工罢工的境况远比正式工的罢工复杂。非正式工在劳工积极分子、激进学生和公民的协助下采用多种形式的集体行动如饥饿罢工、在厂内静坐抗议和街头集会等。缺乏资源的非正式工只是要引起公众的关注而不是寻求大工会的支持。[①] 韩国近年来的几次大的非正式工罢工，最终都取得了胜利，但是，这不能就表明新形势下的"野猫罢工"具有合法性的一面，而是再次说明了工会有待进一步改革、引领产业行动的"旧"命题，韩国非正式工罢工的胜利，"显示出社会运动和劳工运动结盟的潜在力量"[②]，即如果没有社会力量的介入，非正式工罢工的"野猫罢工"是很难取得胜利的，因此，在非典型劳动关系比较普遍的国家，为了这些劳动者的产业行动的成功，仅仅靠"野猫罢工"是不可行和不可取的，解决问题的根本出路还是仍然要依靠工会组织，将非正式工纳入工会的范畴、使之成为工会的一员是比较可行的办法，因为，在法治社会中，劳动者只有依法行使自己的合法权利，才能使自己的利益得到法律的长远而有效的保障，"野猫罢工"暂时的功效仍然不能掩盖其非法性和不当性，正当、合法的产业行动仍然呼唤工会组织的真正引领。

我国目前的产业行动（如前文所列举的罢工事件），虽然还没有出现像韩国那样的非正式工的罢工，但是，由于我国目前非典型劳动特别是劳务派遣与业务外包的不规范发展，已经造成派遣工和外包工权益被肆意侵犯，为避免出现类似韩国的这种情况，中国理论界和司法实践都应当高度关注韩国的上述非正式工产业行动，从中吸收有益的经验和教训。

---

①② ［韩］辛匡容. 全球化与劳动的非正式化——韩国工会运动与社会运动. 郭懋安译. 国外理论动态，2011（5）：38.

第九章　不当产业行动

总之，有两点要特别注意：第一，虽然有一些"野猫罢工"取得了斗争的胜利，达到了罢工的目的，但是，这种胜利是不正当的，它不仅违背了产业行动的一般原则，还与"任何人不得从违法中获利"的法理不容，"野猫罢工"即使是达到了罢工的目的，也是一种"不当得利"，对雇主是非常不公平的行为；"野猫罢工"违背了法律"相同对待相同人"的平等法则，从狭义不当劳动行为的基本原理来看，"野猫罢工"属于不当劳动行为最常见的不当待遇之一，是不当劳动行为的一种。第二，不管是典型劳动关系，还是非典型劳动关系，合法而正当的产业行动应当有工会的引领，任何时期和任何形式的"野猫罢工"都是不符合法治社会精神的，"野猫罢工"是不当的产业行动，应当摒弃。

二、和平义务原则

产业行动并不是暴力革命，是和平解决集体劳动争议的集体协商手段，集体协商和谈判是三方机制中的重要手段和目的，始终体现的价值是对话而不是暴力对抗，产业行动之对抗的目的也仅仅是为了对话，任何暴力都是非法的产业行动，带有政治目的的产业行动也是不被法律所认可的，因此，合法产业行动必须遵循和平、非暴力的原则。产业行动之所以在许多国家都被认为是合法手段，其主要原因之一就是其非暴力的和平方式，既实现了集体劳动争议的对话，又不会对整个社会构成实质性破坏和威胁。

"对罢工最重要的限制是所谓的和平义务，它在几乎所有欧洲国家都有，它在一份集体协议有效期限内禁止工人罢工。"[①] 这是德国汉斯—伯克勒基金会欧洲劳动与集体谈判政策处处长托斯藤·舒尔腾博士，对欧洲劳动争议解决机制的总结，具有很强的代表性。

"当前西欧工人罢工多数比较缓和，与以往罢工斗争往往导致暴力冲突的情况相比，谈判式罢工已经成为一大特色。""事实上，法国大多数的罢工都非常平和，有时甚至是静悄悄的，好像生怕弄出什么声响，破坏了城市的优雅。这样的

---

① ［德］托斯藤·舒尔腾. 欧洲的争议解决机制. // ［德］鲁道夫·特劳普—梅茨，张俊华编. 劳动关系比较研究：中国、韩国、德国/欧洲. 北京：中国社会科学出版社，2010：90.

罢工在法国乃至西欧是很常见的。"①

罗马私法的发源地意大利,授予委员会②有约束力的权力——阻止非法的冲突或减少它们对消费者的负面影响。③意大利还规定:罢工不应被设定为"破坏宪法秩序"或超越合法的压力形式,或妨碍那些权利和制度的自由实施(人们在其主权范围内直接或间接表达的)。④意大利产业行动的和平义务不仅针对雇主,还对消费者进行必要的保护,体现了其产业行动之和平义务的两大主体。

在美国也是这样,"赋予一致行动的任何宪法保护在行为人使用暴力时就丧失了"。⑤美国的劳动法及其最高法院的许多判例均一再强调罢工和平进行的重要性。在美国,罢工行为一旦涉及暴力、胁迫、恐吓,即失去法律之保护,且应负起因暴力、胁迫、恐吓所招致之民、刑事责任。⑥

德国法对产业行动的合法原则规定得非常具体,劳工斗争要符合集体合同上的和平义务,违反集体合同的劳工斗争是违法的,特别要考虑是否违反集体合同中的和平义务。德国法上的非常独特的按比例原则,其实也是和平义务的体现。狭义的按比例原则是指进行劳工斗争不能和基于斗争措施所引出的后果完全不成比例。⑦德国联邦劳动法院在1971年采用了比例原则作为罢工法的主导原则,根据这一原则,罢工必须是为了达到预定目的所必要和合理的行为,不能与预定目的不成比例。⑧从比例原则中联邦劳动法院主要引申出了以下具体前提条件是:罢工必须遵守和平义务;罢工必须合理;罢工必须是最后手段;罢工必须以工会

---

① 王舒圆. 冷战结束后西欧工人罢工新特征分析. 思想理论教育导刊, 2012 (3): 75.
② 委员会是指负责监督和执行法律的专家委员会——笔者注。
③ [意] T. 特雷乌著. 意大利劳动法与劳资关系. 刘艺工, 刘吉明译. 北京: 商务印书馆, 2012: 244~247.
④ [意] T. 特雷乌著. 意大利劳动法与劳资关系. 刘艺工, 刘吉明译. 北京: 商务印书馆, 2012: 250.
⑤ [美] 罗伯特·高尔曼. 劳动法基本教程. 北京: 中国政法大学出版社, 2003: 190.
⑥ 赵守博. 罢工权的保障与规范. 厦门大学法律评论, 2008 (1): 15.
⑦ [德] 杜茨著. 劳动法. 张国文译. 北京: 法律出版社, 2005: 238~249.
⑧ [德] 曼弗雷德·魏斯, 马琳·施米特. 德国劳动法与劳资关系. 倪裴译. 北京: 商务印书馆, 2012: 226~227.

第九章　不当产业行动

成员无记名投票为前置程序。① 德国著名劳动法学家曼弗雷德·魏斯教授认为德国常规罢工的主导原则是比例原则，和平义务是比例原则的前提性条件，也就是说，和平义务原则是比例原则引申出来的另一重要原则。

德国法上著名的"比例原则"，已经对世界上产业行动造成了非常大的影响，成为当今集体劳动法中的重要原则。德国强调"产业行动的使用和最终的目的相比必须是合适的和必需的"。这一原则的重要表现是：为了公共的利益，在公共部门工作的雇员必须在罢工时提供基本的服务，即罢工不允许明显危害公共利益。这一原则派生出另一个原则"公平原则"，即罢工必须符合公平原则，而且不能以消灭对方的存在为目标；当争议被处理后，双方必须合作重塑产业和平。阻止不参加罢工的雇员进入企业就违反了这一原则，也是违法产业行动。② "在德国法中有比例原则对争议手段的内容和形式进行限制，但瑞典法中没有这样的对产业行动权的一般限制。"③

日本劳动立法中的和平义务，也是工会不行使集体争议权的宣言，它所包含的是企业一方对工会的期待，即期待工会对劳动协议中规定的事项，在协议存续期间不再开展争议行为。④ 日本《工会法》第1条第2款明确规定：在任何情况下，暴力行为都不是正当行为。⑤ 在日本集体合同中"最重要的义务是'和平义务'"，其有两种：一种叫"相对和平义务"，即集体协议双方当事人在协议有效期限内，有义务不再采取争议行为；⑥ 另一种叫"绝对和平义务"，即在集体协议有效期限内，禁止双方当事人以任何理由采取争议行为。一旦工会违反了这些和平义务，采取了争议行为，雇主有权要求工会赔偿由此带来的损失，并可以请求

---

　① [德]曼弗雷德·魏斯，马琳·施米特.德国劳动法与劳资关系.倪裴译.北京：商务印书馆，2012：227.
　② 涂伟.对我国产业行动的立法思考——基于德国的经验.中国工人，2013（3）：15.
　③ 叶静漪，[瑞典]Ronnie Eklund.瑞典劳动法导读.北京：北京大学出版社，2008：10.
　④ 李立新.从日本劳动立法看我国集体谈判权的保障.中国劳动关系学院学报，2009（6）：81.
　⑤ [日]荒木尚志.日本劳动法（增补版）.李坤刚，牛志奎译.北京：北京大学出版社，2010：140.
　⑥ 此处日本法上的"争议行为"与"争议行动"所指内容完全一致，都是一般通称的"产业行动"。——笔者注.

发出司法限制令，限制争议行为。① 笔者认为，日本产业行动之和平义务原则的具体表现，主要分为两个方面：第一个表现是工会在引领产业行动时，必须遵循非暴力行为原则；第二个表现是在集体协议中明确规定了和平义务条款。

  日本产业行动之"春斗"中，劳资关系的激烈对抗程度逐渐缓解，"斗争性"逐渐减弱，决定提高工资的途径更多的是通过企业的发展来实现，即劳资对抗向劳资谋求双赢的方向转变和发展，沟通与协调渐成"春斗"的主题。②"所谓'春斗'制度就是每年春季由企业工会组成的产业工会和各个全国性的工会联合会确立加薪的目标，约定各企业及各行业的加薪谈判及罢工的日程。"③ 日本工人运动更趋于理性和成熟，非暴力的、非罢工的、平和的方式将成为"春斗"的基本形式。④ 日本产业行动之"春斗"的和平义务，在世界上的产业行动中具有很高的价值和借鉴意义，其价值就是体现在产业行动之非暴力的、非罢工方式，是产业行动中和平义务原则的最充分的典型代表，在调整集体劳动争议中具有很大的示范意义。

  笔者通过瑞典法及判例的综合分析，将瑞典法之合法产业行动的具体原则归纳为两个：一是不得违反集体协议条款的原则，二是和平义务原则。⑤ 其原则的直接法律渊源就是瑞典的宪法《瑞典政府法案》第 2 章第 17 条、1928 年《集体协议法》和 1976 年《共同规制法》第 41 条。1976 年《共同规制法》第 41 条规定：如果产业行动违反集体协议中和平义务，或者有下列目的。在签订集体协议的组织没有根据其规章批准该行动之前，受集体协议约束的雇主和雇员不得采取或者参加停工行动（停工或罢工）、封锁、抵制，或其他类似的产业行动；a. 对关于集体协议的有效性、存在问题，或其正确含义发生的争议，或就某个特别程

---

① ［日］荒木尚志. 日本劳动法（增补版）. 李坤刚，牛志奎译. 北京：北京大学出版社，2010：132.
② 田思路. 日本劳资集体谈判中"春斗"的发展与启示. 温州大学学报（社会科学版），2011（6）：36.
③ ［日］荒木尚志. 日本劳动法（增补版）. 李坤刚，牛志奎译. 北京：北京大学出版社，2010：126.
④ 田思路. 日本劳资集体谈判中"春斗"的发展与启示. 温州大学学报（社会科学版），2011（6）：39.
⑤ 问清泓. 劳动关系和谐论. 武汉：湖北人民出版社，2012：107～110.

第九章 不当产业行动

序是否违反集体协议或本法发生的争议,施加压力;b. 使集体协议发生变更;c. 使本应在集体协议失效时开始生效的条款提前适用;d. 支持其他未经允许采取的采用行动。1928年的《集体协议法》是劳动法领域第一部综合性立法,规定了在集体协议有效期内的和平义务原则。根据该法,雇主或雇员不得为了改变集体协议或支持关于集体协议解释或适用的观点而进行集体性的产业行动。新的1976年《共同规制法》吸收了这些规则。①

瑞典典型的集体劳动法案例的判决中,关于产业行动的判例,就有明确的关于产业行动原则的解释。概言之,可以说允许在不违反集体协议条款以及上述关于和平义务的法律规定的范围内采取产业行动的原则是瑞典法建立的基础。②

《欧共体社会宪章》承认罢工权"受成员国法规和集体协议规定的义务的约束"。《1961年欧洲社会宪章》也有类似规定。③ 欧盟有些国家,如比利时、丹麦、德国、希腊、卢森堡、荷兰和西班牙等,规定罢工权要受到集体协议所规定义务的约束,特别要受到集体协议中的"和平义务"的约束。在欧盟一般来讲政治罢工是非法的。

我国台湾地区也专门规定了的合法罢工的程序性要件之五就是:罢工不得妨碍公共秩序之安宁,不得危害于他人之生命、财产及身体自由。④ 这也是产业行动之和平义务原则的体现。

在劳动法起源之国的英国,产业行动之"和平义务"独具特色。第一,"和平义务"是集体协议的性质之所在。"如今在英国广为接受的观点是集体协议'是一项劳资和平条约,同时也是雇佣条件、工作分派和工作稳定性的来源规

---

① 瑞典工资争取基金案(劳动法院1984年第91号). //叶静漪,[瑞典]Ronnie Eklund. 瑞典劳动法导读. 北京:北京大学出版社,2008:343.
② 瑞典工资争取基金案(劳动法院1984年第91号). //叶静漪,[瑞典]Ronnie Eklund. 瑞典劳动法导读. 北京:北京大学出版社,2008:344.
③ 凯瑟琳·巴纳德著. 欧盟劳动法(第2版). 付欣译. 北京:中国法制出版社,2005:616.
④ 黄程贯. 劳动法(修订再版),台湾地区国立空中大学,1997:261. //董保华. 劳动者自发罢工的机理及合法限度. 甘肃社会科学,2012(1):121.

则',这种观点主要是受奥托·卡恩－弗罗伊德①的影响"。② 第二,"和平义务"体现在集体协议之"不罢工"义务条款上,英国著名的雇佣法和反歧视法专家史蒂芬·哈迪认为,"集体协议中的'不罢工条款'要融入个人雇佣合同,必须满足下列五项条件"。③ 这五项条件是由英国的 1992 年《工会与劳工关系巩固法案》第 180 条之明确规定的:集体协议必须采取书面形式;它必须明确陈述某条款应当或可以融入个人合同;它必须能够在工作场所和工作时间被合理地取得;集体协议中的工会一方必须是独立的;以及相关个人合同必须以明示或默示的形式将这一条款纳入其中。其中第 5 项尤为重要,"这些规定适用于集体协议的任何条款,包括禁止或限制职工参加罢工或其他劳资行动的权利的条款,或者有禁止或限制这些权利的效果的条款"。④ 第三,"和平义务"的规定与产业行动的其他规定一样,是由成文法(如 1992 年《工会与劳工关系巩固法案》、1999 年《雇佣关系法》等)和判例法共同构成并交叠在一块的,既体现了英国之主要判例法的渊源,又融入了大陆法系之成文法的优点,判例法与成文法的交融,其主要优势就在于,对产业行动的规制既有原则性的抽象规定,又有具有很强可操作性的实际做法,这样就将立法与司法实践真正紧密结合在一起,使判例法与成文法的优劣进行了充分互补与融合,充分发挥了成文法与判例法的优势。

三、集体协商原则

集体协商就是集体谈判,二者内涵一样,并无区别,集体协商原则也就是集体谈判原则。在许多发达国家的劳动法中,集体协商或谈判谈判已经是法律赋予劳动者的基本人权之一,即集体谈判权,有的国家称之为集体三权之一,同时它也是产业行动权的基础和目的的所在。

---

① [英]奥托·卡恩－弗罗伊德. 劳动与法律(第三版). // [英]史蒂芬·哈迪著. 英国劳动法与劳资关系. 陈融译. 北京:商务印书馆,2012:330.
② [英]史蒂芬·哈迪. 英国劳动法与劳资关系. 陈融译. 北京:商务印书馆,2012:330.
③ [英]史蒂芬·哈迪. 英国劳动法与劳资关系. 陈融译. 北京:商务印书馆,2012:336.
④ [英]史蒂芬·哈迪. 英国劳动法与劳资关系. 陈融译. 北京:商务印书馆,2012:337.

第九章 不当产业行动

美国《全国劳工关系法》即《瓦格纳法案》的公开支持者和主要推动者瓦格纳曾经说过:"在没有工人参与进来的情况下,工业企业中就不会有真正的民主自治组织——正如工人没有选举权的情况下,政治生活中就不会有民主政体……正是由于这个原因,集体谈判的权利成为工人争取社会公正的基础,而且也成为合理地处理企业事务的基础。是否允许行使这一权利体现了专制制度与民主制度之间的差异。"① 瓦格纳还说过:"此法的精神和目的就是使雇员成为一个有自由、有尊严的劳动者,他应该具有以民主的方式与一个同样自由的、有尊严的雇主进行集体谈判的经济力量。"② 《全国劳工关系法》中非常著名的第7节更是明确规定:"雇员享有成立自治组织的权利,有权成立、加入或者支持劳动组织,有权通过他们自己推选的代表进行集体谈判,并有权参加以集体谈判或者其他形式的相互援助或者保护为目的的其他集体活动。"③ 美国的约翰·W. 巴德教授通过对美国雇佣关系的研究后还指出:"不管在以职业为核心的职业工会还是以行业为核心的行业工会的背景下,工会都强调集体谈判的作用,以此来赢得合理的利润分享以及体面的工作条件。"④ 可见,集体谈判权在社会法制建设中具有重要意义,集体谈判权不仅是劳动者的基本权利和解决劳动争议的主要手段,更是公民民主与自由的重要保障,集体协商或谈判是集体劳动争议之产业行动的主要原则和解决争议的法定形式。

罢工应当以集体合同未规定或未履行之事项,作为其目的方为合法。在集体谈判中若发生争议,经交涉、调解,如能达成一致,可缔结新的集体合同,若调解不成,即可通过罢工来达此目的。⑤ 集体协商原则是罢工的程序性要求,也是

---

① [美] 约翰·W. 巴德. 人性化的雇佣关系:效率、公平与发言权之间的平衡. 解格先,马振英译. 北京:北京大学出版社,2007:147.
② [美] 约翰·W. 巴德. 人性化的雇佣关系:效率、公平与发言权之间的平衡. 解格先,马振英译. 北京:北京大学出版社,2007:152.
③ [美] 约翰·W. 巴德. 人性化的雇佣关系:效率、公平与发言权之间的平衡. 解格先,马振英译. 北京:北京大学出版社,2007:150.
④ [美] 约翰·W. 巴德. 人性化的雇佣关系:效率、公平与发言权之间的平衡. 解格先,马振英译. 北京:北京大学出版社,2007:197.
⑤ 常凯. 罢工权立法问题的若干思考. 学海,2005(4):48.

合法产业行动的主要目的，即产业行动只有体现了集体协商的程序和目的，才有可能是合法的产业行动。

德国法对产业行动（劳工斗争）的合法条件规定得非常具体，劳工斗争必须同时符合宪法和单行法（《集体合同法》）的条件：劳工斗争只能由集体合同当事人实施，必须以集体合同作为斗争目标。"根据联邦劳动法院确立的判例法，罢工应被理解为是对集体谈判的专门补充。换言之：罢工只有在为达成集体协议和实现可受集体协议的调整的目的时才会被允许。出于其他任何目的的罢工，都认为是自始违法。"① 在德国，对有关产业行动的规制即使没有相关立法的直接规定，其判例法的规制也是非常明确规定了罢工应当是以集体协商并为了达成集体协议之目的，才是合法的罢工。

罢工须经集体谈判。一般认为，罢工的目的主要是围绕集体协议来进行的，即罢工的目的是为了集体协议的达成，罢工更多充当了谈判成功的手段，所以罢工行动要以资方拒绝集体谈判为前提。工人只有在资方对劳方具体要求进行集体谈判或在集体谈判中对该要求拒绝时，劳方才能发动罢工。②

罢工被认为是集体谈判中必不可少的，如果工会没有罢工权利，集体谈判只会变成"集体乞讨"。③ "若没有罢工，正如德国联邦劳动法院在其著名的1980年判决中所指出的那样，'集体谈判就会无异于集体乞讨'"。④ 这就是德国法上非常著名的集体谈判之精辟论断，后来成为许多国家有关产业行动的共识，可见，集体协商与谈判在产业行动中具有重要作用。

在美国，"有记录的罢工中有三分之二涉及劳资合同谈判，另有三分之一是在劳资合同履行期间发生的。就罢工工人的人数和所造成的工时损失来看，为劳

---

① ［德］曼弗雷德·魏斯，马琳·施米特. 德国劳动法与劳资关系. 倪斐译. 北京：商务印书馆，2012：222.
② 杨正喜，潘军. 新时期我国产业行动及其法律规制. 北京交通大学学报（社会科学版），2009（2）：89.
③ ［德］曼弗雷德·魏斯，马琳·施米特. 德国劳动法与劳资关系. 倪斐译. 北京：商务印书馆，2012：236.
④ ［德］托斯藤·舒尔腾. 欧洲的争议解决机制. //［德］鲁道夫·特劳普-梅茨编. 劳动关系比较研究：中国、韩国、德国/欧洲. 北京：中国社会科学出版社，2010：88.

资合同谈判而发生的罢工占据了罢工活动的绝大部分：80％的罢工工人、95％的罢工工时损失，是因部分劳资合同纠纷引起的"。① "在美国的劳工体制下，工人只能通过工会进行集体谈判，而没有其他相应的集体代言机制。"② 美国的产业行动也是必须遵循集体协商即谈判的原则，且其集体协商只能是通过工会来与雇主进行谈判。

在日本，法院相关判例认为，工会要求提高工资，一方面对雇主提出交涉，然而，另一方面却在雇主尚未作任何回答前，即发动产业行动，最后法院认为该行动不具有程序正当性，因为它没有经过集体谈判。③ 日本著名劳动法专家荒木尚志教授认为："与德国不同，在日本，争议行动④不是最后解决问题的手段，因此，在集体谈判陷入僵局前，采取争议行动可以被认为是适当的。然而，没有进行集体谈判就采取的争议行动被认为是不适当的。"⑤ 虽然学者的观点有一些分歧，但法院通常采纳的观点是："争议行动的目的一定是为支持集体谈判而定。"⑥

瑞典在与其他各国相比，工会的产业行动权非常广泛和自由。但是也特别规定了工会产业行动权要受到中央的基本协议中某些条款的约束，产业行动不能扰乱社会功能和给社会带来分裂影响，否则就是违法的。"劳动力市场的各方在行使产业行动权时，要受到基本协议中某些条款的限制。基本协议在中央签订，效力比就工资和雇佣条件签订的普通集体协议要高。这其中最重要的是在 SAF 和 LO 之间缔结并于 1938 年起适用的基本协议，其条款包括旨在防止会扰乱社会功能、会给社会带来分裂影响的劳资冲突的发生等规定。"⑦ 瑞典《1938 年基本协

---

① ［美］理查德·B. 弗里德曼，詹姆斯·L. 梅多夫. 工会是做什么的？——美国的经验. 北京：北京大学出版社，2011：195～196.

② ［美］理查德·B. 弗里德曼，詹姆斯·L. 梅多夫. 工会是做什么的？——美国的经验. 北京：北京大学出版社，2011：232.

③ 杨正喜，潘军. 新时期我国产业行动及其法律规制. 北京交通大学学报（社会科学版），2009（2）：89～90.

④ 日本法上的"争议行动"就是一般通称的"产业行动"，二者完全一致没有区别。——笔者注.

⑤⑥ ［日］荒木尚志. 日本劳动法（增补版）. 李坤刚，牛志奎译. 北京：北京大学出版社，2010：140.

⑦ 叶静漪，［瑞典］Ronnie Eklund 主编. 瑞典劳动法导读. 北京：北京大学出版社，2008：10.

议》对产业行动限制规定非常具体，其第 8 条规定："无论其他瑞典法律或集体合同是否允许采取罢工、闭厂、封锁、联合抵制以及其他类似的直接行动，发生争议有下列情况的，不得采取此类行动：已丧失谈判权的一方发动的；由未适当履行谈判义务一方发动的；除非在适当履行谈判义务后，在谈判根据第 9 条的规定视为结束之日起 3 个月内，已向工会联盟发出其预期行动的书面通知；行动非出于工会联盟的决定或得到其同意。"[1]

"在英国，调整罢工行动的法律是非常复杂的，且只能在一个世纪中的司法判决和立法发展背景下才能被理解，不过，这些司法判决和成文法是相互重叠又相互冲突的。"[2] 英国著名法官在 1942 年就率先将"罢工权利"描述为"集体谈判原则的根本因素"。[3] 可见，在英国一般也是认为罢工是集体谈判中的重要因素，也即表明产业行动必须体现集体协商的基本原则，因为，集体谈判就是一种集体协商而为了达成集体协议的行为，产业行动中的集体协商就是一种集体谈判。

四、严格程序原则

合法的产业行动在程序上都有严格限制，不是随便可以采取行动的。其严格的程序性要求主要体现在以下几个方面：一是投票表决程序，二是预先告知程序，三是行动期限的限制。

（一）投票表决程序

合法的产业行动前，一般都必须经过投票表决形式，只有工会会员或代表的多数通过时，才可能举行合法的产业行动。

由于产业行动一般是有组织的集体行为，所以劳资双方在实施该行为时，还

---

[1] 瑞典 1938 年基本协议第 8 条. //叶静漪，[瑞典] Ronnie Eklund 主编. 瑞典劳动法导读. 北京：北京大学出版社，2008：174.

[2][3] [英]史蒂芬·哈迪著. 英国劳动法与劳资关系. 陈融译. 北京：商务印书馆，2012：334.

第九章 不当产业行动

须经过会员大会通过决议来决定采取哪一种产业行动,否则行动不具有正当性。①

"倘若一家工会希望发动罢工,它往往必须满足一系列的程序要求。首先,它必须预先给雇主警告;其次,在罢工启动之前,在许多欧洲国家,工会必须组织一次罢工投票,以便寻求其成员对罢工的支持"。②

一般来说,由于产业行动是由工会发起的,罢工须经会员投票程序。在理论上应当有会员投票程序,由此,许多国家都规定,有关劳资争议行动须经会员大会以无记名投票方式,全体会员过半数以上通过即可发动罢工等,否则,就不具有程序上的正当性。比如英国 1984 年的工会法就规定,凡未经合法决议而号召罢工的工会,其行为破坏了劳动者与雇主间的集体合同,罢工属违法行为。③

"合法罢工发动前,多数国家之法律通常均要求发动之工会、劳工组织或劳工群众应先经过民主程序,罢工对象之劳工或工会会员有一定比例人数(大多为超过半数)之出席,经出席劳工多数(大多要超过一半)之同意,方可罢工。"④ "大部分国家还都规定行使罢工权必须要有内部的民主程序,获得大多数会员的同意并实行报告备案制度。"⑤ 第一个限制是员工"投票制",如产业行动之罢工,"须经工会会员大会以无记名投票,经全体会员过半数之同意,始可为之。"⑥

意大利法律授予委员会⑦在罢工行为之前命令所有利益相关的工人进行投票复决的权力。⑧

---

① 杨正喜,潘军. 新时期我国产业行动及其法律规制. 北京交通大学学报(社会科学版),2009(2):89.
② [德] 托斯藤·舒尔腾. 欧洲的争议解决机制. // [德] 鲁道夫·特劳普—梅茨编. 劳动关系比较研究:中国、韩国、德国/欧洲. 北京:中国社会科学出版社,2010:91.
③ 杨正喜,潘军. 新时期我国产业行动及其法律规制. 北京交通大学学报(社会科学版),2009(2):90.
④ 赵守博. 罢工权的保障与规范. 厦门大学法律评论. 2008(1):14.
⑤ 董保华. 劳资冲突还是资资冲突——对东航"飞行员集体返航"事件的思考. 中国人力资源开发,2008(5):18.
⑥ 黄越钦. 劳动法新论. 北京:中国政法大学出版社,2003:310.
⑦ 委员会是指负责监督和执行法律的专家委员会。——笔者注.
⑧ [意] T. 特雷乌著. 意大利劳动法与劳资关系. 刘艺工,刘吉明译. 北京:商务印书馆,2012:244~248.

英国 1992 年的《工会与劳资关系条例》对产业行动前的投票有非常明确的规定,"关于投票什么时候进行有严格的规则。例如,必须有独立的监督员"。①1991 年,英国劳动部还专门签署了《产业行动工会投票行动守则》。选票必须为无记名选票,选票必须询问投票人是否准备参加或一直参加罢工或是仅次于罢工的行动,或选票可以分别询问两个问题。投票人必须对每个问题回答"是"或"不是",并且两个问题不能合成一个。投票必须符合关于平等投票权、秘密投票、工会官员不得干预等。②"每个人的投票必须能够不受工会及其任何成员、官员或雇员的'干预'和'强迫'。雇主或另一个工会干预了投票但没有控制投票的情况并不能让投票无效。"③

英国有关产业行动之投票表决制度,不仅程序是由法律直接明文规定的,而且投票单的内容也是法定的,具有非常高的可操作性,"投票单的内容受制于详细的法定规定"。④这在判例法的国家中也非常罕见,足见产业行动之投票表决制度的重要性和不可或缺性。

英国还非常明确规定了产业行动之投票表决的法律救济程序:若工会不遵守相关投票要求,则会丧失《工会与劳工关系巩固法案》第 219 条规定的责任豁免。这就意味着,雇主或其他受到影响的当事人可能会提前侵权之诉。同时,1992 年《工会与劳工关系巩固法案》第 62 条也赋予了工会成员就违反投票规定向法院提前诉讼的权利。该权利适用于任何被劝诱或可能被劝诱参加劳资行动的工会成员,即使他或她拒绝遵守。⑤由此可见,英国不仅对有关产业行动的投票程序有着极其严格而详细的要求,而且对投票的救济程序也是规定得非常具体而明确的,这样更体现了"无救济无权利"的基本法理,英国有关产业行动的投票表决制度确实具有很多值得借鉴的先进经验。

德国对产业行动也有着严格的限制要求,德国《集体合同法》第 1 条、第 2

---

① [英] 甘勇. 劳动法. 武汉:武汉大学出版社,2003:199.
② [英] 甘勇. 劳动法. 武汉:武汉大学出版社,2003:205~207.
③④ [英] 史蒂芬·哈迪. 英国劳动法与劳资关系. 陈融译. 北京:商务印书馆,2012:353.
⑤ [英] 史蒂芬·哈迪. 英国劳动法与劳资关系. 陈融译. 北京:商务印书馆,2012:355.

条规定:"集体合同的主体只能是工会、单个的雇主以及雇主联合会",规定了产业行动(特别是罢工)只能由工会组织实施,并在事后对其负责,因为罢工是影响劳资关系和社会稳定的"危险武器","必须委托给以负责任的方式采用这一手段的机构"。所谓的"野猫罢工"① 是违法的。由此,德国的劳动法又引申出罢工必须要经过大多数工会成员投票同意的要求。② 在德国,可以将罢工分为常规罢工和警告性罢工,开始法院是不承认警告性罢工的合法性的,"警告性罢工不合法,因为它们违反了合法罢工的两项要求:之前没有进行罢工投票,而且他们不是作为最后手段而是在协商期间发生"。③ 警告性罢工不合法的主要原因之一就是其违反了罢工的前置性的投票程序,后来在 1976 年之后,罢工的最后手段和投票原则发生了改变,警告性罢工逐渐具有了合法地位,"最后手段的标准和罢工投票前置程序要求只适用于常规罢工而不适用于警告性罢工"。④ 由于区分常规罢工和警告性罢工的困难,1988 年,联邦劳动法院不愿再出于最后手段的考虑而对"常规罢工"和"警告性罢工"进行区分。"新的处理方式意味着,罢工投票可能不再被认为是合法罢工的前提条件"。"工会章程要求在召集罢工(除常警告性罢工)前进行投票。所以即使法律不要求罢工投票,在实践中它仍然是罢工的一个前提条件。"⑤ 可见,德国法有关罢工的原则包括投票规定,虽然是一个发展变化的过程,但是在实践中不管是常规罢工,还是警告性罢工,投票仍然是一个前提条件。

《俄罗斯联邦劳动法典》第 410 条规定:如果出席大会(代表会议)半数以上的员工赞成,罢工决定视为通过。在不能召开员工大会(召集代表大会)的情况下,员工代表机关在收集了半数以上支持罢工的员工签字后,有权批准自己的

---

① 在西方产业行动理论中,没有工会的领导和组织、由劳动者自己发动的罢工,称为"野猫罢工"。
② 涂伟. 对我国产业行动的立法思考——基于德国的经验. 中国工人,2013(3):16.
③④ [德]曼弗雷德·魏斯,马琳·施米特. 德国劳动法与劳资关系. 倪裴译. 北京:商务印书馆,2012:228.
⑤ [德]曼弗雷德·魏斯,马琳·施米特. 德国劳动法与劳资关系. 倪裴译. 北京:商务印书馆,2012:230.

决定。① 俄罗斯有关罢工的投票更具有灵活性，即半数以上支持罢工的员工签字后，罢工同样是合法的。

我国台湾地区也专门规定了的合法罢工的程序性要件，其中之一就是：举行会员大会且以无记名的方式进行罢工投票；罢工投票之结果须有全体员工过半数之同意。②

（二）预先告知程序

在合法产业行动中一般都要求有一个提前告知的义务，以便让雇主和政府以及其他社会公民知道即将发生的产业行动，提前做好必要的准备，以便保障雇主和其他公民的合法利益。

国际劳工组织关于劳工罢工权的十三项原则之七就规定：只要不会使罢工之发动及行使变得极为困难或根本不可能，则在程序上要求于罢工发动前对雇主或政府预告。③

"倘若一家工会希望发动罢工，它往往必须满足一系列的程序要求。首先，它必须预先给雇主警告④；其次，在罢工启动之前，在许多欧洲国家，工会必须组织一次罢工投票，以便寻求其成员对罢工的支持"。⑤

如果劳方未经通知即发动罢工，此为冷不防罢工。由于劳方在履行提供劳务义务时，有背诚信原则，它会造成雇主措手不及，导致重大财产损失，所以，这种行为一般被视为非法行为。⑥

---

① 蒋璐宇.俄罗斯联邦劳动法典.北京：北京大学出版社，2009：221.
② 黄程贯.劳动法（修订再版），台湾地区国立空中大学，1997：261.//董保华.劳动者自发罢工的机理及合法限度.甘肃社会科学，2012（1）：121.
③ 赵守博.罢工权的保障与规范.厦门大学法律评论，2008（1）：25.
④ 此"警告"不是指"警告性罢工"，而是指工会应当提前将产业行动告知雇主，即属于产业行动的预先告知程序。——笔者注.
⑤ ［德］托斯藤·舒尔腾.欧洲的争议解决机制.//载［德］鲁道夫·特劳普－梅茨.劳动关系比较研究：中国、韩国、德国/欧洲.北京：中国社会科学出版社，2010：91.
⑥ 杨正喜，潘军.新时期我国产业行动及其法律规制.北京交通大学学报（社会科学版），2009（2）：90.

第九章 不当产业行动

有些国家之法律要求劳工或工会决定发动罢工之后，应于实际进行之前先行告知雇主，这是基于公平原则，以使雇主事先能做必要之因应；另有国家则规定在罢工进行前；政府可要求双方先经过一段"冷却期"，以求争端之解决而避免罢工之发生。①

古罗马法的故乡意大利，劳动立法比较早，积累了丰富的立法和司法经验。意大利规定每次罢工设立了提前10天通知的一般责任；还规定负责必要服务的企业也必须将罢工即将来临的情况通知给消费者，并且至少提前5天。还规定通知用户消息之后，取消罢工是非法的，除非取消是因为处理争议或有管辖权的公共部门要求（行政长官、委员会）。② 意大利对罢工的提前通知，不仅要向雇主提前预告，还要向消费者提前通知，以保障消费者的合法权益。

《俄罗斯联邦劳动法典》第410条规定：应把开始的罢工提前10个日历日以书面形式预先通知雇主。③

日本《劳动关系调整法》第37条明确规定：公益事业部门的争议行动④，如交通、邮电、通信、供水、供电、供气、医疗卫生部门，必须在争议行动开始前，提前10天向劳动委员会、厚生劳动省大臣或地方长官报告。⑤ 日本《劳动关系调整法》采取列举式的立法模式，具体规定了一些重要公共部门的产业行动之预先通知事宜，报告的对象是主管的中央和地方劳动行政部门。

韩国法还规定，工会采取产业行动前，必须遵循两项程序：第一，首先提交进行调解，且调解还是强制的。根据《工会与劳动关系调解法》，劳动争议各方中的一方被依法要求提出调解申请，在调解期限内（私营部门为10天，公共服务部门为15天），产业行动是被禁止的。第二，在调解以失败告终、一家工会希

---

① 赵守博. 罢工权的保障与规范. 厦门大学法律评论. 2008（1）：14.
② [意] T. 特雷乌著. 意大利劳动法与劳资关系. 刘艺工，刘吉明译. 北京：商务印书馆，2012：244～245.
③ 蒋璐宇. 俄罗斯联邦劳动法典. 北京：北京大学出版社，2009：221.
④ 日本法上的"争议行动"就是一般通称的"产业行动"，二者完全一致没有区别。——笔者注.
⑤ [日] 荒木尚志. 日本劳动法（增补版）. 李坤刚，牛志奎译. 北京：北京大学出版社，2010：143.

望采取产业行动之后,工会必须预先通知雇主,提前通知的期限为10天。^①可见,在韩国,产业行动不管是首先要经过的强制调解,还是调解失败后的产业行动,都必须满足提前预告期,否则就是不正当的产业行动。

菲律宾的罢工提前通知期限为30天,在越南仅为5天,柬埔寨与印度尼西亚都为7天。^②

德国和俄罗斯都明确规定了正式罢工之外的"警告性罢工",其目的也是向雇主进行正式罢工的提前预告。

德国著名劳动法学家曼弗雷德·魏斯教授认为:相比传统罢工是发生在谈判之后,这些罢工在协商过程中就已发起,意在向雇主施压并加快谈判进程。它们的目的是提醒雇主,如果谈判失败,冲突将会升级。所以这些罢工被称为"警告性罢工"。^③"警告性罢工"是集体合同上的和平义务期限已经届满,但在谈判失败前停止劳动,以(向雇主)显示斗争意愿。联邦法院首先宣布警告性罢工为合法,因为工会对此只能制造充分的谈判压力,并且时间有限,通过有限制的警告性罢工不会妨碍谈判力量的平衡。^④德国还规定了"警告性闭厂"也是合法的:对于谈判伴随的"警告性罢工"也必须能以其对立面进行回答,而不必通过它必须中断谈判。^⑤

俄罗斯规定:在调解委员会工作5个日历日后,可以一次宣布一个小时的警告性罢工,并应当提前3个工作日以书面形式通知雇主。在举行警告性罢工时,罢工的领导机关应当保障最低限度的必要工作或服务。^⑥俄罗斯对警告性罢工也是明确规定了预先告知义务的,工会应当提前3个工作日以书面形式通知雇主,其中关于警告性罢工的程序规定在世界上也是少见的,值得借鉴。

---

①② [韩]尹英模.韩国的劳动争议与争议解决机制.//[德]鲁道夫·特劳普-梅茨.劳动关系比较研究:中国、韩国、德国/欧洲.北京:中国社会科学出版社,2010:82.

③ [德]曼弗雷德·魏斯,马琳·施米特.德国劳动法与劳资关系.倪裴译.北京:商务印书馆,2012:225.

④ [德]杜茨.劳动法.张国文译.北京:法律出版社,2005:248.

⑤ [德]杜茨.劳动法.张国文译.北京:法律出版社,2005:249.

⑥ 蒋璐宇.俄罗斯联邦劳动法典.北京:北京大学出版社,2009:221.

第九章　不当产业行动

在英国，1993年的《工会改革与劳动权利法》规定：一旦投票结果表明多数人支持持续的产业行动，工会要给雇主7天的书面通知，告知投票所涉及的产业行动。① 英国对产业行动的投票程序要求是极其严格和详细的，预先告知程序也是如此。"除了上述详细要求，后续立法引入了关于信息沟通和通知的更烦琐的要求，这里的信息沟通和通知是要求工会必须提供给雇主的。主要有三项通知是必须的"。② 第一，投票的通知以及投票单的样本必须提供给所有有权投票人的雇主。他们必须在投票日之前七日内收到通知。③ 第二，一旦在投票之后合理可行，那么工会必须确保将投票结果传达给雇主。传达信息必须包括投票的票数，对每个问题投票赞同的票数，对每个问题投票反对的票数以及作废的票数。④ 第三，必须向雇主提供适当的通知，说明劳资行动即将开始。⑤ 该通知须同时声明。这次劳资行动是持续性的还是间断性的，在每种情形中明确受到影响的雇员会何时参见行动。⑥ 英国对产业行动的预先告知程序的规定是非常详细而具体的，甚至达到了"烦琐"的程度，此为英国的独特之处，称得上是产业行动之立法的"楷模"，这在世界上也是不多见的，充分表明了英国对产业行动之正当程序的高度重视，不愧为世界上劳动法产生最早的国家，劳动法的许多制度都具有了深厚的历史积淀，我国今后在进行产业行动的立法也可以考虑和借鉴英国的先进经验，使产业行动具有更正当合理的程序。

（三）产业行动期限的限制

"对罢工最重要的限制是所谓的和平义务，它在几乎所有欧洲国家都有，它在一份集体协议有效期限内禁止工人罢工。"⑦ 在欧洲，几乎都有关于在集体合同

---

① ［英］甘勇. 劳动法. 武汉：武汉大学出版社，2003：209.
②⑤ ［英］史蒂芬·哈迪. 英国劳动法与劳资关系. 陈融译. 北京：商务印书馆，2012：354.
③ Trade Union and Labour Relations (Consolidation) Act. 1992：226A.
④ Trade Union and Labour Relations (Consolidation) Act. 1992：231A.
⑥ Trade Union and Labour Relations (Consolidation) Act. 1992：234A.
⑦ ［德］托斯藤·舒尔腾. 欧洲的争议解决机制. // ［德］鲁道夫·特劳普－梅茨. 劳动关系比较研究：中国、韩国、德国/欧洲. 北京：中国社会科学出版社，2010：90.

有限期之内是禁止雇员进行产业行动的规定，其原理是出于产业行动之和平义务的具体要求之一。

产业行动期限的限制，不仅表现在集体合同的有效期限内禁止产业行动，还主要表现在产业行动必须在规定的期限内举行，否则就是非法的产业行动。当然，产业行动也不是就非举行不可，产业行动也是容许放弃的。

英国规定产业行动必须在 4 周之内召集，从投票之日起算。1999 年的《劳动关系法》规定，这一期限在工会与管理层达成一致的情况下可以扩展为 8 周。①工会需四周内开展劳资行动②，而不能进一步谈判以达成协议，1992 年的《工会与劳工关系巩固法案》③ 第 234（2）条规定：若雇主提起的法律诉讼使劳资行为未能如期开始，且该延期是因为法庭对工会的命令（后来被撤销），工会可向法庭申请将四周的期限延长，其上限为 12 周。④ 英国有关产业行动的期限之规定是非常具体的，充分考虑了产业行动中的各种需要延期的情况，仅此点就是其他国家法律所没有的，具有较强的操作性和立法先进性，值得各国借鉴。

《俄罗斯联邦劳动法典》第 410 条规定了罢工的日期和开始时间，罢工拟持续时间和拟参加的员工人数。在这种情况下，自做出宣布罢工决定之日起超过 2 个月的，不得开始罢工。⑤ 该法条还规定了：如果罢工未在宣布罢工决定中确定的期限内开始，则按照本法典第 401 条规定的程序继续解决集体劳动争议。而第 401 条规定了集体劳动争议的调解程序，解决集体劳动争议的程序由以下阶段组成：调解委员会审理集体劳动争议，通过调停人和劳动仲裁庭审理集体劳动争议，调解委员会审理集体劳动争议时必经阶段。⑥ 上述俄罗斯有关因为罢工没有在规定的期限内举行时，集体劳动争议应当如何处理和救济的规定，突破了许多国家所缺失的立法，是一种比较先进和操作性很强的立法。

---

① [英] 甘勇. 劳动法. 武汉：武汉大学出版社，2003：207.
② 有些人将英国的"产业行动"翻译成"劳资行动"，二者内涵完全一样，可以互换。
③ Trade Union and Labour Relations (Consolidation) Act. 1992：234.
④ [英] 史蒂芬·哈迪. 英国劳动法与劳资关系. 陈融译. 北京：商务印书馆，2012：351～352.
⑤ 蒋璐宇. 俄罗斯联邦劳动法典. 北京：北京大学出版社，2009：221.
⑥ 蒋璐宇. 俄罗斯联邦劳动法典. 北京：北京大学出版社，2009：215.

第九章 不当产业行动

第三节 我国产业行动的法律界定

我国目前有关"罢工"的群体劳资冲突事件即不当产业行动也偶有发生。

深圳嘉纪印刷厂罢工事件：2012年7月30日，深圳嘉纪印刷厂近千名工人举行罢工，抗议公司搬迁却没有给员工合理补偿。有报道说，当天在现场戒备的大批警察还一度与工人发生了冲突。深圳市宝安22区中粮嘉纪印刷厂的全体员工当天堵塞了工厂大门，工人们还挂出了"中粮嘉纪印刷厂违法搬迁不赔偿"等横幅抗议。关注劳工问题的"深圳当代社会观察研究所"所长刘开明当天通过电话表示，嘉纪印刷厂的罢工事件起因与该厂没有按照《劳动法》有关规定支付员工补偿有关。刘开明还指出，中国经济尤其在近年面临结构转型和企业内迁的影响下，劳工权益的保护及补偿问题也日渐突出。①

河南新飞电器罢工事件：2012年10月9日，河南新飞电器总部及下属企业数千名职工聚集在总部大门口，开始维权罢工。员工称已经"10年没涨过工资"，希望相关部门领导能够给予关注并解决现实问题。收入的反差使得工人感觉非常不满。昨日，新飞电器的一位负责人向本报记者证实罢工仍在持续，并坦言员工罢工有两大原因，一是物价上涨，员工工资却一直维持低位；二是对新飞的经营状况不满意，外方管理层的管理能力也饱受质疑。不过，他强调，这不是一起恶性罢工事件，"员工要求解决问题的态度和他们打出的横幅一样是'以理性救新飞'，员工要求也并不高，并不是非要达到外方员工的工资水平"。②

熔盛重工罢工事件：2013年7月1日和7月2日，由于劳资纠纷，熔盛重工部分工人围堵工厂大门，要求熔盛重工支付工资，南通警察城管百余人现场维护治安。对此，熔盛重工总裁办公室向本刊表示，熔盛重工并没有发生罢工，只是少部分外包工和协力工因不满意4月份的工资发放而出现的讨薪行为。目前熔盛

---

① 深圳嘉纪印刷厂工人罢工并与警方发生冲突. http://www.xici.net/d174027336.htm. 2012-07-31.
② 孙聪颖. 新飞电器数千员工要求涨薪. 北京商报，2012-10-11（3）.

重工已经在与各个外劳队进行谈判,讨薪堵门的工人已经于7月2日上午散去。①连续2天围堵熔盛重工南通工厂且要求发放薪水的员工昨日已散去。熔盛重工一位高层也告诉《第一财经日报》,目前南通工厂拥有1.15万人左右,而按照计划可能会缩减总体人员至8000余人,减员总数估计在3000人上下。②

这些集体劳动关系冲突,再次让我们对产业行动进行深刻反思,对罢工权这个"旧命题"进行重新审视,对"罢工"事件应如何处理和规制进行探讨。

我国将此类事件一般定性为"罢工"事件,而很少用"产业行动"或"不当产业行动"一词。我国有关产业行动和不当劳动制度的研究较少,二者还没有纳入我国劳动法的范畴。产业行动之一的罢工,我国也缺乏明确的法律规定,这就使得我国产业行动特别是罢工的合法性问题,产生了分歧。"合法说"是我国较为主流的一种学说,陈志武、常凯、周永坤是主要代表。③ 根据现状,笔者将我国的产业行动分为"合法论""非法论""折中论"和"不当论"四种。

一、产业行动(罢工)之"合法论"

常凯教授一直非常关注我国部分地区出现的罢工事件,他一贯认为我国的集体行动④(包括罢工)是合法的。

常凯教授在2008年接受《经济观察报》记者采访时说,在市场经济条件下,罢工等集体行动应该是劳动者的基本权利。中国的法律还没有具体规定工人享有罢工的权利,但同时也没有禁止罢工,可以说,罢工等集体行动在我国目前是法律空白。

他在2012年说:"我国目前的法律没有关于公民享有罢工权的明确规定,但我国法律从来也没有关于禁止罢工的规定。依照基本的法理规则'法无禁止即许

---

① 包志明. 熔盛重工回应"罢工"事件:工人工作量并不饱满. 搜狐财经,http://business.sohu.com/20130703/n380593834.shtml.2013-07-03.
② 王佑. 熔盛重工或减员3000人,50亿美元订单成"烫手山芋". 一财网,http://www.yicai.com/news/2013/07/2831368.html.2013-07-04.
③ 董保华. 劳动者自发罢工的机理及合法限度. 甘肃社会科学,2012(1):117.
④ 集体行动即为产业行动。——笔者注.

第九章　不当产业行动

可'，对公民而言，只要法律没有明文禁止，便是可以作为的。所以，首先需要明确的是：中国没有禁止罢工的法律规定，所以在中国罢工并不违法。或者说，中国没有罢工罪。"①

中国社会科学院法学研究所的史探径研究员同样认为，"我国现行法律中没有规定罢工权，也没有禁止罢工的规定。"② 他认为从我国国情看，狭义的罢工③应当是合法的，不过他是从我国《工会法》的立法来看的。他认为：从现实情况看，对职工因劳动争议罢工所提合理要求，是予以支持的。这个理解来源于1992年工会法第25条和2001年修改后工会法第27条，1992年4月3日，新修改的《工会法》发布施行，其第25条规定："企业发生停工、怠工事件，工会应当会同企业行政方面或者有关方面，协商解决职工提出的可以解决的合理的要求，尽快恢复生产秩序"。这项规定表明，事实上中国对于企业职工合理的罢工行为是加以保护的。④ 不过两次工会法中均只是提出"停工、怠工"字样。他认为："怠工是一种消极对待劳动争议的态度，为许多国家法律所禁止。停工实际为罢工，不如用各国通行的'罢工'一词，更易为人们所理解。"⑤ 史探径研究员一直都是从我国《工会法》的立法角度，认为我国现实中职工合理的罢工是合法的，他的观点与其他学者认为我国罢工是合法的基本上是一致的，只不过合法性依据不同，是有《工会法》作为法律支撑的，而不是像其他学者认为是"法不禁止就可行"的。

有一些学者根据我国已经加入的国际公约，认为《经济、社会和文化权利国际公约》明确规定劳动者罢工等产业行动的权利已经是我国罢工权的直接法律渊源。我国政府早在1997年10月27日就签署了该公约，2001年2月28日，全国人民代表大会常务委员会通过了《关于批准〈经济、社会和文化权利国际公约〉

---

① 常凯. 关于罢工的合法性及其法律规制. 当代法学，2012 (5)：111.
②⑤ 史探径. 中国工会的历史、现状及有关问题探讨. 环球法律评论，2002 (2)：171.
③ 史探径所说的狭义罢工仅指企业内的全部或多数受雇人，为达到劳动条件的改善或经济利益的获得而共同停止其劳动。罢工是受雇人在劳动争议不能通过正常程序解决时所采取的最激烈的斗争行动。广义的罢工还包括政治罢工、革命罢工、宗教罢工等在内。
④ 史探径. 中国劳动争议情况分析和罢工立法问题探讨. 法学研究，1999 (6)：54.

的决定》。依据这一决定，2001年5月27日，《经济、社会和文化权利国际公约》已在我国正式生效，成为我国正式的法源。《经济、社会和文化权利国际公约》第8条第1款（丁）项规定："有权罢工，但应按照各个国家的法律行使此项权利"。必须指出，上述全国人民代表大会常务委员会《关于批准〈经济、社会和文化权利国际公约〉的决定》在加入时所做的相关声明中，并没有对第8条第1款（丁）项做出任何保留性声明，因此该项罢工权规定的法律性是不容怀疑的。[①]

二、产业行动（罢工）之"非法论"

董保华教授将我国目前的罢工事件归类为是劳动者的"自发罢工"，他赞同"违法论"。他说："劳动者自发罢工的'违法说'似乎更有说服力"[②] 他认为，"合法说"的基本逻辑是以"严适用"来否定《劳动合同法》对劳动者自发罢工的约束，并以"宽适用"来肯定《工会法》对于劳动者自发罢工的保障。这样的论述忽视了《工会法》本身是保障和规范工会行为，劳动者自发罢工的主体是个人并不在《工会法》的适用范围内；作为劳动者，个人行为恰恰是《劳动合同法》的适用范围。[③]董保华教授认为持"合法说"观点的论证依据之一是《工会法》的有关规定，但是，《工会法》的适用范围是不包括劳动者个人的，因此，以《工会法》为法律依据而肯定罢工的合法，是站不住脚的。

以上的"合法论"者，认为我国目前的罢工具有合法性的重要依据之一是"法律没有禁止的就可行"，由此，我国法律并没有禁止罢工，所以，既然法律没有明确禁止，那么罢工就是合法的。董保华教授针对此问题进行了比较好的论述，他认为，罢工作为权利来规定，在法律的天平上绝不是平等的，而是严重倾斜的，劳动者获得了一种"妨害劳动契约的特权"[④]，用人单位虽是守法、合约的一方，却要承受相应的财产损失。正是罢工对正常法律秩序所具有的破坏性，使

---

① 周永坤."集体返航"呼唤罢工法.法学，2008（5）：4～5.
②③ 董保华.劳动者自发罢工的机理及合法限度.甘肃社会科学，2012（1）：117.
④ ［美］罗斯科·庞德.通过法律的社会控制.沈宗灵译.北京：商务印书馆，2008：36.//董保华.劳动者自发罢工的机理及合法限度.甘肃社会科学，2012（1）：118.

第九章 不当产业行动

各国一般取谨慎态度,对立法也提出很高的要求,并不适用"法无禁止即自由"的逻辑。罢工立法的逻辑正好应当是相反的,在宪法无明文规定的情况下,应当遵从部门法或劳动契约的约束,只有在法律做出明确规定的情况下,劳动者才可能取得"妨害劳动契约的特权",法律也才可能保护"这种合法的侵权行为"。①上述的董保华教授对罢工权之适用"法无禁止即自由"的逻辑的批判,有力反驳了"合法论"者的逻辑推理,具有很高的价值。

"合法论"观点的一个重要法律支撑就是我国已经加入了《经济、社会和文化权利国际公约》,而该公约就有关于罢工权的规定,因此,我国目前的罢工是符合该公约的,因而具有合法性。笔者认为,此观点是不恰当的,因为国际公约虽然可以作为国内的立法渊源,但是它仅仅是一种建议,不具有强制性,即使加入了该公约,并不能就认为其已经是国内的法律。董保华教授也对此问题进行了阐述,他认为:正是罢工所具有的特殊地位,对于一个法治国家而言,须由宪法来进行规定,罢工往往被理解为一种宪法性权利。全国人民代表大会常委会批准的《经济、社会和文化权利国际公约》第8条第1款为"有权罢工,但应该按照各个国家的法律行使此项权利",也应从这一视角进行理解。董保华教授认为:持"合法说"的学者认为,我国并未对该条做出保留性声明,该公约则为我国罢工权的适用法。这一看法并不恰当。该公约只是授权批准国以国内法形式来实施,而我国宪法及其他法律未就罢工权以及保护途径予以规定,该条规定的'有权罢工'仅为宣示性效果,并无实质意义。②由上可见,《经济、社会和文化权利国际公约》有关成员国之罢工权的规定,必须经过成员国的内国法之宪法或法律的确认,才能成为罢工权设置的法律渊源,而我国目前有关罢工权的设置还没有纳入宪法或法律的范畴,因而,即使我国对该公约该条没有做出保留性的声明,其规定仍然是不适应我国,况且公约中还明确规定"但应该按照各个国家的法律行使此项权利",而我国法律中还没有规定产业行动如罢工权利等,由此可以推断,依据国际公约认定我国目前罢工之"合法"是不成立的。

---

①② 董保华. 劳动者自发罢工的机理及合法限度. 甘肃社会科学, 2012 (1): 118.

三、产业行动（罢工）之"折中论"

针对我国目前的罢工事件，在学界除了上述的"合法论"与"非法论"之外，还有一种观点是"折中论"。其观点是：产业行动（罢工）既不合法，也不违法，而是介于合法与违法之间的现象。

王全兴教授在 2011 年集体谈判论坛上总结了现阶段部分地区、个别企业出现的工人罢工的四大特点之一即为"属于非法罢工，而不是合法或违法罢工"。王全兴教授认为我国的罢工，由于无明确的成文法依据，又不为成文法所明令禁止，除了罢工中出现的危害公共秩序或"打、砸"之类违法行为外，就罢工本身而言，既不合法也不违法，而是介于合法与违法之间的现象。①

这一观点得到倪雄飞教授的认同。他们的依据是：（1）现行法律从来没有禁止罢工。根据法无禁止即自由的公民权利原理，不能认为罢工违法。（2）2001 年全国人大常委会批准的《经济、社会及文化权利公约》中规定，"本公约缔约各国承担保证，劳工有权罢工，但应按照各个国家的法律行使这项权利"，我国对此规定没有声明保留或作其他特别说明。在这里，虽然我国政府已向国际社会承诺确认罢工权，但还没有明确授予罢工权的国内立法，故不能直接以该公约为依据认为罢工合法；同时也正因为已做出国际承诺，故也不能认为罢工违法。（3）2001 年修改的《工会法》在第 27 条虽然对发生停工、怠工事件时工会和企事业单位的义务做出了规定，但对停工、怠工事件本身是否合法的问题未作明确规定，并且没有法律依据表明"停工、怠工"概念是对"罢工"概念的替代。故该条规定也不宜作为罢工合法的法律依据。（4）罢工中虽然会出现危害公共秩序或"打、砸"之类的违法行为，但这属于个人违法行为而应由违法者个人承担法律责任，而不能据此认为罢工本身违法。② 这种认为罢工在我国目前是既不合法，也不违法的观点，其实质上还是应当划归"非法论"，因为"非法"行为就是一种"违法"的行为。

---

① 王婧，王全兴. 谨慎对待罢工立法. 民主与法制时报，2012-01-09 (5).
② 王全兴，倪雄飞. 论我国罢工立法与罢工转型的关系. 现代法学，2012 (4)：188.

四、产业行动(罢工)之"不当论"

笔者认为,我国目前个别地区的产业行动主要是罢工、停工和怠工事件,这些产业行动都不符合世界上有关产业行动的一般原理,特别是罢工,都是没有经过法律授权,没有工会的领导和组织,也没有任何符合罢工的一般性的程序要求,而且罢工也没有区分类型,也没有规定参见罢工的主体,总之,这种罢工按照国际上罢工的一般原理,就是属于非法产业行动之非法罢工,从法理上看,是不具有正当性的。由于我国目前还没有产业行动和特别是罢工的法律规定,直接导致罢工之合法、非法和违法的三种争论,要实行法律的"定纷止争"功能,最简单和有效的是启动有关产业行动的立法,从宪法和法律上直接规定产业行动(含罢工),这种立法要求也是持不同观点学者之共同的、一致的要求,他们在强化罢工立法,保障劳动者罢工权上是存在共识的。① 此即为我国学界长期呼吁、要求立法设置罢工权的一致诉求。笔者认为,在我国还没有有关产业行动的立法时,对现实生活中个别地区、个别企业偶发的"罢工"现象,用"不当"劳动行为来界定我国目前的产业行动是比较可行的,即在我国,产业行动还不具备合法性的要件,而只是不当的行为,属于广义上的不当劳动行为,这种不当劳动行为,也是不能实行合法产业行动之责任豁免的,其造成的损害,应当由关系的直接责任人承担相应的赔偿责任,对故意且造成严重后果的,还应当追究刑事责任。

第四节 不当产业行动的处理和规制

我国目前偶发的有关"罢工"的集体劳资冲突事件,由于这些集体劳动争议事件具有罢工的表象特征,在实际中一般称之为"罢工或罢工事件",如董保华教授称之为"劳动者自发罢工",中国劳动关系学院的沈琴琴和潘泰萍教授称之

---

① 董保华. 劳动者自发罢工的机理及合法限度. 甘肃社会科学,2012(1):118.

为"劳动者群体性事件"。

总之,从法理和法律上还不能称之为罢工,也不能称之为产业行动,因为他们与产业行动或罢工的一般原理不相符合。

沈琴琴和潘泰萍教授称之为"劳动者群体性事件"。劳动者群体性事件是指当发生集体劳动争议时,劳动者不经过我国现行的"一调二裁两审"的劳动争议处理程序,而直接采取罢工、上访、游行、示威、静坐、请愿等集体行动,以期达到维护自己切实利益目标的行为。① 沈琴琴和潘泰萍教授通过对典型案例的分析,认为其有三个共同点:其一,都是围绕劳动者权益被侵害而发生;其二,基础工会在维护职工权益方面没有发挥足够的作用;其三,劳动者都没有按照我国法律的正常程序解决争议。② 沈琴琴和潘泰萍教授之"劳动者群体性事件"的概念和共性分析,比较全面地反映出了我国集体劳动争议之劳动者的产业行动的各种形态,更加符合国外一般产业行动理论,且在"群体性事件"之前加上了限制性的"劳动者"是非常必要的,这就将产业行动与一般的其他群体事件进行了区分,表明这些"罢工等事件"不是一般的政治性事件和群众"闹事事件",而是为了解决集体争议的类似于国外的产业行动的集体维权事件。

董保华教授称之为"劳动者自发罢工",也是比较恰当的,笔者认为称之为不当产业行动也是可取的,原因如下:第一,从法律性质的界定上,如前文所言,某些事件存在合法与非法之争论,用不当劳动行为比较恰当;第二,不当产业行动比罢工要全面,某些集体事件不仅是类似罢工的行为,还有属于停工和怠工事件,单纯的抗议、游行和示威活动,具有多样性的目的,仅仅用集体劳动争议来概括也是不准确的,而一般产业行动的原理告诉我们:合法的正当的产业行动的目的性要求是为了集体劳动争议的解决或是集体谈判的需要,我国偶发的"罢工"等集体事件,都不具备合法产业行动的构成要件,因此,认定是不当产

---

① 沈琴琴,潘泰萍.中国工会在解决集体劳动争议中的地位与作用.//[德]鲁道夫·特劳普-梅茨编.劳动关系比较研究:中国、韩国、德国/欧洲.北京:中国社会科学出版社,2010:68.
② 沈琴琴,潘泰萍.中国工会在解决集体劳动争议中的地位与作用.//[德]鲁道夫·特劳普-梅茨编.劳动关系比较研究:中国、韩国、德国/欧洲.北京:中国社会科学出版社,2010:71.

第九章 不当产业行动

业行动是可取的。

一、不能当"突发事件"处理

我国个别地方政府或部门,在处理某些企业偶尔出现的"罢工"事件时,由于认识上可能存在偏差,将其认定为游行示威等"突发事件"进行处理,违背了集体劳动争议处理的基本原则,即通过三方对话,实现集体谈判,并达成集体协议的处理机制。许多地方政府及部门将不当产业行动视为"突发事件",政府及部门不是以三方对话之一方的角色参与集体劳动争议的处理,而是以充当"消防员"的身份,存在没有充分重视集体劳动争议处理的情况。

不同于其他"突发事件",罢工是企业范围内的劳资矛盾的表现。王全兴教授认为,现阶段应当积极引导这种偶现的"罢工"转型。对此他认为应当理顺政府与企业、政府与社会的关系。比如,有的是在政府引导企业改制时引起的罢工;而多数是由于企业不为农民工投办社会保险、不发加班费而劳动保障监察机构不查处所引起的罢工。① 因而,政府及部门在处理不当产业行动时,应当将自己的身份定位为三方机制中的一方,正确的、有限的行使自己在调整集体劳动关系的职责。政府在劳资关系中应扮演中立者角色,主要是注意维持劳资双方力量的均衡,真正问题的解决要以当事人为主,由劳资双方通过集体谈判、产业行动来完成。

二、不能当集体信访事件处理

我国《信访条例》第2条规定:信访,是指公民、法人或者其他组织采用书信、电子邮件、传真、电话、走访等形式,向各级人民政府、县级以上人民政府工作部门反映情况,提出建议、意见或者投诉请求,依法由有关行政机关处理的活动。

集体信访,是指五个以上信访人因某一共同利益结合在一起,采用书信、电

---

① 王婧,王全兴.谨慎对待罢工立法.民主与法制时报,2012-01-09 (5).

子邮件、传真、电话、走访等形式,向县级以上人民政府工作部门反映情况,提出建议、意见或者投诉请求,依法由有关行政机关处理的群体活动。① 大规模的集体信访与产业行动有一些相同之处:二者都是因为对某些事情的不满而发生;二者都有寻求政府部门解决共同问题的诉求;集体劳动争议都可能成为二者的产生原因。但是,二者的区别是非常明显的:

一是性质不同。产业行动有合法与非法之分,合法的产业行动才受法律的保护,非法的产业行动不受法律保护;而集体信访属于人民内部矛盾,没有合法与非法之说,"在法律范围内用集体信访的形式反映问题,法律是保护的"。②

二是产生原因不同。产业行动仅仅是集体劳动争议引起的,而集体信访可能有多种原因。

三是主要目的不同。产业行动的目的仅仅是为了集体劳动争议的解决,或是为了达成集体协议;而集体信访的目的是多样的,不仅仅是为了解决集体劳动争议。

四是程序要求不同。合法产业行动有严格的限制条件,如罢工更是有严格限制,产业行动须经过工会的领导和组织,须经过投票表决,须遵循和平义务等,否则就是非法的;集体信访没有严格的程序限制,公民可以随时进行。

五是责任分配不同。合法产业行动具有法律责任的豁免权,一般是不用承担法律责任的;而集体信访基本上属于人民内部矛盾,谈不上适用法律的问题。

六是处理方法不同。行政部门对群众集体上访具有直接的处理权。严格按照疏导的方法和思想教育与解决实际问题相结合方法妥善处理。③ 社会成员通过集体信访反映的矛盾本质是人民内部矛盾,要深入群众切实做好认真细致的疏导工作,严格按照处理人民内部矛盾的方法处理集体信访,切实防止矛盾激化。④ 而产业行动是为了解决集体劳动争议,或是达成集体协议,行政部门对合法产业行

---

① 翟桂荣.关于宁夏集体信访的调查研究.宁夏党校学报,2009(4):96.
②④ 周光华.浅析集体信访的特点及对策.工会论坛(省工会管理干部学院学报),2004(4):34.
③ 汤波.群众集体信访原因及建议.党的建设,2004(11):43.

动的处理是不能直接干预的,而只能是充当中立的三方对话机制之一方,促成劳资双方进行集体谈判,进而达成一致。

因此,在现实中,处理不当产业行动时,应特别注意区分集体信访与产业行动,不能将两者混为一谈。

三、不能无工会参与处理

按照国外成熟的产业行动的一般原理,工会应当是产业行动的领导者和组织者,没有工会领导和组织的罢工,国外称为"野猫罢工",是非法的产业行动。我国目前虽然还没有产业行动的立法,但是,处理现实中大量存在的产业行动时,还是应当将工会纳入进来,因为工会本身就是三方机制中的重要一方,在调整集体劳动关系中,工会的或缺都是不应该的,没有工会的参与就没有三方对话机制,没有三方对话机制也就没有集体劳动争议的有效解决。

各国工会法均规定工会是为保护劳动者权利而成立的组织。《世界人权宣言》中有关于"人人有为维护其利益而组织和参加工会的权利"的规定,《经济、社会及文化权利国际公约》中关于"人人有权组织工会和参加他所选择的工会,以促进和保护他的经济和社会利益"的规定,可认为是各国工会法内容的抽绎和概括,揭示了工会系"维权"组织的本质特征。工会法的主旨,归根结底是为了保护工资劳动者的权利。① 约翰·W. 巴德的研究指出:"在许多国家中雇员集体发言权的首要机制就是工会"② "不管在以职业为核心的职业工会还是以行业为核心的行业工会的背景下,工会都强调集体谈判的作用,以此来赢得合理的利润分享以及体面的工作条件"。③ 约翰·W. 巴德教授还认为:美国工会的指导思想是商业工会主义,它的首要目标是为参加手工业或行业工会的工人争取更多利益,它将工会制度主要看作是一种谈判制度,主要力图通过集体谈判来达到其目标。约翰·W. 巴德教授将工会制度看作是一种集体谈判制度,这就足以说明工会在集

---

① 史探径. 中国工会的历史、现状及有关问题探讨. 环球法律评论,2002:172.
②③ [美]约翰·W. 巴德. 人性化的雇佣关系:效率、公平与发言权之间的平衡. 解格先,马振英译. 北京:北京大学出版社,2007:197.

体谈判中的地位和作用，可见，在正当产业行动中，工会及其参与的集体谈判是不可或缺的要素，规制不当产业行动也应当有工会的积极参与。

将工会纳入产业行动的范畴，是世界上工会法和工会职能的基本要求，我国的工会法和工会也遵循了工会是为保护劳动者权利而成立的组织，将保护劳动者合法权益作为工会的主要职责。

从有关产业行动的第一次立法上看，我国工会法具有一定的立法先进性。工会参与不当产业行动的处理，已经是我国《工会法》直接的法律要求，工会有义务履行法律规制的义务。我国《工会法》第27条规定：企业、事业单位发生停工、怠工事件，工会应当代表职工同企业、事业单位或者有关方面协商，反映职工的意见和要求并提出解决意见。对于职工的合理要求，企业、事业单位应当予以解决。工会协助企业、事业单位做好工作，尽快恢复生产、工作秩序。这是我国目前有关产业行动唯一的直接立法，任何抛开工会处理不当产业行动的做法，都是不正当和不恰当的，也是违背《工会法》的行为。

工会参与产业行动既是私法规范的要求，又有公法规范的作用。工会法中关于工会协助劳动者订立劳动合同、处理劳动争议以及工会与会员之间权利义务关系等规定，基本上属于私法性规范；关于工会领导机关参与立法和制订计划、政策等的规范，则属于公法性规范。工会法规定工会可与用人单位平等协商和订立集体合同，这种规范既有私法规范中平等性的特点；又因工会是一个群体，工会法保护工会集体行动的规范，虽不同于以国家为主体的行政公法规范，但它能约束劳动者个人和用人单位双方缔结劳动合同的某些自由，也可视之为具有公法因素的规范。① 工会法的双重规范表明，工会在引领和指导产业行动、解决集体劳动争议中，具有行政部门所不具有的优势，即它既有体现法律地位平等的意思自治，又有直接规制用人单位的公法性质的"准公权力"，使得工会具有调整劳动关系的强势地位，在处理和规制产业行动中，工会的真正参与也就具有了行政部门直接参与所不具有的优势条件。可见，在处理不当产业行动中，发挥工会的积

---

① 史探径. 中国工会的历史、现状及有关问题探讨. 环球法律评论，2002：173.

极作用既是目前的迫切需要,也是今后产业行动(含罢工权)法制化后的长远要求。

沈琴琴、潘泰萍教授认为,发挥工会在集体劳动争议中的作为,包括两个方面:一是基层工会要建立劳动关系预警机制;二是上级工会要积极参与集体劳动争议的处置。[①] 面对劳动者群体性事件的态势,基层工会应当做好劳动者群体性事件的排查和预警工作,要及时发现可能引发事件的苗头,将矛盾化解在基层和萌芽状态,遏制事态的激化。面对集体劳动争议,尤其是面对由集体劳动争议引发的群体性事件,上级工会要积极介入,帮助员工实现其全部或部分诉求。沈琴琴教授认为,在处理劳动者群体性事件时,上级工会和基础工会都要积极介入而积极作为。工会在产业行动中应当发挥像国外工会的巨大引领作用,有力领导和有效组织集体协商并达成集体谈判协议,而不能扮演旁观者的角色,更不应当充当行政部门的"救火员",对集体劳动争议事件进行所谓的"灭火",而是应当充当集体谈判三方机制之不可或缺的对话主体之一,否则,工会就属于"不作为",还应当承担相应的法律责任。同时,工会在产业行动中积极可为的职责要求,不仅是基础工会的职责,还应当是上级工会的职责,二者作用缺一不可,不能将处理不当产业行动的权力完全交给基础工会,上级工会同样要深入基层,积极介入和处理不当产业行动。

总之,在我国目前还没有产业行动立法的实际状况下,以上办法也只能是治标不治本。从长远之应然状态来看,正确处理和规制产业行动必须有法律的明确规定,这已经是很多国家的成熟经验,也是我国法治社会的必然要求,如何借鉴国外的成功做法、构建中国的产业行动制度,这是我国学界、立法和司法部门的共同责任,此三方达成一致之时,便是产业行动制度真正建立之日,我们翘首以待。

---

① 沈琴琴,潘泰萍. 中国工会在解决集体劳动争议中的地位与作用. //[德]鲁道夫·特劳普—梅茨,张俊华编. 劳动关系比较研究:中国、韩国、德国/欧洲. 北京:中国社会科学出版社,2010:76.

后　记

本书是笔者长期在劳动关系、劳动法与社会保障法的教学与研究中的所思所想、所感所悟，经过了多年的积淀，现终成此书。

此书的写作可概之一个"苦"字，但是苦以修身养性，苦以宁静致远，苦以崇实去浮，孟子曰"必先苦其心志，劳其筋骨，饿其体肤"。作为一个以苦为乐、以苦治学的学者，苦苦求索劳动法义，心志和筋骨再苦也是非常值得的，《不当劳动论衡》的完成便是这"苦""劳"之果。

在此书完成之际，请让我说些感谢之语。

首先要感谢我的父母、兄弟姊妹！感谢妻子杨芳和女儿问珊珊，他们是笔者生活、教学和科研最坚实的"后盾"，他们无私、默默无闻地理解和支持着笔者，让笔者能够有充分的时间和精力，并能够真正静下心来从事教学与研究。特别要感谢笔者的长兄问青松博士，他不仅是"如父"般的长兄，还是笔者学习和科研的导师。

感谢本书写作中所引用或参考的文献作者和编译者！

最后，要感谢中国劳动社会保障出版社及各位编辑的辛勤劳动！

永远感谢帮助、支持和关心我的所有人们！

问清泓
2014 年 5 月于武汉科技大学青山校区
科大雅苑 A 栋